自然垄断产业改革
国际经验与中国实践

戚聿东　柳学信　等著

中国社会科学出版社

图书在版编目（CIP）数据

自然垄断产业改革：国际经验与中国实践/戚聿东，柳
学信等著．—北京：中国社会科学出版社，2009.12
ISBN 978 - 7 - 5004 - 8412 - 7

Ⅰ.①自…　Ⅱ.①戚…②柳…　Ⅲ.①国家干预—
垄断—产业—经济体制改革—研究—中国　Ⅳ.①F121.3

中国版本图书馆 CIP 数据核字（2009）第 233639 号

策划编辑　卢小生（E - mail：georgelu@ vip. sina. com）
责任编辑　卢小生
责任校对　刘　娟
封面设计　杨　蕾
技术编辑　李　建

出版发行　中国社会科学出版社
社　　址　北京鼓楼西大街甲 158 号　　　　邮　编　100720
电　　话　010 - 84029450（邮购）
网　　址　http：//www.csspw.cn
经　　销　新华书店
印　　刷　北京新魏印刷厂　　　　　　　装　订　丰华装订厂
版　　次　2009 年 12 月第 1 版　　　　　印　次　2009 年 12 月第 1 次印刷
开　　本　710×1000　1/16　　　　　　插　页　2
印　　张　25
字　　数　408 千字
定　　价　48.00 元

《自然垄断产业改革:国际经验与中国实践》课题组

课题负责人

戚聿东　首都经济贸易大学工商管理学院院长、教授、经济学博士、
　　　　博士生导师

课题组成员

柳学信　首都经济贸易大学工商管理学院副教授、经济学博士
范合君　首都经济贸易大学工商管理学院讲师、经济学博士
赵　艳　首都经济贸易大学工商管理学院教授、经济学博士
张航燕　中国社会科学院工业经济研究所博士后、管理学博士
李　怀　东北财经大学经济与社会发展研究院研究员、经济学博士、
　　　　博士生导师

导　言

第一节　研究背景与内容

本书是戚聿东主持的国家社会科学基金项目《自然垄断产业改革模式的国际比较研究》（批准号：04BJL035）和北京市高等学校人才强教计划拔尖创新人才（2005年度）资助项目的最终研究成果，也是国家社会科学基金重大项目《贯彻落实科学发展观与深化垄断行业改革》（批准号：07&ZD016）的阶段性成果。

自然垄断是一个古老的经济学命题，也是一个古老的实践问题。穆勒（J. S. Mill）早在1848年就已经使用"自然垄断"一词，认为在许多私人没有能力投资或不愿投资的领域，包括煤气、供水、公路、运河和铁路等由政府来投资和运行是合理的。托马斯·法罗（Thomas Farrer）于1902年最早对自然垄断的特征进行了描述，他把那些从来没有发生过竞争，或者发生竞争而最终失败的产业称为自然垄断产业，提出自然垄断必须具备五大特征。亚当斯（H. C. Adams）于1887年最早主张对自然垄断产业进行规制，认为规模报酬递增的自然垄断行业应该受到政府的规制，限制垄断势力的滥用，保护消费者，实现社会福利的最大化。弗里德里希·冯·维塞尔（Friedrich von Wieser）于1914年最早区分现代垄断学说和古典垄断学说。按维塞尔的观点，具有典型意义的真正的垄断是所谓"单一企业"，邮政就是一个极好的例子。"面对这种单一企业管理，竞争的原则彻底破产了。如果于已在发挥功能的邮政之外又建立另一个平行的邮政网络，在经济上是不合理的；为房屋和管理必须耗费巨额钱财，却一无所获。"查德威克关于19世纪50年代对伦敦供水的调查也支持这一观点。由于供水是由"7家独立的公司和机构分别进行的，其中6家原在供水范围内竞争，一直到许多小街上同时有 2—3 套管道"，因而效率低下是普遍的。按照查德威克的理解，竞争被导向为能在该领域经营而竞争，而不被导向在该领域内进行代价高昂的竞争。可见，早期的自然垄断理论都是与规模经济相联系。但是，按照规模经济的解释，汽车制造业、飞机制造业都是规模经济极为显著的产业，但没有人认为这两个产业是自然垄断产业。可见，以规模经济来解释自然垄断的存在理由显然是不充分的。

1961 年，鲍布莱特（Bonbright）证明了规模经济既不是自然垄断的充分条件，也不是必要条件。由此导致了对自然垄断的新认识。1977 年，鲍莫尔首次以多产品企业的成本次可加性（subadditivity）定义了自然垄断，提出平均成本下降是自然垄断产业的充分条件，但不是必要条件，只要存在成本次可加性就是自然垄断。这种对自然垄断的理解获得了广泛认同，代表了对自然垄断的最新认识。由于自然垄断产业在效率和定价方面的悖论，经济学提出了政府规制的方法。如德姆塞茨（1968）对自然垄断规制方法进行了系统的理论阐述，认为由于规模经济、范围经济等原因，自然垄断有可能生产成本最小，但不一定保证提高生产效率，传统的办法是对价格进行规制，德姆塞茨建议用获得市场的竞争来代替市场内的竞争，如特许投标权的做法。问题在于，如果说次可加性或范围经济是自然垄断的原因，那么现实中凡是多角化经营的企业，其成本函数都满足次可加性，都具有范围经济效应，那么岂不是等于说所有产业都是自然垄断产业了吗？因此，在我们看来，以成本次可加性或范围经济来解释自然垄断存在逻辑不周密或逻辑不一致的问题。所以，波斯纳（1969）提出，自然垄断不应该以市场中实际的卖家为标准，而涉及需求和供给技术的关系。我们认为，这才涉及了自然垄断问题的实质。以往的自然垄断理论隐含着需求和供给技术不变的假设。放开这些假设，问题似乎可迎刃而解，实践意义也非常重大。

20 世纪 70 年代后期以来，生产力的发展和科学技术的进步对传统的自然垄断产业的垄断经营和政府规制模式提出了挑战。人们发现，原来的自然垄断产业的经营模式中，至少可以在局部环节引入竞争。例如，电信产业中，市话网部分是垄断的，但城市之间的长途电话是可以竞争的；在电力产业中，电力传输和送配（电网）部分是自然垄断的，但发电和售电部分是可以竞争的，等等。于是，人们就提出：为什么要把竞争性的业务"捆绑"到自然垄断业务当中呢？为什么不能进行分业经营呢？正是基于这些变化了的事实和想法，世界各国对自然垄断产业进行了一场以引入竞争和放松规制为主要内容的改革浪潮。30年过去了，自然垄断产业的改革取得了很大成绩，但也暴露出不少问题，可以说是喜忧参半。看来，自然垄断产业的问题，并不仅仅是一个竞争问题。除了竞争本身就存在多种多样的竞争模式外，产权、治理、运营、价格、规制等具体模式的选择以及改革路径和风险控制都极大地影响着自然垄断产业改革的进展和绩效。面对自然垄断产业改革的经验和教训，我们有必要重新审视自然垄断产业的改革思路，不能单纯引入竞争，更不能一拆了之，而必须是以系统化的思路研究自然垄断产业的改革问题。思路的转变对于转轨经济中的中国而言意义重大。

本书通过综述国外自然垄断及其运营理论的发展演变和最新发展情况，以若干国家（包括美国、加拿大、英国、法国、德国、日本和澳大利亚等发达国家，以及俄罗斯、印度、拉美等部分发展中国家）为蓝本，从总体上系统研究国外自然垄断产业改革的动因和初始条件、改革的模式设计和路径、改革的具体内容（包括产权结构、治理结构、市场结构、市场准入机制、价格形成机制、规制方法等）、改革的外部条件和配套措施以及改革的风险分析及其控制等，从中总结出自然垄断产业改革的国际经验和教训。在具体研究中，主要结合电力、电信、铁路、民航等具体自然垄断产业，研究发达国家和发展中国家自然垄断产业的改革情况，集中研究中国自然垄断产业的改革模式和措施，包括中国自然垄断产业传统体制的形成、发展现状、改革的总体指导思想、总体模式、改革路径、改革风险以及具体产业的运营模式选择和改革配套措施等问题。

本书具体分为11章。本章为导论，介绍研究背景和内容，以及主要的研究结论和政策建议。

第一章为自然垄断理论的演变与创新。本章从自然垄断含义的演变入手，分析了基于规模经济和网络经济效益的自然垄断理论创新和自然垄断理论的重构以及对传统自然垄断产业性质的判定等理论问题。

第二章为自然垄断产业改革背景、目标和成效。本章分析了全球自然垄断产业改革的背景、改革动力和目标、进程和成效、改革经验及其对中国的启示。

第三章为自然垄断产业改革的产权模式。本章分析了自然垄断产业产权模式的历史状况、发达国家自然垄断产业的产权改革，以及中国自然垄断产业产权改革现状与问题以及中国自然垄断产业产权模式改革和路径选择问题。

第四章为自然垄断产业改革的治理模式。本章分析了自然垄断产业改革的公司治理目标、发达国家自然垄断产业的公司治理模式以及中国自然垄断产业的公司治理现状，研究提出了中国自然垄断产业改革的公司治理模式和路径。

第五章为自然垄断产业改革的竞争模式。本章首先比较了全球自然垄断产业改革的五种竞争模式，分析了国外自然垄断产业竞争模式的路径选择；然后通过分析我国自然垄断产业的竞争状况，提出了我国自然垄断产业改革的竞争模式选择。

第六章为自然垄断产业竞争模式的演变——以铁路为例。本章通过比较分析美国、加拿大、英国、日本、德国、俄罗斯与哈萨克斯坦等国家铁路产业改革与竞争模式变化，总结了铁路竞争模式演变的规律性结论，提出了对于中国改革的借鉴。

第七章为自然垄断产业改革的运营模式。本章首先分析了自然垄断产业运营模式的演变，以及具体考察和比较了国外自然垄断产业改革的运营模式，提出了中国自然垄断产业运营模式选择问题。

第八章为自然垄断产业改革的价格模式。本章首先分析了自然垄断产业价格规制模式，并比较了国外自然垄断产业价格规制改革的实践。并通过分析我国自然垄断产业价格规制存在的主要问题，提出了完善我国自然垄断产业价格规制的建议。

第九章为自然垄断产业改革的规制模式。本章分析了国外自然垄断产业规制模式的特点，考察了世界各国规制改革的放松规制趋势。然后分析了我国自然垄断产业规制模式的特点及效果提出了完善我国自然垄断产业规制模式改革的建议。

第十章为自然垄断产业改革的路径选择。本章首先提出了我国自然垄断产业整体渐进式改革路径，然后提出了自然垄断产业改革的时序和具体路径。

第十一章为自然垄断产业改革风险控制。本章分析了中国自然垄断产业改革风险产生的原因，并描述了自然垄断产业改革的风险特征。然后提出了如何控制自然垄断产业改革的风险的措施，并提出了对中国自然垄断产业改革的建议。

第二节 主要研究结论和政策建议

本报告的研究结论和政策建议主要是：

首先，提出了中国自然垄断产业改革的整体渐进式总体思路和系统框架设计，即中国自然垄断产业改革模式设计时，必须把产权模式、治理模式、竞争模式、运营模式、价格模式和规制模式六大方面系统规划，整体设计，渐进实施。

其次，提出了自然垄断产业的改革路径选择和风险控制问题。在具体改革时序和改革策略安排上，应该是竞争和运营模式改革先行，产权和治理模式改革紧随其后，最后着手进行价格和规制模式改革。同时，在改革过程中要控制风险。

一 中国自然垄断产业改革的总体思路和系统设计

时下，关于自然垄断产业的改革思路，为数不少的经济学家仍主张"竞争优先论"，如林毅夫、杨小凯、田国强、徐滇庆、江小涓、刘芍佳等；也有不少经济学家主张"产权优先论"，如吴敬琏、厉以宁、刘伟、张维迎、魏杰等；同时，绝大多数产业经济学家似乎更倾向于政府"规制优先"，这一点从国内外有关自然垄断产业改革的理论文献几乎是"规制一边倒"的现象中就可看得出来；而中央政策则似乎更强调"治理优先论"，虽然中央政策没有直接专门阐述自然垄断产业的改革模式和路径，但1999年党的十五届四中全会通过的《关于国有企业改革和发展若干重大问题的决定》中早已把治理结构作为建立现代企业制度的核心和关键，"对国有大中型企业实行规范的公司制改革。公司制是现代企业制度的一种有效组织形式。公司法人治理结构是公司制的核心"。其实，从系统论的观点出发，任何单一要素的改进都无助于系统整体功能的强化，只有系统设计，协同动作，才是系统转换的根本路径。从这个意义上讲，既不是"战略决定成败"，更不是"细节决定成败"，而是"系统决定成败"。系统论的观点要求我们在进行自然垄断产业改革模式设计时，必须把产权模式、治理模式、竞争模式、运营模式、价格模式和规制模式六大方面系统设计，整体推进，渐进实施，并在推进过程中注重改革路径并注意风险防范与控制。具体思路和框架见图0-1。

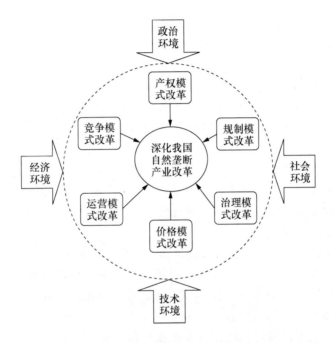

图0-1　我国自然垄断产业系统改革的框架

（一）产权模式改革

我们的研究表明，就国有企业内部比较而言，在国有独资、国有绝对控股、国有相对控股三种形式中，国有相对控股公司的几乎所有绩效指标都是最好的，国有绝对控股公司次之，国有独资公司最差。而我国自然垄断产业中的企业几乎都是国有企业，而且几乎是清一色的国有独资公司。这种产权模式不能不严重影响着自然垄断产业的整体绩效。因此，有必要重塑自然垄断产业的产权模式，按照国际经验和绩效导向，在母公司层面实现投资主体多元化，建立混合所有制。

建立混合所有制，不仅在社会范围内是多种所有制成分共存，而且在某一具体企业内部仍要实现混合所有制。鉴于全国性自然垄断产业内的主体企业都是国务院国有资产监督管理委员会直属的"中央企业",在财产组织和产权结构上都是国有独资公司性质,所以自然垄断产业的产权结构改革有必要从"中央企业"改起,而且从母公司改制入手,将现有的母公司(总公司)的国有独资公司先改制为国家绝对控股公司(国家持股50%以上),再逐步改制为国家相对控股公司。

20世纪80年代末期以来,发达国家的公司产权结构发生了很大变化。用美国沃顿商学院教授迈克尔·尤西姆(Michael Useem)的话讲,美国的产权制度正在从由经理人事实掌握全权、不受监督制约的"管理人资本主义"向由投资人控制监督经理层的"投资人资本主义"转化。这一转化的一个明显特征就是资本市场结构的改变,各种机构投资者所占的比重越来越大。机构投资者在美国企业资产中所占的比重已经从1950年的6.1%上升到1997年的48%。由于持股比重的上升,机构投资者对于任何一个经营不善的企业都不可能简单地采取"用脚投票"的方式来解决。因此,美国的机构投资者已经一改历史上对公司治理的消极被动的态度,开始向积极参与公司治理和战略管理的方向演化。20世纪90年代初,美国5家大公司的董事会(IBM、通用汽车、康柏、AT&T和美国捷运)在机构投资者的压力下先后解雇了首席执行官,迫使公司领导班子从根本上改变经营战略,就是这种"投资人资本主义"改革中的典型事件。所以,自然垄断产业不仅要强调公司整体改制,吸收国内外战略投资者和国内民营企业投资入股,而且还要强调整体上市。积极支持资产或主营业务资产优良的企业实现整体上市。只有整体改制和上市,才有助于真正转换企业经营机制,建立现代企业制度。

在我国,要在自然垄断产业发展多元股东持股的国有企业集团,必须大力培育各种机构投资者,包括证券投资基金、社保基金等各种基金、保险公司、证券公司、金融资产管理公司以及引进境外机构投资者等。由于资金投入量大,机构投资者有动力也有能力介入企业集团的法人治理结构建设当中。

深化自然垄断产业产权结构改革,必须建立有效的民营资本进入和国有资本退出的通道和机制。目前,我国自然垄断产业中国有资本比重过大,存在"一股独大"现象。国有资本"一股独大"现象的普遍存在,使得企业即使改组为股份有限公司甚至成为上市公司，企业集团母公司与作为子公司的股份有限公司的领导班子"两块牌子，一套人马"的现象比比皆是，法人治理结构的架构和运作仍然难以脱胎换骨，为此，必须建立有效的民营资本进入和国有资本退出的通道和机制，坚定不移地实行国有资本减持的方针。当前，在竞争性产业领域，要加大国有资本减持的力度。在自然垄断产业领域和公益事业领域，本着渐进的原则，不断减持国有资本的比重，以相对控股为目标。目前，我国非国有经济有了较快发展，为向有实力的民营企业有偿转让国有产权创造了一定条件。同时，应该鼓励经营者持股和管理层收购（MBO），完善职工持股会的运作机制。另外，要鼓励外商资本作为战略投资者买入国有股份和收购国有资产。在这方面，中国证监会、财政部和原国家经贸委共同发布的《上市公司国有股向外商转让暂行办法》将对拥有上市公司的企业集团的产权结构调整和法人治理结构的规范化运作起到一定的促进作用。

在民营资本进入方面，关键是要取消所有制歧视的进入壁垒，在国有资本、民营资本和外商资本之间实行统一的进入机制，不能在注册和审批方面宽待国有资本和外商资本，对民营资本刁难和歧视。据有关机构调查，在市场经济较为发达的广东省东莞市，在其80多种行业中，国有资本进入的有72种，外商资本进入的有62种，而允许国内民营资本进入的只有41种。在市场进入条件上对国内民营资本存在着明显的所有制歧视。这种情况在其他省份和地区要更为明显一些。另外，目前有些产业领域虽然没有明文规定不准民营资本投资经营，但与国有企业和外资企业相比，面临着更多的事前审批。在项目审批、土地征用、信贷资金、上市审批等一系列环节上，民营资本面临的困难也要比国有资本和外商资本大得多。不取消这种歧视性的进入壁垒，民营资本很难发展壮大，自然垄断产业国有企业和国有独资公司"一股独大"的格局也就难以打破。

（二）治理模式改革

1998年，由西方发达国家组成的经济合作与发展组织（OECD）理事会召开部长级会议，提议OECD与各国政府和有关国际组织共同制定一套公司治理结构的标准和准则。经过专门委员会一年的工作，1999年5月通过了"OECD公司治理原则"。这一公司治理的基本原则是：（1）治理结构框架应保护股东权利；（2）治理结构框架应确保所有股东，包括小股东和非国有股东受到平等待遇，如果他们的权利受到损害，他们有机会得到有效补偿；（3）公司治理框架应确认利益相关者的合法权利，并且鼓励公司和利益相关者在创造效益和工作机会以及为保持企业良好财务状况而积极地进行合作；（4）治理结构框架应保证及时准确地披露与公司有关的任何重大问题，包括财务状况、经营状况、所有权状况和公司治理状况的信息；（5）治理结构框架应确保董事会对公司的战略性指导和对管理人员的有效监督，并确保董事会对公司和股东负责。这些基本原则总结了良好的公司治理所必备的共同要素。尽管好的公司治理结构没有统一的模式，但如上原则是得到国际社会普遍认同的。OECD 的这些原则与我国《公司法》是基本一致的，经过这一提炼，使我们对建立自然垄断产业中的法人治理结构时必须掌握的要点更加清晰。我国公司制改制正在进行之中，自然垄断产业国有企业改制就是对原有企业的领导体制、组织制度、治理机制的重大调整。但是如果迁就旧体制，使改制企业的法人治理结构被扭曲，将来为此还要付出更大的代价。

目前的公司治理结构盛行股权逻辑，即股东利益至高无上。按照发达国家 1989 年以来的利益相关者实践，除了传统的股东外，党委、债权人、高管、职工、供应商、客户、社区以及其他外部主体（如女权组织）都有必要介入公司的内部治理。对自然垄断产业国有企业而言，如此多的利益相关者都要介入公司的内部治理，虽然有助于决策的民主化和科学化，但毫无疑问要大大地增加公司运行的成本。根据成本与收益比较原则，根据国有企业特点，我们提出最有意义也最具有可行性的是增加债权人和职工两类主体介入公司内部治理。根据资本理论，企业由三类资本构成，包括自有资本、借入资本和人力资本。自有资本出资者控制和主导公司内部治理的一切理由和依据，对借入资本和人力资本同样成立。在这种情况下，借入资本出资者和人力资本出资者介入公司内部治理也就顺理成章。现有的制度安排是监事会由股东代表、职工代表和独立监事三部分组成，现需要增加债权人代表席位，建议重新调整监事会结构，股东代表、职工代表、债权人和独立监事四类利益相关者各占 1/4 的席位。如果企业资产负债率超过 50%，可由最大债权人担任监事会主席。比起外部董事、外部监事、内部职工、一般股东等利益相关者，债权人有更大的动机和能力介入公司内部治理。我们深信，债权人的介入将有助于公司治理的规范化和民主化运行。

理顺企业干部人事管理是建立规范的公司治理结构的关键，而理顺企业干部人事管理的关键在于企业高层领导的产生机制。党的十五届四中全会通过的《中共中央关于国有企业改革和发展若干重大问题的决定》指出，要"积极探索适应现代企业制度要求的选人用人新机制，把组织考核推荐和引入市场机制、公开向社会招聘结合起来，把党管干部原则和董事会依法选择经营管理者以及经营管理者依法行使用人权结合起来"。这里，关于董事会依法选择经营管理者以及经营管理者依法行使用人权的问题，已经有了《公司法》的法定程序，问题的关键在于党委在企业中的作用及其实现的体制和机制。对此，2004 年，中央组织部、国务院国资委党委联合发布的《关于加强和改进中央企业党建工作的意见》做了全面的阐述。该《意见》强调：坚持党的领导、发挥国有企业党组织的政治核心作用是一个重大原则，任何时候都不能动摇。要建立健全企业党组织发挥政治核心作用、参与企业重大问题决策的体制和机制，保证、监督党和国家方针政策在中央企业的贯彻执行。该《意见》明确了党组织参与国有企业重大问题决策的主要内容，并强调要坚持和完善"双向进入、交叉任职"的企业领导体制。国有独资和国有控股公司的党委成员可以通过法定程序分别进入董事会、监事会和经理班子，董事会、监事会、经理班子中的党员可以依照有关规定进入党委会。凡符合条件的，党委书记和董事长可由一人担任，董事长、总经理原则上分设。未设董事会的企业，可以实行党委书记兼任副总经理、总经理兼任党委副书记的交叉任职模式；根据实际情况，党委书记和总经理（厂长）也可由一人担任。已建立法人治理结构的国有独资和国有控股公司，党委会和法人治理结构要通过建立健全议事规则，完善党组织参与企业重大问题决策的程序和工作机制。未设董事会的企业可以采取联席会议方式，由党委成员和经营管理班子成员共同研究决定重大问题。企业党组织要积极推动企业重大问题决策的贯彻落实。但目前在自然垄断产业中，仍然存在公司党委书记、董事长、监事长、总经理等高级管理者队伍建设中的多头任命问题，包括组织部系统、国资委系统等。如现有 150 家中央企业中，有 53 家企业的"一把手"干部（包括党委书记、董事长、总经理）由中共中央任命，由中央组织部进行考核。而几乎所有自然垄断产业中的骨干企业都包括在这

53 家中央企业之中。多头任命势必引发企业领导人中"谁任命就对谁负责"的心理和做法，进而使得党委、股东大会、董事会、经理班子、监事会之间的关系难以规范和协调。在此，我们建议，按照现代产权制度和现代企业制度的内在要求，今后由中央任命和组织部考核的仅限于党委书记，董事长、监事长和总经理需要按照《公司法》的治理程序产生。此外还需要从公司章程、各项工作规程和工作细则明确党委职能的具体实现机制，包括党委参与决策和意见表达的内容、环节、方式。

目前，我国自然垄断产业国有企业董事、监事、经理层等高管队伍来源比较单一，特别是企业"一把手"的产生只有行政任命一条路径，这样一种"相马"机制，由于"伯乐"的局限性往往难以产生真正的"千里马"。因此，中央企业需要变"相马"机制为"赛马"机制，敞开门路，广纳人才，在总结企业高管副职公开招聘经验的基础上，实行企业高管"一把手"公开招聘，除了以往的招聘来源外，还需要特别注意招聘对世界 500 强中的外国企业高管和中国 500 强中的民营企业高管开放，形成中央企业董监管队伍的职业化和多源化。

在自然垄断产业中，应该鼓励已经上市的国有控股公司对企业集团内的原有各级公司进行整合，由原有的"总公司—分公司"体制一律改组为"母公司—子公司"体制。为此需要对自然垄断产业国有企业进行内部重组。目前，国有垄断企业组织幅度过宽，跨距过长，需要精简企业组织机构，对层级过多的下属企业进行清理、整合。按照 2006 年 12 月 5 日《国务院办公厅转发国资委关于推进国有资本调整和国有企业重组指导意见的通知》的精神，通过关闭、破产、撤销、合并、取消企业法人资格等措施，今后自然垄断产业内原则上将管理层次控制在三级以内，即母公司—子公司—孙公司。要完善大企业的母子公司体制，强化母公司在战略管理、资本运作、结构调整、财务控制、风险防范等方面的功能。

（三）竞争模式改革

自然垄断产业改革强调竞争导向，要以有效竞争准则来评价自然垄断产业的改革成效。有效竞争一般多是寡头竞争结构。塑造寡头竞争的市场结构，除了扶持新企业的进入这一措施外，政府一般容易诉诸分拆重组现有垄断企业的思路。关于分拆的路径，一般存在横向分拆、纵向分拆两种基本分拆方法。横向分拆指的是按照地域进行分拆。纵向分拆是指按照业务进行分拆。通过横向分拆导入竞争的关键在于分拆后的各个企业能够彼此自由进入，否则只能是一个全国垄断商变成了多家区域垄断商，类似"军阀割据"局面，垄断依旧。例如，2002 年通过分拆中国国家电力公司形成的国家电网公司和南方电网公司，不存在任何实质意义上的竞争。通过纵向分拆导入竞争的关键在于必须在每一个业务领域至少有 2 家以上的竞争者，否则只能是一个综合垄断商变成了若干家专业垄断商。例如，1999 年通过对中国电信一分为四的纵向分拆形成了新的中国电信集团公司（经营固定网络和业务）、中国移动通信集团公司（经营移动网络和业务）、中国卫星通信集团公司（经营卫星通信业务）、国信寻呼公司（经营无线寻呼业务），4 家电信公司之间没有任何实质性的竞争，分别仍是各自业务领域内的专业垄断者，"卖油的卖油，卖醋的卖醋"，彼此毫无竞争关系。所以这种分拆被专家评价为"没有任何意义，甚至可以说是误入歧途"，"1999 年，按业务的'竖切'拆分，实际上是在引入竞争的改革中走了弯路，以后还须对这次改革留下的后遗症'补课'"①。2001 年，中国政府不得不对中国电信集团公司再次进行横向分拆，经过重组形成了新的中国电信集团公司（经营南方 21 省固定电信业务）和中国网络通信集团公司（经营北方 10 省固定电信业务）。至此，电信产业领域 6 家基础运营商较为充分的竞争格局和无线寻呼及电信增值业务充分竞争的局面已经形成。

　　然而，电信 3G 技术的发展以及国际竞争的压力使得中国电信领域再次面临重组的迫切要求。这也是 2001 年电信第二次分拆重组留下的未决问题。因此，有效竞争市场格局的形成必须与运营模式有机结合起来，为适应技术进步和市场变化留下余地和空间。根据国务院办公厅 2006 年 12 月 5 日下发的《关于推进国有资本调整和国有企业重组指导意见》的精神，我国开始不断加大国有企业重组的步伐，中央企业的数量不断减少，2003 年为 196 家，2007 年 7 月为 155 家，2007 年 12 月为 153 家，2008 年 1 月 18 日为 150 家。到 2010 年中央企业要调整和重组至 80—100 家，届时将会出现中央企业的数量"少而精"的局面。国有垄断企业的重组，

---

　　① 参见王学庆等《管制垄断》，中国水利水电出版社 2004 年版，第 105 页。该书是国家发展和改革委员会宏观经济研究院重点课题和联合国计划开发署资助的研究项目的最终成果。

为民营企业和外资企业的进入腾出了空间。在这一轮国有资本调整和国有企业重组过程中，自然垄断产业的调整和重组也即将开始，特别是在电信、电力、民航、石油、广电、邮政、铁路等全国性垄断行业，3—5 家综合运营商进行寡头竞争的有效竞争格局将会形成。

（四）运营模式改革

传统自然垄断产业都坚持一体化垄断经营。对自然垄断产业而言，基本上都存在一个基础网络，在基础网络与网上的运营活动之间，如电力输电网络与发电、配电，电信和有线电视网络与运营业务，铁路的路网设施与客、货车运营之间，都存在着"接口"在何处和如何"连接"的运营结构选择问题。在能够引入竞争的环节尽可能地引入竞争，并在自然垄断部分和竞争部分之间形成平稳连接，以在改善激励效果的同时实现规模经济、范围经济、关联经济和网络经济。合理界定自然垄断和竞争性之间的边界只是必要的一步，关键在于两者之间能否形成平稳过渡抑或"无缝连接"的业务运营结构。

美国 1996 年颁布新电信法，打破国内所有电信市场的界限，允许各类公司经营原来禁止经营的业务，其中最主要的是打破长途与本地的界限，以及电信网、计算机网和 CATV 网的界限，推进三网合一。从 AT&T 分离出来的 7 家地区小贝尔（Baby Bells）可以在美国电信市场与长途电话企业竞争，三大家长途公司（AT&T、MCIT 和 SPRINT）也可以自由进入地区电信市场。美国电信业一时间蓬勃发展，年投资额高达 1000 多亿美元，长途电信价格大幅降低。虽然给消费者带来了一时的利益，但网间互联问题没有得到解决，本地市场有效竞争也没有形成，各运营商所属网络各自为政难以形成规模效益，2000 年以后，大批电信企业开始倒闭，甚至三大电信巨头（AT&T、Worldcom、SPRINT）都濒临破产，Worldcom 这家世界第二大通讯公司已于 2002 年破产。在今天看来，网业分拆后的地方贝尔电话公司的日子并不好过。随着新一代网络技术的发展，市场对"小贝尔"提供的业务的需求正在日渐萎缩，由 AT&T 分拆出来的 3 家地方电话公司 VERIZON、SBC 通信公司、南方贝尔公司现在分别背负了 600 亿美元、300 亿美元、200 亿美元的债务。专家指出，正是那种将长途与区域电话业务人为地剥离开来的不合理做法，造成小贝尔们的经营模式日渐过时。美国联邦通信委员会（FCC）主席迈克尔·鲍威尔（Michael

Powell）也不得不承认美国政府对目前的问题负有一定的责任。对于目前的形势，他认为"小贝尔"要渡过难关，最合理的做法是"小贝尔"与三大长途电话公司之一展开合作。这一做法显然是回到了分拆以前的运营模式。

我国对电信、电力等垄断行业的横向分拆和纵向分拆都已经显示了局限性，因为拆分的结果，原来的综合垄断商变成了专业垄断商，原来的全国垄断商变成了区域垄断商，垄断依旧。例如，电力拆分后形成的国家电网公司和南方电网公司，不存在任何实质意义上的竞争。"厂网分开，竞价上网"不仅竞争成分有限，而且交易成本很高，电价居高不下，而且经常处于"拉闸限电"的尴尬境地。因此，从经济效益、技术进步、国际竞争力等因素出发，在市场经济条件下，政府最好不要轻易限定企业的业务范围，究竟选择何种地域和何种业务，应该是企业自主权的范围。而塑造3—5家彼此业务重合的综合运营商为主体的寡头竞争模式，可能是一种较为理想的模式。这不仅可避免分拆式改革带来的巨大震荡，而且可以增进规模经济、范围经济、关联经济、网络经济等经济效应，提高我国产业的国际竞争力。

（五）价格模式改革

自然垄断产业的改革的目标是按照产业运行的内在规律找到有效的市场化导向的企业运营模式，提高资源配置效率，强化产业的国际竞争力，真正做到"强企、兴业、惠民"。而这一切最终都要体现在价格上。目前，我国自然垄断产业的价格属于严格的国家定价或者国家指导价范畴，企业基本上没有自主权。现在看来，我国自然垄断产业的总体价格偏高，价格结构不合理，价格运行机制不规范，互联互通的接入价格不合理，普遍服务机制没有充分建立起来，价格的市场形成机制远远没有建立起来，价格难以对资源优化配置起到有效调节作用。以电力价格改革为例，国务院办公厅在2003年7月颁布了《电价改革方案》后，电价管理有所规范，实行了差别定价和分时电价制度（如实施尖峰电价、避峰用电补偿办法、发电侧与销售侧峰谷电价联动和丰枯季节性电价），建立了煤电价格联动机制的政策等，但这些进展仍属于"小打小闹"式进展，价格的市场形成机制并未形成。近些年来，电力价格水平不降反升，就是明证。按照世界银行驻华代表处高级能源专家赵建平的评价，电价是在中国所有的资源型产品的价格改革中最不成功的改革。原因在于，从 2002 年电力改革至今，审批立项、制定电价政策和核定电价的权力一直在国家发改委，特别是电价，行政审批的力度不但没有放松，反而有所强化。中国目前的电价定价机制与国家的资源节约型社会很不符合，在运行过程中不利于降低整个运行系统的成本，也不利于鼓励降低运行成本和降低整个电的消耗[①]。

所以，今后自然垄断产业的价格改革，总体趋势是需要根据竞争程度不断放松价格规制程度，通过不断强化市场竞争的方式促进价格水平的不断下降和价格结构的优化。当然，在不断放松进入规制和价格规制的同时，需要强调各个运营商普遍服务的义务。为此，自然垄断领域的各个产业都需要设立普遍服务基金，按照可获得性、可承受性和非歧视性的普遍服务要求，建立合理的普遍服务补偿机制，保证自然垄断产业提供的基本服务均等化，促进"惠民"与和谐社会建设。

（六）规制模式改革

现实中，为数很多的垄断并非自然垄断，它们不是来自经济需要，而是来自人为的安排，通常是通过政治权力的行使而产生的。在这些情况下，垄断通常是由政府授予的，并非出自鼓励引进新产品（正如专利权一样）的目的。相反，一个供应者被授予独家经营一种现有产品或服务的权利，而其他所有供应者则被排除在外。这样，竞争的自然状态经过法令而转化为一种法定的行政垄断。人们看到的垄断的福利损失（无谓损失）更多地与此相关。自然垄断产业的低效率也更多地与此相关。因此政府规制体制改革必然成为自然垄断产业改革的题中应有之意。中国规制改革总的来讲是要顺应世界潮流而放松规制，制止目前强化规制的倾向。在此我们郑重建议：

第一，强化竞争，放松规制。规制是竞争的剩余，凡是能够展开竞争的领域都要放开竞争，能不规制就不规制。即便是所谓"市场失灵"的领域，也不一定意味着规制的必然和必要，因为同样存在"规制失灵"问题，即规制得不偿失，规制成本大于收益。在某些情况下，规制失灵加剧了市场失灵，尤其是政府可能会以加剧市场缺陷而不是减轻这些缺陷的

---

① 参见祝慧《电价改革又陷困惑？》，《中国经济时报》2006 年 7 月 14 日。

方式推动无效率的结果的产生①。按照经济合作与发展组织（1999）的统计，美国政府用于实施规制的开支占国民收入的比重约为30%，虽然低于 20 世纪 80 年代初期的 33%。但是，这种统计并没有包括政府法令规定的企业或居民的开支，例如，环境规制政策要求居民必须在自己的汽车里装上一个反污染装置。虽然形式上没有表现为政府的直接支出，但由于居民必须按规定支出这笔费用，因此，从规制的社会成本角度而言，居民支出的性质与政府支出并无差异，而此类支出大概要占国民收入总额的 10% 左右。美国著名经济学家霍普金斯（Hopkins）曾估计，到 2000 年，美国联邦规制的直接成本将达到 7210 亿美元，相当于对美国每个家庭年征税 6800 美元。2000 年联邦总支出的规模大约为 1.9 万亿美元，上述规制成本相当于联邦总支出的 40%。

从最近 30 年国外放松规制的实践来看，旨在放松规制的改革取得了很大成效。（1）降低了自然垄断产业的收费水平；（2）收费体系多样化；（3）使服务多样化；（4）使企业提高效率和有活力；（5）通过削减行政费用减轻国民负担；（6）在宏观上由于降低收费水平和使服务多样化扩大了消费和投资，从而为经济增长率提高作出了贡献②。从实证分析的结果来看，美国通过进入和退出规制的解除以及定价的自由化，一年的总福利增加 350 亿—460 亿美元（1990 年价格）。其中，消费者从价格的降低和服务质量的提高中获得了 320 亿—430 亿美元，而生产者从效率的提高和成本的降低中一年获得大约 30 亿美元。若排除现仍存在的市场扭曲，每年还可获得 200 多亿美元的收益。这其中还不包括解除规制对创新的积极影响：这种创新可以使各产业运营成本降低 1/4—1/2。有学者比较了 1956—1974 年美国、加拿大两国铁路部门的生产率增长：两国的铁路部门技术相同，但美国的铁路部门规制较严。美国的规制大大降低了其生产率增长速度。据估计，如果美国铁路（0.5% 的增长率）能达到与加拿大铁路同样的增长速度（3.3%），则 1974 年铁路提供服务的成本会减少 138 亿美元（1985 年价格）。据测算，美国铁路规制取消后，年运营成本

---

① ［美］W. Kip Viscusi 等：《反垄断与管制经济学》第 3 版，陈甫军等译，机械工业出版社 2004 年版，第 29 页。

② 参见植草益《微观规制经济学》，中国发展出版社 1992 年版，第 184 页。

1985 年比 1980 年下降了 26%，而同时运输量保持不变，投资还有增长。其他国家放松规制的收益也是很可观的。

目前，我国中央政府一年需要完成行政规制 28000 件，而日本只有 2800 件，韩国 3000 件①。由此可以想象我国政府规制成本之高昂。对自然垄断产业而言，国有制和加强规制是相互替代的两种手段，但在我国，自然垄断产业的运营既保留纯粹的国有制（国有独资公司），同时又是加强政府规制，可谓双管齐下。面对国外放松规制的浪潮，我国也应该顺应国际潮流，总体上采取放松规制取向的改革。面对"市场失效"和"规制失效"这种"甘瓜苦蒂，天下物无全美"的境地，我们只能采取"两害相权取其轻"的态度，宁可容忍"市场失效"，不一定非要进行规制不可。正如美国总统里根在其执政时期在 12291 号总统令中所提出的："除非管制条例对社会的潜在收益超过了社会的潜在成本，否则管制行为就不应该发生。"②

第二，在规制机构设置上，最好成立综合性的规制部门。目前，我国规制部门的设置是专业规制的思路，如众所周知的金融领域的银监会、证监会、保监会等。专业规制体制容易分工过细，性质趋同，职责交叉，造成政出多门、多头审批、多头监管的弊病，可谓"上面千条线，下面一根针"，规制成本高昂。根据"大部制"的改革趋势，我们应该强调综合规制部门的设置，如成立能源监管委员会、交通监管委员会、金融监管委员会、通信监管委员会，等等，而不是在每一种能源领域、交通领域、金融领域、通信领域分别成立相应的非常细致的专业规制委员会。根据这一思路，今后应该重点整合电监会、煤矿安全监察局（现挂靠在国家安全生产监督管理总局）、国家发展和改革委员会能源局（目前实施对石油、天然气、煤炭、电力等能源的管理）等部门的职能，成立能源监管委员会（或能源部）；应该整合铁道、民航、公路、航运、出租车等部门职能，成立交通运输监管委员会（或交通运输部）；整合信息产业部、广电总局、新闻出版总署等部门的职能，成立信息监管委员会，等等。无论是

---

① 参见杜钢建《政府职能转变攻坚》，中国水利水电出版社 2005 年版，第 46 页。
② ［美］W. Kip Viscusi 等：《反垄断与管制经济学》第 3 版，陈甬军等译，机械工业出版社 2004 年版，第 17 页。

就交易成本还是管理效率而言,综合规制部门都要优于专业规制部门。从机构运行看,综合性规制有助于保持机构必要的稳定和衔接,避免频繁的行政机构改革使规制机构出现无所适从的"真空"状态。以煤炭生产和安全规制为例,1988年煤炭部并入能源部;1993年撤销能源部,恢复煤炭部;1998年撤销煤炭部,国家经济贸易委员会下设国家煤炭工业局;2000年1月,成立国家煤矿安全监察局,2000年12月,设立国家安全生产监督管理局,原由国家经贸委承担的安全生产监督管理职能,将划归国家安全生产监督管理局。原国家煤矿安全监察局承担的职能不做调整,实行"一个机构、两块牌子",行使双重职能,凡涉及煤矿安全监察方面的工作,仍以国家煤矿安全监察局的名义实施;2001年3月,撤销国家煤炭工业局,有关行政职能并入国家经贸委;2003年3月,国家经济贸易委员会撤销,在国家发展和改革委员会下设能源局,作为能源综合管理机构。2005年2月,国家安全生产监督管理局又升格为国家安全生产监督管理总局。迄今,国家煤矿安全监察局仍挂靠在国家安全生产监督管理总局下,继续沿用"一个机构、两块牌子"的做法。如此频繁的机构调整,使煤炭规制机构和管理人员感到无所适从,缺乏预期和积极性,煤矿事故的频发也就不难找到个中缘由了。

在政府规制体系内部,需要尽快理顺职能关系,解决越位、错位、不到位等"归位"问题,例如电监会于2002年成立,然而至今电价、投资等审批权仍然掌握在国家发展和改革委员会手中。电监会仍把组建区域电力市场作为主要职能实在是有悖于电力规制的使命。另外,立法先行是国外政府规制设立的一般经验。但由于我国规制立法滞后,往往造成规制机构成立后处于"无法可依"或"不合法"的尴尬境地。如电监会2002年成立,而1995年制定的《电力法》一直没有修改,该法确定的执法主体是当时的电力工业部,而1998年的政府机构改革中已经撤销了电力工业部,直到2005年国务院《电力监管条例》颁布,电监会作为电力规制机构或监管机构的尴尬地位才有所缓解。

第三,在规制内容上,应该加强的是社会性规制,逐步减少经济性规制。涉及环境、健康、安全、质量等方面的规制无论如何都是长期需要加强的政府职能。而我们所倡导的放松规制主要是就经济性规制而言的,特别是进入规制(如投资审批、行政许可)和价格规制,更应该在尽快放松规制之列。市场经济的本质在于自由进退和供求调节，进入规制结果是保护了在位者（the Incumbent）的既得利益，固化了垄断利益。价格规制的结果扭曲了价格信号功能，容易造成稀缺资源的误配现象。如石油价格规制，政府让本已处于垄断地位的石油商固定价格，然后出上百亿元巨额财政补贴给石油商，无论对于民车还是公车而言，岂不是造成"穷人补贴富人"的效应？放松进入管制，特别是行政性和歧视性的进入管制，鼓励民营资本和外商资本进入自然垄断产业领域。而且，应该实质上取消对民营资本的"非国民待遇"和外商资本的"超国民待遇"做法，凡是对外商能够开放的产业领域应该首先对民营资本开放。

第四，在经济性规制上，应该加强的是市场秩序规制，慎用非对称规制。非对称规制有悖于公平竞争准则，一定要慎重使用。1994 年以来，我国在电信领域对中国联通给尽了各种扶持政策，结果仍无济于事。最后，政府不得不诉诸对原中国电信进行分拆的措施。目前，在电信、电力、广电等领域，无序竞争和恶性竞争的事件时有发生，甚至曾经发生过部门之间流血冲突的严重事件。如 1997—2000 年间，湖南电信部门和广电部门为争夺"有线电视传输权"，先后发生了上百次流血冲突，湖南省长沙、株洲、浏阳、临湘、湘潭、湘乡、邵阳、洞口、衡阳、怀化等40 多个县市，流血冲突造成的人员伤亡超过 100 人。而且，双方都能拿出现行的法律法规当依据。即使在电信内部，恶性竞争事件也不时地发生，例如中国铁通在福建、上海、内蒙古、甘肃、重庆、河北等地的分公司通讯设备遭其他通讯公司人为破坏、员工被殴打的事件。对于诸如此类的恶性竞争和无序竞争事件，恰恰是政府规制部门应该介入和管理的事情。

二　中国自然垄断产业改革的路径选择和风险控制

自然垄断产业改革模式的设计，仅仅为改革描述了"彼岸"的美好远景。可是我们现在却在"此岸"。问题在于如何从"此岸"通往"彼岸"，是"摸着石头过河"还是"造船"抑或"修桥"，等等，这涉及改革的路径选择问题。路径选择不当，再美好的设计也只能是海市蜃楼般的"乌托邦"。

20 世纪 80 年代以来，从传统计划经济向现代市场经济的转轨过渡中形成了两种截然不同的思路和路径，即"激进式改革"和"渐进式改革"

两种思路和路径。"激进式改革"又称"休克疗法"，是苏联和东欧各国进行经济和政治改革所采取的基本方式。"渐进式改革"则是中国在经济体制改革中逐渐形成的改革方式，具有鲜明的中国特色和深刻的历史文化背景。

激进式改革和渐进式改革在众多方面都是不同的，对于它们的利弊优劣国内外经济学界和政治学界一直有着不同的看法。众多国外的专家学者以西方经济学理论为依据，认为激进式改革优越于渐进式改革，主张中国进行激进式改革向市场经济过渡。然而，出乎意料的是，渐进式改革在中国过去30年的改革实践中获得了成功，中国经济长期持续快速发展，被称为"中国的奇迹"；相反，激进式改革在苏联和东欧各国却遭遇了惨败，引发了社会和经济的各种混乱。实践促使理论界进行反思。于是，对于中国为样板的渐进式改革的研究也就因此成了世界性课题，引发了广泛的理论探讨。

然而，"激进式改革"还是"渐进式改革"的讨论，背景是发生在竞争性产业领域。对于垄断性产业领域而言，世界范围内的改革至今仍在进程当中。即便是美国和英国，在自然垄断产业改革过程中，也出现了种种问题。例如，在电力领域，2000年，美国加州发生了电力危机，造成大面积停电现象。2003年，发生了历史上罕见的美国、加拿大电力危机，造成更大面积的停电现象。英国从1990年开始实行单一购买机构（强制电力库），运行10年后，发现发电侧缺乏竞争，易受操纵，成为发电商俱乐部。在此期间，发电成本下降了25%—40%，但终端价格没有下降，是一种并不成功的改革。所以英国从2000年3月27日起取消了强制性电力库，实行双边合同主导的新交易规则。而且实行彻底厂网分开的后果，使得英国丧失了国内电力公司的市场，成为外国电力公司的天下。目前，英国的售电市场被美国和法国垄断了一半，法国甚至还控制了伦敦的售电线路和全部用户。2000年3月欧盟首脑会议上，法国否决了欧盟进一步加快开放电力市场的安排。在铁路运输业，英国自20世纪90年代以来，对具有自然垄断性质的铁路业开始分拆为几家私人公司，曾被看做是欧洲铁路经营模式的范本。但进入21世纪以来，由于设备老化、投资减少、管理不善、车厢拥挤和服务质量低劣以及重大事故频繁等原因，顾客强烈不满，英国铁路业陷入了极其混乱的状态，负责经营路轨和其他设施的英国线路公司因资不抵债已经破产，一些铁路运营商也正面临着破产的威胁。英国运输大臣承认自私有化以来，英国铁路网的情况越发糟糕，法国运输部长称，英国的铁路系统已经变成世界上最糟糕的铁路系统。① 这一现实使得欧盟开始重新审视铁路的改革模式，对铁路业的开放和竞争进程采取更为谨慎的态度。在电信业，1998 年，巴西政府对国有电信公司进行解体和重组，将其分拆为 12 家公司：1 个长途公司，经营长途和国际、数据、互联网（拥有拉美地区最大的互联网骨干网）及传输业务等；3 个区域公司（北部、南部和大圣保罗地区），经营本地电话和区内长途业务；8 个移动电话公司，分区经营移动通信业务。然而，改革后曾经发生过一周之内全国通信瘫痪，连本地电话都打不通的难堪局面。现在，长途公司由美国公司绝对控股，并占有该国 90% 的长途市场份额；圣保罗电信公司由西班牙公司控股；南部电信公司由意大利电信控股；北部电信公司由国内财团把持；移动电话公司也大部分由外资控制。发达国家自然垄断产业改革过程中的这些深刻教训，告诫我们一个基本的道理，即自然垄断产业的改革要比竞争性产业的改革不知要困难多少倍。在这种情况下，自然垄断产业的改革更是需要"整体渐进式"的改革思路，系统设计，同步配套，渐进实施。

这里，我们以时间进程考察较为成功的英国电信、邮政从政府垄断到市场竞争的演变路径，希望为我国自然垄断产业的改革路径提供有益的启示和借鉴。

英国是欧洲电信规制改革的先驱，1981 年《电信法》颁布，规定邮政、电信分开。1982 年政府允许 Mercury 通讯公司建立国内第二个固定电信网络，与当时的垄断运营商 BT 展开竞争，标志着固话领域的"双垄断寡头格局"形成。在 1984 年修改了电信法，允许水星通讯公司经营基本电信业务，形成了移动通讯领域的双寡头垄断。1991 年又颁布"竞争与选择"白皮书，结束了 20 世纪 80 年代的双寡头垄断竞争，到 1995 年已有 15 家公司被批准经营国际、国内长途或区域基本电信业务。伴随着引入竞争，BT 公司在 1984 年改制为股份公司，并部分让政府持有股份，1991 年出让了全部股份，在 1998 年实现了电信市场的全面开放。此后，

① 参见新华网 2002 年 3 月 13 日。

英国电信产业在放松规制后对主导运营商的再规制和保护用户利益方面建立了一系列比较完善的制度。整个进程和路径详见表0-1。

表0-1　　　　英国电信市场从垄断到完全开放的进程和路径

时间	标志性事件
1969年	1969年10月，邮政法将邮政总长领导的邮政总局（GPO）改组为由政府任命的主席领导的依法设立的公司，初步改变了政企不分的格局
1981年	工业大臣1980年宣布政府重组GPO和放松对电信终端设备和增值服务垄断的计划，提出将GPO分解为两个独立部分——英国电信公司（BT）和皇家邮政公司（Royal Mail）的议案，1981年议案获英国王批准，BT开始在执照约束下经营
1982年	Mercury取得建设和经营独立电信网络的执照，经营范围覆盖电信服务的所有领域
1983年	政府接受斯蒂芬·利特尔·蔡尔德（Stephen Littlechild）教授在一份报告中提出的以RPI-X%为公式的限制BT主要价格增长的建议，确定私有化的第一个五年限制公式为RPI-3%。同年，信息技术部长宣布双寡头垄断政策，将未来7年提供长距离固定网络运营商的数目限定为2家——BT和Mercury，同时决定设备供给和维护进一步自由化
1984年	BT被改组为股份有限公司，向公众出售51%，计3012百万股的股份
1986年	Band Three Radio Ltd.和GEC National One宣布取得长途无线移动执照
1988年	电信办公室（OFTEL）公布公用电话标准，酒吧、商店等设施的占据者可以购买、经营公用电话，结束了BT对公用电话的垄断
1989年	发放支线系统执照，允许人们租借公共电信运营者的线路并将空闲能力转租出去，从此，大量的人们开始经营自己的电信系统（包括住宅用户）
1990年	OFTEL决定，第一安装者的呼叫线路设施与公共网络的连接无须公共网经营者的预先检查
1991年	贸易和产业部公布了题为《竞争与选择：90年代的电信政策》的白皮书，宣布结束双寡头政策，再次出售1350百万股BT的股份，政府持股比例也由47.7%减至25.8%
1993年	Ionica L31 Ltd.取得使用数字微波连接的全国公共电信运营（TTO）执照，这是对双寡头政策进行评估以来发放的第一张PTO执照，同时要求BT公布其联网协议细节

时间	标志性事件
1995 年	OFTEL 公布题为《有效竞争：行动架构》的政策报告，提出了电信产业从过程竞争向竞争性市场结构转换的问题；OFTEL 公布题为"超越电话、电视和个人计算机"的咨询文件，提出了电信产业各个部分——电信、广播和相互服务收敛产生的问题；OFTEL 公布题为"普遍电信服务"的文件，强调满足教育和无能力者的市场结构下通过普遍服务机制向学校提供能够支付得起的先进服务以及普遍服务的补偿机制问题
1996 年	Cable & Wireless 宣布 Mercury 与 Bell Cablemedia、Nynex 及 Videotron 合并为新的 C&W Communications，贸易和产业部发放 44 张新的国际设施执照
1997 年	OFTEL 公布一揽子措施，以确保每个人都能获得支付得起的电话服务，在欠费的情况下仍可进行紧急呼叫和接听电话。OFTEL 就电话号码在运营者之间的可携带提出要求，规定所有移动运营商在 1998 年年底提供移动号码可携带服务，同时与主要电信运营商达成号码可携带协议，将此前只有 BT 承担的这个义务扩大到多个运营商，层次电话用户能够在不改变号码的情况下改变服务商
1998 年	OFTEL 宣布重组，以管制政策和执行委员会取得现行的 10 个分支机构，目的是创建一个更具灵活性和更好的结构对迅速变化的电信产业做出快速反应
1999 年	自 1 月 1 日起移动用户更换服务商可以保留原来的号码，这是世界上首次向用户提供这种服务
2000 年	自 1 月 1 日起，用户在更换电话公司时有权保留原来的电话号码
2001 年	注重评估市场竞争和服务质量，特别是 BT 的行为，公布更准确的市场信息
2002 年	BT 对 ISPs 控制引起广泛注意，OFTEL 对法国、德国、瑞典、英国、美国的电信服务进行比较
2003 年	由于引入宽带，BT 的 ADSL 用户数量减少缓慢，OFTEL 对 BT 宽带服务市场调查，结果认为：BT 没有违反竞争法

资料来源：转引自刘戒骄著《垄断产业改革》，经济管理出版社 2005 年版，第 51—52 页。

此外，英国邮政总局在政企分离和引入竞争的改革路径也为我们提供启示和借鉴。邮政总局是目前英国最大的按照国有企业经营模式运作的企业，而且是英国仅存的几家大型国有企业之一。在法律的保护下，邮政总局独家经营着邮资低于 1 英镑的所有国内信函，但是包裹、邮政特快、印刷品、出国信函、邮资高于 1 英镑的信函和门市服务均不在其垄断范围之内。2002 年 1 月,英国邮政管理委员会制定了开放邮政市场的战略,即"三步走"战略。第一阶段,从 2003 年 1 月—2005 年 3 月 31 日,开放4000 件以上(按单一营业场所、同一邮件类别计算)大宗邮件市场,以价值计算约占全国邮政业务的 30%。第二阶段,从 2005 年 4 月 1 日—2007 年 3 月 31 日,降低大宗业务的准入门槛,开放英国邮政约 60% 的专营业务。第三阶段,不迟于 2007 年 4 月 1 日起,取消所有准入限制,全部开放英国邮政市场,解除英国邮政的垄断经营地位,实现邮政的市场化经营。有关政企业分离、剥离竞争性业务和开放垄断性业务的详细情况见表 0 - 2。

表 0 - 2　　　　　英国邮政政企业分离和引入竞争的进程和路径

时间	标志性事件
1969 年	议会通过邮政法案,废除原邮政总局,加工邮政、电信和汇款等相关业务转予新的机构——邮政总局,并授权其独家经营信件和电信业务的垄断权
1977 年 9 月	政府宣布将电信业务从邮政总局剥离出来并成立单独的公司
1981 年 10 月	邮政总局承担的电信职能正式移交给英国电信,邮政业务(包括门市和汇款业务)仍由邮政总局经营
1986 年	将邮政总局按业务性质划分为皇家邮件(信件)、邮局门市(财务和零售服务)、包裹(包裹和邮政快件)和 Cirobank 银行(银行服务)四部分
1997 年	政府宣布在继续保留其国有性质的同时,给予邮政总局新的商业自由,使其在国内和海外都有较强的竞争力
2000 年	实施邮政服务法,成立邮政服务委员会,负责颁发邮政服务许可证、管制价格和服务质量、促进竞争和确保普遍服务。同时,将邮政总局的资产注入一家政府拥有 100% 产权的公司(the Post Office Group)。邮政服务法将专营领域限定重量在 350 克且资费在 1 英镑以下的信件,终止了拥有 340 年历史的邮政垄断法
2001 年	The Post Office Group 更名为 Consignia,但信函服务商标 Royal Mail 未变
2003 年	从 1 月起开放 4000 件以上的大宗邮件业务,约占英国邮政专营业务的 30%
2004 年	1 月起,Royal Mail 必须对延迟 3 天或以上的国内用户予以赔偿
2005 年	3 月起,开放英国邮政约 60% 的专营业务
2006 年	欧盟规定,从 1 月起,邮政专营范围收缩至重量低于 50 克且资费在基本服务费率 2.5 倍以下的邮件
2007 年	不迟于 4 月,取消所有市场准入限制,全部开放英国邮政市场,解除英国邮政的垄断经营地位,实现邮政的市场化经营

资料来源:转引自刘戒骄《垄断产业改革》,经济管理出版社 2005 年版,第 55—56 页。

可以看出，英国无论是电信还是邮政改革，始终是围绕开放与竞争这条主线来展开的。为了竞争，首先需要政企分开，企业化经营。然后，为了竞争，政府在不同时期相继进行了运营改革、产权改革、价格改革、规制改革，而治理改革则是伴随着产权改革同时进行的。同时，我们看到，在改革的力度、程度、进度等路径选择上，政府始终是分阶段按照步骤进行的，即走的是"渐进式改革"的路径。对中国而言，中国还是一个发展中国家，正处于全面的转型期，改革的范围、内容要比发达国家大得多，面临更多的约束条件，难度也自然大得多。在这种情况下，对自然垄断产业的改革，我们更是需要强调系统设计和整体推进，在产权、治理、竞争、运营、价格和规制等各个方面要多管齐下，彼此相互衔接和策应，不能再孤军深入，一拆了之。在步骤、时序、速度、程度等改革路径安排上需要同步实施，循序渐进。在具体改革时序和改革策略安排上，应该是竞争和运营模式改革先行，产权和治理模式改革紧随其后，最后着手进行价格和规制模式改革。这些方面需要密切配合，步步紧跟，时间上不能相隔太长。否则，改革由于措施不配套容易半途而退。目前，电信、电力、石油、航空等行业引入竞争的改革已经有了一段时间了，产权改革、治理改革、运营改革、价格改革和规制改革已经业已提到议事日程。从国务院国资委对中央企业的重组准备情况来看，产权、治理和运营三大方面的改革的条件和时机也已成熟，到2010年之前有望初步完成。待这些改革措施实施一段时间后，我们建议国家发改委立即着手启动价格和规制的改革。铁路、邮政、军工等中央企业目前应该按照上述先行改革的垄断行业模式和内容，尽快进入改革方案研究和方案制订阶段。

自然垄断产业改革思路和模式上需要系统设计和总体推进，改革路径和策略上需要循序渐进。而且，对具体垄断行业而言，产权、治理、竞争、运营、价格、规制等每一方面也同样需要循序渐进。以产权改革为例，我国自然垄断产业基本是国有企业一统天下，而且几乎是清一色的国有独资公司。在这种情况下，要从国有独资公司最终走向国有相对控股公司的产权结构改革目标，只能遵循渐进之路，即国有独资→国有绝对控股→国有相对控股。而完成这一过程大致需要2—3年的时间。在这一过程中，还需要规划产权改革的各种程序，进行精细化改革。经济学家约翰·穆尔（John Moore）根据英国民营化改革实践，把具体自然垄断产业中国有企业民营化的程序划分 4 个阶段和 12 个步骤（见表 0 - 3）。可见要完成这 4 个阶段和 12 个步骤，必须一定的时间。对此，世界银行经济学家 Prajapati Trivedi 在他设计的民营化改革程序中，对 10 个步骤所需要的时间作出了大致估计（见表 0 - 4）。

表 0 - 3　　　　　　　　　民营化改革的阶段和步骤

阶段　步骤	步骤 1	步骤 2	步骤 3
第一阶段	由政府官员、商业银行和管理专家合作进行可行性研究	向有关政府高层官员报告民营化的可能性、可供选择的方案和基本条件	政府高层官员对民营化的程序、最优方案等作出原则决定
第二阶段	从商业银行、咨询机构等选择专家顾问，提出民营化改革的建议	做好有关准备工作，如建立民营化改革的管理机构，设计吸引民营企业的办法，制定有关法规和管制措施	制定和调整民营化对象的资产负债表，以反映其资产质量
第三阶段	最终选择资产质量较好的民营化对象。为资产出售选择商业银行、经纪人和律师	对出售股份的数量、出售地点、出售方式等作出决策	在广告促销前考虑预期买主，建立民营化对象的良好形象
第四阶段	制定价格等方面的最终决策	在某一时间内，民营化对象的资产全部或部分出售	民营化过程结束

资料来源：John Moore，1986，Privatization in the United Kingdom，London：Aims of Industry，pp. 18 - 21。转引自王俊豪等《中国自然垄断产业民营化改革与政府管制政策》，经济管理出版社 2004 年版，第 160 页。

表 0 - 4 反映了一个典型的民营化改革程序大约需要 100—160 天的时间。但如果要完成一个相当复杂和较大规模的民营化改革项目，则可能需要 9—18 个月。这还是仅仅就产权结构改革而言，如果考虑到自然垄断产业改革是一项系统工程，涉及行业多，涉及面广，特别是考虑到那些政治敏感性强的治理模式改革、规制模式改革等方面以及涉及强大在位者既得利益集团利益的运营模式改革和竞争模式改革，自然垄断产业改革从开始

到结束往往需要更长的时间。正如民营化的先驱和主要倡导者、以不同身份参与 49 个国家的民营化改革实践的美国纽约城市大学萨瓦斯（E. S. Savas）所总结的："民营化与其说是经济行为，不如说是一种政治行动。需要持久不懈而又循序渐进的策略手段推进民营化，包括深入研究以获取内部支持，开展公关宣传以获取外部支持，推行税收改革以鼓励民营化，加强立法以扫除障碍，建立强大的利益相关者联盟以支持民营化。瓦解反对派联盟有时也是必要的。"① 在中国，我们同样不能否定部门、地区、产业、企业等利益集团的广泛存在，这些利益集团有的是改革的动力（如拟进入者），有的则是改革的阻力（如在位者），在这种情况下，改革的动力系统大于阻力系统是确保改革成功的必要条件。

表 0 - 4　　　　　　　　民营化改革的基本步骤及所需时间

基本步骤	所需时间
1. 向社会公众发出民营化改革通告	0
2. 接受感兴趣的购买者（投标者）的意见和建议	30—45 天
3. 将购买（投标）计划的要件交给被选择的企业	5—7 天
4. 收集关于购买（投标）计划的问题	15—20 天
5. 组织召开潜在购买者（投标者）会议	5—7 天
6. 将修改后的购买（投标）计划要件送交给被选择企业	2—3 天
7. 接收购买或投标计划书	15—20 天
8. 评价购买或投标计划书	16—20 天
9. 宣布中标的购买或投标计划书	7—8 天
10. 签订合同	5—30 天
整个过程所需时间	100—160 天

资料来源：Prajapati Trivedi，2000，How to Implement Privatization Transactions：A Manual for Practitioners，Danbury：Rutledge Books，Inc.，p. 8。转引自王俊豪等《中国自然垄断产业民营化改革与政府管制政策》，经济管理出版社 2004 年版，第 160 页。

---

① ［美］E. S. 萨瓦斯：《民营化与公私部门的伙伴关系》，中国人民大学出版社 2002 年版，第 144 页。

　　整体渐进式的改革思路还要求我们必须考虑到改革中可能出现的各种风险因素，并采取切实措施进行有效的风险防控。对于改革而言，"在总和的和个别的层面上，结果的不确定性都是转型的关键特征"①。"更重要的是，即使转型有一个明确的目标，也没有公认的理论说明如何达到这个目标。"在这种情况下，从操作层面上讲，改革过程中难免由于各种动态的社会政治经济因素特别是利益集团等人为因素而出现各种风险，消费者层面所面对的由于取消补贴和企业机会主义行为导致的价格上涨风险和服务质量下降风险，产业层面所面对的投资不足和投资"套牢"风险、外资撤离风险、产业关联风险（如电煤关系）、政府所面对的体制与政策风险、公共安全事故风险、国家经济安全风险（如能源问题）、改革自身由于各种既得利益集团的阻力而陷入"欲进不能，欲退无路"的"夹生饭"状态。面对改革风险的广泛存在，为确保改革的顺利进行，自然垄断产业改革应由相对独立的综合机构统一进行（如国家发展和改革委员会），加强配套改革和制度环境塑造，构建改革中的利益均衡博弈机制，一方面要建立制度化、规范化、程序化、公开、透明、公正的利益表达机制和决策参与机制；另一方面要实现利益调控制度化、制度建设民主化、民主制度程序化、民主程序法治化。要在制度层次上形成科学有效的利益协调机制、诉求表达机制、矛盾调处机制、权益保障机制。在整个改革过程中坚持"讲政治"，可以说是中国自然垄断产业改革的优势和特色所在。

　　总之，随着我国市场化导向的自然垄断产业改革实践的深入进行，随着市场机制在更大范围内、更大程度上对资源配置的基础性调节作用，中国自然垄断产业一定能够焕发生机与活力，成为我国 21 世纪带动我国经济增长和社会发展的新亮点。

---

① ［比］热若尔·罗兰：《转型与经济学》，北京大学出版社 2002 年版，第 25 页。

目　　录

第一章　自然垄断理论的演变与创新

第一节　自然垄断含义的演变

一　古典经济学的理解

最早提出自然垄断概念的是古典经济学家约翰·穆勒（John S. Mill）。在 1848 年出版的《政治经济学原理》中，穆勒在论述地租时，提出"地租是自然垄断的结果"这一论断。在该书中，穆勒还分析了英国伦敦的某些公共设施不应该实行竞争性经营。诸如煤气、自来水等产业如果由一家公司垄断经营，而不是像当时那样由多家公司竞争性经营，就会取得巨大的劳动经济性。如果由一家公司经营特定的公共设施，按照当时的利润率定价就可以大大降低收费价格。此外，穆勒还针对诸如铁路、运河、公路等自然垄断产业探讨了政府规制问题。穆勒指出：政府应从一般利益着想使这些领域中的经营活动遵守合理的规定，或保留控制这类经营活动的权利，以使公众能享有垄断利润带来的好处。当然，国家拥有这类自然垄断产业，而不必亲自经营，完全可以实行政府委托经营。对于委托经营，国家对于这类公共事业应保留将来收回的权利，或保留并自由行使规定最高收费的权利和经常变动最高收费的权利①。可见，穆勒在 150 多年之前就已经触及了自然垄断及其规制的基本问题。

1887 年，亨利·卡特·亚当斯（Henry Carter Adams）比较细致地探讨了自然垄断问题。亚当斯按照不变的规模效益、下降的规模效益和上升的规模效益三种情况把产业分为三种类型。对于第一、第二种类型产业，可以运用市场竞争机制，但对于第三种类型的产业即规模效益递增的产业

---

① 参见约翰·穆勒《政治经济学原理》下卷，商务印书馆 1991 年版，第 552—553 页。

应该实行政府规制。只有实行政府规制，才能维护大规模生产优势，同时避免垄断企业滥用垄断势力，保护消费者利益。显然，亚当斯把自然垄断的界定简化为产业的规模经济情况[①]。

托马斯·法罗（Thomas Farrer）于 1902 年最早对自然垄断的特征进行了描述，他把那些从来没有发生过竞争，或者发生竞争而最终失败的产业称为自然垄断产业，提出自然垄断必须具备以下 5 个经济特征：（1）该产业提供某种必须产品或服务；（2）该产业的厂址有天然优势；（3）产品不可储存；（4）存在规模收益；（5）用户需要稳定、可靠的供给，而这种供给通常只能由一个企业才能实现。应该说，法罗提出的自然垄断产业的 5 个特征是比较精确的，现实中的绝大多数自然垄断产业均具备这些特征[②]。

维塞尔（Friedrich von Wieser）可能是第一个区分现代垄断学说和古典垄断学说的经济学家。按照维塞尔在其《社会经济学》一书的观点，具有典型意义的真正的垄断是他所谓的"单一企业"，也就是和穆勒定义的自然垄断完全相同的组织。邮政就是一个极好的例子。"面对这种单一企业管理，竞争的原则是彻底破产了。如果于已在发挥功能的邮政之外又建立另一个平行的邮政网络，在经济上是不合理的；为房屋和管理必须耗费巨额钱财，却一无所获。"结论是，某种诸如价格规制式的政府规制是必要的[③]。

埃利（Richard T. Ely）于 1937 年提出了自然垄断的三种情况：（1）依赖于独特的资源；（2）依赖于信息封闭或者某种特定的优惠或专利；（3）依赖于产业的特殊性。在埃利看来，自然垄断可以定义为"不可竞争性"，这种"不可竞争性"可能来源于生产的规模经济状况。还有其他因素会使竞争自我破坏（self - destructive），所以从更稳定和更高效率来看，垄断是较好的供应来源[④]。可以说，埃利的这一界定与法罗的界定在方法上大同小异。

---

① 参见 Dorfman, J. , 1969, Two Essays by Henry Carter Adams, New York, Augustus M. Kelly, 转引自王俊豪《政府规制经济学导论》，商务印书馆 2001 年版，第 70 页。

② 转引自王俊豪《政府规制经济学导论》，商务印书馆 2001 年版，第 70—71 页。

③ 参见《新帕尔格雷夫经济学大辞典》第三卷，经济科学出版社 1992 年版，第 578 页。

④ 转引自王俊豪《政府规制经济学导论》，商务印书馆 2001 年版，第 71 页。

二　现代经济学的理解

现代经济学对自然垄断的理解基本上是在规模经济层面上理解的。如克拉克森和米勒认为：如果规模经济足够大，使得长期平均成本曲线在相应范围内向下倾斜，那么，就仅有一家厂家能够生存下去。这个幸存者就会把产出扩张到最大，并因而达到平均总成本的最大下降，它可用廉价出售的方法来竞争，最终把对手都挤出该行业。这种情况形成的垄断就是自然垄断①。这种概括和描述在相当长的时期里很具有代表性。在西方最新流行的经济学教科书斯蒂格里茨所著的《经济学》中，对自然垄断的理解也基本如此。斯蒂格里茨提出：在某些情况下，生产一种商品所使用的技术可以导致一个市场上只有一个厂商或只有很少几个厂商。例如，如果两家公司在一个城市的每一街道上同时架设电线，其中一家把电力输送到另一家用户，而另一家则负责隔壁另一用户的电力输送，那么，这将是缺乏效率的。根据这一道理，单独一个厂商通常是提供电话、水和燃气服务最有效的方式，这种情况被称为自然垄断②。一些权威的经济学词典通常也是这么界定。如格林沃尔德主编的《现代经济词典》认为：自然垄断是一种自然条件，它恰好使市场只能容纳一个有最适度规模的公司。自然垄断能否存在的决定性判断标准是，市场需求必须小得只要有一家成本不断降低的公司就能满足。

三　对自然垄断含义的新认识

当代经济学家对将规模经济看做自然垄断成因的观点提出了质疑。这种质疑始于对范围经济和成本劣加性的认识。詹姆斯·邦布赖特（J. Bonbright）曾指出范围经济在自然垄断形成中的作用。他认为，对于某些公共设施的服务来说，即使在单位成本上升的情况下，由一家企业提供服务也是最经济的（Bonbright，1961）。卡恩（A. E. Kahn）进一步指出，对将自然垄断理解为不断下降的平均成本或规模经济的观点应持谨慎态度（Kahn，1971）。丹尼尔·史普博（Daniel E. Spulber）在其名著《管制与市场》给自然垄断下的定义是："自然垄断通常是指这样一种生产技术特

---

① 参见克拉克森、米勒《产业组织：理论、政策和公共政策》，上海三联书店1989年版，第555页。

② 斯蒂格里茨：《经济学》（上），中国人民大学出版社1997年版，第351页。

征:面对一定规模的市场需求,与两家或更多的企业相比,某单个企业能够以更低的成本供应市场。自然垄断起因于规模经济或多样产品生产经济。"(Danniel E. Spulber, 1989)在这方面进行比较系统和深入研究并取得学术界公认的研究成果的,要数美国著名经济学家鲍莫尔(Baumol)、潘札(Panzar)、威利格(Willig)、夏基(Sharkey)等人。1977 年,鲍莫尔在《美国经济评论》杂志上发表了《论对多产品产业自然垄断的适当成本检验》一文;1981 年鲍莫尔、潘札、威利格三人在《美国经济评论》上发表了《范围经济》一文;1982 年他们又共同出版了专著《可竞争市场和产业结构理论》;1982 年夏基发表了"自然垄断理论"。这些研究成果推动了自然垄断理论的发展和进步。综合他们的研究成果,可得出如下主要结论:

1. 自然垄断的最显著的特征应该是成本的劣加性,任意产量水平上存在严格的成本劣加性是自然垄断的充要条件。成本劣加性是定义自然垄断的关键特征。无论对于单产品还是多产品来说,如果成本函数在相关的全部产量范围区间内具有劣加性,就会导致自然垄断。因为无论其生产采取何种资源配置方式,只要多个企业的联合生产不及一个单一供给者提供相同产量时便宜,由一个企业来生产的成本总是最低的。

2. 在单产品情况下,某个特定产量区间内每一点都存在规模经济是平均成本曲线在该产量区间内严格下降的充分而非必要条件(Panzar, 1989)。即规模经济不再等价于平均成本曲线严格下降。

进一步,在单产品情况下,如果在最大产出水平的产量区间范围内平均成本曲线是严格递减的,则成本函数在产出水平内具有严格劣加性;反之未必成立。因此,单产品情况下,如果在所有产量区间范围内的每一点处处存在规模经济,则在每一点成本函数都具有严格的劣加性,即该产品是自然垄断生产;反之未必成立。也就是说,单产品情况下每一产出水平都存在规模经济只是该产品自然垄断生产的充分而非必要条件。

这说明即使在单产品情况下,如果只是在一定产量区间范围内存在规模经济,并不一定能得到该产品是自然垄断生产的结论;必须在任意产出水平都存在规模经济时,才能保证该产品是自然垄断生产。另外,某种产品是自然垄断生产,并不是说该产品的生产过程一定是规模经济的;在规模不经济阶段,只要一个企业生产该行业全部产出的成本低于两个或两个以上企业生产同样总产出水平的成本，那么该产品就是自然垄断生产；而这时企业的生产可能处于规模经济阶段，也可能处于规模不经济阶段。

3. 在多产品情况下，规模经济与成本函数的严格劣加性之间没有什么必然的联系。鲍莫尔提出，在任意产出水平，规模经济既不是成本函数严格劣加性的充分条件，也不是成本函数严格劣加性的必要条件（Baumol，1977）。

范围经济是成本函数严格劣加性的必要而非充分条件。进一步，规模经济和范围经济同时存在也不能必然得到成本劣加性，即规模经济和范围经济同时成立并不是成本劣加性的充分条件（Panzar，1989）。

4. 由于任意产量水平上存在严格的成本劣加性是自然垄断的充要条件，在多产品情况下，既然规模经济和范围经济与成本劣加性之间没有必然联系，并不一定能够推出成本劣加性来，那么规模经济和范围经济也就不一定必然导致自然垄断。因此，多产品情况下，规模经济既不是自然垄断的充分条件，也不是自然垄断的必要条件；范围经济是自然垄断的必要而非充分条件；规模经济和范围经济同时成立并不是自然垄断的充分条件。

第二节　基于规模经济和网络经济 效益的自然垄断理论创新

首先，迄今为止，所有的经济学文献和教科书几乎都把自然垄断的根源归结为规模经济、范围经济或成本次可加性（也称成本弱增性或成本劣加性）。然而，随着自然垄断产业的进化和发展，特别是当代西方发达国家自然垄断领域改革的深化——放松管制和引进竞争，导致传统的自然垄断产业一分为二：可以引进竞争的部分和不能引进竞争的部分。从此，当代自然垄断理论陷入一种尴尬：在同样存在着规模经济的情况下，为什么有的自然垄断产业可以引进竞争，而有的自然垄断产业就不能引进竞争；而可以引进竞争的自然垄断产业为什么必须实行产业准入管制，而不能像一般竞争领域一样展开自由竞争。这些问题一直在困扰着我们。

其次，几乎所有的经济学家所面临的一个共同失误：在给定的自然垄断理论模型中，他们仅仅论证了垄断可能带来的规模经济、范围经济和成本次可加性,并由此推导出自然垄断的结论来,完全没有分析在该模型中如果引进竞争可能带来的效率,更没有对竞争所带来的成本节约与垄断所带来的规模经济、范围经济以及成本次可加性导致的成本节约之间的大小进行分析和比较,就武断地认定垄断优于竞争。这就难免使人产生怀疑。也就是说,在以往经济学家所设定的模型中,缺少了垄断和竞争两者可能带来的效率大小的比较这一重要分析环节。没有比较就得出孰优孰劣的结论来,显然是不符合科学的一般原则的,最起码也是不够慎重的。

最后,对于自然垄断的成因来说,规模经济、范围经济和成本次可加性这三个概念所覆盖的范围过于宽泛。因为它们不仅存在于自然垄断领域,而且还存在于竞争领域里,特别是它们在竞争领域里往往有着更为出色的表现。反之,它们对于当代自然垄断的根本特性——网络经济效应,却缺乏恰当的描述和本质的刻画。因此,按照现有的分析框架和逻辑,那些规模经济、范围经济和成本次可加性表现出色的竞争领域也应当成为自然垄断产业。显然,这与我们的经验不符。

时代变了,自然垄断产业变了,自然垄断理论也须变化。随着自然垄断产业的进化和发展,当代自然垄断已经收敛到仅具有网络特征的产业上来了。对此,规模经济、范围经济和成本次可加性概念由于缺乏对自然垄断本质特性的刻画,已经不能有效说明自然垄断产业的成因了,这就需要有一个更为严格的能够刻画网络经济特性的新概念作为替代,以此重构自然垄断理论的逻辑框架。

一　网络经济

与其说传统经济充满了竞争,倒不如说它更具有相对稳定性:一个产业往往由几个寡头主宰着市场,而且常常维持多年不变;市场份额的增加和减少都是一个渐进的过程,大起大落的情况很少;企业经理人员的聘用也比较稳定,甚至一些国家具有终身制的传统。

相比之下,信息产业更具有风险,充满了不确定性。在技术创新如此频繁的情况下,一切都是暂时的,今天领先技术的命运最有可能被更先进的技术所迅速取代;今日的垄断者,也许明天就会被淘汰出局。

决定两者变化差异的奥秘是什么?美国经济学家卡尔·夏皮罗和哈尔·瓦里安(Car Shapiro and Hal Varian,2000)认为,旧经济和新经济的主要区别在于，旧的工业经济是由规模经济驱动的，而新经济的驱动力量是网络经济。那么，为什么网络经济会有如此巨大的驱动力量呢？它甚至可以在放松管制、引进竞争的自然垄断产业改革的今天居然使那些网络经济部分的自然垄断特性不变！究竟什么是网络经济？

要弄清网络经济的含义，就必须先弄清楚网络是什么。按照系统论的观点来看，网络一般是指由多个节点和连接构成的网状系统（罗仲伟，2000），节点和连接是构成网络系统的最基本要素。节点是指用户、电站、网站、车站等通过网络连接和传递的主体和客体。对于单向传递型网络来说，传递主体和传递的接收客体都是稳定不变的，不可缺少的，如广播电视台与接收媒体和观众。但是，对于相互交易型网络来说，主体和客体的身份并不是一成不变的，而是同时兼有的，因为每一个节点既要发射、传递也要接收。连接，分有形的和无形的两种。有形的连接是指输水管道、煤气管道、电线、路轨等看得见、摸得着的连接中介物，无形的连接是指媒体之间看不见、摸不着的联系中介，如通信微波等。

从网络输送的内容来看，网络可划分为信息网和物理网。信息网络所输送的是信息资源，如通信网等。由于信息的计量单位叫比特，因而信息网也经常被叫做比特网。而物理网络所输送的是水、电、气等物质性资源，所以才称之物理网，如自来水管网、电网、煤气管网等。现在，人们有时还将物理网络叫做传统网络，以示和比特网络区分开来，突现比特网络的现代意义。

节点和连接的质量与数量是决定网络效应或功能大小的基础。根据梅特卡夫法则（Metcalfe Law），节点的数量越多，网络的价值就越大，功能自然也就越强。节点的质量也同样重要，如良好的信息发射装置可以有效地保证信息接收的效率和准确性。在智能型网络中，连接好比是身体中的神经，通过中枢下达的指令经神经系统传递给各个节点，在反馈调节机制的作用下使整个系统达到最优目标。如果连接的数量较多，就可以增加连接的密集程度，从而提高连接的效率；如果连接的质量好，就可以提高网络传递的效率和质量。总之，节点和连接是决定网络效应和功能的基本要素。

系统的功能不仅取决于要素，而且更重要的在于结构如何。节点和连接组合成各种形式的网络结构，如网状的、环状的、单向的、双向的网络结构。不同的结构具有不同的网络效应或功能。一般来说，在同类网络中，节点越多，连接密集程度越高，结构越复杂，网络的效应或功能也就越强。反之亦然。这就是说，网状的要比环形的、双向的要比单向的网络结构具有更高的网络效应或功能。网络的这种结构效应是我们理解网络经济全部问题的核心和关键。正是在数量和结构的相互作用下，网络经济才可能比非网络经济具有更高的效率。

弄清了网络的特点，我们再接着继续讨论网络经济概念。现在人们在两种含义上使用网络经济概念。

一种是为了和非网络型经济相区别，把凡是具有网络特征的经济形态通通称做网络经济或网络产业。显然，这里的网络经济指的是一种特殊的经济形态或产业。一般来说，它应包括两种经济形式。第一，传统的物质型网络（即物理网络）经济，如输水管网、输电网、铁路路轨等基础设施网络经济。第二，信息型网络经济（internet economy）。它是指基于信息网络的经济活动。主要由 4 个方面构成，包括互联网的基础设施、互联网的应用、互联网的中介服务、互联网商务信息网络经济形式，同时也包括网络企业、网络市场以及居民的网络投资、网络消费等微观经济活动。网络经济和信息经济、数字经济、知识经济、新经济都是相类同的概念，虽然观察问题的角度不同，但基本上指的都是同一个客体。

另一种是为了和规模经济相区别，把网络经济理解成与规模经济含义类似的一种经济特性。严格地说，从经济效应的角度上看，在词汇的选择上，与规模经济相对应的词应当是网络经济效益，如果我们把规模经济所对应的词理解成网络经济的话，就会和上述所使用的网络经济概念的含义相混淆。

有鉴于此，本书在第一种含义上使用了网络经济概念，以示和非网络型的经济形态或产业相区别；在第二种含义上使用了网络经济效益这一概念，以便同规模经济一词的基本含义遥相呼应，相对而立。由此说来，规模经济和网络经济效益这两个概念都是对某种经济效应在不同程度上的刻画，反映了它们所具有的经济效应的程度。但是，笔者以为，作为界定某种经济效应的概念，规模经济一词过于简化，不太周延。严格地说，应当使用规模经济效益这一概念作为替代，这样就比较符合中国语言的习惯，只是人们既然已经都习惯于规模经济这一概念了，也就只好顺其自然，遵从人们的习惯罢了。

二　网络经济效益及其与规模经济的比较

随着传统自然垄断产业技术的进步与发展，人们越来越对建立在规模经济、范围经济和成本次可加性基础上的自然垄断理论产生怀疑，甚至有人认为自然垄断被打破了，自然垄断消失了。然而，来自现实生活的观察表明，传统的自然垄断产业虽然有一些业务（如电力产业中的发电业务）可以引入竞争机制，也可以把一部分业务（如电信产业中的增值业务）划入竞争领域，但是，不宜甚至无法引进竞争机制的部分仍然存在。如上所述，某些具有网络特征的自然垄断产业一如既往，根本就没有引进竞争机制。那么，这里的原因是什么呢？问题的根源在哪里呢？是否像某些人说的那样，这完全是由行政垄断造成的呢？根据西方发达国家自然垄断产业改革成功的经验，问题远非如此简单，因为行政垄断完全可以打破，但是，经济现象本身所深藏着的某种规律性的东西却是我们无法消除的。也许我们现在还没有意识到：某些网络化产业的背后可能确实存在着某种天然适宜垄断的特性。现在的问题是，这种特性究竟是什么，需要我们作出回答。

1997 年，我国一些学者论证得出电信业的自然垄断性质已经不复存在的结论。理由首先是技术进步降低了竞争者进入的门槛；其次是传统产业规模已经大到成本曲线开始上升的阶段，继续扩张就会导致效率下降。不久，我国又一批学者发现，网络经济的经济规模与企业效率的平衡点出现无边界现象。这就意味着网络经济效益极强的网络可以大到整个城市一个网络，全国一个网络，乃至全世界一个网络。由此可见，网络经济所特有的经济效应不是减少了，而是大大增强了。本书以为，网络经济这种特有的适于垄断生存的效应就是对网络经济效益的最好刻画。

具体来说，网络经济效益表现为：

（一）从成本的角度看，网络经济效益表现为极高的固定成本和较低的边际成本两者所形成的平均成本曲线异常陡峭，表明网络经济的平均成本曲线下降急剧并在一定区间内永远下降，经济效应强

具有网络特征的产业往往是世界上同类产业中固定成本最高的产业。以单向传递型物理网络为例，城市自来水管网不仅铺设成本一直很高，而且近年来由于水资源的紧缺，许多城市不得不从更远的地方引水入市，这

就更增大了固定成本的支出。近年来，辽宁省大连市就搞了"引碧（流河水）入连"和"引英（那河水）入连"等多项引水工程，仅资金投入就达 50 多亿元。双向交易型网络的造价就更是惊人！以信息网络为例。不用说计算机网络的造价如何，仅建造一个生产 0.07 微米晶体管超级芯片的硅片厂就可能要花费 100 亿美元，且投资风险很大。目前，我国建设一条长途通信干线工程，每公里约需投入资金 10 万—20 万元。铁路每公里需投资 1000 万元，高速公路每公里需投资 3000 万元，地铁每公里约需投资 5 亿元。无论是物理网络还是信息网络，随着一个网络的节点的增多，连接会更加密集，从而所需要投入的初始成本就会更高。

为了深入研究，现在我们假设一个企业的固定成本为 FC，平均可变成本为 AVC，平均固定成本为 AFC，产量为 q，总成本为 TC，平均成本为 AC，那么，企业的总成本和平均成本函数可分别表示为：

$$TC = FC + AVC \times q \qquad AC = AVC + AFC \text{ 或 } FC/q$$

显然，随着产量 q 的增加，平均成本在一定范围内会出现下降趋势，即生产规模越大，单位产品所分担的固定成本就越少。假定平均可变成本不变，产量的增加会使平均成本越来越接近边际成本（这时的边际成本几乎等于或接近平均可变成本）。当固定成本较小时，平均成本就会接近边际成本，因而在产量增加时平均成本下降的速度就较慢，平均成本曲线平缓，下降幅度较小；当固定成本较大时，平均成本下降的速度就会较快，平均成本曲线的形状就会非常陡峭。可见，按此分析模型（见图 1-1），固定成本投入越大的企业及其所处于的产业，与规模的关联程度就越大，规模效应就越强。反之亦然。这样，由巨大的投入成本（主要是固定成本）和产量之间构成的平均成本曲线就会非常陡峭。异常陡峭的成本曲线表明了成本下降速度的急剧性，从而证明了网络经济所特有的规模化技术特征。

边际成本也对规模有着重要的影响。在以物质资源为主的非网络产业里，增加产量通常是靠增加资本和劳动等项投入来推动的，即增加可变成本。随着可变成本的增加，最终导致边际收益递减，如图 1-2 所示。而在网络经济中，信息产品一旦被生产出来，由于复制成本很低，且可重复使用，因此可变成本或边际成本低到甚至可以忽略不计的程度。平均成本则总是随着产量的增加而下降，下降的速度由快转慢，越来越小，如图

1-3 所示。这说明,在边际成本小到接近于零的产业里,即使固定成本不太大,其规模效应也是非常明显的。这种情况一般发生在信息网络产业里,其中以软件业最为典型。即使对传统物理网络产业来说,一旦网络建成,其传输(水、电、气)的边际成本也会很低,即多输送一个单位也不会增加多少成本。既然边际成本如此之低,那么规模越大,效益当然就会越好。从而表明边际成本越低的产业,与规模的关联程度也就会越高。

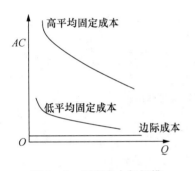

图 1-1　固定成本与规模

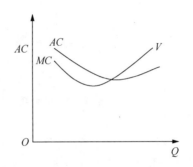

图 1-2　非网络产业的可变成本与规模

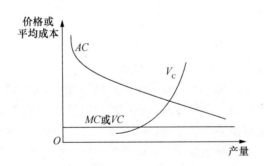

图 1-3　网络经济的可变成本与规模

在由价格(成本)和产量构成的图形中(见图 1-4),由于仅具有规模经济的非网络经济产品的固定成本投入要低于具有网络经济效益的产品的固定成本投入,所以,两者不仅在所处于的价位上相差较大(成本曲线的位置高低不同），而且在沉没成本和产业进入壁垒等方面也存在着较大差异。因而上述分析所得出的结论是：固定成本投入越大，网络经济效益就越强。

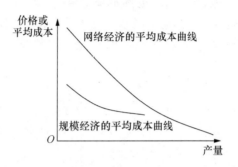

图1-4 网络经济与规模经济的成本比较

同时，具有网络经济效益的产品的边际成本也相对低于具有规模经济的产品。由于它们在边际成本上存在着差异，当产量达到一定程度后，网络经济产品的最低相对成本肯定要低于规模经济产品的最低相对成本，这从图1-4就可以观察到。在该图中，网络经济的平均成本曲线不仅在位置上高于规模经济的平均成本曲线，而且在曲线下降的幅度上也大于规模经济，同时网络经济的平均成本曲线下降后的最低位置也低于规模经济，因而网络经济产品的最低成本也相对低于规模经济。上述分析的结果也给出了类似的结论：边际成本越接近于零，网络经济效益就越强。

如果从企业总成本的角度来考虑问题，就必须把上述从固定成本和边际成本角度分别得出的个别结论整合起来，形成一个新的结论。鉴于固定成本越大和边际成本越小这两个走向截然相反的结论构成了网络经济效益赖以存在的必要条件，因而从这两个结论中所推出的这个新结论可以称之为成本反差强度定律。即网络经济效益的大小取决于固定成本和边际成本量的大小，固定成本越大，边际成本越小，网络经济效益就越高。反之亦然。

根据这一定律和图1-4的观察，可以认为，就成本下降状况而言，如果说规模经济可用线性来表示的话，那么网络经济效益就更具有指数化特征。在产量相同的情况下，网络经济的平均成本曲线就自然比仅具有规模经济的非网络产业的平均成本曲线的形状更为陡峭，从而说明具有网络经济效益的产品成本的下降速度要快于具有规模经济的产品，其下降的幅度也必然大于具有规模经济的产品。

既然固定成本越高，边际成本越低，平均成本曲线越是陡峭地向右下方倾斜，网络经济效益就越高，那么，网络经济与规模的关联程度也就要大大超过仅具有规模经济的非网络经济。即网络经济效益越大，对规模程度的要求就越高，甚至可以高到独头垄断的程度——全世界只有一个网络就足矣。反之，仅具有规模经济的产业对规模程度的选择就具有很大的不确定性，即规模并非要大到完全垄断的程度，以至于可以在一定程度上引进竞争，如采取寡头垄断或垄断竞争等市场结构形式，只要竞争的效率高于垄断的效率即可。

（二）从效益的角度看，网络的外部性和溢出效应与规模之间呈现非线性的指数化变化特征

一般来说，所谓外部性（externalities），是指对他人造成的有利或不利的影响，但并没有为此支付报酬或取得补偿。一般来说，当私人成本或收益不等于社会成本或收益时，外部性就产生了。外部性可分为正的外部性（也称外部经济）和负的外部性（也称外部不经济）。外部性又可称为溢出效应，指的是企业或个人向其他人强加的收益或成本。

本书出于论证的需要，将溢出效应概念与外部性概念分开，并对溢出效应概念进行重新界定。本书规定，溢出效应是指高于其支付的成本所对应的正常收益之外的额外收益，而不管这种额外收益是由当事人还是其他人来获得，只要该收益超过人们正常的收益而又不必支付成本，那么，这种额外收益就叫溢出效应。

对于仅有规模经济发生作用的产业来说，其溢出效应与规模（要素的增加）呈线性变化。而网络的溢出效应则随着规模的增大（节点和连接增多）和结构的演进而呈现出指数化增长趋势。这种网络溢出效应的指数化特点早已引起人们的关注，许多人曾从不同的角度给予阐述。从这些阐述中，我们可以发现并归纳出网络溢出效应的这种指数化特点的具体表现形式：

1. "传导机制放大说"、"正负反馈说"和"网络协同论"都从不同

的角度反映和刻画了网络的溢出效应。早在 20 世纪 60 年代，美国麻省理工学院的斯隆管理学院搞了一个被称为"啤酒游戏"的教学模拟。该系统用来模拟啤酒的批发—零售分配系统。在模拟游戏中，零售商是根据客户的订单向批发商订货，而批发商是根据零售商的订单向啤酒生产厂家订货，整个系统形成了一种链式的反应结构。教室里的同学被分成 3 个小组，分别扮演零售经理、批发经理和生产仓库经理的角色。教师要求每一个小组都必须以最优的方式来管理库存，准确地订货，保证销售，避免积压，以使利润最大化。但游戏的结果却常常事与愿违，完全出乎参与者的意料。原来所有的同学都以为自己作出了最聪明的决策，尽了最大的努力，岂不知得到的结果却是灾难性的，与利润最大化相去甚远。一次游戏结果的失败可能是同学们缺乏经验，那么，多次游戏的结果又如何呢？事实胜于雄辩。虽然啤酒游戏进行了无数次，而且同学们也都尽了最大的努力，但最终的结果却完全类似：过多的啤酒库存导致积压而无法卸货，使得系统发生了剧烈的动荡（乌家培等，2002）。

其实，系统发生动荡的主要原因并不在于决策者的智力因素，而是由于系统的链式反应结构。由于该系统缺乏完整的信息网络和有效的信息反馈调节机制，一个最初看似合理的信息一旦延迟，就有可能走向反面，并被传导机制加以放大，导致整个系统的动荡。由此看来，对于一个较大的社会网络系统来说，其内部都存在着一个能够放大链式反应的传导机制。整体大于部分之和的道理就在于此。对于传统的非网络型的物质经济系统来说，其传导机制更具有线性特征，其放大效果受到线性规律的制约。

在物资短缺的年代里，追求生产数量可能是正确的。但在生产过剩的今天，拼命生产也可能产出的不是福利而是祸害。在传统的非网络型的物质经济系统中，要避免这种祸害几乎是不可能的，因为信息的不充分已经到了无法消除其不确定性的程度。只有在信息网络经济系统中，由于充分的信息足以消除不确定性或使这种不确定性降低到最低程度，生产和消费才能真正缩小差距，生产—流通—分配—消费的各个环节才不至于出现问题。原因就在于信息网络的奥秘，信息网络比机器更重要。计算机是机器，4 台连接在一起的计算机与 4 台独立运行的计算机也许没有太大的差别，但是，几千万台联网的计算机可能就比几千万台单独运作的计算机的功能大出几万倍。实践证明，在一个网络系统里，信息的地位和作用越是占据主导优势，传导机制对于链式反应的放大功能就越强。例如，美国大型连锁超市沃尔玛就是利用信息网络来管理其分布在全世界的成千上万家超市的。作为一个商业企业，沃尔玛显然是一个劳动密集型企业，但它在科技投入方面却毫不吝啬。早在 1969 年沃尔玛就租用了 IBM360 系统来管理存货，几年后又升级为 IBM370 系统，并为各商店与中心数据系统连接了电子扫描收款机，到 1977 年就完成了整个公司的计算机网络化配置。为了提高数据和图像传递效率，1983 年沃尔玛又投资 2400 万美元发射了一颗商业通信卫星。20 世纪 80 年代末，沃尔玛装备了电子条码扫描系统，不仅缩短了顾客的结账时间，而且还可以跟踪商品从进货到库存、配货、送货、上架、销售的全过程。沃尔玛还利用电子数据交换系统和电子订货系统与供货商进行自动订货和销售情况的通报。几年前，沃尔玛在总部本顿维尔建造了一个价值 7 亿美元的计算机和卫星信息中心。其计算机系统的规模仅次于美国五角大楼。这样，沃尔玛属下的全球 4000 多家商店的 8 万多种商品的销售量、储存量一目了然，全部盘点一遍仅需一个小时，经营管理得井井有条。而沃尔玛的所有运输车辆也都装备了由卫星支持的定位系统，这样控制中心可以随时了解每辆车的情况，合理安排运载。美国经济学家斯通通过对美国几大零售企业的成本分析，认为商品物流成本与销售额的比例，沃尔玛为 1.3%，凯马特为 3.5%，西尔斯为 5%。如果按 500 亿美元的年销售量计算，沃尔玛比后两者分别节约物流成本 11 亿和 18.5 亿美元。如果没有信息网络的帮助，要做到这一点是绝不可能的。反之，其他商业企业在信息网络的开发和利用上就望尘莫及，不仅信息网络系统落后，而且缺少现代化的分销中心。这样，即使其商业硬件相同，由于在信息网络建设和利用上存在着明显的差距，其市场竞争力也必然要大打折扣。难怪有人说在当代世界里，信息比物质重要，网络比机器重要。重要就重要在信息网络对于人类社会所具有的正反馈调节机制，它能够通过信息的传递和运动，将系统的有限功能无限放大，从而可以使人类社会避免经济波动和社会动荡。从信息和网络技术的发展趋势上看，人类社会要做到这一点并不是没有可能的。

对此，深谙此道的美国微软公司的比尔·盖茨先生在其所撰写的《未来之路》一书中，从"正负反馈说"的角度给出一种新的解释。盖茨认为，成功和失败往往呈现正或负的螺旋发展趋势。在一个发展变化的市场上，只要创新出一种稍微优越于竞争对手的技术或方法，正反馈循环就会出现。如 IBM 公司吸收了英特尔公司的微处理器和微软公司的 MS—DOS 操作系统，在此基础上推出了自己品牌的个人电脑后，一大批软件应用商紧接着推出了应用软件，不计其数的公司开始制造内置卡，这些卡扩展了个人电脑的硬件能力。良好的软件和硬件的珠联璧合使得个人电脑的销量远远超出 IBM 公司的预计。这样，正反馈循环机制不仅为 IBM 公司创造了数十亿美元的财富，而且 IBM 公司推出的个人电脑及其他企业按照这一标准生产的兼容机也给微软公司带来了滚滚财源。

此外，还有一种解释叫做"网络协同论"。一个系统的诸要素之间具有某种协同效应，这在工业时代就曾被多位经济学家谈到。可是，和当代信息网络所产生的协同效应相比，前者的结构效应不及后者。在信息网络里，随着计算机智能化时代的来临，无序的信息"噪声"将被剔除，信息逐步走向有序化，并不断衍生出新的信息，直接作为决策的依据。一个小小的技术创新可能改变现存的市场状况，一条信息指令可能会使整个信息网络乃至全世界发生翻天覆地的变化。曾几何时，一个小小的 DOS 软件改写了整个信息产业，也改写了世界。可以说，信息网络化和网络信息化的形成，使我们从中获得的收益远远超过我们的预计和想象。从社会发展的趋势看，也许全世界只需要一套完整的能够覆盖全球每一个角落的信息网络就足够了，因为只要它能够传递语音、数据和图像，把包括电话、电视、计算机、影碟机、摄像机、音响设备、洗衣机、烹调设施等具有的一系列功能都组合到一个机器里，并采用家庭电脑控制，我们就可以从这种网络协同中获得极大的溢出效应和外部性。

不仅信息网络本身可以产生巨大的溢出效应，而且信息网络的这种溢出效应还表现在为国民经济其他部门带来的推动和拉动作用上。随着信息网络的发展，生产和消费之间的距离正在拉近，中间环节大大减少，单位国民生产总值的物耗、能耗以及资金的周转时间都将减少。这对我国将是一件非常有意义的事。因为我国单位国民生产总值的物耗是发达国家的2—3 倍，能耗是发达国家的3—5 倍。因此，降低能耗和物耗是我国工业化面临的首要任务。有关研究表明，充分利用信息网络，可使农机利用率提高15%，农业劳动生产率提高25%。一般工业企业每增加一个单位的信息通信费用，可带来 14 个单位的销售收入。总之，信息网络的利用正在使工业、农业、商业、旅游、运输、教育、医疗卫生等行业发生质的飞跃，为国民经济的发展提供一种溢出效应。

不仅信息网络本身及其对国民经济可以产生巨大的溢出效应，带动整个国民经济的发展，而且传统的物理网络也同样具有类似的溢出效应，只不过其溢出效应不及信息网络强而已。以传输水、电、气为内容的物理网络为例。节点和连接越多，该网络结构越复杂，传输的功能就越强，传输的效率也就越高。这就是说，当我们在物理网络的一个节点上输入水、电、气等物质时，该网络上的任意一个节点都可以获得相同的物质内容。所以，物理网络所具有的这种溢出效应主要体现在输送物质的传输效应上。它的意义在于：抓住一点，贯通全局。通过连接所形成的网络结构，每一个节点都会具有同样的功能，从而产生相同的绩效。其中的奥秘就在于物理网络所特有的网络结构。

2. 规模与效率之间的变化呈现出非线性关系特征。工业时代流行的是建立在牛顿力学和机械决定论基础上的线性思维方式，它在经济学上证明了"小的是美好的"的经济理念。以美国为例。自 1890 年美国国会通过《谢尔曼法》以后，美国反托拉斯法律体系开始逐步完善起来。自此以后几乎在整个 20 世纪，反托拉斯法律的利剑一直在美国企业界的上空挥舞着。它先后肢解了美国标准石油公司、AT＆T、美国烟草公司、美国铝业公司等多家大型企业。其反托拉斯行为的主要依据是保护竞争，维护消费者的利益。在美国的影响下，世界上许多国家都先后颁布了严格的反托拉斯法。

随着全球经济一体化趋势的发展，世界各国开始放松对垄断的限制，鼓励本国企业做大，参与国际竞争。自 20 世纪 90 年代以来，企业兼并的浪潮一浪高过一浪，如美国两家最大的飞机制造公司的合并，美国在线公司以 1660 亿美元收购娱乐巨子时代华纳公司等，都令一直笃信传统反托拉斯理念的人们目瞪口呆。许多经济学家也对反托拉斯法的执行情况和最终结果提出疑义，认为反托拉斯法的实施并没有推动竞争，反而抑制了竞争，其害处明显大于好处。以崇尚市场竞争闻名的芝加哥学派，更是极力反对行政权力的过多干预，认为以自身的好恶为标准的行政干预，其结果只会适得其反。

信息时代把人们带入了一个全新的世界。科学发现某些复杂的开放系统在外界变化（信息）达到一定阈值时，就会自发形成一种有序结构。这和牛顿力学的机械决定论大相径庭，从而表明了有序化并不总是在力学规律的作用下被强制形成的，信息也可以使某些开放系统通过自组织方式达到自发有序的状态。因此，信息社会所信奉的是建立在非线性理论基础上的自组织化原则。按照这一思维方式，信息的输入可以通过网络的传导作用，使系统不断地以自组织的方式来达到优化和有序，从而改变与环境的非协调性。

如果说建立在线性思维方式基础上的只能是规模经济、范围经济和成本次可加性以及以此为依据的传统自然垄断理论的话，那么，按照非线性理论所理解的规模与效率之间的关系就不再遵循传统的线性逻辑，而是表现为非线性的关系。对此，我们可以从以下几个方面得到理解：

首先，从技术的角度看，有反映信息技术的功能与价格比的摩尔定律（More's Law）。该定律表明，计算机硅芯片的功能每18个月翻一番，而价格则以减半数的方式下降。自20世纪60年代以来该定律已持续作用30多年，预计还会持续20年（乌家培，2000或戴尔·W. 乔根森，2001）。

从摩尔定律中可以看出，信息技术的进步（规模的体现）导致计算机硅芯片的功能增大和价格下降（均为效率的体现），两者的相关程度由此呈现出非线性变化的特征。技术上的甚至十分微小的变化，都有可能导致计算机功能的成倍增大和价格的连续下降。

其次，从信息使用的角度上看，由于信息的复制成本很低，几乎可以忽略不计，所以信息一旦生产出来，就可以在几乎不增加成本的情况下以任意的规模在生产中运用，从而导致收益递增。信息和知识的累积及其广泛的利用，无论是对于企业还是整个社会经济来说，都会产生正的溢出效应，这一点早已为一些研究经济增长的经济学家所关注。信息和知识的获得确实需要成本，可是我们一旦掌握了这些信息和知识，就可以在几乎不增加成本或增加很少成本的情况下将其尽可能地运用到生产和社会的各个领域，所带来的效益和其投入规模相比，肯定具有某种非线性的增长特征，如按指数化方式增长。而在传统的非网络型物质经济中，资本和劳动力的投入导致规模的扩大，随着规模的增大，边际收益必然逐步开始递减。其实，传统的非网络型物质经济和当代信息经济产生这种差别的原因可以从英国著名经济学家马歇尔所讲的一段经典名言中领悟到："自然在生产上所起的作用表现出报酬递减的倾向，而人类所起的作用则表现出报酬递增的倾向。"（马歇尔，1964）本书认为，这里的"人类"肯定不是指一般劳动力意义上的人类，而是特指智慧和知识意义上的人类。从以往的经验来看，人类在不同的产业里所投入的智慧和知识是不同的，因而所带来的报酬和边际收益也会有所差异。

人类最早进入的产业是农业。由于农业过去主要依靠自然条件，天时地利起着主要的甚至是决定性的作用，不需要很多知识也能从事农业生产。比较而言，人类智慧和知识的投入相对较少，因此边际收益和报酬在一定条件下出现递减就不足为奇。

工业所需要的人类智慧和知识就相对较多，特别是自然科学的建立成为现代大工业的基础。因此边际收益和报酬的递增在投入达到相当程度后才会出现递减，不像农业投入出现报酬递减来得那样快。

以信息作为主要资源的信息经济，特别是具有高科技含量、高附加值的信息产业以及人类智慧打造的信息网络，由于信息和网络所具有的天然特性，才使报酬递增或成本递减成为永恒。

最后，从网络的角度看，有反映网络的价值与节点之间关系的梅特卡夫法则（Metcalfe's Law）。该法则认为，网络的价值（效率的体现）等于网络节点（规模）的平方，即网络的节点在按照算术级增长的同时，网络的价值会以几何级数的方式增长。这样，网络的效益随着网络用户数量的增加而呈现非线性的增长方式。

我们以双向交易型网络为例进行讨论。在双向交易型网络中，各节点之间相互发生联系，每一个节点都有可能和其他节点发生交易关系，网络中心仅提供交易平台。该网络的价值是由每一个成员（节点）与其他成员（节点）发生的交易量决定的。假设一个新成员加入到一个已经拥有n个节点的网络，那么该网络就会有 n+1 个节点。这时，这个新成员既可以向 n 个其他成员进行交易（呼叫），同时他也可以接受其他成员的交易（呼叫），只要该网络拥有足以容纳这些交易（呼叫）的能力（即各成员之间的交易不存在明显的拥挤或干扰成本），网络的价值就会呈几何级数增加。其网络交易的价值可用公式表示为：

$$V = k \ (N^i - N)$$

　　其中，V 为网络的价值，k 为常数，N 为节点数量，i 大于或等于 2。如果当 N 等于 1 时，网络的价值为零，因为只有一台传真机或一台电话，就没有任何意义。只有当节点数量足够大时，网络价值才开始呈非线性的几何级数增长。譬如网络的价值对单个成员来说是 1 元的话，假定 i 等于 2，那么，拥有 10 个成员的网络价值大约为 100 元，拥有 100 个成员的网络价值可达到 1 万元。即网络成员的数量每增加 10 倍，网络系统的价值就增加 100 倍。如果 i 大于 2 的话，这种非线性的指数化增长特征就更为明显。

　　总之，从上述三个角度所给出的结论可以最终形成一个综合性结论。当构成信息网络的节点——计算机（核心部件）的发展在功能与价格上具有非线性特征时，当构成信息网络的传输主体——信息运用的结果也同样反映出非线性的特征时，那么，由节点和连接构成的信息网络的规模和结构效应在逻辑上必然具有更强的非线性特征。在信息网络化的条件下，不仅单一经济主体通过拓展产品经营范围和实现多角化经营，可以获得范围经济，而且分属于不同经营领域的多个市场主体通过信息网络进行异业联手，协同合作，共同开发新产品，由此可以更迅速地满足不断变化着的多方面的消费需求，获得更大的经济效益。日本学者宫泽健一（Miyazawa Kianichi）把这种"多个主体通过网络联结产生的经济性"称为"联结经济性"，也有人称之为"复合效应"。不管如何称呼，其实质不过是在信息的渗透和作用下的知识、技术、人才、资本等要素和资源的结合而产生的网络经济效益，这是网络时代生产社会化的必然产物。正像规模经济推动工业经济的高速发展一样，在信息化主导下的网络经济效益必将使网络经济乃至全社会获得更大的发展。不妨这样认为，如果整个社会联结在一个信息网络中，资源配置就会更趋合理，整个社会系统就会更趋稳定，网络经济效益也就会因此而更趋向于极大化。

　　众所周知，当代经济学的整个理论是建立在资源稀缺性这一基点上的。它既简单又明确地告诉我们：价值源于稀缺，价格和产量成负相关，即东西越多越不值钱。可是，这一源于工业时代的规则并非总是正确的。网络经济的规则恰恰与此相反：网络的价值与数量（节点和连接）呈正相关，东西越多价值反倒越大，而且具有非线性增长特征。即无论是物理网络还是信息网络，其规模越大，结构越复杂，它的单位价值和整体价值也就越大。正是这一重大差异,强化了网络经济特性,使网络经济效益更具自己的特色,最终同规模经济概念严格区别开来。

3. 技术创新频率(技术规模)与企业效益之间的非线性关系。建立在信息资源和信息网络技术基础上的新经济,是创新的经济,是以技术创新频率快而闻名的经济。在这里没有永远的赢家,仅有永恒的规则:要么创新,要么死亡。在信息产业高度竞争的环境里,企业只有不断的创新,才能生存下来,否则创新一旦停滞,就会随时被淘汰出局。在美国硅谷,既有创新者辉煌的发家史,也有每天破产的企业记录。

美国微软公司的成功在于,它所走过的每一步都同创新紧密相连。对于微软公司的员工来说,每个人上班后所思考的问题就是"淘汰自己的产品"。自从微软在 1981 年推出微软第一代操作系统 MS—DOS 1.0 起,就不断更新换代,到 1993 年推出 MS—DOS 6.0,已经更新了 11 个版本,几乎以每年一个版本的速度进行技术创新。1990 年是微软公司发展史上的一个里程碑,视窗 3.0 问世。1992 年视窗 3.1 面世,1993 年又推出视窗 NT,接着又不断地推出视窗 95、视窗 98、视窗 2000 等新产品。正是在这如此频繁的技术创新过程中,微软的公司业绩和收益才呈现直线上升趋势,比尔·盖茨也得以在短短 20 年里从一个一文不名的毛头小子一跃成为世界首富。而在工业时代,要获得如此多的巨额财富起码也需要花费一个世纪的时光。总之,微软成功的秘密在于,一旦自己的产品成为市场的主流,就必须不断地使产品升级换代,以便拴住消费者和控制市场份额。显然,其中的真正奥秘就是创新,创新,再创新。只要保持不断的创新,企业的盈利就会像潮水般的涌来。

4. 网络结构与效率之间的非线性关系。本书认为,从结构的角度看,网络经济区别于其他经济形态的一个最主要的特点是网络经济所特有的结构——网络结构。网络结构是由节点和连接组成的网状系统,节点和连接组合成各种形式的网络结构,如网状的、环状的、单向的、双向的网络结构。网络系统的功能和效率不仅取决于节点和连接的数量,更重要的是网络结构如何,不同的结构具有不同的网络效应或功能。一般来说,在同类网络中,节点越多,连接密集程度越高,结构越复杂,网络的效应或功能就越强。反之亦然。这就是说,网状的要比环形的、双向的要比单向的网络具有更高的网络效应或功能。正是这种结构的差异,才导致网络经济具有更高的功能和效率。

而在非网络经济中，规模经济在生产函数中是通过增加要素的等比例投入来取得的。在成本函数中，规模经济是通过产出的增长使平均成本下降的方式来获得。比较而言，网络经济效益不仅仅取决于节点和连接的数量，更为重要的是网络经济所特有的网络结构。由于网络结构所产生的效应是其他非网络物质结构所不具备的网络结构效益，而规模经济或规模效益则更多体现的是数量效益，因而网络经济效益是规模经济这一概念所无法概括的。所以，网络的结构效益才是我们理解网络经济和规模经济差异的奥秘所在。

综上所述，规模经济和网络经济效益是两个不同的概念，两者既有区别又有联系。两者的相同之处在于：产出的增长比例大于要素投入的增长比例，生产率提高了，平均成本下降了，它们同为一条向右下方倾斜的平均成本曲线。从这个意义上，可以把网络经济效益理解成规模经济的一种特殊形式。两者的区别在于：规模经济和网络经济效益不仅其概念本身具有不同的内涵和外延，而且两种经济形态所具有的功能和效率也存在很大差异。

首先，规模经济和网络经济效益两者的来源不同。网络经济效益仅来自于网络经济，没有网络特征的经济是不会产生网络经济效益的。而规模经济则是一个仅仅和规模相联系的概念，凡是产出的增长比例大于投入的增长比例或平均成本随着产出的增长而下降，都可以视为规模经济的存在。因而规模经济概念要比网络经济效益概念更为宽泛。由此可以认为，规模经济存在于任何领域，只要满足这一条件。网络经济效益的产生显然不能仅从投入与产出或投入与平均成本之间的关系来衡量，而只能从网络经济所特有的网络结构的角度来理解。例如，如果投入不能形成一个有效的网络结构，即使再多的投入也不会产生网络经济效益。所以，不妨认为，从质上来看，规模经济是一种数量效应，它主要取决于投入和产出的数量；而网络经济效益则是一种结构效应，它确实需要有一定的投入数量作为网络结构的形成基础，但其结构效应绝非仅来自于单纯的投入数量，而是主要由网络这种特殊的结构形成的。因为网络结构一旦形成，无论再增加多少新的投入，只要不改变该网络的结构，就不会对网络的传输功能具有任何意义。

其次，从数量上来看，两者在产出增长的幅度和成本下降的幅度上均不同。网络经济效益主要表现为成本的下降和效率的增长均呈现出非线性的指数型变化特征，而规模经济则更具有线性变化特征。如图1－4所示，网络经济效益的成本曲线比规模经济的成本曲线的形状更加陡峭，其平均成本曲线的位置无论向左上方延伸还是向右下方延伸，均超过规模经济。从而表明网络经济的总成本（固定成本占主要部分）高于规模经济，边际成本低于规模经济，平均成本曲线的下降速度快于规模经济，投入产出的增长比例大于规模经济。总之，网络经济效益和规模经济在成本下降和产出增长的量上存在较大差异。

再次，两者最明显的区别是网络的中心控制功能使得网络经济效应趋向极大化。如果说非网络经济的主要功能在于生产和销售，那么，网络经济的主要功能在于传输。如果说前者可以产生规模经济效应的话，那么对于后者来说，使用网络经济效益概念就更为确切。从理论上看，无论是对于单向的还是双向的、环型的还是网状的网络来说，其系统的中心对于节点和连接都具有极强的控制作用。正是这种极强的控制作用的存在，网络才可能达到经济效应的极大化。相反，由于非网络经济缺乏这种中心控制功能，所产生的规模经济效应相对较弱，在某些情况下不足以和竞争可能带来的经济效应相比，因而可以引入竞争。

最后，决定网络经济效益和规模经济这种数量差异的主要原因在于两者结构效应不同。值得一提的是，在规模经济问题上，平狄克和鲁宾费尔德（1997）也谈到了在企业改变生产水平时改变要素组合的情形。无疑，生产要素组合结构上的变化确实可以带来规模经济，但它所产生的结构效应还无法和网络结构所产生的效应相比，因而它所带来的经济效益也明显低于网络经济。其原因在于网络所具有的特殊结构是其他非网络实体所不具有的。就此来说，两者既不能相互包含，也不能相互替代。

此外，规模经济概念无法涵盖网络经济效应的特性。由于网络所产生的经济效应包括两个方面：规模效应和网络效应，因而网络经济效益的产生是由网络效应和规模效应综合形成的。由于网络经济效应能否产生的直接原因是网络结构，离开网络结构就谈不上网络效应，所以，网络才是网络经济效益产生的第一位原因。当然，任何网络也都需要有一定的规模，规模越大，网络经济效益也就越强。就此来说，规模因素也是网络经济效益产生的重要因素，但与网络相比，其作用显然是第二位的。因此，规模经济和网络经济效益是完全不能混淆和相互替代的两个概念。

决定它们变化特征的是技术和结构差异。正是由于技术和结构的不同，非网络产业的技术和结构只能使经济效益呈线性增长，而网络产业的技术和结构则可使经济效益呈现指数化增长。所以，本书研究的基点就是建立在技术和结构差异的基础上，只有技术和结构上存在较大的差异，才可能引起现实生活中的变化；只有现实生活发生了变化，才可能引发理论上的创新与重构。

三　网络经济效益与规模经济的程度分析

正如上述分析中指出的，不同的自然垄断产业，同一自然垄断产业的不同发展阶段上，其规模经济的大小和强弱也肯定存在着某种程度上的差异。也就是说，规模经济肯定也有着量上的大小之分。同样，那些具有网络特征的不同的自然垄断产业及其在不同的发展阶段上，其网络经济效益的大小和强弱也会表现出某种程度上的差异。对此，传统自然垄断理论却没有这种认识，也没有进行必要的量上的划分，仅仅以规模经济的存在和平均成本曲线向右下方倾斜作为依据，就从中得出自然垄断的结论来，令人感到理由并不充分。假定当代流行的自然垄断理论给出了规模经济量的规定性，那么就可以根据规模经济量的大小将自然垄断产业进行重新定性，把那些具有较强的规模经济效应的产业和较弱的规模经济效应的产业区分开来，并以此为依据来确定哪些自然垄断产业可以引进竞争，哪些自然垄断产业不宜引进竞争；可以引进竞争的产业需要引进到什么程度为好，不宜直接引进竞争的产业在保持独家垄断的前提下可以采取哪些有效的间接竞争形式。这些极为重要的问题在当代流行的自然垄断理论那里并没有得到很好的解决。另外，当代自然垄断理论更没有跟上时代前进的步伐，从那些具有网络特征的自然垄断产业中概括和抽象出最一般的网络经济效益概念，因而也就更谈不上对网络经济效益概念进行程度上的大小和强弱的分析了。在笔者看来，没有这种分析，就不可能对当代自然垄断产业改革与发展过程中出现的新情况和新问题作出有效的回答。

本书的一个突出特色就是要解决这一问题，给出规模经济和网络经济效益自身程度上的差异，以便于为本书的进一步研究提供一个分析工具。按照本书上述所给出的图 1－1、图 1－2、图 1－3、图 1－4 的比较分析结果，可以大致确定规模经济和网络经济效益两者的经济性程度的衡量标准。这就是长期平均成本曲线的形状。成本—收益分析是衡量经济性的最有用的经济学分析工具。当我们假定收益不变时，就可以通过成本分析来衡量经济性的大小。从以上分析来看，长期平均成本曲线必须是一条由左上方向右下方倾斜的曲线，这是规模经济和网络经济效益存在的前提条件，也是自然垄断赖以成立的必要条件。如果长期平均成本曲线向右上方倾斜，规模经济和网络经济效益就会失去，自然垄断就不能成立。进一步说，长期平均成本曲线的形状越陡峭，处于左上方的位置越高，向右下方延伸的位置越低（即越接近于底线），其规模经济和网络经济效益所具有的经济性就越强。反之亦然。为什么呢？因为长期平均成本曲线处于左上方的位置越高，表明所投入的固定成本越大，平均固定成本也就越高。较高的初始的平均固定成本是长期平均成本曲线陡峭的必要条件；长期平均成本曲线的形状越陡峭，表明随着产量的增加，平均固定成本下降的幅度就越大，而投入的边际成本却很低；长期平均成本曲线向下倾斜所处于的位置越低，表明当产量达到一定程度后，平均成本越来越接近于零。从而表明规模经济和网络经济效益所体现的长期平均成本曲线的形状是不同的，而不同的长期平均成本曲线所表明的是规模经济或网络经济效益本身具有大小或强弱之分。

根据长期成本曲线的含义，特别是网络成本的高低或网络效益的大小，可以把网络经济效益区分为强网络经济效益和弱网络经济效益两种形式。首先，强网络经济效益表示网络的固定成本极高，高到多建一个网络的成本不仅数量巨大，而且一旦投入，即使在一个相当长的时期内都无法收回。其次，边际成本较低，低到网络多传输一个单位的成本很小甚至小到可以忽略不计的程度。再次，网络的经济效益很高，高到多建一个网络不仅导致低效率的重复建设，使企业效益和社会效益同时下降，而且网络的功能并无改变（前提条件为技术不变）。与此相反，弱网络经济效益表示网络的固定成本并不很高，而网络的经济效益相对较高，两者一比较，多建一个网络的成本投入与回收期限可以为企业和社会所接受。这样，在弱网络经济条件下，多网竞争才成为可能。实际上，强网络经济效益和弱网络经济效益的区分，充分体现了技术对网络的规模效应和结构效应的关联程度的强弱差异，即技术对网络规模和结构效应的关联程度越强，网络经济效益也就越大；反之，技术对网络规模效应和结构效应的关联程度越弱，网络经济效益也就越小。

规模经济的划分也大致类同。按照技术与规模效应之间的关系，规模经济也可划分为强规模经济和弱规模经济两种形式。相对而言，强规模经济在产出的增长比例和成本函数方面均优于弱规模经济，即其规模效应更强。例如，在成本既定的情况下，强规模经济在产出的增长比例上会大大高于投入的增长比例；随着产出的增加，强规模经济体现在成本下降的幅度更大。更为明显的区别是，强规模经济的长期平均成本表现为一条向下倾斜的曲线，而弱规模经济的长期平均成本曲线则呈现出先下降后上升的状态。

在给出了信息、网络、网络经济等基本概念的定义，特别是对规模经济与网络经济效益的强弱程度做了简单的区分和描述后，现在有必要对技术与规模效应、结构效应之间的联系做一简单归纳了，以便为下文铺平道路。按照技术与规模（结构）效应关联程度的大小，可将其所产生的效应分为四个等级：强网络经济效益、弱网络经济效益、强规模经济（效益）、弱规模经济（效益）。这样本书就又增添了一个分析自然垄断理论的概念工具。不过，应当承认，对网络经济效益和规模经济的这种效益程度上的划分是难以非常具体地量化的，仅仅是相对性的、描述性的概念。因为我们无法对不同产业中的不同单位的成本进行直接比较，只能对不同产业中的不同单位的成本所形成的长期平均成本曲线的形状进行大致比较。鉴于资料缺乏，本书也难以对当代产业特别是自然垄断产业中的各个具体产业部门作出具体的描述，而只能凭借经验作出理论上的描述。但这种概念的细化和程度的区分对本书的深入研究却是必不可少的，因为一个理论体系的创新与重构必须有新的概念作为基础和铺垫。

四　自然垄断理论前提条件的设定

任何一个完整的理论体系都是由前提条件以及建立在这一前提条件基础上的理论核心部分构成的。本书拟提出的新的自然垄断理论也不例外，也是按照这一理论框架构建的。传统的自然垄断理论模型是以技术不变、市场需求不变、时间跨度为长期和投入要素等比例增长等假设条件为前提的。正是在这些假设前提条件的约束下，规模经济才能成立，建立在规模经济基础上的传统自然垄断理论也才能成立。由此可见，对于一个理论体系的建立和创新来说，按照现代经济学理论模型的要求来设计前提条件是必不可少的工作。

同时，一个理论模型前提条件的设计应当尽量接近于生活现实，不能离现实太远，否则就会脱离现实，降低结论的可靠性。考虑到当代技术进步的状况特别是网络经济日新月异的发展速度，建立在网络经济效益和规模经济基础上的自然垄断理论模型的前提假设条件应比建立在规模经济基础上的自然垄断理论有所放松，但又不失其严谨性。

基于上述考虑，本书认为以网络经济效益和规模经济为基础的自然垄断理论模型的前提假设条件应包括：

第一，技术基本不变或变化很小，即使有一些微小的变化也不足以引起产业技术的升级换代和产业结构的变迁。这一假设应被视为经济理论模型的一个最基本的假设条件，因为技术变量是其他经济变量的基础，技术变量的变化通常会引起其他变量的相应变化，特别是市场结构的变化，从而导致不确定性增加，无法建模。因此，只有在同一技术变量确定的条件下，模型分析才能得出可靠结论。否则，在技术变量不确定的情况下，人们不仅无法找到和遵循同一研究模式和分析框架，而且在不同的技术条件下所得出的结论也不尽相同。例如，网络技术和非网络技术、手工生产技术和大机器工业生产技术之间就存在着很大的差异，从某一种技术条件下得出的结论不一定适用于其他技术。

第二，市场需求基本不变或变化很小，即使市场需求量增大，也不足以大到在不降低整个网络产业经济效益的条件下同时容得下两个或两个以上网络竞争的程度。同时，即使市场需求量增大也不足以大到可以改变整个市场结构的程度。实际上，此条对强网络经济特性无效，因为在强网络经济特性作用下的平均成本曲线永远向右下方倾斜，无论市场需求发生什么变化，即使全世界一个网络，都无法改变平均成本永远递减的趋势。只有在较强的规模经济和弱网络经济特性起作用时，"市场需求基本不变或变化很小"才能作为一个有效的约束条件。而在规模经济较弱时，该约束条件也同样无效。

第三，在理论上，网络经济或规模经济所带来的效益和竞争所带来的效益原则上可以进行比较；在实践上可以通过生存技术进行检测（施蒂格勒，1996）。这就是说，一个具有网络经济特性的企业究竟处于何种市场结构上最佳，从理论上说，取决于它所处的市场结构的效益如何。即处于垄断市场结构上所获得的网络经济效益高，还是处于竞争市场结构上所获得的经济效益高；是处于寡头垄断市场结构上的效益高，还是处于其他市场结构上的效益高。通常，可以直接比较处于不同市场结构上的企业的实际成本或资本报酬率，或者根据技术资料来计算和比较处于不同市场结构上的企业发生的可能成本。

实践上，运用生存技术检测法的前提必须是无市场进退管制。一般来说，只要市场进退无行政性障碍，处于不同市场结构上的不同规模的企业之间的竞争自然会筛选出效率较高的企业，淘汰效率低的企业。因此，对于一个在理论上根本无法说清楚的究竟何种市场结构最优的问题，在实践上完全可以通过生存技术进行检测，当然，这需要具备一个前提条件：必须取消产业进入管制，开放市场，让竞争来作出选择。在现实生活中也不必凡事都得进行生存检测，不同国家、不同地区之间的经验教训都可以相互借鉴。

总之，如果没有这一前提假设条件，就不可能对垄断所产生的规模经济或网络经济效益同竞争机制所产生的效益进行比较；如果没有这种比较研究，就无法对竞争机制和垄断孰优孰劣的问题作出结论；如果连孰优孰劣都不得而知，我们又根据什么认为具有规模经济的发电、长话、铁路运输、水厂、航空、公路运输等传统的自然垄断产业放松管制，引进竞争机制进行直接竞争是合理的；而同样具有规模经济的城市输水管网、电网、市话网、铁路基础设施网络却至今仍保持着自然垄断，至多只能进行间接竞争，也同样是一件合理的事情呢？毋庸讳言，传统自然垄断理论的一个重要缺陷就在于缺少这一前提假设条件，因而也就在没有比较的情况下贸然作出自然垄断的结论，令人难以信服。

第四，从生产函数来看，投入要素等比例增加是规模经济形成的重要约束条件，但对网络经济效益的形成却未必有效。因为网络经济是由节点和连接构成的网络系统，只要节点和连接的增加符合其物理要求，而无须符合等比例增加的约束条件，都可带来网络经济效益。特别是网络的结构效应所产生的网络经济效益基本上和要素等比例增加这一前提条件无关。

第五，本书以多产品的产业作为研究对象，但仅以其中最主要的一种产品作为自然垄断的判定依据，而不考虑其他产品。这同现实生活完全一致。因为在现实生活中，传统自然垄断产业几乎难以再找到单产品的例证，即使存在极个别的单产品的自然垄断产业，也不影响本书的结论。原因在于，完全排除范围经济而仅仅基于网络经济和规模经济的理论判断，就只能以一个企业最主要的单产品作为判定依据，而无须考虑其他产品。

第六，从成本函数来看，由于规模经济和网络经济均体现在一条向右下方倾斜的平均成本曲线上（只不过两者的倾斜程度不同），而这条向下倾斜的成本曲线又只能是长期平均成本曲线（因为短期问题不考虑规模经济，所以短期成本曲线表现为 U 形）。因此，本书中的理论模型的时间跨度这一前提假设条件也只能设定为长期。

第三节　自然垄断理论的重构

有了强网络经济效益、弱网络经济效益和强规模经济、弱规模经济这些新的概念和分析工具，又完成了构建一个理论框架必不可少的前提假设条件，现在可以对建立在网络经济效益和规模经济基础上的自然垄断理论的描述做一初步尝试了。在上述假定前提条件的约束下，新的自然垄断理论的主要内容和基本框架结构大致如下：

第一，从生产函数来看，当产出的增长比例高于要素投入的增长比例而呈线性增长或指数化增长时，所产生的规模经济构成了自然垄断赖以成立的必要条件。

从成本函数来看，用于基础设施投资的初始成本之高，而边际成本之低，两者的反差程度导致长期平均成本曲线向右下方倾斜，由此构成自然垄断赖以成立的必要条件。

以上两个定义虽然是从不同角度给出的，但实质上说的是一回事。因为无论是从生产函数角度给出的产出和投入之间的关系，还是从成本函数角度给出的产出和成本之间的关系，无非都表明了规模经济与自然垄断之间的联系。因此，我们可以把两种说法整合在一起，用一个结论来表达就更为简洁：

当投入增加时，产出以更大的比例增加，平均成本则同时随着产出的增加而下降，由此带来的规模经济构成了自然垄断赖以成立的必要条件。即只要满足规模经济这一条件就达到了自然垄断必要条件的要求。

传统自然垄断理论认为,在基础设施成本较高的产业里,产量是决定平均成本高低的首要因素,企业越大,产量越多,平均成本就越低。这样,在一个平均成本曲线向右下方倾斜的产业里,对竞争的有效激励就明显不足,而对垄断的激励就特别强,因而自然垄断就容易建立起来。另外,基础设施成本较高的产业往往"进入门槛"也较高,容易导致投资不足,因为一般企业难以承受巨额的基础设施成本的压力,这在一定程度上也抑制了其他企业的进入。可见,基础设施成本太高,所以才需要达到一定的产量来分摊成本,才需要获得规模经济。这就是传统自然垄断理论以基础设施成本为基点推导出自然垄断结论的逻辑。

同理,从投入与产出的生产函数中也可以逻辑地推导出自然垄断的结论来。如果投入的规模越大,产出越多,那就只有一个企业经营才是效率最高的。因为在市场需求既定的条件下,多建一个相同规模的企业,就可能会使原有的那个企业的产出规模减少一半。这里隐含着技术与规模的关联性,只不过这种关联性是建立在规模经济基础上的,因而和网络经济效益相比,这种关联程度显得较弱。这也是导致某些传统的非网络型的自然垄断产业部分引进竞争的根源所在。因为在这类产业里,只要保持最低有效规模,引进竞争的效率就会比因此而失去的规模经济所带来的效率高。比如在电信产业中对非网络型的增值业务放松进入管制,实行行业准入制度,开展适度竞争,其经营绩效就明显优于垄断经营状态。可见,规模经济仅可以看做是自然垄断赖以成立的必要条件。

本书之所以将此条作为自然垄断的必要条件,而不是充分条件和充要条件,其原因在于:其一,较高的基础设施成本和较低的边际成本是形成自然垄断不可缺少的条件。两者相差的幅度越大,向下倾斜的平均成本曲线的形状就越陡峭,垄断经营与产量扩张的势头就越发强劲。而永远下降的成本优势是自然垄断得以形成的"天然基础"和必要条件。其二,虽然较高的基础设施成本和较低的边际成本是形成自然垄断不可缺少的条件,但是,仅有较高的基础设施成本和较低的边际成本还不足以最终形成自然垄断,自然垄断的形成显然还需要具备其他条件,即自然垄断形成的充分条件。因为在某些有限竞争的产业里,如移动电话、电脑等,也在一定程度上存在着较高的基础设施建设成本和较低的边际成本的现象,因此我们不能把此条件作为自然垄断的充分条件和充要条件,而只能作为必要条件。

将此条件作为自然垄断的必要条件，既和当代主流经济学以规模经济为依托的自然垄断理论相吻合，又弥补了传统自然垄断理论仅以规模经济来解释自然垄断成因的缺陷。

从当前流行的经济学教科书中可以看出，当代主流经济学是以规模经济为依托建立自然垄断理论的。美国著名经济学家鲍莫尔和潘扎、威利格、夏基等人明确提出，在单产品的情况下，规模经济是自然垄断赖以建立的充分条件。本书承认规模经济和自然垄断之间存在着一定的联系，但是，这种联系不宜于使用充分条件这一概念来表达，而使用必要条件来限定这一联系则更为确切。因为随着自然垄断产业的改革、发展和变化，以及经济学理论和方法本身的日益完善，自然垄断赖以形成的因素越来越复杂，现实生活中自然垄断产业出现的新情况和新问题早已超出了我们以往的认识水平和认识结论，因而仅仅从规模经济一个变量来观察自然垄断的成因显然是不成熟的。更为科学和更接近于现实的做法，是承认规模经济和自然垄断之间存在着一定联系，但这种联系绝不是充分条件所限定的那种联系，而只能由必要条件来进行解释。因为我们如果一旦使用充分条件来限定这种联系，按照形式逻辑的"如果有前件，就必然有后件"的要求，我们实质上就等于把规模经济存在的所有领域通通视为自然垄断产业了。显然这是不符合实际情况的。如果我们把规模经济视为自然垄断的必要条件，那么，我们就可以将自然垄断赖以形成的其他因素尽可能地考虑进去，这样就可以更为全面地揭示出自然垄断的形成因素。

如上所述，范围经济和成本次可加性都无助于自然垄断成因问题的解释。我们知道，在多产品情况下，范围经济可以对自然垄断的成因做一些补充性的解释，但这也仅仅是一种补充，即在自然垄断已经确定的前提下再对其存在的理由进行一些补充，而不能最终决定自然垄断能否成立。因为尽管当代自然垄断产业几乎都经营多产品，但作为自然垄断判断的依据从来考虑的都只是一种最主要的产品，而与多产品无关，这与现实生活经验是完全一致的。同样，成本次可加性也不能作为自然垄断的成因。因为成本次可加性在边际成本和长期平均成本上升的时候也存在，而长期平均成本上升的产业是不存在规模经济的，按照本书的观点，规模经济是自然垄断的必要条件之一，如果不存在规模经济，那么也就不属于自然垄断领域了（由于成本次可加性概念提出时没有考虑到网络经济效益问题，因此为了方便讨论，本书在这里也暂不考虑网络经济效益问题。退一步说，即使考虑到网络经济效益的问题，在长期平均成本上升的产业里也绝不会存在网络经济效益。这一点应当是十分明确的）。

第二，在且仅在网络经济的条件下，单一网络所带来的网络经济效益高于多网并存下的竞争机制所产生的效益，即单一网络的垄断所产生的效益高到无法竞争的程度（即引进竞争所带来的效益不可能高于垄断）时，才构成自然垄断赖以成立的充分条件。

将此条件作为自然垄断的充分条件，主要原因是基于对建立在规模经济基础上的传统自然垄断理论不周密的考虑，试图以此弥补其理论缺陷。本书在以上部分中已经明确指出了建立在规模经济基础上的自然垄断理论的缺陷，就是仅仅考虑到产量和平均成本之间的负相关性，以为只要通过增加产量带来平均成本的下降，获得了规模经济，自然垄断就能成立。岂不知在许多传统的自然垄断产业里，引进竞争所产生的效益往往高于垄断所带来的规模经济效益。王俊豪教授在比较分散独立经营和联合经营的利弊时，引证了西方学者的研究成果证明：处于不同经营范围下的企业成本的相关性越大，实行区域性独立经营所获得的利益超过损失的规模经济和范围经济的可能性也越大，即实行区域性独立经营相对更为有效，有利于形成区域间的比较竞争。只有当企业兼并能取得实质性的规模经济与范围经济效益，并且使消费者也能分享这些利益时，才能允许企业间的合并。比如，有两家规模不等的电信企业，所经营的业务基本相同，其中规模较大的一家和规模较小的一家在成本上所差无几。如果让两者联合经营，其成本下降很小；反之，两者分别经营的效率可能更高，甚至超过联合经营的效率，特别是分散独立经营有利于间接竞争和比较竞争，使管制者更易于获得有效信息，从而提高管制效率。所以，如果联合经营不能取得帕累托效率，还是以分散经营获得竞争效率为好。除此之外，更为重要的是，当代世界各国自然垄断产业改革成功的经验与教训为本书提供了佐证。民航、长话、发电、水厂这些传统的自然垄断产业在引进竞争后所产生的效益大大高于以往在自然垄断条件下可能获得的规模经济和范围经济，消费者从中得到了物美价廉的好处，经营者收回了成本，政府也减少了财政补贴的支出。

　　显然，这里有一个竞争机制和垄断机制的比较问题。在传统的自然垄断产业里，即使产量的增加能够带来平均成本的下降，也要看其下降的幅度是否高于引进竞争机制所能带来的平均成本下降的幅度，否则，自然垄断就不能成立。故本书强调的是，作为自然垄断的充分条件，应当在竞争机制和垄断机制可能产生的效率之间进行比较，只有在垄断所带来的效率高于竞争机制时，自然垄断才能成立，否则，应以引进竞争机制为妥（至于竞争到什么程度则是另外一个问题）。

　　顺便需要提及的是，在现实生活中，如何比较竞争机制和垄断机制两者的效率大小，这一比较原则又如何进行具体操作。这个问题虽说是一个非常重要的问题，但也是一个令人感到棘手的问题。应当说，现实生活中本来就没有什么固定的模式可寻，许多改革往往都是凭借经验和推理以及大胆的实验来进行的。只要政府放得开，少干预，一般来说，企业会在市场机制的引导下进行各种资源配置活动的尝试，以获取自身利益的最大化。政府除了制定游戏规则和监督企业行为，以维护公共利益目标外，还要善于发现最佳的产业结构和市场结构，并以效率最大化为目标来调整公共政策，及时扭转市场机制或垄断机制可能造成的偏差。此外，也要看到技术对企业行为以及市场结构的影响。一个产业究竟采取什么样的市场结构，需要借鉴现有的理论研究成果，同时还需根据现实生活的变化，特别需要注意的是技术的进步所引起的企业行为的变化，企业行为的变化引起的市场结构的变化，从这些变化中观察和发现效率更高的市场结构。在这个问题上，由于文化、制度等方面存在的国情差异，各国通常都有自己的做法，但肯定存在着一个效率最优的方法或效率次优的方法。其中落后国家向发达国家学习和借鉴成功的经验就是一条最好的捷径。中国自然垄断产业的改革和发展就应当以此为鉴，与时俱进，多吸收发达国家的先进经验，少强调自己所谓的特色，更不应该以自己的特殊国情为由拒绝人家先进的东西，以不变应万变。自近代以来，中国社会落后的直接原因莫过于此。

　　本书又将自然垄断的充分条件限定在网络经济的范围内，主要是基于技术变量差异的考虑。如上所述，一般来说，技术的网络经济效益具有指数化的非线性的增长特征，而技术的规模经济更多地具有线性增长特征，在投入一定的情况下，两者所产生的经济效益肯定具有较大的差异。因此，在非网络经济中，由于垄断可能带来的效率较低，就需要同竞争机制可能带来的效率进行比较，然后才能作出收益最大化的选择。而在网络经济中，由于网络技术和结构的特殊性，能够产生呈非线性增长的效益，且网络越大，结构越复杂，所产生的网络经济效益就越高，因而在具有强网络经济效益的网络产业里，一网的收益和成本节约往往胜过多网。即使考虑到网络经济通常所需投入的巨额基础设施（固定）成本因素，结论也不会改变。原因在于：首先，因为在强网络经济效益的作用下，在一定的传输数量范围内，陡峭的长期平均成本曲线会随着传输数量的增加，其下降幅度加大，速度加快。显然，在市场需求不变时，多网并不能保证有足够的传输数量使平均成本下降的速度和幅度如此之大，只有单一的网络才能做到这一点。其次，在技术和市场需求基本不变时，增设新的网络就意味着社会总成本的增加和单位成本的提高，而总传输数量却基本不变。所以，多网肯定不如一网的效率高。但是，对于早已建成的拥有多个网络的产业来说，如有线电视网、电话网、计算机网是否适宜引进竞争机制，实行三网竞争，则是另外一个问题，因为其固定成本早已成为沉没成本而不在考虑之列了。

一言以蔽之，只有在那些强网络经济效益的产业里，垄断机制才可能比竞争机制更有效率。反之，在弱网络经济效益的产业里，竞争机制往往在一定范围内比垄断机制更有效率。这就是本书将此条作为自然垄断赖以成立的充分条件的依据所在。

现在，我们可以回顾一下规模经济、范围经济、成本次可加性为什么不能单独作为自然垄断的成因，而还需要具备其他条件。在当代经济学的有关论述中，规模经济、范围经济和成本次可加性都没有明确地刻画和概括出网络经济的本质特征，都没有明确指出网络的经济性具有非线性增长特征，而仅仅满足于对其所具有的经济性进行一般性描述。既然我们看不出规模经济、范围经济和成本次可加性与网络经济之间究竟有多少联系，那么，我们就没有任何理由把规模经济、范围经济和成本次可加性作为自然垄断的成因，而不考虑网络经济效益概念。因为现实生活摆在我们面前的一个基本事实是：随着当代发达国家自然垄断产业的改革和发展，传统的自然垄断产业发生了巨变，已经收敛到具有网络经济效益的产业上去了。从这一事实出发，自然垄断就只能和网络经济发生关联，而同规模经济、范围经济和成本次可加性之间没有必然联系，如果说有一定的联系，那也只能把规模经济视为自然垄断赖以成立的必要条件。仅此而已。

第四节 对传统自然垄断产业性质的判定

一个理论的价值和意义首先在于它能够有效地解释现实，否则，它就没有必要存在下去了。为了检验上述自然垄断理论的解释功能如何，有必要根据该理论对传统的自然垄断产业及其性质作出重新判断和划分。

根据以上提出的关于自然垄断产业定性的两个标准条件，按照经济效应大小的顺序，本书认为，传统的自然垄断产业大致可分为以下两个部分：

第一，以较强的网络经济效益为标志的完全自然垄断产业。这类自然垄断产业首先必须拥有网络设施，这是最起码的条件。但是，仅有网络设施还不足以构成该类自然垄断产业性质的充分依据，如电信长话业务虽然也有线路网络，但不属于完全自然垄断产业，即还可以适度引进竞争机制。而完全自然垄断产业是不存在直接竞争的，至多存在间接竞争和比较竞争。这就需要不仅具备自然垄断的必要条件，还要具备充分条件，只有同时满足自然垄断的必要条件和充分条件的要求，完全自然垄断才能成立。根据多数学者的意见，目前，这类完全自然垄断产业主要有城市供水和排水管网、市话网、电网、煤气管网、铁路基础设施网络等。从信息的本质和未来社会发展趋势来看，只要解决了技术兼容的问题，未来社会的信息网络也应属于完全自然垄断产业。

完全自然垄断产业的特点是其具有较强的网络经济效益，竞争机制所产生的效益无法与其相比，以至于任何竞争机制的引进都只能导致低效率的重复建设，增加社会总成本，而不会带来任何消费者剩余。

第二，同完全自然垄断产业技术比较而言，如果一个产业仅具有较强的规模经济或较弱的网络经济效益，即仅能满足自然垄断的必要条件的要求，而不能完全满足充分条件的要求，同时其市场结构具有可竞争的特征，但又和一般竞争市场不同，在竞争程度上只能以适度竞争为原则。那么，这类产业可被称做准自然垄断产业。一般来说，由于技术对规模和结构的依赖程度不同，以线性为主要特征的规模经济并不能形成自然垄断，而以非线性为特征的网络经济效应则可以形成自然垄断，但并非所有的网络经济效益都可形成"强自然垄断"，这就取决于不同产业的网络经济效益的强与弱了。

规模经济构成了准自然垄断赖以成立的必要条件，而弱网络经济效益构成了准自然垄断赖以成立的充分条件。随着产量的增加，其平均成本曲线也同样向右下方倾斜，但其倾斜的陡峭程度和向下延伸程度就明显不如完全自然垄断产业。这其中隐含着可以适度引进竞争机制的可能性，从而和完全自然垄断产业区别开来。换言之，这里存在着垄断和竞争的效率比较以及以此为依据的市场结构选择问题。通常在一定的程度和范围内存在着竞争的效率高于垄断的效率的可能性。即在引进竞争机制后，竞争的程度需要受到限制，如果企业进入过多，就会损害规模经济和网络经济效益，导致竞争的效率低于垄断的效率的可能性。因此，在准自然垄断产业里，以竞争和垄断的综合经济效益最大化为目标的适度竞争的程度，应以保持企业的最低有效规模为界限。这一点就使得准自然垄断产业和一般竞争领域严格区别开来。不过，在通常情况下，这类准自然垄断产业也不会完全满足自然垄断的充分条件的要求，因为这类产业成本曲线的陡峭程度以及技术与规模和结构的关联程度均不如完全自然垄断产业，由此导致其垄断的效率在一定条件下也不如竞争的效率高。

但是，我们还必须看到，准自然垄断产业毕竟还有较强的规模经济和较弱的网络经济效益，因此即便引进竞争机制，也还需要市场准入制度设置的进入"门槛"，以限制进入企业的数量，保持适度竞争的规模。这就是说，准自然垄断产业的市场结构以不完全竞争的市场结构形式为宜。在现实生活中，准自然垄断产业主要分布在传统自然垄断产业中可以引进竞争机制的那一部分行业，如电信产业中的长话业务、电力产业中的发电业务、铁路产业中的客货运输业务、城市供水和排水产业中的水厂和废水处理业务、航空运输业中的航运业务等。多数学者认为，这类产业适于竞争，但又不能过度竞争，应以保持企业最低有效规模为界限的产业适度竞争为宜。

由此可见，准自然垄断产业是介于完全自然垄断产业和一般竞争性产业之间的一种中间状态。它既和这两种产业不同，又和这两者有相似之处和共同点；既有一定程度的竞争性，又有一定程度的垄断性。至于这类产业的名称叫什么倒无所谓，准自然垄断产业或弱自然垄断产业都可以，但有一点可以肯定，这标志着传统自然垄断产业的发展已经开始走向成熟化，走向竞争与垄断的综合。

在现实生活中，完全垄断也并非与竞争无关，只是其垄断的市场结构不宜打破，但可以在保持垄断结构的前提下实行垄断经营权的招投标制度，或者实行各种间接的竞争形式。通过这些竞争形式，也可以吸引资本，提高产品质量，使竞标价格接近边际成本。

以上将传统的自然垄断产业一分为二的做法是否妥帖，可以讨论。不过，从世界各国自然垄断产业改革的近况以及实证研究的成果来看，上述关于自然垄断产业的划分方法比较贴近现实生活。根据这一理论，可以对自然垄断产业的每一部分再进一步做些具体分析，以验证本书所提出的理论观点是否能有效地解释现实。

第二章　自然垄断产业改革背景、目标和成效

　　20 世纪 70 年代以后，美国、英国、日本等发达国家开始对航空、通信、运输、电力等传统的自然垄断产业进行了一系列改革，并且取得了很大成效，市场竞争导向的市场经济体制在传统的自然垄断产业中基本上得以有效运转。那么，发达国家为什么要对传统的自然垄断产业进行改革？改革前的初始条件是什么？中国自然垄断产业的改革在初始条件和动因上与发达国家到底有哪些异同？对这些问题的正确回答是设计中国自然垄断产业改革的前提和起点。

第一节　国际自然垄断产业改革的背景

　　我们从宏观经济形势、产业运行状况、技术进步和政府规制四大方面来具体阐述国际自然垄断产业改革的背景。

一　经济滞胀

　　20 世纪 70 年代，国外发生了两次石油危机，各个国家相继陷入经济滞胀状态，具体表现为低经济增长率、高失业率与高通货膨胀率并存。根据世界银行、国际货币基金组织、经济合作与发展组织等国际组织的统计，在经济增长方面，1963—1973 年，美国、英国、法国、联邦德国、意大利、日本、加拿大七个西方主要发达国家 GNP 增长率平均为 4.4%，1974—1979 年则为 2.2%，下降了 50%。在失业率方面，主要发达国家的失业率持续上升，如美国从 1965 年的 5.2% 上升到 1982 年的 9.7%，同一期间，英国从 1.4% 上升到 12%，法国从 1% 上升到 8%，联邦德国从 0.7% 上升到 7.5%，意大利从 5.7 上升到 9.1%。在通货膨胀率方面，1974—1981 年，美国、英国、法国、联邦德国、意大利、日本、加拿大

七个发达国家的年均通货膨胀率平均为 10.8%。滞胀局面的出现，使当时占绝对统治地位的凯恩斯主义被动摇，沉寂了近半个世纪的自由主义思潮开始抬头，对各国政府的指导思想和包括自然垄断产业在内的公营企业改革产生了重要影响。于是，各个国家都纷纷采取应对措施，试图削减政府规模和行政支出，实现"小政府"的目标。以英国为例，自 1979 年撒切尔政府上台后，为了对付经济滞胀，政府全面推行货币主义和供给学派的经济政策，反对国家过多的干预，主张建立"小政府大社会"的模式，在依靠市场机制发挥自由竞争的基础上，充分发挥私人企业的作用。在撒切尔夫人看来，英国国有化的实践表明，效率和平等的相互替代意味着公共部门的增长是以牺牲经济增长为代价的。而要使企业适应市场规律，增强竞争，必须减少国家干预。私有化被认为是减少国家干预的最直接的办法。私有化，一方面可以筹集资金，增加财政收入，增加投资以刺激供给，全面刺激国民经济，又可以打破国有企业的垄断，恢复市场机制，鼓励并促进竞争，在产业界重塑企业文化，以改变英国长期注重贸易与商业的传统，而这一传统被认为是英国经济衰退的源头。因此，用货币主义代替凯恩斯主义意味着政府所关心的重心开始由强调平等转向强调效率。另一方面，也是更为重要的，通过出售国有企业股份的方式，有意识地推广私有产权，使私有化的企业职工成为股票拥有者，增强英国企业中雇员的参与感与自豪感，强化他们自身的经济利益与企业命运的紧密关系，以此来鼓励个人奋斗精神，以实现撒切尔夫人所宣称的"让这个时代成为一个人人有进取心的时代"，也就是所谓的"大众资本主义"的社会。由于自然垄断产业是国有企业的集中领域，所以私有化改革的核心措施之一就是积极推行自然垄断产业中的国有企业民营化，焕发企业生机活力，实现英国经济的复兴。

英国以私有化为主要特征的自然垄断产业改革大体分为三个阶段：第一阶段（1979—1983 年）为起步阶段，从 1979 年 10 月出售英国石油公司的 5% 股份开始，到 1983 年，12 个国有企业被全部或部分私有化。这一时期私有化涉及的企业还有英国宇航公司、英国联合港口公司和国际航空无线电公司。这一阶段的私有化刚刚起步，尚未深入，影响不大。第二阶段（1984—1987 年）为私有化大发展的阶段，从 1984 年 12 月出售英国电信公司股份开始，私有化涉及的垄断部门越来越多，出售金额也越来越大。1984 年出售英国电信公司 50.2% 的股份，净收入达 39.16 亿英镑。同年 12 月出售英国煤气公司的全部股份，净收入达 56 亿英镑。第三阶段为 1987 年以后的纵深发展阶段，私有化开始涉及更多的自然垄断产业，包括自来水、电力、铁路等。

可以说，20 世纪 70 年代的经济滞胀局面是世界各国尤其是发达国家普遍面对的形势（见表 2－1），走出经济滞胀局面也就成为各个国家对自然垄断产业改革的宏观背景。

表 2－1　　　　　　　　西方发达国家"滞胀"概况　　　　　　　单位：%

项目	期间（年）	年均生产率增长	消费品价格提高	失业率
美国	1963—1973 1974—1979	1.9 －0.1	3.6 8.6	4.5 6.7
英国	1963—1973 1974—1979	3.0 0.8	5.3 15.7	3.0 5.3
法国	1963—1973 1974—1979	4.6 2.7	4.7 10.7	2.0 4.5
联邦德国	1963—1973 1974—1979	4.6 2.9	3.6 4.7	0.8 3.2
意大利	1963—1973 1974—1979	5.4 1.4	4.0 16.1	5.2 6.6
日本	1963—1973 1974—1979	8.7 3.3	6.2 10.2	1.2 1.9
加拿大	1963—1973 1974—1979	2.4 0.1	4.6 9.2	4.8 7.2

注：失业率为 1965—1973 年数据。

资料来源：《新帕尔格雷夫经济学大辞典》第四卷，经济科学出版社 1996 年版，507 页。

二　国有企业低效率，亏损严重，加大了政府财政补贴负担

第二次世界大战以后，世界范围内出现了国有化浪潮。到 1982 年，

国有企业占 GDP 的比重在发达国家平均为 7.7%，发展中国家平均为
12.5%①。除了钢铁、汽车、造船、化学、飞机等重要竞争性产业外，自
然垄断产业更是成为各个国家国有化浪潮席卷的集中领域。在英国，到
20 世纪 70 年代末，邮电、通信、电力、煤气、铁路等自然垄断产业几乎
100% 都实行了国有制，欧洲其他国家也大都如此。美国是私有制最典型
的国家，但 1983 年 GDP 中国有企业的产值也占 1%②。在日本，1985 年
年末，公企业在整个日本经济的总资产中的比重约 9%，就业人数比重为
3.4%③。从国有企业的产业分布来看，自然垄断产业几乎都是国有企业
集中涉足的产业领域。国有制浪潮虽然对战后世界经济的增长和发展作出
过历史性贡献，但随着时间的推移和经济形势的变化，国有制越来越不适
应生产力的发展，制度性弊端越来越显露出来，这种弊端集中体现在国有
企业的低效率。表 2 – 2 列出了关于私有企业与公有企业绩效比较的研究
结论。可以看出，绝大多数研究结论都是支持公有企业比私有企业更缺乏
效率。

表 2 – 2　　　　　　　　私有企业与公有企业的绩效比较

领域、作者、研究的年份	研究结果
电力	
华莱华和琼克 （Wallace and Junk, 1970）	公有企业每度电的营运成本高 40%—75%，投资成本高 40%
迈耶（Meyer, 1975）	公有企业具有更低的营运成本，但运输和销售成本更高
斯潘（Spann, 1977）	就营运成本而言，私有企业的效率相同或可能更高
琼克尔（Junker, 1975）	私有企业与公有企业无成本差异
纽伯格（Neuberg, 1977）	公有企业比私有企业成本低 23%
佩斯卡特赖斯和特拉潘尼 （Pescatrice and Trapani, 1980）	公有企业成本低于私有企业

① 世界银行：《1988 年世界发展报告》，中国财政经济出版社 1999 年版，第 169 页。
② ［美］E. S. 萨瓦斯：《民营化与公私部门的伙伴关系》，中国人民大学出版社 2002 年版，第 9 页。
③ 参见［日］植草益《微观规制经济学》，中国发展出版社 1992 年版，246 页。

续表

领域、作者、研究的年份	研究结果
电力	
Primeaux（1977，1978）	竞争降低公有企业的供应成本
DeAlessi（1974）	私有企业供给成本低于公有企业
DiLorenzo 和 Robinson（1982）	公有企业的生产效率稍微更低
Atkinson 和 Halvorsen（1986）	公有企业与私有企业同样成本低效率
水利	
曼恩和迈克赛尔（Mann and Mikesell，1976）	公有企业成本高 20%
摩根（Morgen，1977）	公有企业成本高 15%
克雷恩和赞德库伊（Crain and Zardkoohi，1978）	公有企业生产率低 40%
铁路	
奥勒特（Oelert，1976）	与私有企业的合同价格比较，公有企业平均成本高 160%
卡维斯、克里斯坦林和斯旺森（Caves，Christensen，Swanson，1980）	在生产率方面无明显差异，在 1965 年以前高度管制时期 CN（加拿大国有）公司效率更低；而这以后与 CP（加拿大太平洋）公司相比该公司的效率增长更迅速
航空	
戴维斯（Davies，1977）	私有航空公司明显比国有航空公司更有效率

资料来源：［美］W. Kip Viscusi 等：《反垄断与管制经济学》第 3 版，陈甫军等译，机械工业出版社 2004 年版，第 261—262 页。

国有企业低效率比如造成经营亏损，政府财政补贴不堪重负。在经济高涨时期，国有企业的低效率往往被掩盖，但在经济衰退时期，亏损问题就会集中显露出来，英国和日本尤为典型。

（一）英国

经过两次国有化浪潮后，随着国有化的不断推进，国有企业的高成本、低效率的弊端日益显现，这加重了英国经济的停滞。据统计，在 20世纪 50—70 年代，英国国有化部门的利润相当低，1950—1952 年、1955—1962 年和整个 70 年代都是亏损的，其余年份即使有盈余，如果扣除津贴，利润率也只有 1%—2%，至多 4%—5%。1976 年，英国经济发展署首次公布了有关 1960—1975 年英国国有企业状况的全面报告。这期间，英国国有工业总产量年均增长率为 1.1%，低于整个英国制造业年均 2.7% 的水平。英国经济学家普瑞克指出，这十年中，私营部门的资金利润率在 3%—4% 之间，而同期的国有部门的平均利润率为零。原因在于国有工业商品价格上升的速度快于整个工业，而盈利则低于整个工业的平均水平。1978—1981 年，英国国有企业所占投资比重为 16.8%，而产出比重只有 10.9%。

以电力业为例，英国电力工业已有 100 多年历史，1926 年就颁布了首部电力法。直到 1988 年电力私营化法案通过以前，英国电力工业是以 1957 年电力法为依据，由国有的中央发电局（CEGB）和 12 家地区配电局垄断经营英格兰和威尔士的发电、输电和配电，中央发电管理局拥有全国全部的电网和绝大多数发电厂，其所属发电厂发电量占当时英国总发电量的 94%，国有中央发电管理局高度垄断着电力市场并控制电力价格。由于缺乏竞争，严重影响了投资者对电力工业投资及经营的积极性，电力工业缺乏活力。随着经济的发展，这种纵向一体化垄断体制造成的电力企业效益低下、国家电力企业负债过多、电价居高不下等问题日益严重。1979 年保守党人撒切尔夫人赢得大选，认为"英国经济最大的两个问题是垄断的国有化企业和垄断的工会"。

在铁路运输业，英国政府于 1948 年将铁路收归国有，成立了英国国营铁路，由国营铁路管理委员会直接管理。1956 年，铁路完成的客运、货运周转量分别为 340.1 亿人千米和 351.11 亿吨千米。30 多年后的 1985 年，在国内工业产值、国内生产总值及人均国内生产总值均增加了 10 多倍的情况下，铁路的客、货运周转量无论从绝对数量上，还是从相对比例上都呈现出逐年下降之势，即使有增展也是微乎其微。1985 年，客运周转量完成 360 亿人千米，仅占各种输送方式所完成的客运周转量的 6.9%；货运周转量仅完成 153 亿吨千米，占各种运输方式完成货运周转量的 9%。随着市场所占份额的下降，英国铁路经营亏损不断增加，1982 年政府补贴金额为 8.2 亿英镑，1984 年增加到 8.65 亿英镑。另据欧盟的统计，从 1970—1994 年间，由于公路、航空运输的迅猛发展，全欧洲的货运总量增长近 70%，而铁路货运量反而下降了 22%。欧盟在总结其经验教训时得出的结论是："国家对铁路的管理体制是铁路衰落的主要原因。"

在电信业，20 世纪 80 年代以前，英国的邮政和电信统一由英国邮政局垄断经营，同时大东公司（C&W）主要经营海外电信业务。英国是福利国家，一直采取低资费政策，在 1984 年民营化之前，英国资费政策是通过对企业利润率、投资及折旧等活动进行指导，以达到限制价格的目的。这种政策在减缓资费上涨的同时，却造成了不增加或不更新设备、用户减少、故障率高等不利于电信发展的结果。此外，低资费政策的结果是电信企业总资费低于总成本，致使造成的亏损和电信进一步发展需要的资金由国家财政解决。英国电信公司（BT）从 1981 年成立到改革前的 1984 年，经济效益差，不但没有上交利润，甚至税收都无法缴纳。

在 20 世纪六七十年代，英国对国有企业的投入和财政支持大约占国家财政支出总额的一半左右。国有企业亏损面过大，财政补贴过重，已经不仅仅是经济问题，而且是政治问题。这必然促使政府下决心向国有企业集中的自然垄断产业领域"开刀"，实行私有化，引进竞争。

（二）日本

1952 年以前，日本的电信事业一直由政府经营管理。为了发展电信事业，日本于 1952 年 8 月成立了由政府投资的公共企业团体——日本电报电话公司（NTT）。根据日本政府于 1953 年公布的《公用电信法》，由 NTT 垄断经营日本的国内电信业务。为了适应并满足越来越多的国际电信事业的要求，日本又于 1953 年成立了国际电报电话公司（KDD），垄断经营日本的国际电信事业。日本电信的垄断经营的管理体制造成电话资费不断攀升，1953—1975 年间，日本市话资费长期维持在每 3 分钟 7 日元的水平。1975 年日本电话电报公司（NTT）亏损 2800 多亿日元，财政不堪重负。1976 年日本将市话资费调整为每 3 分钟 10 日元，从 1978 年起，NTT 连年出现巨额利润。这引起社会不满。用户认为这是变相征税，改革呼声越来越高。

日本电力行业原来是私有经营的。1937—1946 年间，由于战争原因，日本将各私人公司收归国营，统一由国家经营，结果形成国有国营局面。1951 年，国有国营的日本电力组成日本发送电公司，实现政企分开，整个日本电力由日本发送电公司一家垄断经营，直到 1991 年日本政府对国有电力企业进行民营化改革。日本水力发电能力的 60% 为抽水蓄能电站，据 IEA 估算，其发电成本为 32 日元/度，而售电价格仅为 9 日元/度，这意味着政府对电力产业的补贴，并承担着满足高峰用电需求的任务（刘戒骄，2005）。

尽管日本的地理条件有发展铁路运输得天独厚的条件，但是也摆脱不了与英、美等发达国家铁路相同的命运。作为政府的一个准行政事业部门，由于政治、行政的无端介入，经营上的散漫不羁，对运输结构变化的木然应对等，使得"国铁"的经营每况愈下，在运输市场上所占的份额越来越小。自 1964 年，出现 300 亿日元的经营赤字起，便陷入了滚雪球般的赤字之中，1974—1986 年，"国铁"每年的亏损在 1 万亿日元之上，1980 年亏损 1.84 万亿日元，占当年营业收入的 30%。到 1986 年，"国铁"的长期累积债务达到 25.4 万亿日元，"国铁"实际上已经处于破产状态。在这种情况下，日本政府不得不实行"国铁"的改革，实行私有化，进行"区域分割"，即将原有路网分成 7 个地区性子系统（6 个客运系统和 1 个货运系统）。私有化和引入竞争后，使濒于夕阳产业的日本铁路事业重新焕发了活力，改革获得了成功。

可以看出，无论对于英国还是日本，国有企业低效率引发的亏损严重和沉重的政府财政补贴负担都是发达国家自然垄断产业改革最直接的动因。

三　技术进步

20 世纪 70 年代以后，以信息技术和其他高新技术为中心的技术进步的结果，在以往的自然垄断产业内形成了新企业加入的技术基础，通过政府规制来维持自然垄断的依据变得薄弱了。下面，我们分别以电信和电力为例来具体分析技术进步是如何使传统天经地义的自然垄断产业变得"不自然"的。

（一）电信业

历史上，无论是露天线路系统还是同轴电缆技术，由于巨大的固定成本导致异地电话市场（Intercity Telecommunications Market，ITM）都是自然垄断的，在美国，唯一的厂商即美国电话电报公司（AT&T）独家经营异地电话市场业务。而微波传输技术的出现，改变了异地电话市场的自然垄断性质。尽管微波传输在第二次世界大战之前就已存在，但其研究和发展是由于美国政府把它作为争取战争胜利要做的一部分而提供资金支持后，才取得了某种技术上的突破，从而也具有商业上的可行性。微波传输的经济意义在于能够廉价地经过无线电波束而传输大量信息。与露天线路系统或同轴电缆技术比较，微波传输不需要两个地点之间的实体联系，它通过距离每20—30英里的一系列的微波继电站而达到的。一站收到微波信号，把信号增强，然后把它传输给下一站。美国第一个为电话服务设置的微波传输系统于1947年在波士顿与纽约之间建立。由于避免了在通信网络两点之间实物联结的需要，微波无线技术大大减少了提供电信服务的固定成本，从而导致了更小的有效企业规模，使得几个供应商同时为异地电话市场服务变得可行。

技术进步同样对本地电话市场（Local - Exchange Telecommunications Market，LEM）的自然垄断性质也提出了质疑。历史上，本地电话服务是通过电线系统进行的，这一系统需要庞大的固定成本，所以生产效率只需要一个单一的服务供应商，即自然垄断性质。20世纪80年代以来，有3个重要的技术进步改变了本地电话市场的自然垄断性质。第一个技术是光纤电缆。光纤电缆能够传输高容量的电信服务，减少了提供服务的成本，可以允许几个厂商在本地电话市场上提供部分服务而且能够盈利，而且它是一种所有厂商都可以自由获得的技术。相对于在一些利用传统电话线路方面具有优势的本地电话市场厂商，新进入者总能找到自己合适的位置而且并没有什么不利的地方。第二个技术是蜂窝电话服务形式的无线电话技术。一个蜂窝无线电系统是通过无线电信号代替电线，由无线电传输站或者"空间点"（cell sites）所组成。每一个无线电传输站包括几根短天线和一个接发器，它的任务就是从无线电话收集信号，然后与电线或者微波传输联结在一起，增加一个客户不再需要一根电线而是分配给他一段波段。这就降低了新进入者的成本门槛。第三个技术进步是一连串数字电子技术的出现，不仅降低了电线系统的成本，而且扩大了无线电系统的容量。如数字转换技术极大地降低了转换服务方面的规模经济，使得如今可以经济可行地和本地周边多与转换设备相连接，这一技术对本地电话服务的多个运营商是非常关键的，否则每个运营商都要建造自己的转换设备。

（二）电力业

传统上，电力业被认为是典型的自然垄断产业，基本依据在于电力的不可储存性要求发电、输电、配电和售电的统一平衡和调度。然而，技术的不断进步动摇了电力的这一性质和特点。在电力生产上，随着技术进步，电力生产的最佳规模发生了变化。在机组规模上，过去一直认为大机组比小机组具有更低的生产成本，使用大机组可以获得规模经济效益。20世纪70年代和80年代，火力发电生产的最优容量被认为是50万—60万千瓦。但实践证明，当发电企业的规模变得过大时，设备利用的非效率风险就会变得很大。同时，新的发电技术，如燃气蒸汽联合循环（Combined - Cycle Gas Turbine，CCGT）技术大大降低了发电机的最优规模，有效容量在25万—40万千瓦[1]，另一说法为15万—30万千瓦[2]。CCGT制造商使其技术效率达到近60%，建设周期不到两年，投资成本低到500美元/千瓦。这些技术进步连同天然气的低价格和新的天然气传输网络，使得CCGT技术在竞争性发电市场上成为主导选择。

技术的进步使得电力输送具有可控性。传统网络中的电流在技术上不可控，因为电流总是选择电阻最小的路径。基于这个原因，电流的节点被认为是单独的技术系统，为了保证它的连续性和完整性，在技术上需要在狭窄的电缆中做到流入（生产）和流出（消费）之间的平衡。然而，技术进步通过在网络中引入能够控制接入特定线路的转换器而使得控制电力线路变得可能。这样，使得发电和输电分开在技术上变为可行。

技术进步促进了电流应用的多功能性。比起当初设计者的单一目的，现今的电流在技术上能应用于更多的领域，如电信信号通过电力网络的传输在技术上是可行的，通过电力节点实现互联网的连接。电力节点的多功能性潜在地提升了它的经济价值，巨额投资的电网因此不再具有资产专用性，通过多样化经营降低了所谓沉没成本，电网规模经济不再是垄断经营的理由。

技术进步导致了增加负荷管理的可能性。信息和交流技术方面的进步为电力的负荷管理提供了新的机会，使得包括多个中间商和多种交易的日前和实时电力市场成为可能。而且，基于新的信息技术和通信系统支持的

---

① 参见［美］萨莉·亨特《电力市场竞争》，中信出版社2004年版，第23页。

② 参见［美］Geoffrey Rothwell 等《电力经济学：管制与放松管制》，中国电力出版社2007年版，第3页。

市场竞争下的电力计量、费用结算及其支付、质量控制和负荷管理等正在形成。另外,信息技术和通信系统支持下的零售竞争和用户选择鼓励有新业务关系的电力服务商进入电力市场,提供有吸引力的价格、高质量整体服务和其他内容。

四　政府规制的失效

从 19 世纪 80 年代开始,美国开始走上了经济规制之路。1887 年,联邦政府对铁路业正式规制,铁路业成为第一个受政府规制的行业。1910 年开始对州际电话服务开始规制。20 世纪 30 年代,美国形成了规制浪潮,40—60 年代,规制持续增加,到 1977 年,完全受规制的行业的生产总值占美国 GDP 的 17%。在日本,1985 年,所有受规制的产业部门的附加价值总额占整个日本附加价值的大约 30%。虽然规制起因于"市场失效",但规制同样遇到了问题。人们看到,政府规制下自然垄断产业运行低效,质量低劣,成本高昂。美国纽约城市大学萨瓦斯教授所归纳的民营化对象的 14 种症状在自然垄断产业中表现得尤为明显。对此,美国经济学家卡恩(A. E. Kahn)总结道:"美国的规制,压制技术革新,姑息无效率性,引起工资和价格螺旋式上升,发生严重的资源无效率配置,引起成本推动型通货膨胀那样的无益竞争扩大,拒绝采取在竞争市场中所提供的收费多样性和质量选择。这些想法,70 年代初在中立的研究人员中占据了统治地位。"[①] 规制失效一方面表现在受规制产业的资源配置低效率;另一方面表现为政府规制本身的低效率。

(一)　受规制产业的资源配置低效率

政府规制的结果,首先使受规制产业运行低效,资源配置严重低效率。主要表现为:

1. 企业负担加重。20 世纪 70 年代以来,美国的企业为遵守环保和节约方面的规制需多花 1000 亿美元,从 1967—1974 年使私人企业承受的负担增加了 50%,沉重的负担使得美国企业失去了国际市场竞争中的价格优势。

2. 价格信号扭曲。在电信业,美国的地方电话服务一般是以定额制

---

① A. E. Kahn, 1988, *The Economics of Regulation: Principles and Institutions*, MIT Press, p. 17.

为基础，允许消费者在本区域内不受限制地打电话。在同样的地区，尽管商业用户的边际成本一般低于居民用户，但是商业用户却要为同样的电话服务付出超过居民用户两倍的价格。主要原因就是实行价格上限规制采取了对居民用户规制价格较低而对商业用户规制价格较高的策略，造成了有利于不同利益群体之间交叉补贴的规制价格结构。这种交叉补贴机制被普遍认为是无效率的。另外，由于价格规制，地方电话公司为长途电话公司提供接入服务的收费与地方电话公司提供终端服务的边际成本之间存在巨大的差额，从而人为地造成了州际电话的高价和大多数地方通信的低价。在航空业，美国由于实行费率下限规制，结果使得企业在与价格竞争情况下相比能够获得更高利润。

3. 高投入成本倾向。在实行收益率规制的条件下，厂商的利润将随着资本的增加而提高，导致厂商使用过多的资本代替其他投入要素，结果产品多是在缺乏效率的高成本下生产出来，这就是著名的"阿弗奇—约翰逊效应"（Averch – Johnson Effect）。

4. 阻碍了技术进步。规制不仅削弱了受规制企业提高生产技术效率和开发新技术的积极性，而且不能充分利用包括信息革命在内的新技术成果。

5. 运营效率低下。以铁路业为例，美国铁路虽然没有实行国有化，但是由于在运价、经营范围等方面受到政府有关部门的严格管制，在20世纪20—80年代的50多年间，铁路一直在走下坡路。1966年，美国的货运量比1916年增长了近1倍，但是铁路所占比重却从75%下降到43%；人口比1916年增加了1倍，但客运量却从98%下降到50%。1979年，铁路的货运市场占有率跌至27%，货运的运输周转量也降至36%。客运的情况则更糟糕，1980年，铁路只完成了城市间旅客周转量的4.5%。伴随着运量下降而来的是单位货运实际收入的降低。1972—1979年，单位货运实际收益率下降了25%。1970—1979年的10年间，占全美铁路里程22%的10家大铁路公司申请破产。一项花旗银行的年度调查显示，美国一级铁路典型的股东权益报酬率在各主要行业中是最低的。日本的情况也是如此。在日本政府对铁路业规制期间，铁路货运的劳动生产率明显下降，铁路年货运生产率从最高时的13.5万吨·公里/人下降到1984年的6.9万吨·公里/人。铁路业总资产周转率从1970年的32%下降到 1986 年的 15%。伴随着劳动生产率的下降，日本铁路业亏损严重，赤字连年增加。1970—1987 年，铁路货运吨·公里下降 2/3 多，年收入从 620 亿美元下降到 200 多亿美元。尽管总收入从 103 亿美元增加到 310 亿美元，但年增长率仅为 7.1%，落后于运营成本 9.2% 的年增长率，结果运营赤字从 15 亿美元增加到 170 亿美元，到 1987 年改革时已经亏损 220 亿美元。尽管反复提高运费，到 1986 年运价比 1980 年提高了 38%，但同期国铁的长期债务已高达 37.1 兆日元，占全国总预算的 4.9% 和 GDP 的 0.9%，大大超出了政府财政的承受能力。

（二）政府规制本身的低效率

一般认为，规制的必要性来自市场失灵。但问题是规制本身也是有成本的。美国经济学家韦登伯姆将规制成本分为直接成本、间接成本和诱发成本。直接成本是指规制机构成立时的开支费用及机构运转的费用。间接成本是指政府规制的成本会以提价的方式转嫁给消费者，这构成了政府的"暗税"（hidden tax）。据估计，美国国会为规制拨付的每一美元，平均给私人部门额外增加 20 美分的成本。诱发成本既分散又不可捉摸，但它们构成了规制过程的一些最有威力的效果。事实上，这些诱发效应也应该看做是成本。如果规制成本大于规制收益，或者说规制引发的社会成本大于市场失灵引发的社会成本，规制就会得不偿失，出现"规制失灵"现象，可谓"医治一种疾病成为加重另一种疾病的手段"。从规制实践来看，规制失效或者规制的低效率主要表现在：

1. 规制机构的行政费用的增加。为能够执行规制任务，需要成立专门的规制机构及其专职人员，这就需要行政经费予以保障。20 世纪六七十年代，由于被规制的产业在增加，规制行政费用有进一步增加的趋势。到 1980 年，美国联邦规制的总成本为 6060 亿美元，包括：环境和风险控制 990 亿美元，价格和进入控制为 3640 亿美元，日常文书工作 1430 亿美元。此后，美国开始了放松规制，但主要是放松经济性规制，其他规制还有所加强。体现在规制成本上，1995 年，美国规制总成本达到了 6680 亿美元，占当年 GDP 的比重为 9.2%（1995 年美国 GDP 为 7.3 万亿美元），比 1980 年上升了 10%。平均每户居民的规制成本为 6809 亿美元。但其中价格和进入控制方面的规制成本有所下降，为 2270 亿美元，比 1980 年下降了 37.6%①。规制成本的上升主要为环境和风险控制以及日常文书工作成本的大幅度上升。另有资料表明，美国联邦政府的各个规制机构支出增长率，平均每 8—10 年增长一倍，远远高于被规制对象的开支增长②。

2. 规制滞后导致的企业损失。对自然垄断产业进行规制的重要内容就是价格规制。政府规制政策具有内在的稳定性，在一定时期将固定不变，这种规制与不断变化的供给、需求态势相比永远是滞后的。另外，受规制企业的价格改动从申请、审查直到批准需要很长的时间，也存在"规制滞后"现象。实际上，受规制企业在申请之前就已经预先向规制机构探询了价格是否可以改动的申请，若要考虑这段探询期，会进一步增加规制的时滞。还有，政府规制机构也可能会改变审查的内容和程序，这会进一步延长规制时滞。规制时滞的客观存在，使得企业的行为落后于市场环境的变化，往往使企业蒙受损失。

3. 规制中的寻租、俘获与腐败现象。从理论上讲，规制机构服务于公共利益最大化，这是由司法授权所决定的。然而，"不幸的是，对管制目标的这一特征描绘过于天真了。有大量的各种各样的因素影响到政策制定，许多因素与正式宣布的目标几乎无关"③。实际上，政府规制机构也是具有由"趋利避害"的经济人构成的利益集团属性。按照施蒂格勒和佩尔兹曼提出的规制俘获理论，政府规制实际上是为了满足产业对规制的需要而产生的，即立法者被产业所俘获；而规制机构最终会被产业所控制，即所谓执法者被产业所俘获。施蒂格勒通过完整的实证分析，得出了受规制产业并不比无规制产业具有更高的效率和更低的价格这一著名的结论，并主张有关研究的中心任务当是解释谁是这一规制的受益者或受害者，政府规制应当采用什么样的形式以及政府规制对资源分配的影响等。佩尔兹曼进一步从三个方面阐释了规制中的俘获现象：第一，政府规制的实质，乃是将垄断利润的最终归属的决定权授予政府规制当局。受经济利

---

① 有关基础数据的来源参见 ［美］ W. Kip Viscusi 等《反垄断与管制经济学》第 3 版，陈甬军等译，机械工业出版社 2004 年版，第 24—25 页。

② 肖兴志：《自然垄断产业规制改革模式研究》，东北财经大学出版社 2003 年版，第 73 页。

③ ［美］ W. Kip Viscusi 等：《反垄断与管制经济学》第 3 版，陈甬军等译，机械工业出版社 2004 年版，第 27 页。

益的驱使,受规制企业及其他相关利益集团必然会尽最大的努力影响政府的规制决策,从而形成了所谓的"政府规制的市场"。第二,在政府规制条件下,受规制者往往能够对规制的结果作出较为准确的预测,致使一个理性的产业显然会花光所有的垄断利润而只保留政府认可的利润。为此,它完全可以运用各种手段与政府规制当局分享垄断利润。而政府规制当局一旦从垄断利润中受益,就会通过规制活动为垄断者服务。只要政府规制当局分享的利益不超过垄断利润,垄断者的这种寻租活动就仍然有利可图。第三,在政府规制条件下,较之不加规制而言,真正发生明显变化的不是受规制产业的产量和价格,而是收入在各相关利益集团之间的分配。

综上所述,我们分别从宏观经济形势、产业运行状况、技术进步和政府规制四大方面具体阐述了世界范围内自然垄断产业改革的背景。经济滞胀是当时发达国家普遍面对的宏观经济形势,自然垄断产业的垄断经营及其国有企业低效率是经济滞胀在中观和微观上的表现和原因,既造成了低经济增长,又引发成本推动型的高通货膨胀。不断强化而又失效的政府规制活动从政治和经济体制层面进一步固化和助长了产业低效率。在这种情况下,打破自然垄断产业的国有垄断经营模式,重塑自然垄断产业的私人竞争格局,简化和放松政府规制活动,成为各个国家的普遍共识。而技术进步为自然垄断产业引入民营化竞争提供了可能和条件。政治学和经济学理论特别是自然垄断理论的创新为这场改革提供了理论武器,起到了思想解放的作用。于是,20 世纪 70 年代末期和 80 年代初期,特别是随着撒切尔夫人 1979 年当选英国首相和里根 1980 年当选美国总统后,在各种改革动力的作用下,以民营化、竞争化、放松规制为主要特征的自然垄断产业改革开始轰轰烈烈地展开了。随即,这一改革浪潮迅速波及其他发达国家和广大发展中国家。

第二节 自然垄断产业改革的动力和目标

作为一场广泛和深刻的自我革命,改革的成功需要持久的动力系统。只有在改革的动力系统大于阻力系统,即只有在改革的受益面大于受损面的条件下,改革才有可能顺利推进。这一点无论对政治改革还是经济改革,无论对竞争性产业改革还是垄断性产业改革,都是如此。那么,对于发生在 20 世纪 80 年代初期以来的自然垄断产业改革而言，改革的动力系统何在？改革的动因究竟是什么？

一 自然垄断产业改革的动力

萨瓦斯认为，有五种力量推动着自然垄断产业改革的进程，这五种推动力量是现实压力、经济、意识形态、商业和平民主义（见表 2 - 3）。

表 2 - 3　　　　　　　　　民营化的推动力量

推动力量	追求目标	理由
现实压力	更好的政府	审慎的民营化会导致成本收益比更高的公共服务
经济推动力	减少对政府的依赖	由于经济的日益富裕，人们能够自己提供各种服务，因而更乐于接受民营化
意识形态动力	更少政府	政府规模和权力过大，对公众生活干预过多，对民主构成了威胁。政府的政治决策较市场决策更不值得信赖。民营化可以减少政府的作用
商业动力	更多商业机会	政府开支是经济的重要组成部分，其中的更大份额应该转向私营企业。运用私营部门，国有企业和国有资产可以得到更好的利用
平民主义	更好的社会	公众应拥有更多的公共服务选择权。他们应被赋予确认和满足共同需求的权力，减少对高高在上的官僚机构的依赖，更多依靠家庭、邻里、教会、种族和自愿团体，从而树立社区感

（一）关于现实压力动力

以往，自然垄断产业往往由政府作为公共品来提供，或者采取国有制，或者采取政府规制下的私人经营。当政府活动的成本和对高税收的抵制同时上升的时候，在既不能采取"创造性做账"以掩盖收入与支出间的巨大差额，又不能采取借贷措施的条件下，政府可选择的路只有两条：削减服务或提高生产率。取消或减少政府活动对其受益者来说一般不受欢迎，因此提高生产率在政治上更具吸引力。民营化是改进政府机构生产率的根本措施之一。它能够引发私人产权和市场竞争的力量，市场激励机制充分发挥作用，从而为公民提供更有效率的服务。实践表明，民营化一般会使服务效率大幅度提高，同时会促进保持或改善公共服务的水平和质量。

（二）关于经济推动力

在福利国家诞生之前，只有富人能保护自己免受工业社会带来的不幸和灾难，绝大多数人需要国家的社会保障。然而，与政府的财政拮据相伴随的是人们的日渐富裕。随着个人经济力量的增长，更多的个人可以管理自己的事务。福利国家在市场力量的冲击下日渐衰落。市场力量正在改变包括自然垄断产业在内的公共服务的供需条件，消费者对公共物品的支付能力日益提高，他们对这些公共服务的需求超出了政府的供给能力。而这些正是私人供应商通过市场机制可以提供的东西。因此，经济因素减少了人们对政府物品和服务的依赖，使人们更愿意接受民营和竞争的方式来满足需求。

（三）关于意识形态动力

政府的角色在不同国家里有着很大不同。甚至在同一国家中，政府的角色在不同时间里也在不断变化。由于意识形态的差别，社会主义国家普遍强调政府对社会经济的干预，重视公有产权，而资本主义国家更强调私有产权，这一点从各国 GDP 中的国有企业比重可以清晰地看得出来。从表 2-4 看出，关于 GDP 中国有企业的比重，原社会主义国家经济转型前平均达 85%，而资本主义国家平均只有 9%。

在西方国家，尽管政府活动的领域在结构上不断变换，但总体上看政府规模并没有缩小，即便是美国也是如此。鉴于政府规模不断膨胀的事实，公众对这一趋势持有戒心，视之为对民主的威胁。人们普遍意识到，随着人民收入的越来越多的部分被政府占有，随着政府对人类生活领域的不断渗透和介入，不仅损害了个人自由，而且有损于正义。政府通过"取之于一方，授之于另一方"的再分配方式，对社会平等造成了巨大影响，而且这些影响并不总是积极的。此外，权力过大的政府也会扼杀效率。"在一般美国人看来，公众交纳的每一美元税款，政府会浪费其中的 48 美分；每 6 个美国人中，就有 5 个要求华盛顿实施根本性变革"[1]。所以，

---

① ［美］E. S. 萨瓦斯：《民营化与公私部门的伙伴关系》，中国人民大学出版社 2002 年版，第 11 页。

表 2 – 4　　　　　　社会主义经济和市场经济国家国有企业的作用

国家	GDP 中国有企业的比重（%）	年份
社会主义经济		
捷克斯洛伐克	97	1986
民主德国	97	1982
苏联	96	1985
南斯拉夫	87	1985
波兰	82	1985
中国	74	1984
匈牙利	65	1984
社会主义经济的非加权平均值	85	
市场经济		
法国	17	1982
奥地利	15	1978—1979
意大利	14	1982
新西兰	12	1987
土耳其	11	1985
英国	11	1983
联邦德国	11	1982
葡萄牙	10	1976
澳大利亚	9	1978—1979
丹麦	6	1974
希腊	6	1979
西班牙	4	1979
荷兰	4	1971—1973
美国	1	1983
市场经济的非加权平均值	9	

　　资料来源：［美］E. S. 萨瓦斯：《民营化与公私部门的伙伴关系》，中国人民大学出版社 2002 年版，第 8—9 页。

顺应民意,里根政府获取公众支持的口号是:"让政府不再骑在我们头上,让政府的手远离我们的钱包。"里根总统以及其继任者乔治·布什都曾以反大政府著称,他们的当选反映了公众对政府角色不断扩张的反感。美国的自然垄断产业改革特别是旨在放松政府规制的改革就是始于里根政府。克林顿政府曾宣告"大政府时代的终结",积极支持和继续推动民营化改革。

（四）关于商业动力

对自然垄断产业改革的进一步支持来源于商业利益。私人企业认为,政府开支巨大,多数钱花在政府雇员的工资上,政府雇员所从事的多数工作属于非政府特有的、正常的商业活动,所以他们倡导政府内部活动的民营化,支持通过制定法律禁止政府雇员从事私人企业可以从事的活动。

有些私人团体看中政府投资项目（如修筑道路、桥梁、机场和废物利用工厂等）所提供的商业机会。私营部门可以投资、建设、运营大部分这些设施,其中的核心是为这些设施融资。当出现政府融资压力时,民营化往往成为首选措施。

另一部分商业压力来自自然垄断产业中的国有企业内部。这些国有企业的领导者经常抨击排斥竞争所导致的管理混乱、资源浪费和懒惰行为。他们认为,如果将这些企业和资产出售给私营部门,创新潜力和效率前景将会更好。

（五）关于平民主义动力

在美国,平民主义者既反对大政府,又反对大商业集团,主张地方性机构和赋权于人民。他们的基本观点是:国家的公共系统（包括政府和私人部门）已变得过于制度化,过于官僚化,过于专业化,过于关注自身利益的保护;必须使这些系统为人民工作;通过制度安排的重新设计,使社区的生命维系系统更富竞争力,更公正;选择权应该得到扩展;私人或公共部门的购买者不应依赖唯一的供方。

平民主义者的核心主张在于:公众对公共服务应拥有更大的选择权,他们应有权界定并处理共同的需求,而不是对官僚机构过分依赖。在这种观点和主张下,包括自然垄断产业在内的公共服务的民营化也就呼之欲出,因为,他们认为民营化扩大了选择权,提供了强化传统机构和增强社区意识的机会,民营化意味着自由市场、地方主义、志愿主义和非强制化。为了追求一个更好的社会，平民主义者加入到追求更少政府的意识形态力量、追求好政府的现实主义者和商业利益追求者的阵营中，共同推动民营化目标的实现。

二　自然垄断产业改革的目标

美国 1992 年曾经就推行民营化的原因对美国地方官员做过一次问卷调查。调查对象为人口超过 1 万人的城镇和人口超过 2.5 万人的县的行政长官，共涉及 4935 个地方政府。调查表明，试图削减机构内部支出是实行民营化的主要原因，占回答者总数的 90%。财政方面的外部压力是民营化的第二个原因，占回答者总数的 53%。

一项较早一些的调查发现，自然垄断产业（基础设施）状况恶化也是民营化的一个重要原因。也就是说，自然垄断产业（基础设施）的建设或更新十分必要，但面临财政拮据问题，于是市政当局把民营化当做满足该需要的手段。

1992 年对美国州政府官员的一项调查也涉及实行民营化的原因。问卷回答者来自 29 个州的 158 个机构。所有这些机构都采取过或几乎都采取过合同外包、设施民营化和资产出售这三种民营化形式。结果显示，这些州政府官员也认为节省开支是实行民营化的主要原因。1997 年对州政府官员进行的一项调查问及民营化活动不断增加的原因。答案从多到少依次为：（1）节省费用；（2）对民营化的有力政治支持；（3）增加工作灵活性，减少官僚作风；（4）提高效率；（5）缺乏人才和管理技能；（6）推动创新；（7）提高服务质量。

有"民营化大师"之称的美国纽约城市大学萨瓦斯教授认为，绩效不佳在政府服务和国有企业中有相同的表现形式，正是这些症状导致了对民营化的呼唤和其他深层次改革。不论政府机构、政府活动、国有企业还是政府资产，只要具备下列症状或弊端的任一特点，都将是民营化的对象。这些症状或弊端包括：（1）无效率，人浮于事，生产率低下；（2）产品和服务质量低劣；（3）营利性政府企业持续亏损和债务增加；（4）缺乏管理技能或足够的管理权限；（5）对公众缺乏回应性；（6）设备维护质量低下；（7）资本投入不足；（8）过度的垂直一体化；（9）管理方法或产品过时，缺乏营销能力；（10）目标多样化且相互矛盾；（11）机构使命缺乏相关性甚至误导；（12）资产未充分利用或使用效益不佳；

（13）存在违法经营行为；（14）存在盗窃和腐败现象①。为此，萨瓦斯提出，解决这些症状和弊端是自然垄断产业民营化改革的一般目标，但是还有其他一些相关或重叠的目标。通过总结各个国家民营化的具体目标，萨瓦斯概括了民营化的18个目标，其中有些目标对发展中国家特别适宜。这些目标具体是：（1）减少政府开支；（2）通过出售资产并向出售后的资产征税来增加收入；（3）减少政府债务，如通过债务和股权交换；（4）提供政府通过其他途径不能提供的基础设施和设备；（5）为一些高技术活动引进专门技能；（6）快速发起或扩展服务；（7）减少政府在经济和其他方面的干预；（8）减少政府的社会角色（建立和强化市民社会）；（9）促进经济发展；（10）经济的非集中化和资产拥有权的普遍化；（11）表明坚持经济自由化的态度，增强商业信心；（12）加速资本市场的发展（通过设立和出售股份）；（13）吸引国内外投资，鼓励流动资本回归；（14）满足国外贷款方的要求（包括诸如世界银行这样的国际团体）；（15）提高人民生活水平；（16）获得公众支持（通过去除官僚制的弊病）；（17）奖励政治同盟者；（18）削弱政治对手（如工会）②。

萨瓦斯教授所总结的这些具体症状和目标虽然不是直接针对自然垄断产业，但其本身已经包括自然垄断产业；虽然是就民营化改革而言，但由于民营化改革不仅仅是产权改革，而是综合性的一揽子改革，因此可以认为这些症状描述的也正是自然垄断产业改革前的情形。显而易见，克服和解决这些弊端也正是自然垄断产业改革的目标。

针对英国自然垄断产业私有化或民营化导向的改革目标，一直存在争议和分歧，有十目标论、八目标论、六目标论、四目标论等③。

亚当·斯密研究所所长麦德森·普瑞尔（Madsen Pirie）提出了英国私有化的十大目标，即：（1）减少政府支出；（2）使经营决策非政治化；（3）提供更好的服务质量；（4）更好的管理；（5）改善劳资关系；（6）

---

① ［美］E. S. 萨瓦斯：《民营化与公私部门的伙伴关系》，中国人民大学出版社2002年版，第116页。

② 同上书，第121—123页。

③ 关于英国私有化目标的讨论，参见毛锐《撒切尔政府私有化政策研究》，中国社会科学出版社2005年版，第110—112页。

国家广泛的股票拥有权；（7）提高利润率；（8）置换资本；（9）引入竞争和提供更多的选择；（10）更合理的价格。

维尔扎诺夫斯基按照时间的先后顺序，指出私有化的目标至少有八种，包括：（1）减少政府在工业政策中的干预；（2）不用政府特许，企业可以在资本市场上筹集资金；（3）增加财政收入，减少 PSBR（意为"公共部门贷款需求"，以下不再注明）；（4）促进更广泛的股份所有制；（5）创造一个企业文化；（6）鼓励工人拥有自己公司的股票；（7）增强竞争和效率；（8）用更加有效率的体制代替在所有制和金融上的规制，从而确保消费者享受到更高效率带来的利益。

马什（D. Marsh）提出了私有化的六大目标，即：（1）减少政府介入工业；（2）提高效率；（3）削减 PSBR；（4）扩大股份所有权；（5）鼓励雇员拥有股票；（6）获得政治上的好处。

维克尔斯（J. Vickers）和莱特（V. Wright）从五个动机角度概括了英国私有化的目标，即：（1）意识形态动机：反国家的态度，优先考虑消费者的利益，追求建立一种"拥有产权的民主"。（2）经济动机：进一步自由化，提高效率，强调劳工纪律，重建企业文化。（3）管理动机：打碎公共部门的帝国。（4）政治动机：创见一个保守主义的，反社会主义的选举人阵营。（5）财政动机：减少 PSBR，促使企业进入市场，培育股票交易的发展，为国家财政提供资金。

英国保守党政府的观点则是四条：（1）促进经济自由；（2）提高效率；（3）缓和公共部门的工资问题；（4）减少 PSBR。

国内长期研究自然垄断民营化和规制改革的王俊豪教授，从六个方面归纳了发达国家自然垄断产业民营化改革的目标。这些目标是：（1）促进竞争，提高经济效率；（2）减少公共部门的财政支出和融资需求；（3）减少政府对国有企业的干预；（4）削弱工会的政治、经济力量；（5）扩大股份所有者的范围，实行"大众资本主义"；（6）争取政治优势①。

到目前为止，有关国外自然垄断产业改革的研究，基本上局限于对民营化、引入竞争和放松规制三个方面。其实，民营化改革就是产权模式改

---

① 王俊豪等：《中国自然垄断产业民营化改革与政府管制政策》，经济管理出版社 2004 年版，第 78—81 页。

革，引入竞争是竞争模式改革，放松规制是规制模式改革。产权模式改革必然带来治理模式改革，竞争模式改革必然以运营模式改革为前提，规制模式改革内含着价格模式改革。从发达国家自然垄断产业改革的内容来看，不管是冠之以民营化的标签还是打着放松规制的名义，具体改革中都无一例外地涉及产权、治理、竞争、运营、价格和规制六个方面的内容，每一方面都是自然垄断产业改革这个大系统中的一个子系统，每一方面都存在着多种多样的改革模式和路径选择问题。所以，对自然垄断产业改革目标的概括，不能过于具体，如为一些高技术活动引进专门技能之类的目标，也不能泛政治化，如英国的削弱政治对手或者发生在俄罗斯、尼加拉瓜等国家的奖励政治同盟之类的做法。这里，我们用"市场化"来概括世界各个国家自然垄断产业改革的整体目标，似乎更为全面一些。从具体改革内容的角度，可以用"六化"来概括各个国家自然垄断产业的改革目标，即：(1) 产权民营化；(2) 治理民主化；(3) 市场竞争化；(4) 运营多样化；(5) 价格自由化；(6) 规制放松化[1]。

我们认为，从产权、治理、竞争、运营、价格和规制六个方面的模式转换（六化）来概括自然垄断产业改革的目标，不仅符合发达国家的改革实际，具有内在的逻辑一致性，而且更重要的是，这样的概括有助于正确把握自然垄断产业的改革目的和目标，更好地指导我国自然垄断产业改革的实践。

第三节　自然垄断产业改革的进程和成效

一　美国

美国是世界上最典型的私有制国家，即使传统上的自然垄断产业，也基本上采取政府规制下的私人经营体制。所以，对美国而言，自然垄断产

---

① 以"六化"来概括各国自然垄断产业的改革目标，有些较为准确，如民营化、自由化等；有些从汉语来看则比较别扭，如多样化、放松化等。其实，即使国外学者，也喜欢这样概括，如世界银行发展研究部首席经济学家 Ioannis N. Kessides 所撰写的长篇报告 *"Reforming Infrastructure: Privatization, Regulation and Competition"* 中，三个目标的用词的后缀都是 "tion"，读起来朗朗上口。然而，中文翻译过来只能是"改革基础产业：民营化、监管与竞争"（参见吴敬琏主编《比较》第20辑，中信出版社 2005 年版）。

业改革的主要内容和鲜明特征就是放松规制。

美国放松规制的改革采取了渐进方式。在福特政府时期，美国就已经开始对航空业进行温和的放松规制改革。在卡特政府时期，对航空、公路货运、天然气和银行等领域继续实行温和的放松规制改革。到了里根政府时期，开始了大张旗鼓的放松规制改革浪潮。里根认为，美国的政府规制已经使美国社会为之付出了巨大代价，因而必须通过"一个有深远影响的放松规制计划"来进行改革。1981 年，美国政府发布了 12291 号总统令，提出了政府规制改革的五条原则，后来总统下属的管理和预算办公室（OMB）根据这五条原则，又制定了政府规制改革实践遵循的十项指导方针，即 1985 年发布的总统令 12498 号《规制政策指导方针》。这五条原则和十项指导方针的基本要点包括：（1）制定政府规制规章的最高原则，应当是最大限度地增进社会的净收益水平。在制定一个规章时，首先，应该对其成本收益有一个基本估价，也就是要正确衡量社会收益的价值；其次，在可供选择的政策范围内，应该选择以较小成本获得同样利益的那种政策；最后，政策的成本和收益应当保持平衡。（2）在可能的条件下，应当对政府规制的成本和收益进行必要的定量分析。对于重大项目（经济影响在 1 亿美元以上者）必须经过正式的"规制影响分析"程序才能作出最后的决定。在制定保护健康、安全和环境的规章时，必须以正式的"风险分析程序"进行科学论证。例如，里根政府设立了放松规制的工作小组，并把审批规制条例的权力集中到了管理和预算办公室（OMB），主要有三个职责：一是对 48 个联邦部级机构报送的新定规章条例进行审查和协调，合格者由该办公室统一颁布；二是对以往历年颁布的规章条例进行复查，对不合格者、已经过时者和重复烦琐者加以修订或者予以取消；三是对不再适宜的有关政府规制的法律条文，向国会提出修改或取消的建议，推动立法上的改革。据统计，1981—1983 年上半年的两年半的时间内，管理和预算办公室一共审查了 6701 项拟议中的新规章，其中每 9 项就有 1 项被修订或被发回原主管单位复议。被审查的重大项目 142 项，共进行了 59 次"规制影响分析"。放松规制工作小组还会同有关部门对存在重大问题的 119 项旧规章进行了复查，对其中的 76 项进行了修订或予以撤销，另有 27 项进行了部分修订和建议重审。此外，还促使国会通过了若干条法律的修正案，使放松规制得到了立法上的保证①。（3）政府规制的对象应当是实际效果，而不是产生效果的中间过程。例如，以前对企业排放污染的规制，就细微到对企业内部每个部门的排放量和方式都做了规定，而现在一般只对企业的排污总量作出限制，允许企业自行决定采用成本最低的方法来达到排污的要求，因此一些以市场为基础的政策就可以被企业所选择以节约成本。（4）一般情况下，政府不应对企业的开设和经营方式、产量、价格等进行规制。即使在必要的情况下，也应保持在最低限度内。

到了克林顿政府时期，美国规制原则、过程和方式与前两届政府没有大的改变。但在"重塑政府"的理念指导下，克林顿于 1993 年发布了 12866 号总统令《规制的计划和审核》，试图构建政府规制制度的框架。主要内容包括：（1）转变规制理念，从"放松规制"到"更集中、更有灵活性、更有力度、更有效率、个人和企业更少负担的市场化规制"。据此，克林顿政府对规制机构提出了具体要求：一是行政机构要准确地确定由市场失灵造成的问题和风险，是重大市场失灵还是轻微市场失灵；二是行政机构制定规章，必须提交规制成本和收益的规制影响分析报告；三是提高了所审查的规制条例的门槛，将重点限于真正重大的政府规制条例上，即对经济影响有着或超过 1 亿美元成本支出的那些行为。（2）改革规制方法。规制机构应选择灵活的规制方法，改革传统的以"命令和控制"为特征的规制方法，这一灵活性的规制方法有三种类型：绩效标准、市场激励和信息战略。（3）在实际操作方法上，管理与预算办公室和信息与规制事务办公室（OIRA）联合发文《执行 12866 号总统令：联邦政府规制的经济分析》，为规制机构调查市场失灵、制定规章前和规章生效实施后，进行成本收益分析提供了操作依据。

具体自然垄断产业改革的内容和成效情况分别见表 2 - 5 和表 2 - 6。

根据经济合作与发展组织（OECD）的归纳，通过改革，美国的民航、铁路、电信、天然气等自然垄断产业重新焕发了生机活力，成效显著。具体分行业的改革成效见表 2 - 6。

---

① 参见王卫星、王为农《放松管制与管制改革》一文，载黄继忠主编《自然垄断与规制：理论与经验》，经济科学出版社 2004 年版，第 104—105 页。

表 2 - 5   美国主要自然垄断产业的改革内容

产业	改革动因	立法或规制改革	价格规制改革	进入与退出规制改革	保留的价格和进入规制	强制性的生产结构变化（运营模式）
民航	有证据表明在不受规制的州内市场上票价低50%；较低的客座率；无规模经济的证据	1978年民航业放松规制法	到1983年完全取消了价格规制	到1981年完全取消了航线规制	无	无
铁路货运	丧失盈利能力，低回报率；日益恶化的设备和低质量服务；对破产的担心；对较高回报率和更多投资的预期	1980年的斯塔格斯铁路法（Staggers Rail Act）	除适用于大宗物品的最高运费外，取消了收费规制，最高运费没有被强制执行	完全放松对运输商合约的规制，允许放弃低密度线路	对于一些物品采取最高指导运费	无
电力	技术变革降低了发电业务的规模经济性；存在产能过剩；不同州存在巨大的价格差异；对更低电价的预期	1978年公共设施规制政策法。联邦能源规制委员会第888号令。1996年根据各州法律放松规制	限制将一些成本计入基本费率，价格上限，需求管理，非歧视的公开接入收费，市场定价，建立现货市场	要求公共设施以做了一定扣除之后的成本从指定发电厂购买电力，要求公共设施提供输电网接入公开批发业务，开放面向最终用户的零售市场	个别州可以选择参加或退出零售循环，要求基于收益损失并以额外费用的形式回收线路的资本成本	要求分离输配电和发电业务，建立独立的输电网络系统运营商，一些企业被迫分离发电设施
电信	AT&T攫取垄断利润的证据；在长途电话费上有节省60%的潜力；对本地居民	1982年分拆AT&T的判决，并于1984年执行，州级规制的各	事实上放松了对设备和长途电话业务的规制，在州一级引入回报率规	开放长途业务、企业服务、数据传输业务进入，取消进入市话市场的法律壁垒，要求开放与传输	维持对本地电话业务的规制，禁止区域贝尔公司进入长途电话市场	将AT&T分拆为6个区域性电话运营商（小贝尔）和设备制

续表

产业	改革动因	立法或规制改革	价格规制改革	进入与退出规制改革	保留的价格和进入规制	强制性的生产结构变化（运营模式）
电信	电话的巨大交叉补贴	种改革，1996年电信法	制的替代方法，收入共享，价格上限	网络的互联，接入市话网络的分类计价制，任何零售服务的转售	除非能够证明在它们的市场上已经形成了有效竞争	造商（西屋电器）
天然气输送	现有规制已经造成一种区域性垄断的市场结构	联邦能源规制委员会的规定	分别将不可中断的和可中断的天然气 LT 合约修改为按输送量的储存费和单位气体输送费	中间商、分销商和最终用户可自由接入互联的网络		强制性地管道输送业务从市场销售业务中分离出来

资料来源：转引自夏大慰等《政府规制：理论、经验与中国的改革》，经济科学出版社 2003 年版，第 78—79 页。

表 2－6　　　　　美国主要自然垄断产业的成效状况

产业	市场结构与竞争	产业利润	产量、绝对和相对价格	服务质量和普遍服务	工资和就业	效率、生产率和成本	创新及其他变化
民航	在初期出现过一些进入以后，有效竞争者的数目下降，集中度上升。1990年单一航线的竞争程度有所提	平均利润略微上升，但具有高度的周期性。20世纪90年代初期出现巨额亏损，一些企业破产	价格总水平下降了33%。在高客流量的长途城市市场上，价格下降了80%。更高程度的竞争和效率对价	改革后安全绩效得到提高，原因还不清楚，可能是因为并没有减少安全规制。好的变化包括航班频率的	初期就业减少 7%。到1996年，随着低票价带来的高产出，就业量已比初期水平提高了40%。对机	1996年客座率从55%上升到70%，特别是在长途航线上。通过幅轴式航线系统提高了网络效率。在最初	定价所采用的信息技术不断创新，计算机订票系统被用于实现客座率和收入的最大

续表

产业	市场结构与竞争	产业利润	产量、绝对和相对价格	服务质量和普遍服务	工资和就业	效率、生产率和成本	创新及其他变化
民航	高，然后出现了轻微的下降。70%的长途航运和2%的短途航线的有效竞争程度呈现净增长		格下降的贡献率分别为60%和40%，年节省总额为300亿美元	增加。不好的变化包括中转航班日益增多，旅行时间日益增加，更多的机票限制、更难订到合意航班的座位	械师的收入没有影响。到1992年，乘务员的收入下降了39%甚至更多。依据资历，飞行员的收入平均下降了22%	的几年，全要素生产率提高了15%	化。高峰定价创新，可通过因特网获得折扣票价
铁路货运	持续的兼并后只剩下4家大型企业。小企业的大量进入创造了依靠以前遭遗弃的路轨的小型系统。有证据表明存在激烈的双寡头竞争和来自公路的替代竞争	资本回报率从不到3%提高到8%以上。货运量市场份额从33%恢复到38%。大宗运输大幅度上升，集装箱和拖车业务上升了133%	初期价格下降了7%左右，到1990年下降了39%，到1995年下降了50%。高价值大宗商品运费要比散装商品运费下降更多。在低密度线路上价格有所上升。年节省120亿美元（1996年）	服务质量稳步提高。高运量线路的运输频率增加。批量折扣以及承运商依据成本、服务与需求条件制定的特定运费有所增加	就业量下降了41%。初期工资收入非常高，要比一直维持到20世纪80年代后期的前期工资高6%—40%，然后随着劳动需求的下降而大幅度下降。这一调整持续了许多年	合并、放弃低密度的不经济线路，大约减少了1/3。到1990年铁轨利用率上升了54%。20世纪80年代，年劳动生产率翻番，全要素生产率提高了3倍。各类成本总共下降了60%，其中2/3源自放松规制	发生了联运、双层列车等创新。定价更加依据距离和运转次数

续表

产业	市场结构与竞争	产业利润	产量、绝对和相对价格	服务质量和普遍服务	工资和就业	效率、生产率和成本	创新及其他变化
通讯	AT&T 的长途服务市场份额从 1984 年的 68% 下降到 1997 年的 50% 以下,而 Sprint 和 MCI 占据了大部分的剩余市场份额。7 家公司实际控制着 100% 的本地电话服务的市场份额		长途话费下降,但增加的市话成本抵消了一部分好处。继续补贴居民话费和农村话费。长途补贴短途	服务质量得到改善,普遍服务得到增加	AT&T 减少的就业被新进入者提供的新岗位抵消。1992—1993 年的萧条期间,整个产业的就业下降了 10%,已反弹到放松规制前的水平。工资略微下降	在分拆后,设备成本下降了 2/3。	更快速地引入光纤和数字化网络。研发支出和人力资本支出增加了 50%。加快了经营及号码查询服务的自动化和计算机化
天然气	在供给者和消费者之间,直接的市场交易代替了原先的分销方式。50 个现货市场、1400 家分销商在 21 家管道企业中持股。在放松规制后的 4 年内全国市场上的价格几乎统一		1984—1993 年,输送与分销利润下降了 31%,天然气需求量上升了 30%	服务质量和系统可靠性都得到改善	到 1994 年,就业下降了 13%	经营和维修成本按照可比价格计算下降了 35%,劳动生产率提高了 24%	自动化创新,在计量、账单处理、线路规划与安排等方面采用信息技术。正在孵化和推广各种新技术

资料来源:转引自夏大慰等《政府规制:理论、经验与中国的改革》,经济科学出版社 2003 年版,第 80—82 页。

二　英国

英国是世界资本主义国家中国有经济比重最大的国家之一，传统自然垄断产业基本上都采取了国有企业的管理体制。所以，对英国而言，自然垄断产业改革的鲜明特征就是私有化。英国私有化改革始于撒切尔政府，也是撒切尔政府的一贯政策。在她执政的 12 年间，英国的私有化经历了三个阶段，正好与撒切尔夫人连续执政三届的任期相一致。

（一）第一阶段：尝试性阶段（1979—1983 年）

1979 年 10 月，撒切尔政府第二次出售了英国石油公司的近 19% 的股份，收入 2.9 亿英镑，这标志着英国私有化运动的开端。这一阶段主要出售国有部门中次要的盈利的公司。政府开始实行私有化的有 25 家企业，其中包括英国铁路公司附属的绝大多数的旅馆和国有公司管理局下属的一些公司。电缆和无线电公司的股份先后在 1981 年和 1983 年分两次全部出售，收入 4.45 亿英镑。还有一些出售只涉及部分的产权转移，政府一般保留不超过 50% 的股份，像英国的石油开发公司出售了 51.1% 的股份，得款 6.27 亿英镑。具有讽刺意义的是，第一次出售英国石油公司股份是在 1967 年由工党政府实行的，目的在于减少赤字，以及为了得到国际货币基金组织 36 亿美元的贷款而提供财政担保。同时政府还开始对运输和电信部门以及私营的英国联合港务公司进行自由化改革，即放松政府规制。

（二）第二阶段：私有化大发展阶段（1984—1987 年）

关于这一阶段的开始时间存在着争论。不过绝大多数学者认为，大规模的私有化时间是在 1984 年撒切尔夫人第二个任期才开始的。在 1979—1980 年度英国私有化收入仅有 3.77 亿英镑，1982—1983 年度也只有 4.88 亿英镑，但到了 1983—1984 年度就增加到了 21.32 亿英镑。这一系列数字变化表明，撒切尔夫人第二次赢得大选是私有化政策的一个转折点。通过这次大选，撒切尔夫人才真正巩固了她在保守党内的地位。正是在第二任期，撒切尔夫人提出建立"大众资本主义"的政治目标，大力倡导建立所谓"股东社会"，声称："人民享受拥有资本的民主权利"，这是英国的"立国之方"。在此期间，撒切尔政府大大加快了私有化的步伐。1984 年，政府出售了英国电信公司、英吉利海峡轮渡公司等。特别是出售英国电信公司的 50.2% 的股份，使政府净收入 36.85 亿英镑，这是当时世界上最大的一笔私有化股票交易。1985 年又出售了英国石油开发公司的最后一部分国有股份；1986 年，英国政府出售了英国天然气公司，得到 42.5 亿英镑；1987 年出售了英国航空公司，收入 9 亿英镑。出售英国电信和英国天然气公司是英国私有化第一次涉及国有的自然垄断企业，这标志着英国政府开始系统地推进私有化。在这一期间，政府从私有化中取得了巨额财政收入，已构成政府财政预算不可或缺的一部分。1985 年秋，当时的财政大臣把此后三年财政年度政府出售国有企业的目标定为每年 47 亿英镑。这一数字是第一阶段私有化收入总额的两倍。

（三）第三阶段：私有化深入发展阶段（1987—1990 年 11 月）

1987 年撒切尔夫人第三次连任首相，英国政府推行私有化政策的领域开始扩大到亏损较严重的国有企业，并大规模地进入公用事业和自然垄断性行业，而且还深入到政府机构改革和社会福利改革的各个方面。在 1988 年 10 月召开的保守党年会上，撒切尔夫人明确宣布"私有化无禁区"，决心进一步将私有化推向电力、供水等自然垄断行业。这一阶段私有化计划的主要进展包括 1989 年对英国自来水公司的私有化，1990 年对地区性电力配送公司和 1991 年对电力公司的私有化。在这一阶段，英国政府的私有化政策遭到强烈反对。在私有化的前两个阶段，保守党政府明显地掌握推行私有化政策的主动权。但是到了第三个阶段，随着私有化日益涉及社会生活的各个领域，反对的呼声增强了。真正的反对意见是从出售英国电信公司和英国天然气公司开始的。反对意见主要是指向公共事业部门的私有化和解除对公共汽车服务的政府管制，人们害怕这会导致私人垄断，进而由私人服务代替公共服务，导致服务质量的下降和价格的上升。针对这些批评以及私有化扩展到自然垄断领域所产生的问题，英国政府开始对基础设施产业的政府管制体制进行重大改革，这成为英国私有化政策中的一个重要组成部分。表 2－7 给出了电力改革的具体时间和历程。

随着改革不断深入的进行，英国自然垄断产业的改革取得了明显成效，主要表现为：

1. 企业劳动生产率迅速提高。从表 2－8 可以看出，在 8 大垄断型国有企业中，就劳动生产率而言，航空公司在改革后比改革前略有下降，煤气公司持平，其余 6 大公司均比改革前有大幅度的提高。

表 2 - 7 英国电力改革时间表

时间	事件
1988 年 2 月	政府公布白皮书,提出电力工业的结构
1989 年	通过了《电力法》,为电力工业重组提供了立法依据
1989 年 9 月	在电力供应主管的指导下,成立了电力管制办公室——独立的管制者
1990 年 3 月 31 日	新公司的授产:中央发电局分解为国家电网公司、国家发电公司、国家电力公司和核电公司。签订了几百个"授产"合同。12 个地区电力局改组为 12 个地区电力公司。国家电网公司的所有权转到了 12 个地区电力公司
1990 年 4 月 1 日	电力市场开始运营。对 1MW 以上的负荷开放零售竞争
1990 年 12 月	12 个地区电力公司民营化
1991 年 3 月	国家电力公司和国家发电公司等两公司的 60% 民营化
1994 年 4 月	对 100kW—1MW 的用户开放零售业务
1995 年 3 月	国家电力公司和国家发电公司等两公司的另 40% 民营化
1995 年 4 月	各地区电力公司的黄金股份失效,各公司开始接管、合并
1995 年 12 月	NGC 民营化。NGC 的抽水蓄能电厂卖给美国米森能源公司
1996 年 7 月	不列颠能源公司民营化
1995—1996 年	国家电力公司和国家发电公司进行第一轮资产出售
1998 年 9 月—1999 年 6 月	对 100kW 以下的负荷开放竞争阶段
1999 年起	国家电力公司和国家发电公司进行第二轮资产出售
2000 年起	公共事业法把电力和天然气管制机构合并成立了天然气电力市场办公室
2001 年起	新的电力交易规则代替了旧的市场规则

资料来源:〔美〕萨莉·亨特:《电力市场竞争》,中信出版社 2004 年版,第 337 页。

表 2 - 8 自然垄断产业最大 8 家企业改革前后劳动生产率年均发展速度对照表

企业名称	1970—1980 年	1981—1990 年
英国航空公司	7.4	6
英国机场管理局	0.6	2.7
英国煤炭公司	− 2.4	8.1
英国煤气公司	4.9	4.9

续表

企业名称	1970—1980 年	1981—1990 年
英国铁路公司	− 2	3.2
英国电信公司	4.3	7.1
英国电力供应局	3.7	2.5
英国邮政局	− 0.1	3.4

资料来源：转引自王俊豪《英国政府管制体制改革研究》，上海三联书店 1998 年版，第301 页。

2. 亏损减少，产业竞争力迅速提高。自然垄断产业改革后，一改企业以往的普遍亏损局面，企业出现了普遍盈利的良好格局。英国民航业在1981 年私有化改革后，渡过了民航业衰退的难关，1983 年盈利 82.3 万英镑。英国天然气工业于 1986 年实行私有化改革后，税前利润由 1986 年的8.46 亿英镑增加到 1991 年的 15.56 亿英镑，增长近 1 倍。英国电信业1984 年实行开放和改革以后，以 1984 年的不变价格计算，税前利润由1984 年的 9.9 亿英镑上升到 1991 年的 30.75 亿英镑。表 2 - 9 给出了英国自然垄断产业中的若干企业改革前后的财务绩效变化的具体情况。另根据有关资料，英国铁路公司，在改革前的 1979 年亏损 2.27 亿英镑，到改革后的 1990 年变为盈利 1.1 亿英镑。1981—1989 年间，大东电报公司税前利润增长了 382.5%，英国皇家航天公司增长了 213%。像英国航空公司这样的大型服务性企业，在改革后成为世界上竞争力最强的航空公司之一。即使在 20 世纪 90 年代初，在世界航空运输市场竞争白热化、众多航空公司连年亏损时，英国航空公司依然保持盈利①。

3. 经济增长率提高，通货膨胀率下降，失业率下降。伴随着改革后企业劳动生产率的提高和产业竞争力的加强，英国经济开始复苏。经济增长率稳步提高。1981—1989 年，英国 GDP 年均增长率为 3.6%，是第二次世界大战后以来最高的增长时期。通货膨胀问题得到缓解。英国的通货膨胀率由 1980 年 5 月的 21.9% 下降到 1986 年夏季的 2.4%；1988 年有所

---

① 参见毛锐《撒切尔政府私有化政策研究》，中国社会科学出版社 2005 年版，第 191 页。

表 2 – 9　　　　　英国若干垄断企业改革前后财务绩效对比　单位：万英镑

年份 企业	1979	1980	1981	1982	1983	1984	1985	1986	1987	1988
英国宇航 （1981）	5030	5280	* 7060	8570	8230	12020	15050	18220	16100	23600
电线电缆 （1981）	5940	6100	6410	* 8920	15670	19010	24520	28730	34050	35610
阿英谢姆 （1982）	600	400	480	* 850	1170	1370	1710	1760	2210	2530
英国石油 （1982）		29400	42310	* 48630	55040	65040	73090	13400	40390	
英国港口 （1983）	2240	1150	1030	550	* 1450	700	1720	2930	3810	
企业油料 （1984）					8320	* 1385	11110	290	7250	
美洲虎 （1984）		4370	3170	960	5000	* 9150	12130	12080	9700	4750
英国电信 （1984）		4240	5700	9360	10310	9900	* 14800	18100	20670	22920
天然气 （1986）						71200	78200	* 105800	100800	
英国航空 （1987）						19100	19500	* 16200	22800	

注：表中"＊"号表示改革前后的分界标志。

　　资料来源：江春泽主编：《外国现代市场经济》，人民出版社 1994 年版，第 94 页。

上升，达到 4.9%。但整个 20 世纪 80 年代中期，通货膨胀率一直维持在平均 5% 的水平，1996 年 8 月为 2.1%，达到了第二次世界大战后以来的最低水平。在失业率方面，20 世纪 80 年代居高不下的失业率问题终于得到缓解。到 1997 年，失业率为 6% 左右，几乎与美国持平，而同期欧盟其他国家的失业率一直维持在 10% 以上。正如经济合作与发展组织的评论所说：在发达国家的七国集团中，英国的经济是比较成功的。英国的生产增长为第二位，创造的就业机会为第一位，在提高劳动生产率方面也名列前茅①。

第四节　自然垄断产业改革的国际经验及对中国的启示

世界银行曾经对世界上 12 个有代表性的国家的国有企业改革（所涉及的行业大部分为自然垄断产业）做了深入研究，在总结什么是国有企业改革能够成功的原因时，得出了 5 个重要结论：第一，改革国有企业成功的国家更多地采取了产权处置的方法，特别是国有企业初始规模较大的情况下。第二，改革国有企业成功的国家引入了更多的竞争。它们使贸易自由化，放松了准入的限制，放松了对大企业的约束。第三，改革国有企业成功的国家硬化了国有企业的预算。它们减少或限制了直接补贴，使其向更为商业化的信贷接近，改善了国有企业垄断价格的限制，减少或限制了隐性的补贴。第四，改革国有企业成功的国家改革了金融部门。它们强化了监督和规章管制，放松了利率控制，减少了直接信贷。它们也放松了准入限制，并且一旦国有企业改革以及监督和规章制度改革走入正轨，就使银行私有化。第五，改革成功和不成功的国家好像都试图改变国有企业管理者和政府之间的关系来改善激励机制。最好和最差的国家都引入了新的监督机制，增加了管理的自主权，并且签署了明晰的业绩协议②。

世界银行的研究结论对时下正在进行的中国自然垄断产业国有企业改革来说有着重要参考价值和借鉴意义。

1978—1998 年，中国国有企业改革已经有了 20 年的历史，改革取得了重大进展和成功。然而，时至今日，中国自然垄断产业改革严重滞后。相比于发达国家 30 余年的自然垄断产业改革历史，中国自然垄断产业改革的历史只有 14 年的历史（肇始于 1994 年中国联通的成立），大规模推进则始于新世纪以来的电信、电力、民航分拆重组。经过 10 多年的改革

---

①　参见毛锐《撒切尔政府私有化政策研究》，中国社会科学出版社 2005 年版，第 191 页。

②　世界银行：《官办企业问题研究——国有企业改革的经济学和政治学》，中国财政经济出版社 1997 年版，第 9 页。

重组，部分自然垄断产业初步形成了多家市场主体相互竞争的市场格局。但总的来看，改革效果还不是很显著，与竞争目标相联系的众多深层次问题在相当大的程度上制约着改革的深入。在这种背景下，2007 年，党的十七大报告中提出了"深化垄断行业改革，引入竞争机制，加强政府监管和社会监督"的任务。从建设我国社会主义市场经济体制的内在逻辑看，垄断行业作为国民经济的基础部分，如果游离于市场经济之外，这样的市场经济是不完整的，更不可能高效运转。从我国改革的实际经验看，垄断行业国有企业改革是推进最晚、难度最大、争议最多的改革。垄断行业国有企业改革不到位，党中央和国务院 1999 年提出的国有经济战略性改组和国有企业改制的目标将不可能实现。同时，由于垄断行业不能对需求作出积极而正确的反应，仍在较大程度上处在行政垄断之下，行业外能作出积极反应的投资者难以进入。当供给短缺引致的"瓶颈"现象严重的时候，也是这些行业的低效和腐败问题突出的时候，社会公众不满情绪将会上升，影响社会和谐和安定。因此，在目前我国经济快速发展和贯彻党中央提出的科学发展观的背景下，作为国民经济发展基础的自然垄断产业改革便具有更加迫切的压力和期望。这种压力和期望首先来自于希望解决自然垄断产业对国民经济发展的"瓶颈"制约，甚至通过自然垄断产业的发展为我国经济的发展提供更加强劲的动力和新的增长点；另外，期望和压力还来自于希望自然垄断产业改革有助于推进我国经济体制改革的深入。

从本章前面介绍的发达国家自然垄断产业改革的背景、进展、成效等内容中，我们看到，自然垄断产业改革是一个系统工程，涉及从政府、行业、企业、公众等多个层面和主体，涉及产权、治理、竞争、运营、价格、规制等多种内容，涉及众多外部约束条件和配套措施。而且这些主体、内容、条件与措施之间又是彼此相互联系，互补性和制约性非常强。在这种存在互补性和制约性的情况下，"仅仅关注个别的改革使人们看到错误的转型全景"[①]。世界银行在调查关于国有企业改革成功的原因中，涉及了产权处置、竞争、硬预算、金融部门改革以及改变国有企业和政府之间的体制关系五个原因。而且发现：更多的改革成功国家采用了五种方

---

① ［比］热若尔·罗兰：《转型与经济学》，北京大学出版社 2002 年版，第 26 页。

法的大多数，"它们不是分别选择使用这些方法，而是把这些方法用作为一种总体战略中相辅相成的成分。我们样本中的另一些国家在使用单项改革方法进行改革时得益较少，并且很少采用综合战略"。有鉴于此，中国自然垄断产业改革的目标模式，既不能简单冠以"民营化"，也不能完全理解为"放松规制"。在面临国情、基本政治经济制度、产业技术经济特征、社会历史文化等众多约束条件下，我们认为以"市场化"来概括中国自然垄断产业改革的目标模式是比较恰当的。市场化改革要求中国自然垄断产业改革应该在产权模式、治理模式、竞争模式、业务模式、价格模式以及规制模式等方面进行系统设计，沿着"总体配套改革，分步渐进实施"的改革思路和路径，同时有效控制改革中的各种风险，确保改革达到预期目标。这是我们总结国际自然垄断产业改革得到的最基本经验。

第三章 自然垄断产业改革的产权模式

党的十六届三中全会指出："产权是所有制的核心和主要内容，现代产权制度是完善基本经济制度的内在要求，是构建现代企业制度的重要基础。"可见，产权在现代企业中的地位和作用是非常重要的。产权（property rights）也称财产权或财产权利。目前，经济学对产权的定义是剩余索取权（residual claims）和剩余控制权（residual rights of control）。新中国成立以来，我国对国有企业产权改革问题进行了艰苦的探索，先后经历了"放权让利"（1978—1986 年）、实行承包经营责任制（1986—1994年）和建立现代企业制度（1994 年至今）三个阶段的改革。对于我国的自然垄断产业来说，由于改革启动较晚，因此产权改革问题直到 21 世纪初才开始进入我们的视野。对于我国目前日益提上日程的自然垄断产业的产权改革来说，如何通过有效地构建这些行业中企业的产权结构模式来推动改革、提高效率因此也就成了一个重要的问题。这一章将以比较分析的方式，对发达国家以及我国的自然垄断产业的产权结构模式的历史的和现实的状况进行详细的探讨；并且，在此基础上，还将对我国自然垄断产业的产权结构改革提出一些建议。

第一节 自然垄断产业产权模式的历史状况

从发达国家自然垄断产业的发展历史看，自然垄断产业的产权体制，经历了"私人企业竞争和政府协调—收归政府管理—逐步引进竞争"的演变过程。在产业发展的初级阶段，一般是由私人拥有和经营的，因此在产权模式上体现为自由市场经济所推崇的私人产权模式。例如，发源于欧洲的自来水和公共煤气等产业，最初就是采用私人资本和完全竞争的方式，因为这是当时政府唯一愿意采用的管理模式。1850 年前伦敦有 14 家煤气公司，竞争和管网的区域垄断性产生尖锐的矛盾，出现了重复建设和价格共谋（卡特尔化），损害了服务质量，从而使"市政所有制"的呼声逐渐高涨。1870年英国出台了《煤气自来水设施法》，使得原来复杂的协调企业工作，可以通过一道行政命令获得解决，并可以让公众获得充足的自来水供应。伦敦市政府接管了私人供水公司，并设立市政所有的煤气公司。这一举措把服务价格保持在一个合理的水平上，又使当地政府获得了政治的支持。同时，市议会给私人所有的公用事业企业发放有期限的特许经营证，使地方政府有权在若干年（一般是21年）后收购这些私营企业。

覆盖广大区域的铁路、电报、干线电话等，对合理布局、普遍服务等技术经济综合优化有强烈的要求，需要全国性的规划和管理协调，而这是分散的竞争性市场无法提供的。19世纪40年代，欧美电报完全是私人经营。英国早期的铁路由于所有权分散、互不统属，无法形成规模经济，结果出现了"卡特尔化，浪费性的重复建设和地理覆盖不全等问题"，结果是垄断和过度竞争并存，这显然是最糟的市场失灵现象。在这些产业的发展初期，在欧美等发达资本主义国实行过三种不同方案。一是中央所有制，如比利时铁路。据资料，比利时铁路在1838年以前的定价是英国的一半。二是区域的私人企业垄断或企业联合（卡特尔协议），以获得足够的规模经济，防止低效率的重复建设。如美国西部联合公司通过收购竞争对手，获得电信网络经济性。这是美国地广人稀的特点自然形成的。三是垄断竞争，如上述英国铁路早期的情况①。

由于自然垄断产业具有天生的规模经济性和社会公益性，因此随着产业的发展，特别是第二次世界大战后，随着凯恩斯主义的流行，部分国家开始逐渐将私人拥有经营的自然垄断产业收归国有，由国家垄断经营。据英国有关资料，英国的电报业务在19世纪70年代全部国有化并转给邮政局管理，结果服务价格降低，业务量翻番；电话（包括长话和市话业务）于19世纪末和20世纪初全部国有化；电力工业由于私有制下的竞争阻碍电网系统的规模化发展和技术进步，1926年成立国有中央电力局后方建立高压输电网。1945年后全部国有化。

① 参见高梁《国外网络型公用事业的体制演变》，http://www.chinareform.net/ShowArticle.asp?id=652，中国改革网，2007年9月28日。

国有化之后，自然垄断产业的产权结构最重要的特征表现为国家所有权的主导性；并且一般各个国家在这些产业上基本上都通过行政手段施以了严厉的控制，以限制或禁止新企业（主要是民营资本）的进入，这直接导致了这些行业内企业所有权的单一性，并且缺乏流动的可能性。

表 3-1 展示了第二次世界大战以后一些国家在自然垄断产业上采取的所有制政策以及控制政策的历史。以英国为例，通过第一次国有化（1945—1951 年）和第二次国有化高潮（1974—1979 年），政府支配了英国的邮电、钢铁、燃料、电力和运输等被认为是自然垄断产业的基础部门，并且事实上还扩展到了其他诸于汽车、船舶、机床、火箭等一般被认为只是具有部分自然垄断性甚至完全没有自然垄断性的制造业部门。再以法国为例，事实上法国比英国具有更加源远流长的国家干预主义传统。早在第一次世界大战期间和战争结束后，法国政府就直接对航空、化学、钢铁、运输和粮食等部门实行了国家管制，20 世纪 30 年代爆发世界经济危机后，为了恢复法国经济，法国政府加大了国有化的力度，涉及铁路、航空、金融和军工等行业。第二次世界大战后作为恢复和振兴经济的重要措施之一，法国政府又一次推行国有化政策，对公共事业及银行业实行了全面管制。从 1945 年开始，法国开展了大规模的国有化运动，将煤矿、汽车、航空以及银行等部门中的大企业收归国有，开始了国家经营的计划管理道路。另外，日本也在铁路、电信等数个行业内实行了国有化运动，国家所有权控制了大量的企业。

表 3-1　　　　　主要自然垄断产业所有制以及控制政策史

国家	英国	美国	中国
铁路	第一次世界大战后，英国对铁路实行国有化	国有约占 25% 的份额	20 世纪 80 年代以前完全政企合一的计划体制
电力	1926 年成立中央电力局，对电力全面控制	受管制的国有和授权私营，流域开发国有，但电网一直存在冲突	20 世纪 90 年代以前的政企合一的计划体制
电信	20 世纪 80 年代以前由国有的 BT 独家垄断	1921 年格雷厄姆—威利斯法（Graham - Wills Act）特许 AT&T 垄断	1980 年以前是计划体制下严格管制时期

续表

国家	英国	美国	中国
邮政	1657 年，英国成立了邮政总局，由国家经营邮政业，经营业务	国家邮政局，一直是国有独资公司形式	20 世纪 90 年代以前的政企合一的计划体制
民航	1939 年帝国航空有限公司归为国有	1938 年，国会成立了民用航空局，后来变成民用航空委员会，全面控制航空运输	中国民航 1980 年以前实行的是政企合一的管理体制
天然气	第一次世界大战后，英国对煤气厂实行国有化并由煤气委员会管制	联邦和州政府规制	国有经营
自来水	几乎都是实行国有的形式，放松规制后逐渐私有化		
其他	法国：第一次世界大战、20 世纪 30 年代的经济萧条和第二次世界大战后，法国逐渐推行了国有化改革 日本：1906 年将大部分铁路收归国有；1998 年前，日本的航空业受到政府的严格管制，运输省限制航空公司开辟新航线，禁止航空公司擅自调整机票价格		

资料来源：作者整理。

　　情况比较特殊一点的是美国，美国没有像英国以及法国一样将所谓自然垄断产业的主要企业全都收归国有，而是采用了"私人所有 + 政府规制"的模式。除了邮政和自来水这两个行业基本上采用完全国有的形式外，铁路行业政府采用了投入股份（约占全部股权的 25%）的形式，而电力、电信、民航、天然气等部门则基本上采用私人所有、政府严格规制的模式。在邮政业，美国国家邮政公司一直是国有独资公司形式，董事会由 11 人组成，其中 9 人由总统任命，由这 9 人选举 CEO，CEO 成为董事，然后再由这 10 人选举副 CEO，副 CEO 成为董事。在权力上，除调整邮政资费的董事会外，CEO 和副 CEO 与其他董事享有同样的权力。除了 CEO 和副 CEO 外，其他董事都是兼职的。

　　国家所有占主导地位的产权结构模式具有一系列的重要特征。其中最重要的特征是导致了所有权的单一性和难以有效流动性。例如，英法的国家所有模式是以完全的国有公司的方式甚至是作为国家机构的一部分的方式实现国有产权的，这些行业内的企业基本上没有第二种所有者，政府的控制也导致不可能有新的所有者企业进入或者参与到以前的所有者中间去共同经营，自然产权的流动性是不存在的。这种模式导致无法在不同的产权主体间实现对自然垄断企业的控制权竞争，因而导致了企业所有者主体的僵化和缺乏责任心，反映在国有产权身上就表现为僵化的官僚主义以及政府机构对企业的任意行政干预。而美国的"私人所有＋政府控制"产权模式同样也导致了企业所有权缺乏流动性，因为政府的严厉控制使得所谓自然垄断产业内的企业不会受到外来企业的任何竞争——也就是说，不会有任何新的企业进入这个行业，这些企业的控制权股东一般也不会放弃自己对企业的控制权。因此，整个自然垄断产业的产权结构也基本上是僵化不变的，至少有意义的产权变化（即有益于改善企业效率的变化）难以出现。

就中国的情况而言，在改革开放以前，中国实际上并无政府与企业之分，所谓企业只不过是政府的一个机构而已。因此，此时中国的自然垄断产业都是国家所有的。并且，与英国和法国等国不一样的地方是，中国整个经济环境中都没有市场的概念，因此中国自然垄断产业的国有化也不是像英法一样源自对自然垄断产业的技术特征的考虑。中国自然垄断企业的生产与其他的非自然垄断企业的生产一样是政府自上而下面向整个社会的经济计划所确定的，因此，中国的自然垄断产业比起英法的这些行业来要面临更大的、更加直接的政府干预。

第二节 发达国家自然垄断产业的产权改革

实际上，当论及自然垄断产业产权结构改革的时候，往往所说的就是这些行业的民营化改革，即将这些行业中国家持有的企业的产权转让给私人经营，或者放开政府对行业准入的控制，允许新的资本进入这些行业，以改变原有的国家所有所占的统治地位。这里我们将讨论不同国家对自然垄断产业采用的民营化改革的方式，以为我国改革提供借鉴。

（一）英国自然垄断产业的产权改革

英国对自然垄断产业的产权改革的主要做法是把国有资产出售给私人部门，实现国有资产从公共部门到私人部门的转移。基本上是采取出售国有企业股票的形式进行的。这与英国具有发达的股票市场有关。

英国政府首先修订了相应的法律，使得改革能在一个比较好的法律框架下进行。对每一个企业政府还委托相关的机构对企业进行可行性分析,并且调整企业的内部结构以使得企业能够显示其真正的价值,并且通过权威性的评估机构进行详细评估以作为企业上市的股票定价依据。另外,政府还对传统的被定义为自然垄断的产业进行了分类处理,将其中事实上并不是自然垄断的部分私有化后直接交给市场处理,而对其中确实是自然垄断的部分则是在私有化后重新确立管制机制。比较重要的是政府还限制了单个股东能够购买的股份额度,以限制被分开的企业又重新联合起来形成垄断,而小额度的股权持有还有利于增强企业产权的流动性。比如,英国政府将中央电力发电局的非核能部门分割为两个国家发电局以及一个国家送电公司,规定个人、企业最多只能购买这些企业股份的15%。

应该说,英国对自然垄断产业的产权改革是比较成功的。通过出售国有股权的方式,它实现了企业的产权从高度集中的国家所有向分散的社会公众所有的转移,大大节约了政府的财政支出,并且还为政府获得了相当可观的财政收入。政府对企业的干预明显减少,此后效率更是得到了大大的提高。

(二) 美国自然垄断产业的产权改革

由于传统上美国自然垄断产业的产权模式就与英国不同——美国的这些产业基本上仍是私人所有的——所以美国没有像英国那样经历一个大规模的由国有产权向私人产权转变的过程。对于美国自然垄断产业而言,其产权改革是与减少政府对企业的外部管制同时开展的。最主要的包括允许新的企业进入,这增加了自然垄断产业上的竞争度,使得新的潜在的所有者对旧的拥有公司控制权的所有者形成了替代的潜在威胁,使接管、并购等行为成为可能。另外,一些企业被分拆了,旧有股东通过控制行业内的单一企业就控制了整个市场的情形被取消,所有企业都面临着更大的现实竞争与潜在竞争,比如,AT&T就被分拆为好几家企业。同时,美国发达的股票市场也使得分拆后企业的股权更加分散,公司经理的行动能力得到了增强,使得他们可以从公司持久发展的角度考虑股东之外的社会利益并付之于行动。可见,美国自然垄断产业的产权改革主要着眼于增强这些行业内企业产权的分散性以及流动性,从而使得这些产业的效率得以提高。

(三) 日本自然垄断产业的产权改革

日本自然垄断产业产权改革主要指的也是日本在这些行业内国有企业的私有化运动,比如日本电信电话公社与日本国有铁道公社的民营化。日本为了提高自然垄断产业的效率，将这些行业内国有企业的私有化视为一个重要的战略。为此，政府专门成立了临时调查委员会以获得对民营化企业更加透彻的了解。日本自然垄断产业的产权改革是分两步走的，第一步是政府采取措施扭转这些行业企业经营效率恶化的状况，并且使得这些企业的国家所有权与经营权相分离。第二步则是寻找合适的时机出售公司股份实行彻底的私有化。例如，日本国有铁道公社的改革就是首先通过将其拆分为七个独立的株式会社，以改变这一巨型企业内部不合理的依赖关系，然后才通过出售股份实现企业彻底的私有化的。

值得指出的是，日本是一个政府主导型的市场经济国家，政府在自然垄断产业的改革中起着比英美等国更加重要的作用，这一点与我国的情况是比较相似的。因此，其改革的过程值得我们借鉴。

（四）俄罗斯、中东欧国家自然垄断产业的产权改革

中东欧国家政府普遍认为：国有企业私有化是以国家经济发展战略和国民经济的重要利益为前提的。2002年3月生效的《俄罗斯联邦国有资产和市政资产私有化法》，就是从战略企业的角度认定必须保持必要的国有经济，并规定国有经济有两种形式：战略性国有独资企业和战略性开放型股份公司。对于自然垄断企业则采用战略性开放型股份公司。根据俄罗斯私有化法，凡属战略性企业而又不需国家独资经营的都应改组为战略性开放型股份公司。切尔诺梅尔金政府《1995—1997年经济改革和发展纲要》曾提出，国有独资企业除确定为官办企业的以外均应改组为开放型股份公司，国家对其实行控股并参与其管理。

战略性开放型股份公司的主体是自然垄断部门的企业。这些企业主要属于电力、天然气、石油、铁路、航空、港口、电信、邮政和城市上下水等部门。国家对自然垄断部门企业实行控股并参与其管理。控股包括绝对控股和相对控股，绝对控股指国家或市政掌握的普通股票（有表决权的股票）不低于股份公司法定资本的50%加1股；相对控股指国家或市政掌握的普通股票不低于股份公司法定资本的25%加1股。截至1997年，俄罗斯对石油天然气部门国家控股35%，铁路为100%，民航为51%[1]。

---

① 许新：《转型经济中的改革：俄罗斯东欧中亚国家的私有化》，科学文献出版社2003年版，第191页。

　　为了保证国有经济在天然垄断部门中的地位,2002 年 3 月生效的俄联邦新私有化法规定,国家控股的开放型股份公司扩大法定资本时,必须保持国家控股的比例不变。该法指出,"如果国家或市政所有的股票占开放型股份公司普通股票的 25% 以上（拥有股东大会 25% 以上表决权）时,该公司法定资本的增加应通过追加发行股票的途径进行,并保持国家或市政机构的份额不变"。国家和市政机构将把国有资产或市政资产抑或预算资金投入该公司的法定资本,以支付追加发行的分配给国家或市政机构的股票。在俄罗斯联邦和俄联邦主体,国家在天然垄断部门的股份公司中拥有的股份都在 25% 以上,上述规定显然保证了国有股份不被稀释,从而保证了国家对天然垄断部门的控制。

　　随着条件的变化,战略性股份公司的股份结构可能调整。在俄联邦总统作出决定减弱国家参与战略性股份公司管理的程度时,对战略性股份公司的股票将实行私有化。当战略性开放型股份公司 75%（或更大比例）的股票从国家所有转让出去时,俄联邦政府可以规定使用国家参与开放型股份公司管理的特别权利"黄金股"。

　　由此可见,国家对战略性开放型股份公司的控制有三种形式:一是绝对控股,国家占有法定资本的 50% 加 1 股;二是相对控股,国家占有法定资本的 25% 加 1 股;三是当国家占有的股份低于 25% 时,使用"黄金股"。

　　黄金股是国家对具有战略意义的股份公司进行管理的一种办法。1997年私有化法和 2001 年私有化法都规定,"为了确保国防能力和国家安全,维护俄联邦公民的道德、健康、权利和合法利益,俄联邦政府和俄联邦主体国家权力机关可以做出决定,使用俄联邦和俄联邦主体参与开放型股份公司管理的特别权利（黄金股）"[①]。使用黄金股的决定,可以在将退出战略地位的国有独资企业的财产综合体私有化时作出,或者在减少战略性开放型股份公司中的国有股份时作出。一般情况下,当战略性开放型股份公司 75%（或更大比例）的股票从国家所有转让出去时,开始使用国家参与开放型股份公司管理的特别权利（黄金股）。也就是说,政府对国有股份转让到低于 25% 的重要企业,可以使用国家参与管理的特别权利（黄金股）。

---

　　① 许新译:《俄罗斯联邦国有资产和市政资产私有化法》（2001 年 12 月 21 日）,《东欧中亚市场研究》2002 年第 8—10 期。

黄金股行使职能的特点不是多数票通过，而是"一票"否决。以此保证股份公司的重大决策能符合国家、企业和劳动者的共同利益。黄金股是保证股份公司把企业效益原则与国家政策结合起来的重要管理方式。

（五）拉美国家

我们以巴西的电力产业产权改革为例分析拉美国家自然垄断产业产权改革的特点。

第一，立法保证改革的进行。巴西电力的重组和私有化就是在立法的前提下（1995—2000年先后颁布了10多项法令），逐步建立起新的电力工业管理体制。

第二，确定私有化的目标和措施。巴西私有化计划的目标是调整经济结构，减少公共债务和增加基础设施投资，促进经济的发展，增强国家工业生产的竞争力。其中电力私有化计划的目标是首先从资产售卖中获得最大收益，并作为整个经济自由化的一部分，最后通过私有化为电力系统的扩张提供融资支持。巴西从电力产业本身的技术经济特性来分析，为电力做好了私有化的安排，首先从1家小型的配电公司开始，随后展开对整个配电公司的私有化，巴西电力改革的一大特点就是首先开放配电市场。进而对除了伊泰普水电站和核电厂以外，余下的属于国家电力公司的发电公司私有化。这个过程在1999年中期完成。从1999年起，由州政府所有的发电资产也陆续被私有化。由于允许私人参与传输系统，输电资产的私有化可能在稍后开始。

第三，吸引外资，股权多元化。通常拉美国家国有企业私有化有三种方式。一是竞标拍卖。当地政府对即将私有化的国有企业进行资产评估，确定最低拍卖价格，发布招标公告。有兴趣的国内外投资集团须在规定的时间里向当地政府提出投标申请，并经审核、验资后参与竞标。二是将政府所掌握的原国有企业的控股股份拿到国内外证券市场上公开出售，从而完成企业产权的转移。三是将国有资产经营权拍卖给私人企业，国家继续是国有资产的拥有者，但不再直接经营。外资企业进入巴西电力市场主要是通过项目融资的方式。

由上面对几个国家的分析可以看出，这些国家为了提高自然垄断产业的效率，一般都对这些行业内国有的自然垄断企业实行了私有化运动，这些国家自然垄断产业的产权改革主要指的就是这种变化，另外，增加这些企业股份的分散化以及所有者类型的多样化同样也是其中重要内容。

第三节　中国自然垄断产业产权改革的现状与问题

发达国家自然垄断企业的产权改革大都经历了国家所有—社会公众所有这样一个过程，自然垄断企业的股权分散化也是其中一个重要的议题。这样的改革使得目前发达国家自然垄断企业的产权表现为"私人所有＋股份分散"的特征。应该说，从发达国家自然垄断产业效率变迁的过程来看，这种产权模式是比较有活力的。下面我们将以对比的方式，分析我国自然垄断产业的产权结构的现状。

一　目前我国自然垄断产业的产权结构

目前，我国自然垄断产业的产权结构从整体上看仍然是以国家所有为主，尽管在不同的行业国有产权在表现形式上有着很大的不同。表3－2列出了几个现在我国几个重要的自然垄断产业的产权的状况。

表3－2　　　　　　　　　我国自然垄断产业的产权状况

自然垄断产业	产权状况（包括表现形式与产权类别）
铁路	基本上为国有产权
邮政	基本上为国有产权
航空	分为中国航空、南方航空、东方航空等几大集团公司，集团都已经上市，但是国有股一股独大
电信	新电信、新联通、新移动加上原有的卫通，也就是"3＋1"的格局，主要以国有股份为主
电力	5大发电公司和2家电网公司都是国有独资公司
自来水	具有地方性质，有些地方仍然采用政企不分的经营模式，有些已经完全由民间资本经营，有些则是采用国有控股公司制，从整体上看，国家所有仍占主体

资料来源：作者整理。

由表3－2可以看出，大多数的所谓自然垄断产业都是以国家所有占主导地位，并且在各个行业，对民营资本的进入的限制使得独立的民营企业难以出现，同时，即便采用了股份制的形式，对股权分散的控制导致所有的股份公司都是以国有股一股独大为主要特征，因此，股权的单一性与缺乏流动性是这些股份制企业的普遍特征。下面以电信业为例说明这一点。

中国移动的股权结构相对较为简单，中国移动（香港）集团有限公司通过其全资拥有的子公司中国移动香港（BVI）有限公司，间接持有上市公司（中国移动有限公司）74.33%的股权，而中国移动（香港）集团有限公司则属于中国移动集团公司在香港设立的全资子公司，实际上中国移动集团持有上市公司74.33%的股权，剩余25.67%的股份由公众人士持有①。

中国联通不但实现了香港和纽约的海外上市，而且还在国内证券市场发行了 A 股，是目前唯一一家同时实现了海内外三地上市的电信企业。中国联通集团公司持有中国联合通信股份有限公司60.74%的股权，社会公众人士持有39.25%的股份，联通兴业、北京联通兴业科贸有限公司和联通进出口有限公司共计持有0.01%的剩余股份②。

中国电信继2004年5月在香港股市增发新股、实行全球配售以后，2004年6月从母公司回购湖北电信等十省电信公司的资产，与上市之初相比，股权结构发生了些许变化。中国电信集团公司拥有上市公司70.89%的股权，国内其他国有股东持有11.96%的股份，其中，广东省广

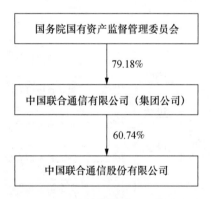

图 3－1　中国联合通信股份公司与实际控制人之间的产权及控制关系的图③

① 中国移动有限公司 2007 年年度报告。
② 中国联合通信股份有限公司 2007 年年度报告。
③ 同上。

晟资产经营有限公司 6.94%，浙江省财务开放公司 2.64%，福建省国有资产投资控股有限公司 1.20%，江苏省国信资产管理集团有限公司 1.18%，公众人士持有上市公司 17.15% 的股权[①]。图 3 - 2 是 2004 年度股

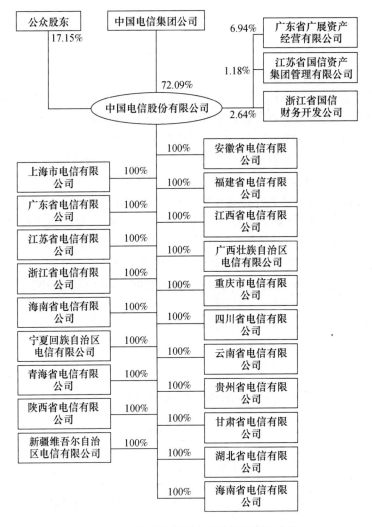

图 3 - 2   中国电信股份有限公司股权分布图

---

①   中国电信股份有限公司 2007 年年度报告。

权分布图①，从图 3 - 2 上可以看出，社会公众人士持股比例维持不变17.15%，微小的变化来自中国电信集团公司出让 1.20% 股权给福建省国有资产投资控股有限公司，这实质是国有资产的内部转让。

除上述三家企业外，中国网通也于 2004 年年底在美国和香港两地同时上市，但是国家仍然控制大部分股份，中国铁通和中国卫通尚未上市，均属于国家投资的企业。

通过以上分析不难发现，国内电信企业无论上市与否，股权结构存在的一个共同特点是股权构成相对单一，国有股权占据绝对控制地位，且一股独大现象严重。这一点是与国外发达国家不一样的，国外电信企业已经意识到单一产权结构带来的弊端，先后有包括美国、英国、德国、法国等在内的 50 多个国家的电信业引入了多元化的投资主体，电信企业产权多元化的格局初步形成。

二　自然垄断产业现有产权结构带来的问题

国内自然垄断产业企业现有股权结构的弊端是显而易见的。先不论那些仍然采用政企不分形式的企业，对那些已经采用了股份制或有限责任公司制的企业而言，这样的股权结构也带来了众多的问题。

首先表现为法人治理结构不完善，这种情况在国有企业普遍存在。受当前单一产权结构的影响，国有股东和国企经营者之间构成企业内部最直接的委托代理关系，国有企业经营者作为代理方，其人选由作为委托人的国有股东唯一确定，小股东在企业经营者的任用方面并不起作用。众所周知，在我国当前的经济管理体制下，国有资产的管理职能由国资委代表国务院履行。这样，国有股东和国有企业经营者之间的委托—代理关系便通过国资委实现，国有企业经营者的经营行为主要对国资委负责，如果仅仅采取这种管理体制，国资委通过为国有资产保值增值设定清晰的目标，借此考核国有企业经营者，能够在某种程度上为国有企业经营者的行为产生经济约束力。但目前的事实是，国有企业经营者除了对国资委负责外，同时还要受很多政府部门的管理，甚至有些国有企业经营者的任命权也掌握在国家机关手中。况且，国资委虽然在定位上明确不属于政府系列，但毕竟属于国务院的特设机构，不可避免会带有政府的某些职能和行事风格。

---

① 刘灿等：《我国自然垄断行业改革研究》，西南财经大学出版社 2005 年版，第 204 页。

　　通过以上分析可以发现,在国有企业产权所有者和经营者之间,实际上形成了两种委托—代理关系,即行政性的委托—代理关系和经济性的委托—代理关系,前者建立在对企业经营者的政府官员定位上,追求的是经营者的所谓政绩;后者建立在对经营者企业家身份的定位上,重点追求经营者在企业的业绩表现。因此,国有企业经营者便在双重标准下接受考核,有时行政性的委托—代理关系会表现得更加明显。受此影响,国有企业经营者便不可避免地会打上政府官员的烙印,这种烙印具体体现在对其激励和约束方面。事实上,国有企业的经营者要经常在企业家和政府官员之间进行角色转换,很难完全游离于政府以外而纯粹站在企业的角度考虑经营问题。

　　在这种情况下,对国有企业经营者的激励已非完全的企业自主行为,与经济学讲的"企业家要素的投入是为了获取经济收益"的假设是背道而驰的。在国有企业现有委托代理机制下,追求要素(我们在此首先将国有企业经营者视为企业家而非政府官员,并将其才能作为对企业的一种要素投入)收益的最大化并没有成为国有企业经营者的最终目的,至少在表面上看并非如此。在目前的产权结构下,激励企业家的主要因素是国家并不明朗的政治承诺,"不求有功,但求无过"恐怕是大多数国有企业经营者最真实的心理写照,使国有企业经营者不可避免地具有政府官员的某种特征。但是,企业对经营者的素质要求和政府官员是相去甚远的,以考核政府官员的标准来衡量企业经营者的业绩,必然会对经营者的行为产生影响,也必然在企业的经营过程中掺杂过多政府性行为,于企业的发展是颇为不利的。

　　事实上,对国有企业经营者考核标准的官员化,其实是对作为经济性委托—代理关系的弱化,造成对国有企业经营者的约束软化。这样的结果是导致自然垄断产业企业的经营效率难以提高,难以以低成本的方式向社会提供优质的产品,像这些年来电力短缺现象就是一个重大表现。

　　另外,由于不允许民营资本单独进入这些行业,这些行业的企业获得了绝对的垄断权,国家为唯一所有者使得即便一个行业中已经被分为众多不同的企业,它们也容易在同一大股东的协调下形成垄断,竞争事实上就难以引入这些行业之中。这也是为什么目前我国很多垄断行业的收费比较高的原因。

第四节　中国自然垄断产业改革的产权模式和路径选择

（一）中国自然垄断产业改革的产权模式

我们的实证研究表明，在中国独资企业、合作合伙企业、有限责任公司与股份有限公司相比，股份有限公司的整体绩效最好；国有企业、集体企业、私营独资企业、港澳台独资经营企业、外资企业5个具体形式的独资企业比较，国有企业的整体绩效最低；国有独资公司和其他有限责任公司比较的结果是国有独资公司整体绩效最低；国有企业、国有独资公司和国有控股公司相比，国有控股公司整体绩效最好；而国有控股公司中，国有相对控股公司的整体财务绩效好于国有绝对控股公司（见表3-3至表3-7）。而我国自然垄断产业中的企业几乎都是国有企业，而且几乎是清一色的国有独资公司。这种产权模式不能不严重影响着自然垄断产业的整体绩效。因此，有必要重塑自然垄断产业的产权模式，按照国际经验和绩效导向，在母公司层面实现投资主体多元化，建立混合所有制。

建立混合所有制，不仅在社会范围内是多种所有制成分共存，而且在某一具体企业内部仍要实现混合所有制。鉴于全国性自然垄断产业内的主体企业都是国务院国有资产监督管理委员会直属的"中央企业"，在财产组织和产权结构上都是国有独资公司性质，所以自然垄断产业的产权结构改革有必要从"中央企业"改起，而且从母公司改制入手，将现有的母公司（总公司）的国有独资公司先改制为国家绝对控股公司（国家持股50%以上），再逐步改制为国家相对控股公司。

（二）中国自然垄断产业产权模式改革的路径选择

20世纪80年代末期以来，发达国家的公司产权结构发生了很大变化。用美国沃顿商学院教授迈克尔·尤西姆（Michael Useem）的话讲，美国的产权制度正在从由经理人事实掌握全权、不受监督制约的"管理人资本主义"向由投资人控制监督经理层的"投资人资本主义"转化。这一转化的一个明显特征就是资本市场结构的改变，各种机构投资者所占的比重越来越大。机构投资者在美国企业资产中所占的比重已经从1950年的6.1%上升到1997年的48%。由于持股比重的上升，机构投资者对于任何一个经营不善的企业都不可能简单地采取"用脚投票"的方式来解决。

表 3-3　独资企业、合作合伙企业、有限责任公司和股份有限公司各年财务绩效比较

	2002 年				2003 年				2004 年				2005 年				2006 年			
	独资企业	合作合伙企业	有限责任公司	股份有限公司	独资企业	合作合伙企业	有限责任公司	股份有限公司	独资企业	合作合伙企业	有限责任公司	股份有限公司	独资企业	合作合伙企业	有限责任公司	股份有限公司	独资企业	合作合伙企业	有限责任公司	股份有限公司
人均销售收入	17.18	18.26	20.79	30.32	22.49	11.42	25.04	35.9	27.53	24.19	29.55	46.22	33.21	29.08	35.37	55.72	38.85	34.46	41.93	67.56
流动资产周转率	1.79	0.22	1.77	1.80	2.01	1.33	1.94	2.01	2.24	2.42	2.13	2.24	2.41	2.58	2.25	2.54	2.55	2.78	2.76	2.41
净资产收益率	7.29	13	9.72	13.33	9.05	33.66	12.41	16.87	10	16.83	14.09	16.95	12.69	16.42	15.28	15.3	11.14	15.75	14.09	14.87
已获利息倍数	3.47	4.91	3.98	6.61	4.52	8.23	5.12	8.85	5.66	6.41	5.87	9.16	7.58	6.37	6.04	7.58	7.95	7.11	6.52	8.53

数据来源:《中国工业经济统计年鉴》各年和《2004年中国经济普查年鉴》。

表 3－4　国有、集体、私营独资、港澳台商独资经营企业和外资企业财务绩效比较

	2002年					2003年					2004年					2005年					2006年				
	国有企业	集体企业	私营独资企业	港澳台商独资经营企业	外资企业	国有企业	集体企业	私营独资企业	港澳台商独资经营企业	外资企业	国有企业	集体企业	私营独资企业	港澳台商独资经营企业	外资企业	国有企业	集体企业	私营独资企业	港澳台商独资经营企业	外资企业	国有企业	集体企业	私营独资企业	港澳台商独资经营企业	外资企业
人均销售收入	15.32	15.02	15.91	18.19	36.24	21.11	18.27	18.37	20.59	43.14	27.24	22.45	20.64	20.81	44.21	35.8	27.22	25.63	23.94	47.75	44.45	33.33	30.85	26.17	52.72
流动资产周转率	1.36	2.30	3.26	2.11	2.49	1.52	2.50	3.42	2.17	2.60	1.78	2.67	3.85	2.35	2.56	2.01	2.87	4.18	2.27	2.58	2.22	3.07	4.26	2.34	2.59
净资产收益率	3.80	15.5	15.68	11.58	12.07	5.05	16.91	18.23	11.83	15.23	5.75	19.71	23.30	13.31	15.41	9	21.72	25.13	14.26	16.03	6.73	18.60	22.31	14.43	14.33
已获利息倍数	2.31	4.94	5.67	15.15	9.58	2.69	5.85	6.56	13.43	13.98	3.28	6.99	7.81	14.23	14.17	5.30	7.89	1.84	14.21	12.55	5.37	8.98	10.56	14.17	10.86

数据来源：《中国工业经济统计年鉴》各年和《2004年中国经济普查年鉴》。

表 3 – 5　　　　　国有独资公司与其他有限责任公司财务绩效比较

	2002 年		2003 年		2004 年		2005 年		2006 年	
	国有独资公司	其他有限责任公司	国有独资公司	其他有限责任公司	国有独资公司	其他有限责任公司	国有独资公司	其他有限责任公司	国有独资公司	其他有限责任公司
人均销售收入	15.37	17.86	18.86	22.43	28.37	28.17	34.33	35.25	41.67	41.84
流动资产周转率	1.16	1.76	1.34	1.86	1.59	2.01	1.73	2.16	1.81	2.28
净资产收益率	2.08	10.09	3.82	12.04	7.87	14.9	10.27	18.2	8.81	16.41
已获利息倍数	1.62	3.66	2.21	4.27	4.2	5.35	4.8	6.08	6	6.33

数据来源：《中国工业经济统计年鉴》各年和《2004 年中国经济普查年鉴》。

表 3 – 6　　　国有企业、国有独资公司及国有控股公司财务绩效比较

	2002 年			2003 年			2004 年			2005 年			2006 年		
	国有企业	国有独资公司	国有控股公司	国有企业	国有独资公司	国有控股公司	国有企业	国有独资公司	国有控股公司	国有企业	国有独资公司	国有控股公司	国有企业	国有独资公司	国有控股公司
人均销售收入	15.32	15.37	19.74	21.11	18.86	26.83	28.37	27.24	36.2	35.8	34.33	45.64	44.45	41.67	56.21
流动资产周转率	1.36	1.16	1.47	1.52	1.34	1.69	1.78	1.59	1.9	2.01	1.73	2.1	2.22	1.81	2.28

续表

	2002 年			2003 年			2004 年			2005 年			2006 年		
净资产收益率	3.8	2.08	7.29	5.05	3.82	10	5.75	7.87	11.49	9	10.27	12.88	6.73	8.81	11.91
已获利息倍数	2.31	1.62	3.31	2.69	2.21	4.54	3.28	4.2	5.62	5.3	4.8	6.32	5.37	6	6.95

数据来源:《中国工业经济统计年鉴》各年和《2004 年中国经济普查年鉴》。

表 3-7　　　　国有绝对控股公司与国有相对控股公司财务绩效比较

	2001 年		2002 年		2003 年		2004 年		2005 年	
	国有绝对控股公司	国有相对控股公司	国有绝对控股公司	国有相对控股公司	国有绝对控股公司	国有相对控股公司	国有绝对控股公司	国有相对控股公司	国有绝对控股公司	国有相对控股公司
人均销售收入	20.25	82.18	25.49	118.81	32.57	105.11	49.34	138.2	70.19	90.84
流动资产周转率	1.15	2.04	1.31	2.13	1.4	2.58	1.6	2.94	1.91	1.74
净资产收益率	2.89	15.99	4.48	14.83	4.95	22.23	6.1	22.21	3.23	7.6
资产负债率	53.96	52.98	52.3	53.39	52.91	45.67	50	43.42	29.44	52.9

数据来源:中国大企业集团各年。

因此，美国的机构投资者已经一改历史上对公司治理的消极被动的态度，开始向积极参与公司治理和战略管理的方向演化。20 世纪 90 年代初，美国 5 家大公司的董事会（IBM、通用汽车、康柏、AT&T 和美国捷运）在机构投资者的压力下先后解雇了首席执行官，迫使公司领导班子从根本上改变经营战略，就是这种"投资人资本主义"改革中的典型事件。所以，自然垄断产业不仅要强调公司整体改制，吸收国内外战略投资者和国内民营企业投资入股，而且还要强调整体上市，积极支持资产或主营业务资产优良的企业实现整体上市。只有整体改制和上市，才有助于真正转换企业经营机制，建立现代企业制度。

在自然垄断产业发展多元股东持股的国有企业集团，必须大力培育各种机构投资者，包括证券投资基金、社保基金等各种基金、保险公司、证券公司、金融资产管理公司以及引进境外机构投资者等。由于资金投入量大，机构投资者有动力也有能力介入企业集团的法人治理结构建设当中。

深化自然垄断产业产权结构改革，必须建立有效的民营资本进入和国有资本退出的通道和机制。目前，我国自然垄断产业中国有资本比重过大，存在"一股独大"现象。国有资本"一股独大"现象的普遍存在，使得企业即使改组为股份有限公司甚至成为上市公司，企业集团母公司与作为子公司的股份有限公司的领导班子"两块牌子，一套人马"的现象比比皆是，法人治理结构的架构和运作仍然难以脱胎换骨，为此，必须建立有效的民营资本进入和国有资本退出的通道和机制，坚定不移地实行国有资本减持的方针。当前，在竞争性产业领域，要加大国有资本减持的力度。在自然垄断产业领域和公益事业领域，本着渐进的原则，不断减持国有资本的比重，以相对控股为目标。目前，我国非国有经济有了较快发展，为向有实力的民营企业有偿转让国有产权创造了一定条件。同时，应该鼓励经营者持股和管理层收购，完善职工持股会的运作机制。另外，要鼓励外商资本作为战略投资者买卖国有股份和收购国有资产。在这方面，中国证监会、财政部和原国家经贸委共同发布的《上市公司国有股向外商转让暂行办法》将对拥有上市公司的自然垄断产业中的企业产权结构调整和治理结构规范化运作起到一定的促进作用。

在民营资本进入方面，关键是要取消所有制歧视的进入壁垒，在国有资本、民营资本和外商资本之间实行统一的进入机制，不能在注册和审批方面宽待国有资本和外商资本，对民营资本刁难和歧视。据有关机构调查，在市场经济较为发达的广东省东莞市，在其80多种行业中，国有资本进入的有72种，外商资本进入的62种，而允许国内民营资本进入的只有41种。在市场进入条件上对国内民营资本存在着明显的所有制歧视。这种情况在其他省份和地区要更为明显一些。另外，目前有些产业领域虽然没有明文规定不准民营资本投资经营，但与国有企业和外资企业相比，面临着更多的事前审批。在项目审批、土地征用、信贷资金、上市审批等一系列环节上，民营资本面临的困难也要比国有资本和外商资本大得多。不取消这种歧视性的进入壁垒，民营资本很难发展壮大，自然垄断产业国有企业和国有独资公司"一股独大"的格局也就难以打破。

自然垄断产业的产权模式改革要求事先建立起比较完善的法律机制来控制改革过程，避免政府在减少股份后得不到应有的回报以及国有资产流失。这样的方式尤其适合于电力、电信、铁路等需要初始投资大的企业。就自来水等市政设施这样的行业来说，允许民营资本和外国资本直接建立企业来提供这方面的产品和服务也是一种方法。

第四章　自然垄断产业改革的治理模式

公司治理结构是指围绕公司目标，有关公司利益相关者关系及公司架构的制度安排，是有关理念体系、商业规则和法律总体的综合安排。公司治理制度内容包括利益相关者的制度安排、决策（包括监督）机构及相应规则的安排、经营者和管理者的激励制度等。中国国有企业治理结构不完善问题是影响国有大企业有效运转的主要问题，也是培育国有大企业成为有竞争力的大公司，以及中国资本市场健康发展的关键因素。党的十五届四中全会《中共中央关于国有企业改革和发展若干重大问题的决定》明确指出，"进一步深化国有大中型企业改革，基本完成产权清晰、权责明确、政企分开、管理科学的现代企业制度的建设"，因此国有大中型企业实行规范的公司制改革是我们公司治理改革的目标。中国自然垄断产业传统上一直由国家拥有和经营，政企分开改革启动较晚，因此在公司治理结构改革方面还有很长的路要走。

第一节　自然垄断产业改革的公司治理目标

关于自然垄断产业企业治理结构的讨论，从本质上说，首先是关于界定这些企业经营目标的一个问题。依据经济学原理，企业的目标是利润最大化，因此具有自主行动权的垄断企业自然会利用自己的垄断地位来极大的追求超额利润，然而，由于自然垄断产业往往是一个国家的基础设施行业，它关乎众多民众的生活，因此，企业过度的利润追求会导致一系列的矛盾从而影响社会的稳定。正是因为这样，如何确定自然垄断企业有效的治理结构以确保公众的利益就成为一个重大的问题，而这又必须建立在确保企业的投资者能够获得合理的利润基础上，否则将无人有动力对这些产业进行投资，将导致这些行业投资不足，最终还是会影响社会公众的福利。

从公司治理的角度来看，这意味着自然垄断企业的治理必须考虑更加广泛的目标，实际上，我们可以采用目前西方公司治理理论里面最为流行的概念——利益相关者治理模式——来描述自然垄断企业应该采取的治理模式。

所谓利益相关者治理模式，是相对传统的股东利益治理模式而言的。股东利益治理模式认为股东是企业应当考虑的唯一利益对象，或者说公司不过是股东用来使他们的利益——投资回报最大化的一种工具而已。它认为经营者是仅为股东服务的，股东是企业唯一的所有者或主人。公司治理的核心是如何激励和约束经营者为股东利益目标努力工作。公司治理结构或机制效率衡量标准是能否实现股东利益最大化。

而利益相关者治理模式则认为，公司是由不同的要素提供者共同组成的一个系统，包括提供资本的股东、提供人力资本的公司员工，包括对其产品投入长期期望的需求者，包括其他的社会公众，公司治理应该考虑所有这些参与者的利益需求。实际上就是说，公司的本质是为所有的利益相关者提供财富或服务，而不是仅仅给股东提供投资收益最大化的机会。而且，公司的发展取决于所有利益相关人的支持，他们对公司的发展同等重要。

显然，由于自然垄断产业对股东、社会公众都有着极为重要的利益期望，利益相关者治理模式的概念是比较符合这种情况的。因此，可以认为，自然垄断企业治理的目标在于如何构建一个有效率的治理系统来确保股东、社会公众以及其他利益相关者的利益需求，尤其是要一方面保证企业股东获取合理收益；另一方面则是要保证社会公众能从这些企业里面获得低价优质的产品与服务。

第二节　发达国家自然垄断产业的公司治理模式

根据第一节所述，自然垄断产业的治理应该采用利益相关者治理模式。因此，如何保证各个利益相关者能够有效的参与这类企业的治理过程就成了一个至关重要的问题。然而，不管是从理论还是从实践来看，除了股东的参与没有什么太大的问题（他们通过股东大会和董事会行使权力),其他的利益相关者参与治理的方式目前还没有什么有效的方式。因此,大多数的国家对自然垄断产业企业的治理都是通过政府的参与来完成对股东之外的利益相关者的保护的。政府的参与方式主要包括法律规制和直接投资。从历史上看,政府对自然垄断产业的直接投资曾经是大多数国家对自然垄断产业的治理模式;然而,随着20世纪80年代西方经济自由化浪潮的来临,目前,"私人企业 + 政府规制"的模式逐渐占据这些国家自然垄断产业治理模式的主导地位。因此,对发达国家自然垄断企业治理结构的描述,讲的应该主要是政府规制下的企业治理结构,我们将在这里以电力产业为例对这个问题加以仔细描述,附带的也将略加讨论政府投资下的企业治理问题。

应当注意,所谓政府治理下的企业治理事实上在发达国家与一般行业的企业治理并没有什么巨大的不同,尽管政府的参与也确实给这些行业的企业治理带来了一些不一样的特征,但是基本上也是这些国家主流的治理模式的一种代表。按照一般的分类方法,可以分为市场主导型的治理结构和银行主导型的治理结构。

一 市场主导型治理结构

所谓市场主导型的治理结构,指的主要是英国和美国这两个国家的以发达的股票市场为前提的公司治理模式。这种公司治理模式的主要特点在于公司的股权非常分散,股东尽管可以通过股东大会和董事会行使权利,但是却往往因为成本太高和股东间的"搭便车"行为导致股东事实上不太愿意参与到公司的直接治理中来,所以在这种治理模式下,所有权与经营权的分离非常明显。但是,由于发达股票市场的存在,当公司的经营效率出现问题时,股东往往会采用大量抛出股票的方式来维持自己的利益,即所谓的"用脚投票"。股票在这种时候往往会出现大幅下跌,从而使得公司更容易被接管,公司的董事会与管理层都会遭到巨大的压力,正是这种考虑促使管理层依据股东的利益行事。这种治理模式被称之为外部治理模式。

但是,这种模式往往过于关注股东利益而忽视其他利益相关者的权益,因此也经常遭到批评。而且,在目前的这种框架下,还没有一个有效的方式能够抑制忽略股东之外利益相关者的情况出现,所以,为了确保社会公众的普遍利益,政府的规制与其他方面对公司治理的参与就尤为重要,对于自然垄断产业而言更是如此。

二 银行主导型治理结构

银行主导型的治理结构，指的是以德国、日本为代表的国家的公司治理结构。这些国家没有英、美等国那样发达的股票市场，所以股票市场上的筹资远远不及这些国家，这也意味着以股票市场上股东的行为为基础的外部治理机制在这些国家没有很重要的地位。在这些国家，银行贷款是公司最重要的资金来源，所以往往银行都会在公司的治理中发挥最为重要的作用。因此，对于自然垄断产业的公司治理而言，为了确保公众的利益，政府一般除了采用严格的规制措施之外，参与公司的内部治理中也是一个重要的方面。

下面，我们以美国、英国、德国、日本电力公司和电信公司的治理结构为例，来详细介绍这两种治理模式在不同国家的自然垄断企业中的不同特征。

三 电力行业的公司治理模式

（一）美国

美国电力行业，实行单一垂直垄断输电企业和多家发电、配电公司的管理模式，美国电力部门的国有成分占25%，这使得政府可以通过派遣所有者代表通过董事会来确保公众利益。另外，通过立法对电力企业进行监督也是政府对电力部门进行管理的一种重要方式。

美国电力公司的治理结构的主要特征如下：

1. 电力公司社会公众股股东中，机构持股占主体，股权分散化。机构投资者主要为社会事业投资单位，如养老基金、慈善团体、互助基金、银行信托受益人等。

2. 企业外部治理机制发达，占主要地位的机构投资者追求低风险投资战略，它们更多的是"用脚投票"，即当公司业绩不好时，迅速抛售股票，以调整投资结构，降低风险；同时，为了分散风险，这些机构持股者会持有多家公司的股票，它们一般对直接参与公司管理不感兴趣。机构投资者在股票市场上频繁调整其持有股票的结构，在客观上给公司造成了外部压力，经理人员为了保住自己的职位，不得不努力工作。另外，一些机构投资者也开始积极地介入公司治理。

3. 电力公司外部董事在董事会中占有较高的比例。董事会与经理层分开运作，经理层负责日常经营决策，而董事会负责重大问题决策及监督经理层。为了防止董事会与经理层之间勾结,规定在董事会中必须有半数以上的外部独立董事。通过独立董事的公正监督,以确保股东、社会公众以及其他利益相关人的权益。

4. 雇员通过持股计划和集体谈判制度参与公司治理。实行雇员持股计划的公司首先由公司和雇员达成协议,公司将部分股权(或股票)转让给雇员,雇员承诺以减少工资或提高经济效益作为回报。集体谈判制度的实施程序是,先由工会选出雇员的谈判代表,然后按法定程序与公司进行谈判,最后签订集体合同。集体合同就是集体谈判的结果,它界定了雇主和雇员之间的责、权、利关系,是雇员参与公司管理的重要手段。

5. 一般不实行监事或监事会制度,监事会职能由独立审计员和独立监事等来承担。在依靠独立董事监督经理人员的同时,既依靠社会机构如股票交易委员会来监督经理人员的行为,也聘请独立审计员和独立会计师通过财务审计和经营管理来约束经理人员,从而构成双重约束机制。

从上面的描述可以看出,美国对电力公司社会公众利益的保护主要是通过政府向董事会派出董事、要求董事会中包括半数以上的独立董事、通过独立审计员以及独立会计师对公司的监督做到的。应该说,美国的这种模式是一种很有效率的模式,但是这是与美国发达的股票市场、完善的法律制度等分不开的。

(二) 英国

英国电力行业目前采用一家输电公司与多家发电、配供电公司的管理模式,这种市场模式已成为世界各国电力工业改革的理想模式。随着电力行业发电、输电、配电和售电四大功能的分拆以及企业的重组,英国电力行业的私有化程度很高。

英国现拥有国家电力公司、发电公司和核电公司三个发电公司,一个电网公司,即国家电网公司,12 个配供电公司,其中,国家电力公司是目前英国最大的独立发电上市股份制公司,占电力市场份额的 29%,国家电网公司也是上市股份有限公司,以社会公众股为主,配供电公司也已民营化。

英国的股票市场非常发达,电力企业的经营权已基本与所有权分离,企业大多实行股份制,国家对电力企业的管理只局限于宏观层面,政府不干预企业的经营活动,企业享有极大的自主决策权。

但是，电力行业作为国民经济的基础，政府并未放松其管制。为防止发电公司市场势力过大，英国法律规定："任何一家发电公司的市场份额都不能超过30%"，政府还先在两个发电公司和12个配电公司维持了一股"黄金股"，即可以禁止任何一家私人主体公司在上述发电公司以及配电公司中拥有超过15%的股份及其他损害公众利益的董事会决定。而电网公司则始终处于政府管制和社会监督之下，使发电厂付给电网公司的联网费、供电公司和用户付给电网公司的过网费维持在一个科学合理的水平。同时，电力管制办公室被授权于《电气法》，对议会负责，主要职责为：监督电价和规范电力市场，促进竞争并保护消费者利益，实行对电力市场的管制。电力管制办公室是政府管制机构，制定一整套严格和规范的电力管制规则和程序，并受议会监督和社会监督。

（三）德国

德国电力工业采取单一垂直垄断企业和多家发电、配供电公司的企业管理模式。原国有的电力公司也都实行了民营化改革，德国电力公司多为股份制，采用三权（经营权、监督权和所有权）制衡的法人治理结构，即由董事会、监事会和股东大会三个领导权力机构组成的治理结构。三种权力均衡配置，严格分工，充分发挥董事会的经营权力，国家突出监事会作用。另外，侧重于电力公司的内部治理，较少依赖外部治理机制。

德国电力公司股权相比英美来说比较集中，银行作用比较大。大股东主要为金融公司、保险公司、银行等，客观上起到了稳定股权结构的作用。银行可以合法的持有公司股票，但是法律规定了最高持股限额。尽管如此，银行通过股票代理，可以行使的表决权是十分可观的。大股东可以直接参与公司治理，当公司业绩不佳时，大股东直接"用手投票"校正公司决策，而不用到股票市场上"用脚投票"。

电力公司中同时设立董事会和监事会，董事会作为公司的法人代表机构，专门从事公司经营决策工作，监事会则专门从事监督工作。监事会地位高于董事会，董事会成员由监事会任免，董事会对企业重大事项所做的决策需要得到监事会的批准。联邦政府通过主管国有资产部门派驻监事会的代表，控制公司的监事会。董事会中设立独立董事。另外，普遍实行雇员参与公司治理制度，雇员可以进入电力公司的监事会，参与公司管理的权力相对较大。

（四）日本

日本有九大电力股份公司，电力行业采取单一垂直垄断企业和多家发电、配供电公司管理模式。日本电力公司的治理结构有以下特点：一是股权结构存在法人相互持股和主银行制的特征。在此基础上形成的治理结构，表现出经营者支配和主导的倾向，公司股权非常稳定，其结果是股东相互支持，相互控制。二是实行内部董事制度。日本电力公司董事会成员主要来自公司内部，决策与执行都由公司内部人来承担。董事长提名董事候选人，社长一般兼任总经理。由于法人相互持股，社长会（总经理会）即为股东会。若公司经营业绩不佳，其他法人股东将督促改进直至罢免社长。三是主银行制发挥重要监督作用。主银行除了对电力公司持股和提供较大份额的贷款外，还负责企业的短期贷款和收支账户管理，可通过财务状况的变动有力地监督公司的行为，银行有动力和责任介入公司的治理。四是雇员可在一定程度上参与公司的治理。在日本的电力公司中，雇员主要是通过企业内工会参与公司治理，并且侧重于中低层雇员的参与，如自我管理、建立质量管理小组，等等。另外，终身雇佣制度也强化了雇员的地位，迫使公司管理者不得不尊重雇员的权益。

四　电信行业的公司治理模式

从总体上说，美国、英国、德国、日本四国电信公司的治理结构与电力公司的治理结构并没有太大的差别，同样可以分为美英为代表的市场主导型治理模式与德日为代表的银行主导型治理模式，在公司内外部的治理模式上电信公司与电力公司大同小异。然而，与电力公司相比，电信公司往往面临着更加激烈的市场竞争，或者说，其自然垄断的技术特征要比电力公司弱一些，尤其在全球竞争环境日益一体化的情况下更是如此。正是因为这样，电信公司的公司治理与电力公司表现出一些不同的特征，尤其重要的是，各国政府的管制措施往往聚焦于创建有效的电信市场公平竞争环境上。

（一）美国

美国电信行业在1996年以前，主要是遵循1984年AT&T拆分以后的市场格局；1996年的《电信法》的主要目的之一在于打破电信巨头贝尔公司的垄断，鼓励电信行业的竞争。因此，美国联邦通信委员会（FCC）的主要目标就在于通过对电信行业市场结构的监管来促进电信业效益的提高，它对电信公司治理的参与主要是宏观的，基本上没有微观上的直接干预，但是，它对电信公司合并上的规定是电信公司外部治理机制的重要一环。

实际上，作为市场主导型公司治理模式为主的国家，美国电信行业的公司治理一样的具有如下特征：（1）电力公司社会公众股股东中，机构持股占主体，股权分散化。（2）企业外部治理机制发达。（3）电力公司外部董事在董事会中占有较高的比例。（4）雇员通过持股计划和集体谈判制度参与公司治理。（5）一般不实行监事或监事会制度，监事会职能由独立审计员和独立监事等来承担。

（二）英国

英国电信行业与电力行业一样，政府对企业治理的参与主要是宏观方面的。但是并没有放弃对电信业微观治理的参与。不过，随着电信业竞争的逐渐加剧，英国政府逐渐地减少了对电信业内部治理的参与，主要表现在逐渐地减少持有英国电信的股份上，以及对市场的逐渐放开上，这一过程描述如下：

1981年《英国电信法》将邮政与电信分立，英国电信公司（BT）作为公众公司成立，但是政府仍然控股，同年，由私人控股的莫克瑞通信公司（Mercury Communications）成立，并于1982年获得了英国政府发布的电信运营许可证，此后一直到1991年英国完全开放电信市场为止与英国电信形成双寡头垄断结构；1984年英国政府出售了自己持有的50.2%的英国电信BT的股份，放弃了英国电信的控制权；1990—1993年，英国政府逐渐出售了自己持有的剩余股份，但是仍然持有一"黄金股"来保持对电信业内部治理的干预；1997年英国政府出售持有的黄金股，对企业微观治理机制的直接干预被放弃；此后，英国政府对电信业的干预主要通过独立的英国电信办公室进行监管，主要的目的是创造一个公平的竞争环境。此后，英国一直以开放的电信市场加政府的外部规制作为电信业的运营模式。

与电力企业一样，电信企业的股份非常分散，所有权与经营权基本上相分离，公司的治理机制主要包括：外部治理机制，股东的"用脚投票"；内部治理机制，董事会的完善与大量的独立董事。

（三）德国

相比英国电信，德国电信业的私有化进程要晚得多，直到 1998 年，德国最主要的运营商德国电信的完全私有化才完成，政府不再持有电信的股份。而且，德国电信业公司的股份比较集中，与电力公司一样其主要股东是银行与金融机构，尽管政府对此有控制，但是通过行使代理投票权银行与金融机构基本上能够控制电信公司的运营。

另外，德国电信公司也主要采用股份制，采用三权（经营权、监督权、所有权）制衡的法人治理结构，即由董事会、监事会和股东大会三个领导权力机构组成的治理结构。

（四）日本

日本的电信运营商众多，竞争激烈，但是主要的运营商是 NTT 公司、KDDI 公司、日本电信集团三大电信集团。与电力行业一样，电信公司同样具有以下四个特点：一是股权结构存在法人相互持股和主银行制的特征。二是实行内部董事制度。三是主银行制发挥重要监督作用。四是雇员可在一定程度上参与公司的治理。

不一样的主要是 NTT 公司的治理机制。NTT 公司最初是日本政府的下属机构，主要经营本地电话业务。经过一系列民营化和重组，NTT 已经发展成为经营本地电话、国内长途电话、国际长途电话、移动电话和数据多媒体业务的国际性综合电信运营商，尤其是在本地电话业务方面占据主导地位。在本地电话市场，NTT 东和 NTT 西的市场占有率为 94%。目前 NTT 的最大股东仍然是日本政府，到 2001 年 3 月，日本政府（主要是财政省）拥有 NTT 集团 46% 的股权。日本财团和商业机构拥有 NTT 集团 16.23% 的股权，外国公司和外国人拥有 NTT 集团 16.42% 的股权，个人及其他持股比例为 21.3%。由于 NTT 集团的特殊地位，日本专门制定了《NTT 法》来对 NTT 公司进行管制。在《NTT 法》中对 NTT 集团的股权结构做了如下规定：政府至少要拥有 NTT 集团 1/3 的股份；外国公司和法人在 NTT 集团的投票权应限制在 1/5 以内。到 2001 年 3 月，拥有 NTT 集团股权的外国公司和法人达 2641729 个，占 16.42%，符合《NTT 法》的规定。随着日本电信市场的进一步对外开放，《NTT 法》将会进行修改，有可能将外资持股比例由 1/5 提高到 1/3。这样，政府对 NTT 公司的干预是全面的。

第三节 中国自然垄断产业的公司治理现状

作为一个转轨经济国家，中国的自然垄断产业的治理结构必然也带有转轨的特征，应该说，中国的公司治理模式仍在未确定的形成之中。与英国和美国不同，中国的股票市场还远远没有发育完全，以股票市场为基础的外部治理机制不可能有效形成。因此，目前中国的公司治理模式不可能是市场主导型的模式；同样与德国和日本也不同，中国的银行系统本身还在转变之中，其自身的治理还存在众多问题，而且中国的法律也规定银行与公司的治理是分离的，这意味着中国的公司治理系统目前也不可能是银行主导型的。到底在未来会形成什么样的治理结构，这取决于整个社会经济环境的演进过程。就目前的情况而言，中国的自然垄断产业正处于公司化改造之中，取得了一些进展，但是仍然缺乏有效的企业治理机制。自然垄断产业的企业仍然主要是国有独资或国家控股企业，建立有效的治理结构仍然有很长的路要走，因为它不仅是一个企业改革的问题，也是一个产业重组与政府改革的问题。我们在表 4 - 1 中列出了中国自然垄断产业主要公司的治理结构。

表 4 - 1   自然垄断产业主要公司的治理结构

行业	公司	治理结构
电信产业	中国电信集团公司	集团为国有独资公司，集团主体组成公司为国家控股上市公司
	中国网络通信集团公司	集团为国有独资公司，集团主体组成公司为国家控股上市公司
	中国移动通信集团公司	集团为国有独资公司，集团主体组成公司为国家控股上市公司
	中国联合通信有限公司	集团为国有独资公司，集团主体组成公司为国家控股上市公司
	中国卫星通信集团公司	国有独资公司
	中国铁通集团公司	国有独资公司

航空业	海南航空公司	集团总体上市
电力产业	发电企业 中国华能集团公司	集团为国有独资公司，公司依照公司法，对其全资、控股、参股企业进行改建和规范，建立资本纽带关系，实行母子公司体制。下辖中国华能股份有限公司等数个上市公司及其他非上市公司
	中国华电集团公司	国有独资公司，经国务院授权进行电力行业的控股、参股投资，下辖华电国际电力股份有限公司、华电能源股份有限公司、国电南京自动化股份有限公司、贵州黔源电力股份有限公司等上市公司
	中国大唐集团公司	国有独资公司，经国务院授权进行电力行业的控股、参股投资，集团公司拥有中国第一家在伦敦、香港上市的大唐国际发电股份有限公司和较早在国内上市的湖南华银电力股份有限公司、广西桂冠电力股份有限公司。还有其他一些有限公司
	中国国电集团公司	国有独资公司，经国务院授权进行电力行业的控股、参股投资，拥有国电电力发展股份有限公司与国电长源电力股份有限公司
	中国电力投资集团公司	国有独资公司，经国务院授权进行电力行业的控股、参股投资，拥有中国电力国际有限公司和中国电力国际发展有限公司等上市公司
	电网公司 国家电网公司	国有独资公司，下辖华北电网有限公司、东北电网有限公司、华东电网有限公司、华中电网有限公司等数个控股有限公司
	南方电网公司	国有独资公司
航空业	东方航空公司	集团总体上市
	南方航空公司	集团总体上市
	中国国际航空公司	集团总体上市
邮政	中国邮政集团公司	国有独资公司
铁路	非公司制	政企合一的非企业治理模式

资料来源：作者整理。

从表4-1可以看出，中国目前自然垄断产业基本上以国有企业为主。从产权结构或财产组织形式的角度观察，其公司治理结构主要有国有独资公司和国有控股公司，在此基础上形成了不同的公司治理结构（我们这里不考虑像铁路这样的仍然政企一体化的产业，实际上，铁路的公司化改革也将是必然的）。

一 国有独资公司

国有独资模式，即在原有国有企业的基础上改制成为国有独资有限公司。国有独资公司治理结构的主要特点为：一是产权结构单一，国有独资；二是不设股东会，由政府代行所有者权益，股东大会的职能由政府和董事会共同行使；三是董事会、监事会成员由政府任命，经理层的人事安排也主要由政府完成；四是董事会、经理层、党委会交叉任职，几乎是"三套班子，一套人马"。监事会则在其领导之下。

然而，自然垄断产业的国有独资公司只是设立了与公司制度相适应的机构，而协调运转、有效制衡并未实现，"形似而神不似"，实质上与公司制改革以前并没有太大区别。如果说企业较以前的业绩有所提高的话，主要得益于企业内部强化了管理，进行了劳动、人事、分配等制度改革（如裁减冗员、内部承包），而不是得益于公司治理结构的建立。

按照把传统国有企业改造成市场竞争主体和法人主体的目标，自然垄断产业的国有独资有限责任公司在解决了国有资本无限责任的同时，在公司治理层面又产生了新的问题：

第一，独立的市场竞争主体和法人主体地位难以落实。国有独资有限责任公司不设股东会是可行的，也符合《公司法》规定。从理论上讲，只要政府能够代表全体公民的利益，自然就可以行使股东会职能；即使政府不能完全代表全民意志，实践中也无法再找出一个比政府更合适的组织机构。但是《公司法》第六十六条又规定，"由国家授权投资的机构或者国家授权的部门，授权公司董事会行使股东会的部分职权，决定公司的重大事项，但公司的合并、分立、解散、增减资本和发行公司债券，必须由国家授权投资的机构或者国家授权的部门决定。"

第二，董事会、监事会、经理层成员产生、更换基本由政府控制（其中的职工代表由公司职工民主选举产生），其直接结果必然是政企不分。董事长由党的组织部门或政府的人事部门直接任免或对其任免有决定性的影响力。这种情况从原则上说并没有违反公司制度的根本原理，但问题是政府按什么原则来选择公司董事长，如何产生？至于本来应该由董事会聘任或解聘的总经理由政府部门任免，则明显有悖于公司制原理。虽然当前我国劳动力市场尚不发达，缺乏职业经理人才及其产生、聘用机制，但这并不能成为政府直接任免的理由。在董事会、监事会、经理层均受政府控制的情况下，他们除职业与政府公务员不同外，其任免、职级、升迁等与政府公务员没有实质上的差异，企业必然要接受政府指令，政企不分无可避免。

第三，董事会、经理层乃至党委会交叉任职，成员几乎由同一群体构成，也不符合公司制度的基本原则。同时，监事会由工会主席、财务负责人、职工代表组成，处于企业直接领导之下；再加上董事会行使股东会部分职权，由此形成了国有独资企业公司治理结构的独特现象，即在政府授权的条件下，"自己聘任自己，自己监督自己，自己审议评价自己"。实质上，就等于政府直接任命经理层，董事会和监事会形同虚设，与改革前并没有本质差别。只不过每年开会时要有两次冠以董事会的名义，会议内容、人员甚至无须调整。由于政府目标、企业目标、管理者目标的差异和非对称信息，自然就会产生严重的内部人控制问题。而且在现有的干部人事制度下，很难解决这一问题。如果减少交叉任职人员的数量，只是使得整个管理层成员增加，内部人数量更多，企业运行成本更高。

另外，在国有独资公司中，董事会、监事会和"老三会"（党委会、职代会和工会）的关系协调也是一大难题。董事会、监事会是国有独资公司的主体框架，在建立现代企业制度过程中必须坚持；"老三会"是传统企业制度的精髓，在公司化改革过程中也不可废弃。在传统企业制度中，"老三会"与经营者阶层之间的关系就一直未曾理顺，如今再加上董事会、监事会，就更容易相互掣肘或产生碰撞。

二　国有控股公司

自然垄断产业领域的国有控股有限责任公司是在公司化改革过程中，通过国有股减持的方式，向企业内部职工、社会团体和个人出售企业股份，由单一投资主体逐渐转变为多元投资主体。同时，国有股仍然保持相当比重，保有控制地位。自然垄断产业国有控股有限责任公司主要通过两种途径产生：一种是股本总额和向社会公开募集的股本额达到法定资本最低限额，股权结构分散，依此设立股份有限公司；另一种则是通过引进外资或民间资本，通过合资合作的方式成立的有限责任公司。

与国有独资有限公司相比较，国有控股有限责任公司的投资主体增加，股权分散。因此公司组织机构中设立了股东会（或股东大会），由于非国有股东的存在，董事会、监事会、经理层成员受政府直接控制的力度相对减弱。不过，问题仍然非常严重。

在股份有限公司中，普遍存在的一个现象是国有股一股独大，社会公众（或法人）股比重较小且相对分散。在非国有股与国有股的博弈过程中，由于非国有股权比重较小因而本已处于弱势地位，再加上股权分散，其应有的表决权也不能充分实现。因此，在股份有限公司中普遍存在着股东大会职权难以充分实现的问题，甚至股东大会形同虚设，真正的权力仍然集中在代表国有股权的政府手中。在这种情况下，公司治理结构存在着与国有独资公司类似的情形。简言之，国有股一股独大，容易带来三个问题：一是经营者损害股东的利益；二是大股东损害小股东的利益；三是大股东代表损害大股东的利益。

合资合作的有限责任公司中，虽然非国有股权集中，利益直接，谈判能力大大增强，但非国有资本（外资、民间资本）与国有资本目标差异的矛盾也更为公开、激化。国有资本的存在首先要服务于社会目标，政府的任免权迫使企业管理者努力实现这一目标，其次则是国有资产的增值与保值；而非国有资本的目标则是利润最大化，要求尽可能的获得高额的投资回报。在目前政府规制体制不完善、国有资产管理体制还没有理顺的条件下，国有资本与非国有资本要实现有机整合、风险共担，利益共享是比较困难的。这就容易导致合资合作的有限责任公司的治理结构处于紊乱、不安定的状态。

第四节　中国自然垄断产业改革的治理模式和路径

一　自然垄断产业公司治理模式的特殊性

治理结构是产权结构的延伸和必然。伴随着自然垄断产业产权模式的改革，势必需要进行公司治理模式的转换。如果仅仅进行产权模式改革而不进行相应的治理模式转换，自然垄断产业改革的绩效仍不会表现出来。例如，到2002年年底，法国、澳大利亚、韩国、意大利等国家都已经对电信行业的产权模式进行了改革，都从国有独资公司改为国有控股、参股甚至完全私有的公司，但治理效率差异很大。法国电信和澳大利亚电信都从国有独资改成了国有控股，但改制后，法国电信并没有去下工夫完善公司治理结构，治理效率低下；相反，澳大利亚电信对公司治理进行了较大力度的改革，实现了公司治理的高效率。澳大利亚电信改制后在公司治理改革上的做法主要有：第一，在董事的组成上，12 名董事中，有 11 名为独立董事，没有一个独立董事由政府官员担任；第二，在经营班子的组成上，绝大多数是从市场招聘的职业经理人；第三，在薪酬设计上，独立董事的薪酬不高，但经理班子的薪酬很高，CEO 的薪酬更高；第四，在职权安排上，国家作为控股股东，仅在股东大会上行使权力。这样，只"治理"企业，不"管理"企业，较好地解决了我国国有企业中"婆婆"加"老板"的问题。

韩国电信和意大利电信都从国有独资公司改成了私人企业。随着产权的变化，韩国电信针对公司治理进行了彻底改革，治理效率大为改进和提高。而意大利电信并没有随着产权变化而改革公司治理，治理效率仍然低下。意大利电信私有化以后在公司治理的主要问题有：一是股东大会的权力过大，变化的只是权力从操纵在国家股东手中转变为操纵在私人控股股东手中，都是大股东的代表；二是董事会和经理班子的主要成员，都是大股东的代表，董事会和经理班子操纵在大股东手中；三是独立董事制度作用不大，独立董事比例小，独立性差；四是监督机构不起作用。虽然既设有监事会，又设有审计委员会，但这两个机构都是"摆设"，没有履行监督职责所必需的权力①。

在中国，类似上述问题要更为严重。从我国自然垄断产业公司制改革的实践看，事实上存在着两种相互矛盾的改革模式和路径：一是维系国有独资，使企业承载经济社会多元目标的调整方式，并形成类似于传统国有企业的所谓"公司治理结构"，即"形似而神不似"；二是模拟现代公司制度，建立国有控股的、拥有多元投资主体的有限责任公司或股份有限公司，并形成"形神兼备"的高效率运转的公司治理结构。前者似乎试图维护国有公用事业企业作为公企业形象和运作机制；后者则试图在国家掌握对公用事业控制力的前提下，引进或利用外资和民间资本，增加供给，

---

① 参见何家成《公司治理结构、机制与效率》，经济科学出版社 2004 年版，第 30—31 页。

并把传统国有企业逐步改造为法人主体和市场竞争主体。

我国在推动自然垄断产业领域国有企业改革的过程中，除了强调需要增强国有经济的控制力以外，并没有设定不同于一般竞争性领域国有企业改革的目标。这个共同的目标就是通过公司制改造，使传统国有企业成为适应市场经济要求的自主经营、自我积累、自负盈亏、自我约束的法人主体和市场竞争主体。那么，为什么自然垄断产业领域公司制改造模式和路径、公司治理架构安排方面有着与一般竞争性领域国有企业的改革如此多的不同？我们认为，这可能主要与我国自然垄断产业改革目标模糊和国有经济角色定位不准有关。

应该看到，由于自然垄断产业的技术经济特征（主要是自然垄断的规模经济和范围经济特性）、在经济社会发展中的特殊意义以及我国目前的经济发展水平和转型阶段，国有经济不能采取与一般竞争性领域同样的退却或"蒸发"策略，而应该强化国有经济的控制力。但强化国有经济控制力与政企不分、政资不分不可同日而语。在我国，自然垄断产业中国有企业体制的政企不分、政资不分、政府规制机构与企业界限不清的状况，不是政府为克服市场缺陷而进行的制度安排，而是传统计划经济体制的有机组成部分，是建立社会主义市场经济体制过程中的改革对象。这一背景决定了我国没有必要去模拟国有经济民营化以前的西欧、日本，在自然垄断产业领域建立按照公法制运作的所谓公企业。国有经济对公用事业领域的控制力，不一定要通过国有独资来体现，参股、控股也可以很好地体现国家的控制力和政府的政策意图。在自然垄断产业企业主要按照公司法运作的情况下，国家的控制力、政府的政策意图及自然垄断产业企业承载的多元目标的整合，主要应该通过政府规制以及规制方式、手段的创新来实现，或者说主要通过规范的政府监管的途径来实现。既然我们没有为自然垄断产业领域国有企业改革设定另外的目标，在把国有企业改造成法人主体和市场竞争主体的同一目标下，为了实现自然垄断产业的效率运营，实现自然垄断产业由政府运作向法人企业运作的转变，已经是大势所趋。

基于上述判断，应该在对被普遍认为是自然垄断的产业中的自然垄断业务与非自然垄断的竞争性业务领域作出明确界定的基础上，除了在某些特殊的自然垄断领域可以采取国有独资有限责任公司的财产组织形式及相应的公司治理结构，大多数自然垄断产业都可以采取国有参股、控股形式，其中的非自然垄断的竞争性业务，在与自然垄断业务进行剥离以后，国有经济可以完全退出，同时放开外资和民间资本的市场准入。

鉴于目前我国自然垄断产业领域中，国有独资、国有控股公司治理结构是主流形式，从实际出发完善国有独资公司和国有控股公司的治理结构，培育自然垄断产业的企业法人主体和市场竞争主体地位，为自然垄断产业经过市场化改革逐步从政府运作向企业运作转变创造条件，是现阶段的现实选择。

二　公司治理的一般性

1998 年，由西方发达国家组成的经济合作与发展组织（OECD）理事会召开部长级会议，提议 OECD 与各国政府和有关国际组织共同制定一套公司治理结构的标准和准则。经过专门委员会一年的工作，1999 年 5 月通过了"OECD 公司治理原则"。这一公司治理的基本原则是：（1）治理结构框架应保护股东权利；（2）治理结构框架应确保所有股东，包括小股东和非国有股东受到平等待遇，如果他们的权利受到损害，他们有机会得到有效补偿；（3）公司治理框架应确认利益相关者的合法权利，并且鼓励公司和利害相关者在创造效益和工作机会以及为保持企业良好财务状况而积极地进行合作；（4）治理结构框架应保证及时准确地披露与公司有关的任何重大问题，包括财务状况、经营状况、所有权状况和公司治理状况的信息；（5）治理结构框架应确保董事会对公司的战略性指导和对管理人员的有效监督，并确保董事会对公司和股东负责。这些基本原则总结了良好的公司治理所必备的共同要素。

尽管好的公司治理结构没有统一的模式，但以上"OECD 公司治理原则"是得到国际社会普遍认同的。OECD 的这些原则与我国的《公司法》是基本一致的，经过这一提炼，使我们对建立自然垄断产业中的法人治理结构时必须掌握的要点更加清晰。我国公司制改制正在进行之中，自然垄断产业国有企业改制就是对原有企业的领导体制、组织制度、治理机制的重大调整。但是如果迁就旧体制，使改制企业的法人治理结构被扭曲，将来为此还要付出更大的代价。

三 中国自然垄断产业中国有公司治理的特色与创新①

对中国自然垄断产业改革来讲，公司治理模式的选择既要遵循国际惯例，同时又要体现中国特色，除了需要体现竞争性领域普遍适用的一般性治理要求外，特别需要考虑中国国情、自然垄断产业特征、国有制等特殊情况。

（一）国有资产监督管理委员会的角色定位：出资人

国有独资公司虽不设股东会，但需要股东会行使的职能仍然存在，应合理划分和行使，不能简单地定性为由政府和董事会各自行使部分职能。特别是关于董事、监事的任免，确定报酬，批准审议董事会、监事会的报告，以及其他重大事项的决定等职权，显然不宜由董事会行使。因此，股东会职权的行使只能由政府来承担，而其中的关键就是由什么机构承担？如何承担？一个相对可行的办法是由国有资产监督管理委员会（以下简称"国资委"）来行使股东会职权。因为成立国资委的动因就是由国资委全面负责国有资产的产权管理。那么，国资委在国有公司治理中的角色到底是什么？股东、股东管理机构、所有者还是出资人？

人们往往把出资人的概念和所有者的概念混淆起来。确实，在生产社会化程度不发达的简单商品经济时期，金融投资链和企业产权都很简单，往往出资人就是最终的股东，这时的出资人和股东当然是合一的，但随着生产社会化的高度发展，投资者投资和再投资，投资链延伸，形成了母子孙公司的企业系列，即形成和延长了企业产权链和控股公司链，这时出资人和股东就开始出现分离。例如，对孙公司的产权而言，尽管很可能子公司对孙公司投资，用的是母公司的资金，母公司是孙公司的最终所有者，但因为在法律上是子公司给孙公司投资，所以孙公司的出资人只能是子公司，而不是母公司，于是出资人和所有者便出现了第一次分离。只是由于非国有公司产权清晰，机制完善，不影响出资人到位。但对国有公司来说，所有者和出资人不加区分，所有者离企业太远就很难到位。尤其是当

① 本部分参考了郑海航主持的国务院国有资产监督管理委员会委托的课题《国有独资公司和国有控股公司董事会与监事会关系研究》（批准号：200702）总研究报告中的部分成果和课题组成员公开发表的部分成果，一是郑海航、戚聿东、吴冬梅的《对完善国有独资公司董事会监事会及关系探讨》，《经济与管理研究》2008 年第 1 期；二是戚聿东、徐炜的《国有独资公司董事会与监事会制度研究》，《首都经济贸易大学学报》2008 年第 1 期。

大型国有集团公司成为国有资产管理体制中间层，并形成了多层次的母子孙公司体制时，为使出资人到位，就必须在理论上把出资人和所有者区分开来。也就是说，"所有者"是唯一的，那就是"国家"，但出资人不是唯一的，而是多层的，有几层出资就有几层出资人，每层出资人对自己投资的公司直接面对，直接监控。如图4-1所示。

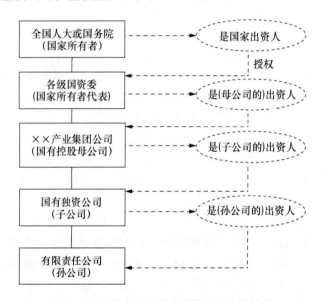

图4-1　我国自然垄断产业的公司治理模式

图4-1表明，在最高层级的国家终极所有者下面，国资委是母公司的出资人，母公司是子公司的出资人，子公司是孙公司的出资人。这一层层出资人理论，不仅理论上是说得通，站住脚的，而且在实践中，坚持层层出资人理论就可以使唯一且遥不可即的所有者，转化为多个直接面对而且层次分明的出资人。从而促进了出资人到位。

（二）改革自然垄断产业的企业集团"总公司—分公司"体制

在自然垄断产业中，应该鼓励已经上市的国有控股公司对于企业集团内的原有各级公司进行整合，由原有的"总公司—分公司"体制一律改组为"母公司—子公司"体制。为此需要对自然垄断产业国有企业进行内部重组。目前，国有垄断企业组织幅度过宽，跨距过长，需要精简企业组织机构，对层级过多的下属企业进行清理、整合。按照 2006 年 12 月 5 日《国务院办公厅转发国资委关于推进国有资本调整和国有企业重组指导意见的通知》的精神，通过关闭、破产、撤销、合并、取消企业法人资格等措施，今后自然垄断产业内原则上将管理层次控制在三级以内，即母公司—子公司—孙公司。要完善大企业的母子公司体制，强化母公司在战略管理、资本运作、结构调整、财务控制、风险防范等方面的功能。

（三）利益相关者：哪些可以介入公司的内部治理过程

目前的公司治理结构盛行股权逻辑，即股东利益至高无上。按照发达国家 1989 年以来的利益相关者实践，除了传统的股东外，党委、债权人、高管、职工、供应商、客户、社区以及其他外部主体（如女权组织）都有必要介入公司的内部治理。对自然垄断产业国有企业而言，如此多的利益相关者都要介入公司的内部治理，虽然有助于决策的民主化和科学化，但毫无疑问要大大地增加公司运行的成本。根据成本与收益比较原则，根据国有企业特点，我们提出最有意义也最具有可行性的是增加债权人和职工两类主体介入公司内部治理。根据资本理论，企业由三类资本构成，包括自有资本、借入资本和人力资本。自有资本出资者控制和主导公司内部治理的一切理由和依据，对借入资本和人力资本同样成立。在这种情况下，借入资本出资者和人力资本出资者介入公司内部治理也就顺理成章。现有的制度安排是监事会有股东代表、职工代表、独立监事三部分，现需要增加债权人代表席位，建议重新调整监事会结构，股东代表、职工代表、债权人和独立监事四类利益相关者各占 25% 的席位。如果企业资产负债率超过 50%，可由最大债权人担任监事会主席。比起外部董事、外部监事、内部职工、一般股东等利益相关者，债权人有更大的动机和能力介入公司内部治理。我们深信，债权人的介入将有助于公司治理的规范化和民主化运行。

（四）完善国有企业董事会建设

伟大公司一定意味着卓越的董事会。加强董事会及其专门委员会建设，是当前和今后中央企业治理结构建设工作的重点。为此，对董事会一定要强化其战略决策功能，保证决策科学化和民主化，避免成为"细节董事会"。在中国国有企业董事会建设上，现阶段需要特别明确几个问题。

第一，国有企业董事会的功能定位：单纯决策还是内含监督？

董事会是公司的决策机构，但决策职能内含还是不内含监督职能？这涉及董事会下是否需要审计委员会等问题以及董事会和监事会的职能分工问题。可以说，无论是管理学还是政治学理论，决策内含着监督职能是毫无疑问的。这意味着董事会有必要下设审计委员会。同样是对决策层的监督，董事会下的审计委员会侧重事前监督（如财务报表的审计），为董事会决策提供正确依据，这与现有监事会的职能并不矛盾。关键在于在公司章程和各自的工作细则中将监督事项和权限予以明确。对于可能出现交叉和重叠的监督事项，通过董事会和监事会的不定期沟通机制予以解决。

第二，董事会的规模及其构成：多元化还是单一化？

董事会规模并无定法，取决于众多因素。建议对中央企业的董事会不做人数上的规定，符合《公司法》的法定人数即可。但对于董事会的董事构成，建议除了股权董事外，扩展到高层管理者、外部董事、债权董事。债权人有比高层管理者和独立董事更为充足的理由介入公司内部治理。而且，借助于银行等重要债权人对公司内部治理的介入，有助于更好地实现中央企业治理的规范化，提高决策质量和监督效果。当然，债权人介入董事会治理是有条件的，这个条件就是银行必须有足够的动力和治理能力。

第三，董事长的来源：内部还是外部？

作为董事会的召集人和公司的法定代表人，董事长最好来源于内部。现在虽然有外部董事担任董事长的情况（如中外运等），但我们认为外部董事担任董事长的做法现阶段不宜大面积推广，因为这种做法是需要前提条件的。而且，这种做法毕竟刚刚开始，其效果还有待于检验。

第四，董事会各个专门委员会的设置。

董事会是否需要各个专门委员会、需要多少，不宜硬性规定。不能为了满足各个专门委员会的人数需要而扩大董事会规模。否则，董事会规模过大，一方面降低决策效率；另一方面由于董事的"搭便车"心理使董事会流于形式。特别是关于常务委员会或执行委员会的设置，一定要慎重。这不仅是由于常务委员会或执行委员会的设置需要前提条件，更为重要的是，这种做法容易使董事会被"架空"，成为董事长和总经理手中的"橡皮图章"。

（五）完善国有企业监事会建设

鉴于内设监事会往往成为企业的"内奸"，监督效果有限，因此可以考虑在中短期加强外派监事会的做法，而且坚持"高派"，避免现有监事会"下级监督上级"的局限性。外派监事会在现阶段具有不可替代的地位和作用。外派监事会是对企业整体的监督，包括董事会、经理层和内部监事会，避免企业内部人的串通合谋和集体腐败。在对企业的监督问题上，需要注意监事会与其他监督机构的协调。外派监事会对中央企业的监督主要从国有资本产权角度进行监督。至于纪律检查、审计、监察、主管部门等系统的监督可从"三重一大"和国家法律政策角度进行。就像税务、工商行政管理部门对企业的监督一样，这种监督有明确的业务范围，不影响企业的自主经营权。

强化外派监事会的整体监督职能。外派监事会在当前具有特殊的意义和价值，是中国特色公司治理结构的重要体现。长期看，外派监事会要逐步退出，但中短期看，由于其在很多方面的不可替代性进而需要加强。外派监事会的设立与内设监事会并不矛盾，外派监事会是对中央企业内部整体的监督，包括公司党委、董事会、经理层、内设监事会等机构的监督，是"监督'监督者'"的体现，这种做法也是我们提出的两类主体平衡论的具体体现。

在对企业高级管理者的监督问题上，董事会和监事会都有监督职能。为避免重复和交叉，需要从工作细则形式明确董事会和监事会各自的职责分工，包括监督范围、程度、事项和程序。需要加强监事会对董事会的决策监督力度，发挥监事会对董事会的制衡和考核作用。与此同时，为加强监督效果，在董事会和监事会之间建立良好的沟通机制和报告制度是非常必要的。

（六）坚持外部董事制度和外派监事制度不动摇

在中国中央企业中，已经引入了外部董事制度和外部监事制度。在现阶段中国经济转型中，国有独资公司和国有控股公司在一定范围内还有存在的必要性。外部董事制度和外派监事制度具有优越性、不可替代性。因为国有独资公司的治理具有特殊的规律性，其中最主要的特征就是在国有独资公司治理中客观上总是存在着企业内外两类利益主体群：第一类是由企业内的决策者、管理者、劳动者组成的利益主体群，即企业"内部人"

主体群；第二类则是由处于企业外部的国家股东、政府、国资委、外派监事会组成的利益主体群，即企业"外部人"主体群。企业内部人主体群和企业外部人主体群既有共同目标，又有不同偏好。其共同目标是都希望企业获得高效益；其不同偏好，即最主要的区别就是，前者的利益偏好是天然的共同往企业内部利益倾斜，追求内部人利益最大化。而后者则是天然的共同向股东利益倾斜，追求股东利益最大化。对于这两类利益主体的既统一又对立的关系，现有公司理论没有予以解释：因为众多的现代公司治理理论概括起来，不过是两大理论，即委托—代理理论和利益相关者理论。委托—代理理论往往过于站在股东委托人的立场上，坚持的是"股东至上论"；利益相关者理论强调的是有众多的利益相关者主体之间在公司治理中的平衡。而国有公司的治理则既不是股东至上论，也不是不加综合的众多利益主体之间的平衡，而是从国有公司特殊性出发，处理好企业内外部这两大利益主体群之间的关系。国有公司治理的要害就是实现这两大利益主体群的平衡，即"两类主体平衡论"。

两大利益主体群之间一旦失衡就会失败，其在三种经济体制中表现各不相同：在计划经济体制中，利益往往朝企业外部——国家股东倾斜；在转轨经济体制中，两种体制转换，开始打破指令性计划和政府控制，往往容易出现朝企业内部倾斜的内部人控制，两者都会使治理失效。进入市场经济体制，就必须使内外部两大类主体实现利益平衡。因而，当前经济转轨时期，国有公司要实现有效治理，就必须找到一种防止"内部人控制"和"利益内倾"的机制，实现内外两类主体的平衡。如何实现平衡，防止"内部人控制"和"利益内倾"呢？就需要从外部引入一种治理力与"内部人控制"的力量相抗衡，因而外部董事占多数的外部董事制度和外派监事制度就成为"引入一种治理力"的有效措施，成为实现内外平衡的制度创新，成为客观必然的选择，因为外部董事和外派监事制度具有独特的机制和精髓，即具有独特的运行特征和机制特征。

外部董事制度的运行特征可以概括为"四配二由"特征：（1）外配：即由国资委从企业外部派入；（2）高配：即配备高素质、影响大的企业家；（3）实配：即实实在在独立判断、独立参与决策；（4）多配：即外部董事在董事会占多数席位，能主导决策；（5）外部董事由国有股东任免、付酬；（6）总经理由董事会任免和决定薪酬。

外部董事制度的机制特征是：（1）独立于企业经营者，不独立于企业所有者：因独立董事独立于企业所有者和经营者尤其是独立于大股东，因而，外部董事区别于独立董事；（2）制度上保证了主导决策，克服了内部人控制；（3）素质上保证科学决策；克服了董事长"一把手"决策；（4）既保证决策和执行分开，又保证决策有人落实，克服了"一揽子"决策和决策执行"两张皮"。

外派监事会制度也同样具有新的运行机制和精髓，可以概括为一句话："两派一轮一独立，经济责任可追溯"：（1）外派，即由国资委从企业外部派入；（2）高派，即派出的监事会主席们都是副部长级公务员和高规格专家；（3）经济独立，即不花被监督公司的费用，监督者收入和监督经费的开支由国家财政单列；（4）定期轮岗，即监事会主席们所监督的企业三年一换，防止监督者和经营者串通合谋；（5）承担责任，即监事会主席对其监督的企业，在其监督期内经营中存在的问题事后查出也承担可追溯责任。

（七）党委在国有公司治理结构中的作用及实现机制

理顺企业干部人事管理是建立规范的公司治理结构的关键，而理顺企业干部人事管理的关键在于企业高层领导的产生机制。党的十五届四中全会通过的《中共中央关于国有企业改革和发展若干重大问题的决定》指出，要"积极探索适应现代企业制度要求的选人用人新机制，把组织考核推荐和引入市场机制、公开向社会招聘结合起来，把党管干部原则和董事会依法选择经营管理者以及经营管理者依法行使用人权结合起来"。这里，关于董事会依法选择经营管理者以及经营管理者依法行使用人权的问题，已经有了《公司法》的法定程序，问题的关键在于党委在企业中的作用及其实现的体制和机制。对此，2004年，中央组织部、国务院国资委党委联合发布的《关于加强和改进中央企业党建工作的意见》做了全面的阐述。该《意见》强调：坚持党的领导、发挥国有企业党组织的政治核心作用是一个重大原则，任何时候都不能动摇。要建立健全企业党组织发挥政治核心作用、参与企业重大问题决策的体制和机制，保证、监督党和国家方针政策在中央企业的贯彻执行。该《意见》明确了党组织参与国有企业重大问题决策的主要内容，并强调要坚持和完善"双向进入、交叉任职"的企业领导体制。国有独资和国有控股公司的党委成员可以通过法定程序分别进入董事会、监事会和经理班子，董事会、监事会、经理班子中的党员可以依照有关规定进入党委会。凡符合条件的，党委书记和董事长可由一人担任，董事长、总经理原则上分设。未设董事会的企业，可以实行党委书记兼任副总经理、总经理兼任党委副书记的交叉任职模式；根据实际情况，党委书记和总经理（厂长）也可由一人担任。已建立法人治理结构的国有独资和国有控股公司，党委会和法人治理结构要通过建立健全议事规则，完善党组织参与企业重大问题决策的程序和工作机制。未设董事会的企业可以采取联席会议方式，由党委成员和经营管理班子成员共同研究决定重大问题。企业党组织要积极推动企业重大问题决策的贯彻落实。此外还需要从公司章程、各项工作规程和工作细则明确党委职能的具体实现机制，包括党委参与决策和意见表达的内容、环节、方式。

（八）规范公司高层领导的产生机制

目前在自然垄断产业中，仍然存在公司党委书记、董事长、监事长、总经理等高级管理者队伍建设中的多头任命问题，包括组织部系统、国资委系统等。如现有 150 家中央企业中，有 53 家企业的"一把手"干部（包括党委书记、董事长、总经理）由中共中央任命，由中央组织部进行考核。而几乎所有自然垄断产业中的骨干企业都包括在这 53 家中央企业之中。多头任命势必引发企业领导人中"谁任命就对谁负责"的心理和做法，进而使得党委、股东大会、董事会、经理班子、监事会之间的关系难以规范和协调。在此，我们建议，按照现代产权制度和现代企业制度的内在要求，今后由中央任命和组织部考核的仅限于党委书记，董事长、监事长和总经理需要按照《公司法》的治理程序产生。

2007 年，中央组织部、国务院国资委对我国电信领域的四大电信运营商——中国移动、中国联通、中国电信、中国网通进行了领导层的对调式调整。中国移动（香港）有限公司董事长兼总经理王晓初调任中国电信集团总经理和党组书记；中国联通董事长兼总裁王建宙调任中国移动通信集团董事长、总经理和党组书记；中国电信集团副总经理常小兵任中国联通董事长和党组书记，中国网通集团副总裁冷荣泉调任中国电信集团公司副总经理、党组副书记。此外，网通集团总经理助理、中国网通执行董事苗建华出任联通执行董事；而联通执行董事李建国出任网通执行董事及董事会监督委员会委员及主席，中国移动集团副总裁张晨霜出任中国电信香港上市公司执行副总裁及中国电信集团副总经理，中国电信执行副总裁黄文林加盟中国移动集团任执行董事兼副总经理，等等。如此大面积的同行不同企业之间的高管对调，尽管背后有决策者的用意和苦衷，但恰恰反映了我国自然垄断产业公司法人治理结构建设中高层领导体制的问题。

（九）敞开门路，实现公司领导班子成员的职业化和多源化

目前，我国自然垄断产业国有企业董事、监事、经理层等领导班子成员来源比较单一，特别是企业"一把手"的产生只有组织和行政任命一条路径，这样一种"相马"机制，由于"伯乐"的局限性往往难以产生真正的"千里马"。因此，中央企业需要变"相马"机制为"赛马"机制，敞开门路，广纳人才，在总结企业高管副职公开招聘经验的基础上，实行企业高管"一把手"公开招聘，除了以往的招聘来源外，还需要特别注意招聘对世界五百强中的外国企业高管和中国五百强中的民营企业高管开放，形成中央企业董监管队伍的职业化和多源化。

第五章 自然垄断产业改革的竞争模式

20 世纪 70 年代前，人们普遍认为电力、邮政、通信、煤气、供水、公共交通等自然垄断产业，由于在生产、配送等方面存在显著的"规模经济"、"范围经济"和"网络经济"以及巨大的沉淀成本，在某一区域范围内往往由独家企业垄断经营或少数几家企业寡占经营在经济上才是合理的。克拉克森和米勒（Clarkson and Miller, 1982）也认为，自然垄断的基本特征是，在一定的产出范围内，生产函数呈规模报酬递增（成本递减）状态。即生产规模越大，单位产品的成本就越小。由一个企业大规模生产，要比由几家较小规模企业同时生产更有效率[1]。因此，在这一理念的支配下世界各国在自然垄断产业基本上都采取了国有企业独家垄断经营或者私营企业独家垄断经营的模式。

但是，随着这些垄断企业糟糕的表现，人们开始对这种独家垄断经营的模式产生了怀疑，开始探索引入竞争模式。另外，随着科技的发展，许多垄断产业的最小效率规模（MES）都已经显著下降，在广阔的市场中完全可以引入竞争。以电力产业为例，在电力行业，电力技术的进步导致发电企业的最小效率规模（MES）显著下降。图 5 - 1 描述了从 1930—1990 年间发电企业规模与平均成本的变化轨迹。我们可以看出，发电企业的最小效率规模不断降低，生产成本也不断降低，生产效率不断提高。20 世纪 80 年代发电企业的最小效率规模为 90 万千瓦，而到了 90 年代中期最小效率规模缩小为 10 万千瓦。这样，最近 20 年新建电厂的生产规模和分布较之以往明显变小和分散，但是生产效率却大大增强了。

---

[1] 查德威克关于 19 世纪 50 年代伦敦供水的调查也支持这一观点。由于供水是由 "7 家独立的公司和机构分别进行的，其中 6 家原在供水范围内竞争，直到许多小街上同时有 2—3 套管道"，因而效率低下是普遍的。

　　随着科学技术的发展，许多自然垄断环节都已不再有垄断特征，已经成为竞争环节。传统上，大家都认为，电信产业、电力产业、铁路产业、邮政产业、民航产业等产业都是自然垄断产业。但事实上，并不是这些产业的所有环节都是垄断的。自然垄断产业在产业链条上既有垄断性业务，又有竞争性业务，两者之间完全可以进行分割。通常情况下，自然垄断产业中网络系统本身的运行属于自然垄断性业务领域，而附着于网络系统运行的其他系统则属于竞争性业务领域。

　　在这一系列合力的推动下，西方发达国家纷纷对自然垄断产业能够引入竞争的环节放松规制、引入竞争，开始了一场以重塑竞争型市场结构为目标的改革。事实上，市场结构是指市场上已有和潜在卖方和买方的数量、规模以及相互之间的关系。它反映了特定市场上相关企业面临的竞争环境，是决定企业行为和市场绩效的重要因素。产业组织理论中的哈佛学派认为，市场的结构就决定了市场中企业的行为模式，最终决定了经济绩效与社会福利水平。为了提高经济绩效与社会福利水平，需要设计良好的、竞争型的市场结构。

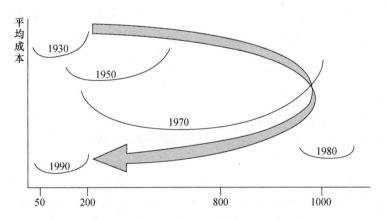

图 5-1　1930—1990 年间发电企业规模与平均成本的变化轨迹

　　资料来源：World Bank, 2004, Reforming Infrastructure: Privatization, Regulation, and Competition, p. 39。

　　自然垄断产业的竞争模式改革是指政府以法律和行政手段，在短期内对特定自然垄断产业的市场结构作重大调整，把原有的垄断性市场结构改造成为竞争性市场结构,以形成有效竞争的格局的一种改革。自然垄断产业市场结构模式改革旨在于实现有效竞争的市场结构,为垄断行业提高效率提供了压力,以提高自然垄断产业的经济效率。许多学者论证了对自然垄断产业实行市场结构重组的必要性。如有的学者指出(Newbery,1999),实行市场结构重组有许多优点:它有利于新企业的进入与发展;有利于检验新市场和形成各种服务的市场价格;有利于促进管制效率;并为企业建立一套用以评价经营绩效的财务标准。有的学者(Asha Gupta,2000)则认为政府将垄断企业分割为若干家地区性经营企业,能为竞争创造空间。这种市场结构重组能带来三方面的好处:促进企业间的竞争,提高经营效率;缩小企业过大的规模,增强企业的运行能力;为比较不同企业的绩效创造条件。

第一节 自然垄断产业改革的五种竞争模式比较

竞争模式改革的主要表现形式是政府对具有市场垄断力量的主导性垄断企业实行纵向、横向分割政策或采取放松进入管制等重要管制政策。自然垄断产业实行市场结构重组的基本目标是形成规模经济与竞争活力相兼容的有效竞争的基本格局,以提高自然垄断产业的经济效率。根据 OECD(2001)的建议,自然垄断产业可以采取五种模式建立竞争型的市场结构。

一 垂直一体化的接入规制模式

这种市场结构模式的特点是,政府实行放松进入管制与加强接入管制相结合的政策。首先,在保持原有企业实行自然垄断性业务和竞争性业务垂直一体化经营的前提下,政府采取放松竞争性业务环节的进入管制政策,允许一部分新企业进入竞争性业务领域。其次,政府制定接入条件(如收费标准等),强制性要求原有垂直一体化企业向竞争企业公平地提供接入服务;最后,经营竞争性业务的所有企业向最终消费者提供服务(见图 5 - 1)。

这种市场结构模式的具有许多优点:(1)可以保持原有企业的范围经济性。(2)改革阻力较小。由于这种市场结构对原有企业没有大的变动,因此不会遇到太大的阻力,实施比较容易。特别是在改革的初期,在保持原有企业不变的情况下培育新的市场进入者时经常使用这种方法。

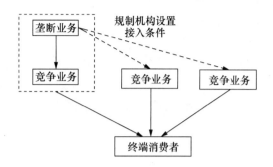

图 5 - 1　垂直一体化的接入规制模式

　　这种市场机构模式有一个严重的缺陷。原有企业可能会不允许新的竞争者接入自己的垄断网络，产生市场关闭行为（Rey and Tirole，2006）。2000 年年初的"二滩事件"就是这种市场结构模式缺陷的典型的表现。二滩电站作为我国目前最大的水电站，在实际执行价格远远低于四川和重庆的平均上网价格的情况下，仍然是有电卖不出去，造成巨额亏损，什么原因？主要是体制在作怪。二滩电站是由国家开发投资公司、四川省投资公司和四川省电力公司按 48%、48% 和 4% 的出资比例兴建而成。尽管四川省电力公司在二滩电站拥有 4% 的股权，但比例很小，于是，当各家发电公司都想多发电上网时，全资子公司便要优先考虑。2000 年，四川省电力公司仅安排二滩发电量 39.14 亿千瓦时，机组利用小时数仅 1600 小时，不仅大大低于全国发电设备 4100 小时的平均数，比四川省电力公司统调机组的 2900 小时的利用数还要低将近一半。而对于重庆市，二滩电站属于区外来电，所以重庆市一直主要使用本地火电站的电，安排二滩电站的电量微不足道。由于省际间没有统一联网，尽管二滩的发电量非常富裕，但却没有办法外输到用电需求量较大的华中和华南去。

　　由于垄断企业的特殊地位，这种市场结构模式要求政府管制者采取有效的管制政策措施，以防垂直一体化垄断企业采取各种拒绝向竞争企业提供接入服务的反竞争行为。但许多政府管制实践证明，这对管制者来说是一道难题，而且管制效果并不理想。例如，在 1984 年，美国 AT&T 和美国微波通信公司（MCI）在联网问题上的较量；在 20 世纪 80 年代和 90 年代，英国电信公司与莫克瑞电信公司等在联网中的矛盾；1997—1998 年，中国电信与中国联通在天津市联网的曲折过程都说明了这一点。

二　纵向产权分离模式

这种市场结构模式的特点是把自然垄断环节与竞争环节进行纵向分离。在竞争环节引入竞争，由若干家企业经营竞争性业务；而在自然垄断环节仍采取垄断市场结构，由独立的企业垄断经营，并且严格受到国家的规制。经营自然垄断性业务的企业不能同时经营竞争性业务（见图5－2）。

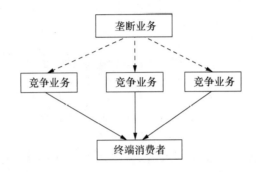

图5－2　纵向产权分离模式

这种市场结构模式的优点是，有利于消除实行第一种市场结构模式时，垂直一体化经营企业在竞争性业务领域可能采取的歧视行为，即对本企业的经营单位和其他竞争企业采取差异性行为，以排斥竞争企业。因此，这有利于促进竞争性业务领域的公平竞争。

但是这种市场结构模式也有一些缺点。（1）资产专用性导致投资的无效率。威廉姆森（1975）论述了两个相关企业之间由于机会主义行为和资产专用性而导致的投资不足问题。罗兰和维迪尔（Roland and Verdier，1999a）也认为经济转型国家由于资产专用性也会导致 GDP 的下降。对自然垄断产业进行纵向分离后，各环节成为独立的企业。由于自然垄断产业资产的专用性，企业一旦投资，资产就很难再移做他用，因此后投资企业会产生机会主义行为（opportunism），先投资的企业在与后投资企业谈判中会处于劣势，由此产生了事前的投资不足。泰诺尔（1988）通过严格的数学模型证明了纵向关系中事前投资与资产专用性负相关，即随着资产专用性的增强，事前投资会更加不足。另外罗兰和维迪尔（1999b）通过分析在经济转型中生产厂商与消费者可能会打破原先的、旧的合作关系网络，寻找新的合作伙伴，也会导致生产厂商的事前投资下降，最终导致产量下降。英国在电力产业改革多年后，从 1994 年开始允许购电量在 500 千瓦至 100 万瓦（或 1000 千瓦）之间的 1000 多名电力用户自由选择供电厂商。结果在第一年就有 1/4 用户改变了供电商；第二年一半用户更换了供电商（纽伯里，2002）。因此在我国电力产业改革进程中，特别是售电环节改革后也可能会出现这种大规模的更换供应商的行为。这可能引起这种电力生产链的中断，导致电力供给的大幅度降低。（2）纵向分离后各环节协调的难度加大。自然垄断行业各环节是高度相关的，密不可分的。哪一个环节出了问题，都会导致系统的非稳定性。在纵向分离改革前，产业的各个环节的协调是在组织内部完成的，因此各环节的协调成本较低，比较容易协调；而实施纵向分离后各环节都成为独立法人，各环节的协调成本较高，协调比较困难。因此，自然垄断产业的简单纵向分离可能会导致产业系统的无政府状态。

三　纵向联合持股模式

这种市场结构模式的特点是，政府允许竞争性业务领域的企业共同拥有自然垄断性业务经营企业。首先对原有垂直一体化垄断企业实行分割政策，由一家企业经营自然垄断性业务，多家企业经营竞争性业务，但经营自然垄断性业务的这家企业由经营竞争性业务的那几家共同所有，每一家企业都拥有一定的股份（见图 5 - 3）。

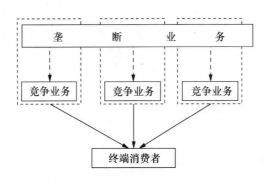

图 5 - 3　纵向联合持股模式

这种市场结构模式的主要优点是，有利于保持自然垄断业务与竞争性业务的高度协调性，消除自然垄断性业务经营企业和竞争性业务经营企业间的矛盾；也有利于自然垄断性业务经营企业能对最终消费者需求变化作出快速的反应。

但这种市场结构模式也存在一些明显的缺陷：一是竞争性业务领域的企业往往会联合排斥新企业占有自然垄断性业务经营企业的股份，这就要求政府管制者作出行政协调；二是这些具有共同利益的竞争性企业可能会达成某种合谋协议，利用自然垄断性业务对局外企业采取歧视政策，以排斥新的竞争企业；三是假如联合所有制中的企业数量很多，就可能导致这种联合所有制太松散，从而产生公司治理结构问题。

四 纵向运营分离模式

这种市场结构模式的特点是，政府让一个非营利性的独立机构控制自然垄断性业务。从所有权方面保持原有垂直一体化垄断企业的完整性，但其自然垄断性业务由一个非营利性的独立机构控制，即实行所有权与经营权的分离。这种模式实际上是前面三种市场结构重组模式的"混合物"，其特性取决于这个对自然垄断性业务拥有控制权的独立机构的性质：如果这个独立机构受政府管制者支配，则这种市场结构重组模式就类似于"接入管制"模式，不同的是这个独立机构能比政府管制者掌握更多的有关信息，并可采取多种控制手段。假如这个独立机构由竞争性业务经营企业的代表组成，则这种市场结构重组模式就类似于"联合所有制"模式。如果这个独立机构是完全独立的，则这种市场结构重组模式就类似于"所有权分离"模式（见图5-4）。

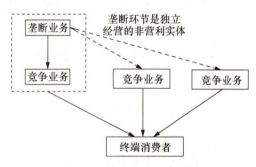

图5-4 纵向运营分离模式

这种市场结构模式的优点是，由于自然垄断性业务由独立机构所控制，这就有利于消除自然垄断性经营企业（单位）采取反竞争行为的可能性，竞争性业务领域的经营单位和其他竞争企业一样，公平地接受自然垄断性业务经营企业（单位）所提供的服务。

这种市场结构模式也有缺陷。由于自然垄断性业务由没有利润动机的独立机构所控制，这往往使自然垄断性业务经营企业（单位）缺乏创新和努力提高生产效率的刺激。

五　横向拆分的全业务经营模式

这种市场结构模式的特点是政府将自然垄断性业务分割为若干互利的部分。政府将原有垂直一体化垄断企业分割成几个独立的企业，每一个企业在各自范围内同时经营自然垄断性业务和竞争性业务。由于存在网络的正外部性，刺激这两家企业的互利动机而主动实行联网，即每家企业的自然垄断性业务（网络性业务）不仅向本企业的竞争性业务单位开放，而且向竞争企业的竞争性业务单位开放。这种市场结构重组模式主要适用于网络正外部性比较明显的电信产业等少数自然垄断产业（见图 5-5）。

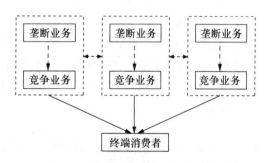

图 5-5　横向拆分的全业务经营模式

这种市场结构模式的主要优点是不仅有利于促进企业在竞争性业务领域的竞争，而且有利于打破自然垄断性业务领域由一家企业垄断经营的格局，促使企业在自然垄断性业务领域也进行竞争，从而促进整个产业的生产效率。同时，这种市场结构模式不会破坏产业各环节的协调，各环节的协调在企业内部完成，效率较高。

但是，由于这种横向拆分会把自然垄断环节也进行了拆分，会失去部分规模经济性。另外，横向拆分是在原有企业之间的拆分，由于它们的长期关系，可能会形成拆分后的串谋，会弱化它们之间的竞争。最后，由于受到产业特性的限制，这种市场结构模式只适用于电信等网络正外部性相当显著的产业，同时，在各个企业的网络规模差别不大时，才能达到预期的政策目标。否则，网络规模较大的企业必然会采取多种理由拒绝与网络规模较小的企业实行联网。

第二节　国外自然垄断产业竞争模式的路径选择

上述五种竞争模式实际中各有利弊，实践中需要权衡取舍，综合运用。自然垄断产业通向竞争之路，通常存在三种路径：一是分拆（包括横向分拆和纵向分拆）；二是培育竞争者；三是发展替代品。大多数国家也是交叉使用这三种途径或方法的。

一　发达国家竞争模式改革

在电信业，美国一方面采取分拆法，同时开放市场，大力培育竞争者。1984 年 1 月 1 日，美国司法部正式分解 AT&T，分拆出一个继承了母公司名称的新 AT&T 公司（专营长途业务）和七个本地贝尔电话公司：大西洋贝尔、太平洋贝尔、西南贝尔、南方贝尔、西部贝尔、亚美达科和纽新公司。竞争放开后，新兴电信运营商如雨后春笋般出现，通信市场出现激烈竞争。竞争带给美国电信市场极大的繁荣，并且给消费者带来了实惠，通话价格到 20 世纪 80 年代末已下降了 40%。MCI 一开始就是 AT&T 的挑战者，到 20 世纪 90 年代，它已跃升为全美第二大电信公司。同样在 AT&T 拆分后进入长话市场的 Sprint 则凭借价格战术逐渐崭露头角。随着垄断被打破，电信市场竞争日益激烈。

AT&T 的长途市场份额不断受到 MCI 和 Sprint 的蚕食而急速滑落，从 1984 年的超过 90% 下降到几年后的 50%，而 1999 年，Bell Atlantic 在小贝尔中第一个获得进入长话市场的批准，竞争日趋白热化。美国的电信市场正在形成多家运营商竞争的格局。以美国长途电话运营商在居民家庭业务上的市场份额为例，AT&T 的市场份额由 1995 年的 74.6% 降低到 2005 年的 18.1%；Verizon 公司的市场份额由 2000 年的 4.6% 上升到 2005 年的 16.2%。截至 2005 年，各主要运营商的市场份额比较均匀，竞争性的市场结构已经形成（见表 5-1 和表 5-2）。

表 5 - 1　美国主要长途电话运营商在居民家庭电话业务上的市场份额　单位:%

年份	AT&T	MCI	Sprint	BellSouth	Qwest	SBC	Verizon	Other
1995	74.6	13.0	4.2					8.2
1996	69.9	14.1	5.0					11.0
1997	67.2	13.2	5.7					13.8
1998	62.6	15.1	5.7					16.6
1999	62.5	16.0	6.2					15.4
2000	51.1	18.0	6.6	0.1	1.6	1.0	4.6	17.0
2001	42.3	18.5	6.8	0.1	2.9	2.6	6.7	20.0
2002	36.7	15.8	7.6	0.2	2.5	3.8	9.3	24.1
2003	31.7	13.0	7.1	2.2	3.2	7.5	10.8	24.4
2004	23.5	9.9	6.9	4.4	5.7	13.2	12.9	23.5
2005	18.1	7.7	6.2	5.9	5.9	15.9	16.2	24.1

资料来源：FCC，2007，Trends in Telephone Service。

表 5 - 2　　　　2003 年美国移动电信企业市场份额　　　　单位:%

企业	市场份额
Verizon wireless	27
Cingular Wireless	17
AT&T Wireless	16
Sprint PCS	12
T - Mobil	10
Nextel	9
ALLTEL	6
U. S. Cellular	3
共计	100

资料来源：FCC，U. S. Mobile Market Data 2002 - 2003。

在电信业的竞争模式改革中，英国是典型的采取扶植新进入者的开放路径。20 世纪 80 年代初，英国的邮政和电信还是统一由国有企业英国邮政局垄断经营；1981 年，英国政府通过了"英国电信法"，将电信业务和邮政业务分开，分别建立了英国电信公司（BT）和皇家邮政公司；同年，由 C&W、巴克利商人银行等发起成立了由 C&W 控股的通信公司——莫克瑞通信公司,与 BT 在英国国内电信领域进行竞争,形成"双寡头垄断竞争"格局,接着英国政府开放电信增值业务市场,随后彻底开放整个电信市场。为了防止英国电信采取反竞争行为,英国曾产生是否应该对英国电信公司的经营业务实行横拆和竖拆的讨论,但英国政府最后还是决定不对英国电信采取任何"分拆"政策,而是采取引入 C&W 参与竞争的改革模式。同时政府给这两家电信公司发放各种电信运营牌照,让它们能够在综合业务进行全面竞争。BT 和 C&W 之间的竞争使它们积累了提供综合电信业务的技术优势和管理电信企业的成功经验,逐渐成为世界上最具有竞争力的电信公司之一。英国的电信业改革还有一个亮点就是允许非电信运营商(有线电视经营者)参与电信业竞争。在英国国内,有线电视公司既可提供有线电视服务,也能提供全套的电信服务,而且这种服务是在有线电视公司自己控制的、独立的网络上进行的。1996 年,Mercury 宣布和三大 CATV 公司,即 Nynex Cable Communications、Bell Cablemedia 和 Videotron UK 合并成立 Cable &Wireless Communications 公司,成为英国最大的综合电信和电视娱乐业务的公司,为用户提供包括本地、国内和国际长途、数据、多信道电视和 Internet 等业务,形成了有效竞争的局面(见表 5-3)。这种有线电视与传统电信业务的相互竞争和渗透值得全球电信业改革借鉴。

表 5-3 2005 年英国电信企业市场份额 单位:%

企业	市场份额
BT	29
T – Mobile	17
O2	16
Orange	15
Vodafone	14
Ntl	3
3UK	3
TW	2
其他	1
合计	100

资料来源:OFCOM, UK Telecom Market Share (2005)。

　　英国的电信业改革从政企不分到"双寡头垄断竞争"，再过渡到全面竞争，这为全球电信企业改革提供了一个成功的榜样。可以这样说，目前英国能拥有 BT、C&W 和沃达丰（Vodafone）等具备极强竞争力的世界跨国电信企业，主要是英国电信改革政策选择适当的结果。

　　在电力业，英国电力体制改革从 1987 年开始酝酿研究，1988 年 11 月议会通过《电力私营化法案》，1989 年颁布新的电力法后，开始推行。英国政府自 1990 年私有化以来，对电力工业从根本上进行了结构改组，在运营方式上也进行了全面改革。将原来发电、输电、配电统一经营的中央电力局（CEGB）分成三个部分：（1）发电部分建立了独立经营的国家电力国际公司（NP）、国家发电公司（PG）、国家核电公司（NE）和一些独立的私人发电企业（IP）；（2）输电部分建立了国家电网公司（NGC），主要是掌握输电网和调度中心，并控制与法国、苏格兰的互联工程以及两个抽水蓄能电站；（3）配电部分组建了 12 个地区性独立经营的电力（配电）公司（REC），有部分地区性公司也具备发电能力；在一些地区还存在一些独立（私营）的供电公司，直接从事售电业务。改革后的英国电力产业的市场结构如表 5 - 4 和表 5 - 5 所示。至此，竞争性的市场结构已经形成。

表 5 - 4　　　　　　　　　改革后的英国电力产业的市场结构

项目	市场结构
发电	约有 50 家发电厂商
输电	有 3 家经营：在英格兰和威尔士由国家电网公司（National Grid Company）经营；在苏格兰由 Scottish Power 和 Scottish Hydro 两家公司经营
配电	在英格兰、威尔士和苏格兰共有 14 家配电公司
售电	形成了竞争性的市场

　　在发展替代品行业竞争方面，电信行业有固定电话和移动电话之间的竞争，铁路、公路和民航之间的竞争，以及邮政速递市场上邮政、铁路、民航和公路之间的竞争等。这里以移动电话和固定电话之间的替代竞争来说明这个问题。芬兰是世界上第二个移动电话普及率超过固定电话普及率

表 5 – 5　　　　　　　　　　2003 年英国发电电力企业市场份额　　　　　　单位：%

企业	市场份额
Powergen	22
BGT	23
Npower	16
LE Group	15
SSE Energy	14
Scottishpower	10
其他	0.34
共计	100

资料来源：OFGEM, Domestic Gas and Electricity Supply Competition—2003 Recent Developments。

的国家。芬兰移动普及率领先其他国家似乎有些奇怪，因为芬兰并不是世界上最富裕的国家（日本和瑞典的人均 GNP 是芬兰的两倍，而且其北欧邻居的人均年 GNP 也高于它）。而芬兰移动市场增长迅速的原因也不同一般，例如，竞争不是主要原因，因为芬兰直到 1998 年移动市场还是双寡头垄断；尽管拥有世界上最大的手机制造商——诺基亚（Nokia），但在芬兰手机没有津贴；另外预付费在芬兰也不流行，98% 的用户为后付费的签约用户。事实上带动芬兰移动快速发展的原因有以下四个：（1）芬兰一直以低价提供固定本地电话业务，普及率很高，因此移动运营商若想取得成功就必须在资费上能够与固定竞争。（2）1982 年 3 月，芬兰引进了模拟的 Nordic Mobile Telephone（NMT）系统，并且是第一个在 1991 年就引进数字 GSM 标准的国家。（3）芬兰城市化水平高，农业人口不到总人口的 7%，而且比例还在下降。此外，人口居住相对集中，全国 517 万人口主要居住在南部地区，中北部高地占国土面积的 40%，但是人口稀少。（4）像北欧其他国家一样，芬兰是高福利国家，人均收入差距小，绝大多数公民有能力支付移动通信资费。

二　发展中国家竞争模式改革

从 20 世纪 90 年来以来，大多数发展中国家也对本国自然垄断产业的市场结构进行改革。这些国家市场结构改革的目标也是建立竞争性的市场结构（Carsten Fink, Aaditya Mattoo, Randeep Rathindran, 2001）。以亚洲几个重要的发展中国家为例，1995 年印度移动通信市场上有 8 个运营商在竞争，1996 年增长到 14 个，到 1999 年增长到 20 个；印度尼西亚 1989 年只有 1 个企业，到 1991 年又引入两个企业，到 1996 年有 7 个企业在竞争；马来西亚的移动通信的市场结构由 1989 年的 2 个发展到 1998 年的 8 个；斯里兰卡由 1989 年的 1 个独家垄断发展到 1995 年的 4 个同台竞争的格局，具体见表 5 - 6。

表 5 - 6　　　　　亚洲主要国家移动通信产业市场结构状况　　　　单位：个

国家	1989 年	1990 年	1991 年	1992 年	1993 年	1994 年	1995 年	1996 年	1997 年	1998 年	1999 年
印度							8	14	19	19	20
印尼	1		3		4	6	7				
韩国	1							2	5		
马来西亚	2					4	7		8		
巴基斯坦		2					3				
菲律宾			2		5						
新加坡	1									2	
斯里兰卡	1		2		3		4				

资料来源：World Bank/ITU Telecommunications Policy Database；转引自 Carsten Fink, Aaditya Mattoo, Randeep Rathindran, 2001, Liberalizing Basic Telecommunications：The Asian Experience, World Bank Working Paper。

第三节　我国自然垄断产业的竞争状况

同许多发展中国家相同，我国垄断性行业改革的初始动力来自于对资金的需求。我国自 20 世纪 90 年代以来，为了解决供给短缺和投资不足的问题，吸引社会资金、放松价格和进入管制成为合乎逻辑的政策选择。经过上述改革，较快地消除了这些行业的供给制约，但同时也逐渐暴露了长期存在的体制矛盾。当前不断推进的垄断性行业新一轮改革开始触及深层次体制性矛盾，目标是改变计划垄断体制，引入适合行业特点的市场竞争体制。时至今日，经过分拆重组，除了邮政、铁路行业外，我国电信、电力、民航运输等自然垄断行业都初步实现了政企分开，而且初步建立了多家市场主体相互竞争的企业运营体制。

一　我国自然垄断产业竞争模式的形成

(一)电信业

经过 2001 年 12 月的重组之后,在中国基础电信业务市场,已有中国电信、中国网通、中国联通、中国移动、中国铁通、中国卫星通信六家主要电信公司,并在各自的业务领域内与其他经营同类业务的公司展开竞争。在增值电信及互联网相关业务领域,一个更加开放的竞争格局已经出现。中国电信、中国联通和中国网通已分别建立了 4 个经营性互联网,教育、科研部门和军队还分别建立了 3 个非经营性互联网。获准经营互联网信息服务的单位(ISP)已有 300 多家,互联网信息内容提供商(ICP)有 1000 多家。在电话网上提供无线寻呼和增值电信服务的企业超过 2500 多家。从实际效果看,电信行业分业务市场竞争的局面初步形成,尽管仍存在许多问题,但与改革前相比,价格高、服务质量低的问题得到较明显的改善,竞争的效果已经显现。

(二)电力业

随着 2002 年 4 月 12 日《电力体制改革方案》的出台,我国电力工业最终走向了我国横纵双向分拆的改革模式,即厂网分开,重组发电和电网企业。原国家电力公司拥有的发电资产,除华能集团公司直接改组为独立发电企业外,其余发电企业重组为规模大致相当的 3—4 个全国性的独立发电企业,由国务院分别授权经营。2002 年年底已经实现了具有战略意义的结构性拆分,实现"网电分开",引入了竞争机制。

首先,电厂资产和电网资产分开。将原国家电力公司管理的资产按照发电和电网业务划分,并分别进行投资、财务和人员重组。属地方政府和其他部门管理的电力企业,也将实行厂网分离。

其次,重组国家电力公司管理的发电资产,按照规模经济要求,通过资产重组方式形成 5 个各自拥有 3000 万千瓦左右装机容量的全国性发电企业,由国务院授权经营,分别在国家计划中实行单列,每个发电公司在各自电力市场的份额原则上不超过 20%。

最后,重组电网资产,按照国有独资形式设立国家电网公司(经营北方电网)和中国南方电网有限公司(经营南方电网)。国家电网公司作为原国家电力公司管理的电网资产出资人代表,按国有独资公司形式设置，在国家计划中实行单列。由国家电网公司负责组建华北（含山东）、东北（含内蒙古东部）、西北、华东（含福建）和华中（含重庆、四川）5个区域电网公司。西藏电力企业由国家电网公司代管。南方电网公司由广东、海南和原国家电力公司在云南、贵州、广西的电网资产组成，按各方面拥有的电网净资产比例，由控股方负责组建南方电网公司。

新成立的发电公司有中国华能集团公司、中国大唐集团公司、中国华电集团公司、中国国电集团公司、中国电力投资集团公司五家发电公司；新成立的电力（电网）公司包括：国家电网公司、中国南方电网有限公司两家电网公司；以及中国电力工程顾问集团公司、中国水电工程顾问集团公司、中国水利水电建设集团公司和中国葛洲坝集团公司四家辅业公司。

至此中国电力产业的竞争局面初步形成，但是由于电力行业因刚刚实行重组，还没有真正建立起"竞价上网"的制度，其效果还有待观察。

（三）民航业

2002年3月，中国政府决定对中国民航业进行重组。航空公司与服务保障企业的联合重组民航总局直属航空公司及服务保障企业合并后于2002年10月11日正式挂牌成立，组成为六大集团公司，分别是：中国航空集团公司、东方航空集团公司、南方航空集团公司、中国民航信息集团公司、中国航空油料集团公司和中国航空器材进出口集团公司。成立后的集团公司与民航总局脱钩，其资产和人员交由国务院国有资产管理委员会管理。

另外，按照政企分开、属地管理的原则，对90个机场进行了属地化管理改革，民航总局直接管理的机场下放所在省（区、市）管理，相关资产、负债和人员一并划转；民航总局与地方政府联合管理的民用机场和军民合用机场，属民航总局管理的资产、负债及相关人员一并划转所在省（区、市）管理。首都机场、西藏自治区区内的民用机场继续由民航总局管理。2004年7月8日，随着甘肃机场移交地方，机场属地化管理改革全面完成，也标志着民航体制改革全面完成。

改组后的2004年，民航行业完成运输总周转量230亿吨·公里、旅客运输量1.2亿人、货邮运输量273万吨、通用航空作业7.7万小时。截至2004年年底，我国定期航班航线达到1200条，其中国内航线（包括香港、澳门航线)975 条,国际航线 225 条,境内民航定期航班通航机场 133 个(不含香港、澳门),形成了以北京、上海、广州机场为中心,以省会、旅游城市机场为枢纽,其他城市机场为支干,联结国内 127 个城市,联结 38 个国家 80 个城市的航空运输网络。民航机队规模不断扩大,截至 2004 年年底,中国民航拥有运输飞机 754 架,其中大中型飞机 680 架,均为世界上最先进的飞机。2004 年中国民航运输总周转量达到 230 亿吨·公里(不包括香港、澳门特别行政区以及台湾省),在国际民航组织 188 个缔约国中名列第三位。

在改革管理体制的同时,对行业管制政策进行调整和完善。放宽市场准入,允许民营资本投资经营航空公司,从 2005 年开始,已有奥凯、春秋、鹰联三家民营运输航空公司投入运营。放松了航线准入、航班安排和设置运营基地的管制。放松了价格管制,航空公司以政府确定的基准价为基础,在上浮 25%、下浮 45% 的幅度内自主确定价格;并规定了对旅游航线、多种运输方式竞争激烈的短途航线和独家经营航线,完全实行市场价格。

(四)铁路运输业

2000—2003 年,铁路改革陆续出台了多个方案,其中最引人注目的就是 2001 年铁道部提出的"网运分离"方案。网运分离参考的主要是英国的铁路运营和管理体制,将路网与运输分离,分别组建公司,成为投资主体,通过在运输公司间引入竞争提高效率。尽管"网运分离"方案被各界认为是有创新的可行方案,代表世界主流的改革方向,但是由于我国铁路运力不足,在要确保正常运营的前提下,最终被决策层搁置。

"网运分离"方案被否定之后,铁道部于 2003 年年初又向国务院提交了一份新的铁路总体改革方案,被业内称为"网运合一、区域竞争"。这一方案主要参考了美国与加拿大的铁路运营和管理体制。其主要内容是,由铁道部相关部门组建国家铁路总公司,接受管理部门的授权,代表国家行使铁路经营职能。在此之下,组建多个铁路运输集团公司及铁路建设投资公司开展区域竞争。但最终由于种种原因,此改革方案也未能实施。

至此,我国铁路的改革仍然徘徊在 2000 年的处境。2005 年 3 月,中国铁道部撤销铁路分局,减少管理层次。由原来的铁道部—铁路局—铁路分局—站段四级管理体制，改为铁道部—铁路局—站段三级管理模式。对中国 15 个铁路局（含青藏公司）中设有分局的哈尔滨、沈阳、北京、郑州、济南、上海、广铁、成都、兰州和乌鲁木齐 10 个铁路局撤销了铁路分局。

从现有竞争对手看，铁路运输业现有的竞争对手是铁路局和正在试点的客运公司，只有极少数地方铁路、合资铁路和民营铁路，并不构成竞争威胁，货运仍以独家垄断的形式存在。1999 年，我国铁路全面实行资产经营责任制，经过近两年的深化和落实，铁路局初步转变为运输产品的生产者和经营者，初步确立了铁路局市场主体地位。在 4 个直管站段的铁路局（昆明铁路局、呼和浩特铁路局、南昌铁路局、柳州铁路局）和广铁集团 1999 年以来相继进行了组建客运公司的试点，最近将在组建客运公司试点取得成效的基础上，对有分局的铁路局组建客运公司。2000 年广铁集团客运公司正式挂牌，对有分局的铁路局组建客运公司进入实践探索阶段。由于铁路体制改革正在进行当中，铁路局还不是真正意义上的市场主体，依然保留有行政主体的作用，客运公司间的竞争尚未充分展开，表明目前铁路运输业内部的竞争微弱。

（五）邮政业

1995 年，原邮电部成立了两个企业局，即中国邮电邮政总局和中国邮电电信局。这两个企业局设立，在形式上已经成为具有法人资格的企业，并在国家工商总局注册登记。随后，各省市也纷纷成立企业法人。1998 年在国务院的序列改革中，信息产业部下设国家电信管理局与国家邮政管理局，4 月 28 日，国家邮政局挂牌。12 月，邮政、电信"分灶吃饭"，邮政独立运行体制形成。

但是，此时的国家对邮政体制没有进行根本改革，国家邮政局仍维持着政企不分、国有国营的垄断体制。但在体制外，存在一些经营同城业务及点对点物品运递的小企业和经营包裹、速递业务的跨国公司。而且，信函业务正越来越多地被电话、电子邮件所替代；文件类的函件随着电子商务的引入而减少；互联网为人们提供了包罗万象的信息，使得书籍资料类的函件也相应减少，来自替代品的异质竞争使国家邮政局面临越来越大的威胁。另外，在速递市场中，国内速递业务为主的民航、铁路、公安、公路速递公司，以国际业务和大城市间业务为主的跨国速递公司、货运公司，主营同城速递的小型私营速递公司，发展势头较猛，这类企业已经取得了国际速递业务约 60% 的市场份额，同时还占有近 30% 的国内市场份额。

2005 年 7 月 20 日，酝酿多时的《邮政体制改革方案》（以下简称《方案》）在国务院常务会议上讨论并原则通过。按照《方案》，邮政体制改革的基本思路是：实行政企分开，加强政府监管，完善市场机制，保障普遍服务和特殊服务，确保通信安全；改革邮政主业和邮政储蓄管理体制，促进向现代邮政业方向发展。改革方案的具体内容，首先是重新组建国家邮政局，国家邮政局将以国家邮政监管机构的面目出现，不再是政企不分，而是独立于利益集团之外。与之相应的是，组建中国邮政集团公司，经营各类邮政业务。对于营业额占邮政部门 39% 的邮政储蓄业务，以后将不再只存不贷吃利差，而是将存放在央行的 8000 多亿元资金逐步撤出，尽快成立邮政储蓄银行，独立承担经营风险，实现金融业务规范化经营。

二　我国自然垄断产业的市场结构现状

我国自 1994 年成立中国联合通信有限公司以来，拉开了中国在电信等传统自然垄断产业的改革序幕。时至今日，电信、电力、铁路、民航、邮政都不同程度地进行了以引入和强化竞争为主题的变革，取得了很大的成绩。部分垄断性行业形成了有利于引入竞争的市场结构，其中有些行业竞争的格局已经形成。我国对电信、电力、民航、铁路等传统的自然垄断产业都主要采取了分拆的改革思路。具体分拆办法包括纵向分拆、横向分拆以及横纵双向分拆。其中，电信、电力是横纵双向分拆，属于最严厉的分拆措施。铁路主要是在系统内部实行纵向分拆，民航改革的思路主要是重组。应该说，这种旨在通过分拆来引入竞争机制的改革模式有一定成效，但是也存在一定的问题。

（一）电信产业的市场结构

我国电信产业 2001 年 12 月的重组与改革并没有形成完全的竞争。事实上，无论移动业务还是固定电话业务各企业的市场份额差距很大，没有形成有效竞争的局面。其中在移动业务市场上中国移动通信集团公司占市场份额的 78.6%，接近中国联合通信有限公司的 4 倍；在固定电话业务市场上，中国电信集团公司占市场份额的 63.7%，是第二位的企业中国网络通信集团公司的2倍。而中国铁通集团有限公司、中国卫星通信集团公司的市场份额总共只占6%,如表5-7和表5-8所示。

表5-7 2002—2007年间电信企业的业务范围与市场结构

电信业务		企业数目	主导企业	市场特点
固定电话	本地电话	4	中国电信 中国网通	双寡头垄断,两者占市场份额的95%以上
	国内长途	4	中国电信 中国网通	双寡头垄断,两者占市场份额的99%以上
	国际长途	4	中国电信 中国网通	双寡头垄断,两者占市场份额的99%以上
移动电话		2	中国移动 中国联通	双寡头垄断,中国移动占78.6%, 中国联通占21.4%
数据通信		6	中国网通 中国电信	寡头垄断
民用卫星 通信转发器		1	中国卫星	全国垄断
无线寻呼		众多	中国联通	中国联通占60%,存在竞争
增值电信业务		众多		存在竞争

表5-8 2006年电信产业市场结构现状 单位:亿元、%

运营商	业务范围	营业收入	资产总额	市场份额
中国移动通信集团公司	移动业务	2953.6	6353	78.6
中国联合通信有限公司	移动业务	804.8	2358	21.4
中国电信集团公司	固定业务	1780.48	5571.5907	63.7
中国网络通信集团公司	固定业务	845.7	2765.9817	30.2
中国铁通集团有限公司	固定业务	155	553	5.5
中国卫星通信集团公司	固定业务	15.1①	NA	0.5

注:①由2002年的8.6亿元按照年增长15%计算而得。②NA表示没有找到数据。

电信产业的改革并没有到此止步，2008 年迎来了我国电信产业历史上第三次大的改革。2008 年 5 月 24 日，国家工业和信息化部、国家发展和改革委员会、财政部联合发布《关于深化电信体制改革的通告》，标志着讨论多年的中国电信业第三次重组正式拉开帷幕。此次改革与前两次改革不同，此次改革的重点是把现有的固话与移动通信分开经营的专业运营商通过合并重组形式形成三个综合运营商，形成新的三足鼎立的竞争格局。其中中国铁通集团并入中国移动集团，中国卫通集团的基础电信业务并入中国电信集团，中国联通集团与中国网通集团合并，中国电信集团收购中国联通集团 CDMA 网络（简称 C 网）。通告同时宣布，重组完成之后将发放三张 3G 牌照。目前电信产业的重组工作还没有完成，具体的市场份额还不确定，但是重组后应当形成的三个新的竞争主体规模应当相当。

（二）电力产业的市场结构

2002 年底，我国新一轮电力产业改革实现了网电分离。新成立的发电公司有中国华能集团公司、中国大唐集团公司、中国华电集团公司、中国国电集团公司、中国电力投资集团公司 5 家发电公司。它们的市场大约都在 20% 左右，在发电环节初步形成了竞争的市场结构。具体数据如表 5 - 9 所示。

表 5 - 9　　　　　　　　2006 年电力产业发电环节的市场结构现状

企业名称	装机容量（万千瓦）	发电量（亿千瓦时）	资产总额（亿元）	销售收入（亿元）	市场份额（%）
中国大唐集团公司	5406	3048	2266	854	25.5
中国华能集团公司	5718	2820	2496	842	25.1
中国华电集团公司	6302	2581	2390	570	17.0
中国国电集团公司	4445	NA	1880	596	17.8
中国电力投资公司	2804	NA	1778	489	14.6

注：①中国大唐集团公司、中国华电集团公司的数据为 2007 年数据。中国华能集团公司的资产总额数据为估计数据。②NA 表示没有找到数据。

新成立的电网公司为：国家电网公司和中国南方电网有限公司两家公司。其中国家电网公司作为原国家电力公司管理的电网资产出资人代表，按国有独资公司形式设置，在国家计划中实行单列。由国家电网公司负责组建华北（含山东）、东北（含内蒙古东部）、西北、华东（含福建）和华中（含重庆、四川）5个区域电网公司。西藏电力企业由国家电网公司代管。南方电网公司由广东、海南和原国家电力公司在云南、贵州、广西的电网资产组成，按各方面拥有的电网净资产比例，由控股方负责组建南方电网公司。其中国家电网公司的市场份额占79.2%，南方电网公司占20.8%，也初步形成了既有管制又有竞争的市场结构（见表5-10）。但是，南方电网的市场份额有逐年降低的趋势。南方电网公司的市场份额由2005年的34.5%下降到2006年的20.8%。

表5-10　　　　　　　2006年电力产业输配电环节的市场结构现状

名称	售电量（万亿千瓦时）	总资产（亿元）	主营业务收入（亿元）	市场份额（%）	管辖省份
国家电网公司	1.71	12141	8529	79.2	除广东、广西、云南、贵州、海南以外的其他省市
南方电网公司	NA	2926	2235	20.8	广东、广西、云南、贵州、海南

（三）民航产业的市场结构

2002年3月，中国政府决定对中国民航业进行重组。航空公司与服务保障企业联合重组民航总局。直属航空公司及服务保障企业合并后于2002年10月11日正式挂牌成立，组成为六大集团公司，分别是：中国航空集团公司、东方航空集团公司、南方航空集团公司、中国民航信息集团公司、中国航空油料集团公司、中国航空器材进出口集团公司。成立后的集团公司与民航总局脱钩，交由中央管理。其中中国航空集团公司、东方航空集团公司、南方航空集团公司占民航产业总量的一半以上。在改革管理体制的同时，对行业管制政策进行调整和完善。民航产业不断放宽市场准入，允许民营资本投资经营航空公司，2005年开始，已有奥凯、春秋、鹰联3家民营运输航空公司投入运营。从2006年我国民航业的市场结构来看，我国民航产业的竞争状况还是比较充分的（见表5-11）。

表5-11　　　　　　　　2006年民航业市场结构状况　　　　单位：百万元、%

企业名称	主营业务收入	总资产	市场份额
中国国际航空股份有限公司	47006	87117	31.6
中国东方航空公司	36806	60129	21.8
中国南方航空股份有限公司	47047	76196	27.7
中国海南航空公司	12448	35729	13.0
上海航空公司	9934	11198	4.1
厦门航空公司	2229	4221	1.5
奥凯航空公司	NA	300	0.1
春秋航空公司	NA	300	0.1
鹰联航空公司	NA	300	0.1

注：①山东航空公司、四川航空公司、深圳航空公司的数据没有，因此没有列出。②厦门航空公司的数据为2005年数据。奥凯航空公司、春秋航空公司、鹰联航空公司的数据为估计数据。③NA表示没有找到数据。

三　我国自然垄断行业的市场进入障碍

进入障碍包括经济性进入障碍和体制性进入障碍。前者源于规模经济，后者主要源于我国经济体制原因。当前，我国自然垄断产业的市场进入障碍具体表现在以下几个方面：

（一）经济性进入障碍

由于规模经济的原因，自然垄断产业客观上不宜进入过多的企业。首先大部分自然垄断行业的初始投资巨大，只有实力很大的企业或组织才有投资能力，小企业很难进入。其次，由于市场容量有限，市场只能容纳部分企业生存。另外，由于初始投资巨大，企业规模只有达到一定程度时企业生产才能有效率，亦即随着产出的增大企业的边际成本递减。最后，由于投资巨大，当出现重复建设时，资源浪费巨大，因此这些行业不宜存在过多的企业。

（二）体制性进入障碍

1. 行政性准入管制的进入壁垒。按照现行的投资管理体制，对投资规模超过一定限额的项目和一些实行宏观调控的产业（如汽车产业中的整车项目，无论投资项目规模大小都在管制范围内），建立了以投资项目审批为主要内容的准入管制制度。按照该制度，不仅一些产业的新厂商进入受到限制,即使在位厂商只要投资项目规模超过限额也必须获得政府的审批,从而造成了较大的进入壁垒。源于计划经济时期的投资管理体制,其弊端是明显的,第一,对经济活动构成直接干预,扭曲了正常的经济行为;第二,保护了既有厂商的利益,阻碍了有效竞争;第三,产生了扭曲的进入激励,一些企业以获取稀缺政策为目的,出现了一批依靠"壳"(或准生证)资源生存的企业(在汽车产业比较突出);第四,行政审批实际上是为企业开具了政府信用证明,少数不负责任的企业可借此谋求投资和银行贷款;第五,不可避免地出现权利寻租。

2. 所有制歧视的进入壁垒。主要是国内民间资本受到歧视性的进入壁垒。在准入条件上对国内民间资本存在着明显的所有制歧视,有些领域虽然没有明文规定不准民营企业投资经营,但与国有企业和外资企业相比,面临更多的前置审批,在项目审批、土地征用等一系列环节上,民营企业面临的困难也要大得多,形成了对国内民间资本无形的进入壁垒。例如,2006年12月18日,国务院办公厅正式转发了国资委《关于推进国有资本调整和国有企业重组指导意见》。此文件透露出国资委对国有经济结构调整的最新部署,即军工、电网电力、石油石化、电信、煤炭、民航、航运七大行业国资要保持"绝对控制力",而在装备制造、汽车、电子信息、建筑、钢铁、有色金属、化工、勘察设计、科技9行业,国资要保持"较强控制力"。这引出了一些需要进一步解释的问题。如国有资本对铁路、金融、邮电如何控制?这些领域,因为不在国资委管理范围内而没有提及,那是否意味着今后这些部门也都出台类似的《意见》,也要"绝对控制"?这实质上是把国有经济和民营经济分割开来,使民营企业进入上述行业和领域更加困难,发展空间更加有限。"非公36条"颁布一年有余,民企并没有看到垄断坚冰出现大缺口。

3. 地方保护的进入壁垒。根据国务院发展中心发展战略和区域经济研究部的调查,在我国内地除西藏之外的30个省、区、市中,每个地区都被不同的调查对象视为地方保护最严重的地区,对本地区以外的企业和产品实行如下形式的地方保护:禁止或限制本地销售;需办理不同于本地企业或产品的审批手续;额外收费或实行不同的税费标准;实行不同的质检、技检标准;实行不同于本地企业的价格限制。自然垄断产业也不例外。

4. 部门行政性垄断的进入壁垒。垄断的形式有三种：自然垄断、市场垄断和行政性垄断。仅就竞争性行业而言，也存在着行政性垄断的问题，只是不同于一些垄断性行业（如邮政、铁路）政企合一的表现形式，而是表现为既有企业获得了行政性保护，并且禁止其他企业进入，在这些行业形成了以部门行政性垄断为特征的寡头垄断格局，这一现象在石油石化等行业比较突出。部门行政性垄断对市场机制乃至产业发展所造成的伤害要甚于市场垄断。

竞争不会一夜之间发生，很多情况下，竞争根本就不会发生。因此，在竞争有限并且这种情况很可能不会改变的部门，一般来说，在私有化或者其他所有制机构改革之前，应当沿着首先建立有效规制机构，保证可以得到竞争或维持竞争的结果，并且如果竞争程度有限，不会产生垄断定价。因此，要想引入竞争，减少利益集团的阻挠，必须有政府的严格的规制，设计好过渡制度。经济学家不断认识到竞争对市场经济成功的重要性和为了维护竞争而对产业进行规制的必要性。

第四节 我国自然垄断产业改革的竞争模式选择

对自然垄断行业改革的主要宗旨就是在于引入市场竞争。事实上，竞争企业的形成主要有三种途径：培育新的进入者，或者对原有企业进行拆分，或者大力发展替代品。已有的改革模式主要采取的是对垄断产业进行纵向或横向分拆，在能够引入竞争的环节引入竞争，对不能够引入竞争的环节实行规制。对原有企业进行拆分可以瞬间形成多家企业的市场结构，能够避免在位垄断企业限制竞争的行为，可以促进企业间的竞争，提高经营效率；缩小企业过大的规模，增强企业的运营能力；为比较不同企业的绩效创造条件。而且这种拆分耗时较短，能够瞬间形成有效竞争的局面。

应该说到目前为止，中国以引入竞争为主题的垄断行业改革仍然主要是对现有企业的横向或纵向拆分。例如，分拆原中国电信，分拆原国家电力公司，成立南方电网公司，等等，都是这种思路。对不属于自然垄断业务的可竞争环节实行纵向分拆，剥离出去，是正确的。但对竞争性业务仅仅按照流程和环节进行"条条分解"，而且每种业务只切成一家独立企业，虽然有助于消除"交叉补贴"现象，但是分拆后的每个企业仍旧是垄断者，只不过由原来的一个"综合垄断商"变成了几家"专业垄断商"，因为各个"专业垄断商"分属不同的目标市场。

以美国电信产业为例，美国电信业在分拆后形成了一定的竞争，似乎改革的效果已经得到初步体现，但历史证明，这次分拆为美国未来电信业的发展埋下了祸根。在将AT&T分拆后，美国为了打破电信业的专业界限、鼓励跨行业竞争，允许大量的资本进入电信信息服务领域，这造成了美国电信市场过度的、恶性的竞争格局。另外，拆分后的市场过于分散使得交易成本剧增，阻碍了电信技术的发展以及规模效应的形成，许多电信公司由于收益过低而纷纷倒闭或者被收购。分拆后的AT&T效益逐渐下滑。2002年第一季度，AT&T亏损接近10亿美元，且销售收入也连续五个财季出现滑落①。

美国民航产业也出现过类似的问题。在美国民航产业放松规制后的最初几年，航空公司的数目有所增加，竞争程度日趋激烈。据统计，1978—1986年间，共有198家航空公司进入市场，加上放松规制前的36家，到1987年年初，共有234家。但是实际上有160家破产、倒闭或被兼并。到1987年只剩下74家。其中干线航空公司只剩下12家（张汉林、施本植，2005）。

自然垄断产业改革强调竞争导向，要以有效竞争准则来评价自然垄断产业的改革成效。有效竞争一般多是寡头竞争结构。塑造寡头竞争的市场结构，除了扶植新企业的进入措施外，政府一般容易诉诸分拆重组现有垄断企业的思路，包括横向分拆和纵向分拆。横向分拆主要是按照地域分拆，纵向分拆主要是按照业务分拆。我国对电信、电力的分拆走的是典型的横纵双向分拆的路子。关于横向分拆问题，不能"一刀切"，视技术进步和市场容量等情况而定。增长空间巨大，现有企业无法满足的，可以放松进入规制，包括民间资本和外商资本；如果市场容量增长空间有限，就不宜分拆和放松进入规制，以防止重复建设和恶性竞争。而且，横向分拆

---

① 对美国本地电话市场的分拆也没有达到预期的效果。截至1995年美国99%的本地电话市场为地方贝尔公司占据。地方贝尔公司利用其本地网络优势对新的进入者形成壁垒。甚至在1996年美国电信法允许长途电话公司进入本地电话市场后，本地电话市场的竞争格局也没有根本改观。

的关键在于能够让竞争主体相互进入对方市场。关于纵向分拆问题，如电力业的厂网分开、铁路业的网运分离等，可以作为改革方向，但也不是一概而论，主要取决于各个自然垄断产业的组织模式（综合运营商模式还是专业化模式）、替代品状况、国外竞争者进入难易及其组织模式、经济效益要求（规模经济、范围经济、网络经济、关联经济等）、技术进步状况等因素。而且，纵向分拆的关键在于在每一业务领域至少形成两家以上的竞争主体。

根据国务院办公厅 2006 年 12 月 5 日下发的《关于推进国有资本调整和国有企业重组指导意见》的精神，我国开始不断加大国有企业重组的步伐，中央企业的数量不断减少，2003 年为 196 家，2007 年 7 月为 155 家，2007 年 12 月为 153 家，2008 年 1 月 18 日为 150 家。到 2010 年中央企业要调整和重组至 80—100 家，届时将会出现中央企业的数量"少而精"的局面。国有垄断企业的重组，为民营企业和外资企业的进入腾出了空间。在这一轮国有资本调整和国有企业重组过程中，自然垄断产业的调整和重组的也即将开始，特别是在电信、电力、民航、石油、广电、邮政、铁路等全国性垄断行业，3—5 家综合运营商进行寡头竞争的有效竞争格局将会形成。

第六章 自然垄断产业竞争模式的
演变——以铁路为例

铁路运输业作为比较典型的自然垄断产业，美国对其进行了长达近一个世纪的政府管制，世界上许多国家政府长期对铁路实行国家垄断经营，虽然管制初期对保护竞争者、维护用户利益、促进铁路业的发展有比较好的效果。但随着商品经济、市场经济的深入发展和科学技术的进步，铁路政府管制和国家垄断经营的缺陷暴露出来，行业整体运行效率低下，企业缺乏活力，服务质量低劣，与其他运输方式相比逐渐丧失竞争优势。为了扭转铁路产业的不利局势，各发达国家政府纷纷放松铁路管制、放弃国家垄断、引进竞争机制、推动市场化进程。

第一节 美国铁路产业改革与市场结构变化

19世纪30年代以来，美国铁路产业可以分为兴盛、衰落到复兴三个明显的阶段，在这三个不同阶段对应着美国政府所采取的不同铁路产业政策，其间经历了资助鼓励、严格管制到放松管制的演变。对于美国铁路不同历史时期的发展过程，有学者从历史实证和经济理论的不同角度进行过研究①。

一 美国铁路发展阶段的竞争模式

首先，私人资本为主体的投资体制是美国铁路建设的基础性制度。从美国早期几条主要的铁路干线建设的投资结构分析，可以看出私人投资实际上起到了主导性的作用。从美国第一条铁路修建的起因看，是为了应对

---

① 参见汪建丰《美国政府铁路产业政策变迁的历史分析》，《社会科学战线》2005年第3期。

伊利运河水上运输的竞争，显示出早期铁路企业非常强的市场适应能力。

其次，铁路产业早期的比较高投资回报率是吸引私人投资者的重要诱因。从 1850—1910 年的 60 年间，美国总共修筑铁路 37 万多公里，平均每年修筑六千多公里①。在 1849—1859 年对西部铁路投资的平均回报率曾达到 7%，超过当时美国经济中任何其他产业的投资收益率。高回报率吸引了私人投资者对铁路大规模投资，成为促进美国早期铁路建设高速发展的决定性因素之一。

最后，联邦政府、各州和地方政府在铁路产业创建时期起到直接的支持与鼓励作用。如在西部铁路的建筑中马萨诸塞州政府就投资了 500 万美元，而在大干线铁路的建筑中缅因州波特兰市政府则投资了 200 万美元，在宾夕法尼亚铁路的建筑中费城市政府投资了 400 万美元②。

联邦政府对铁路产业的支持表现为支持性的产业政策和优惠措施。从修建第一条铁路开始，联邦政府就为铁路公司提供了建筑工程的勘测和设计方面的技术援助，并向铁路公司给予了降低进口路轨关税的优惠，联邦政府对铁路产业最主要也是最重要的资助则是增拨土地和给予贷款。联邦政府给铁路建筑提供各种形式的援助，有效地调动了大量民间资本积极投入铁路建设，促使 19 世纪后期铁路在美国得到空前发展。这时的铁路公司以地区性为主，因受到地域和资本的局限，规模不大，建造的铁路线较短，运输量较小，铁轨的标准也不统一，市场竞争模式表现为自由竞争。

二　美国铁路严格管制阶段的主要特点

在政府鼓励政策和私人资本大力进入的情况下，大约从 19 世纪 80 年代开始，在美国铁路产业内部形成了明显的集中趋势，美国铁路产业逐渐确立了其在运输业中的垄断地位。

在部分中西部地区因缺乏其他运输方式的竞争，铁路企业在客运方面实行价格歧视；铁路企业组成联营机构企图制定共同费率，以维持垄断价格，造成运费过高；此外为了与对手竞争，还有差别价格、私下回扣、特别减让等歧视性惯例。铁路运输企业凭借其垄断优势和竞争优势所表现出

---

①　萧敬：《美国的铁路从夕阳产业走向复兴》，http://www.china-cbn.com，2006 年 7 月 18 日。

②　汪建丰：《美国政府铁路产业政策变迁的历史分析》，《社会科学战线》2005 年第 3 期。

的垄断行为和不合理竞争是铁路管制产生的直接原因。在货运方面，在各类货物之间订出差别运价，由于某些大企业交运货物给予折扣优待，而对农产品及手工业品收费较高，直接损害了广大社会公众的利益。在货物运输中遭到铁路公司不公平歧视的中西部农民，发起了一场反对铁路的"格兰其运动"，在1871—1874年"格兰其运动"影响较大的美国中西部的伊利诺伊、明尼苏达、威斯康星州等先后制定了控制铁路运营的法律。这些法律明令废除铁路运费差别对待的做法，并设立铁路委员会来确定本州铁路客货运输价格的最高限额。到1886年时，全国已有25个州相继建立了管制铁路的委员会，也带来了全国性的要求政府管制铁路产业的压力。由此1887年国会通过了商务管制法，作为美国铁路管制的起点，依该法成立了州际商会（ICC）[①]。当时的管制目的是保护竞争、反对垄断、维护公共利益。管制的内容包括限价、市场准入、兼并与收购、市场退出、保险与联运，等等。从此，严格的铁路管制持续到20世纪70年代末，其间运输市场结构发生了很大变化，汽车成为重要的运输方式，管道、航空运输都发展起来，铁路失去了垄断地位，形成了各种运输方式之间和铁路运输内部全面竞争的局面，详见图6-1和图6-2。1916年美国

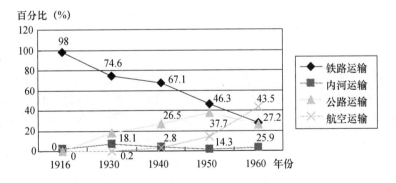

图6-1 美国各种运输方式在城际客运周转量中所占比重的变化

资料来源：岳媛媛、魏景斌：《美国铁路发展史上的政府管制问题探讨》，《物流技术》2005年第1期，第89—91页。

---

① 汪建丰：《美国政府铁路产业政策变迁的历史分析》，《社会科学战线》2005年第3期。

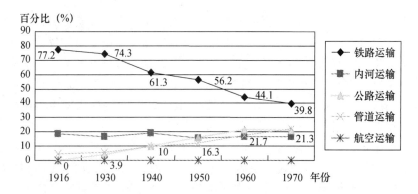

图 6 - 2　美国各种运输方式在城际货运周转量中所占比重的变化

资料来源：岳媛媛、魏景斌：《美国铁路发展史上的政府管制问题探讨》，《物流技术》2005 年第 1 期，第 89—91 页。

铁路运营里程达到历史上最长里程将近 41 万公里，铁路在美国城际客运和货运周转量中所占的比重也同时到达了最高点，此后经过一段时间下滑后货运稳定在 30% 左右，客运则几乎完全丧失阵地。以后由于其他交通运输方式迅速发展，美国的铁路不断被拆除和封闭，铁路运输线路长度不断缩短。

美国铁路私人所有和私人经营的基础性制度决定了行业内部竞争的传统，1916 年以前铁路在运输市场占有绝对垄断优势，这一阶段铁路运输业在政府鼓励发展的政策引导下形成行业内部自由竞争的市场竞争模式。

美国政府对铁路的管制是经济管制，管制开始的相当长一段时间内，实现了保护竞争、反对垄断、维护货主和乘客利益的初衷，推进了铁路产业的发展。美国铁路产业在管制的前半段的主要特点是：

1. 企业规模的不断增大。如在 19 世纪 90 年代，美国主要铁路公司的平均资本规模仅为 8179 亿美元，到 1940 年时已达到 25165 亿美元，50 年间其平均资本总量增长了 3 倍以上（见表 6 - 1）。

2. 铁路产业集中度不断提高。根据对《美国经济史》和《美国统计史》提供的有关数据的计量分析，在 19 世纪 80 年代以前，美国铁路产业的 C4 和 C8 指标仅分别为 34% 和 45%，但进入 90 年代以后上述两项指标便迅速提高（见表 6 - 2）；出于资料的可得性和指标的直观性，产业组织

表 6 - 1　　　　美国铁路企业的资本规模（1890—1940 年）　　单位：百万美元

年份	1890	1900	1910	1920	1930	1940
资本规模	8789	10263	14557	19848	26051	25 646

资料来源：Ben J. Wattenberg, The Statistical History of the United States, New York 1980. pp. 734 - 735，转引自汪建丰《美国政府铁路产业政策变迁的历史分析》，《社会科学战线》2005 年第 3 期，第 134—138 页。

理论通常用市场集中度指标来衡量市场结构的形态，产业集中度的不断提高表明产业垄断性的逐步增强[①]。

表 6 - 2　　美国铁路产业的集中度 C4 和 C8 指标（1890—1940 年）　　单位:%

年份	1890	1900	1910	1920	1930	1940
C4	34	37	46	51	58	64
C8	43	45	57	62	69	71

资料来源：Ben J. Wattenberg, The Statistical History of the United States, New York 1980. pp. 734 - 735，转引自汪建丰《美国政府铁路产业政策变迁的历史分析》，《社会科学战线》2005 年第 3 期，第 134—138 页。

美国铁路发展阶段还有大量资本沉淀的特点。由于线路修筑、运输设施的专用性等独特的成本结构以及由于资产专用性而导致的大量资本"沉淀"，根据估算，当时美国铁路产业中的固定成本已其占总成本的 2/3[②]。

资产规模扩大、产业集中度高、大量资本沉淀等特点使其自然垄断属性开始显现，铁路运输市场由竞争结构转向垄断。1906 年，美国全国铁路有 2/3 掌握在四大集团手里，共控制了全国铁路收入的 85%[③]。但是从美国铁路产业发展的过程可以看出，垄断的形成源于竞争，并非自然垄断

[①]　对于铁路产业直接使用四厂商集中度（CR4）和八厂商集中度（CR8）是否恰当有待于进一步探讨。

[②]　汪建丰：《美国政府铁路产业政策变迁的历史分析》，《社会科学战线》2005 年第 3 期。

[③]　杨永忠：《自然垄断产业改革的国际比较及启示》，《亚太经济》2006 年第 2 期。

假定的给定市场需求、成本曲线劣加性、进入和退出壁垒高等前提条件①。

因为长期受到联邦政府的严格管制，铁路企业在市场竞争中的主体作用被抑制，也逐渐减弱了市场导向对企业行为的激励作用。美国铁路在政府管制后期实行铁路统一收费标准、进入和退出管制等制约了有效竞争和企业自主经营行为②。尽管铁路公司的所有权仍为私有，但铁路更多地具有公益性，管制的结果使铁路失去了商业性，企业缺乏应有的活力和竞争力，在公路、航空、管道等替代品的竞争中节节败退，这其中虽然有新型运输工具和技术进步带来的必然性，但是，从公共政策和经济管制的效果去观察，政府对铁路的管制严重限制了铁路的市场化发展，放松管制以前有很多低密度支线和亏损线路废弃的申请在经常性、长时间、高成本的行政审批程序中被否决。正如 1978 年美国运输部得出的结论：铁路问题很重要的一个原因是多年来不允许铁路减少设施以适应运量。有许多不适用的或分布不适当的线路和其他设备，在新的竞争形势下仍然存在，……必须关闭不必要的线路并将其运量合并到平行线或相连的线路上去，这样可以保留服务、减少成本。仅此一项有关铁路废弃线路的管制规章就严重阻止或推迟了铁路资产的合理化配置③。管制阶段美国铁路产业的竞争是不充分的，但是却没有阻止市场结构从自由竞争向（自然）垄断的演化。

管制的初衷是消除铁路因垄断可能产生的弊端，在实施的前半段确实维护了铁路用户和公众的利益、推进了铁路运输业的发展。但是，技术进步、经济发展使货物运输结构（从粗大笨重型变为轻薄短小型）发生了变化，公路和航空运输是适应这种货运结构的运输方式，加上管道的发展改变了铁路的垄断地位，政府规制却没有根据运输市场环境的变化及时做出反应，滞后的管制政策是铁路经营陷入困境重要因素之一。1969 年美国铁路客运出现约 2 亿美元的财政赤字，占铁路工业总利润的 25%—40%，第二年（1970 年）国会即通过法律实施客货运分离，把客运作为

---

① 有学者认为，铁路没有自然垄断特性。参见王洪《没有自然垄断特性铁路繁荣无须垄断》，《中国经营报》2001 年 6 月 19 日。

② 参见何璧主编《铁路改革模式选择》，中国铁道出版社 1997 年版，第 351 页。

③ 同上书，第 354—355 页。

独立的公共企业来运作。1970—1975 年美国通过了相关法规，开始逐渐解除对铁路的管制。

三　美国铁路放松管制阶段的主要特点

1976 年颁布《铁路复兴和规章改革法案》（4R 法）和 1980 年《斯塔格斯铁路法》的通过标志着放松管制正式开始。放松管制的基本内容涉及管制的各个方面，如灵活定价原则、进入和退出行业、经营许可、多种运输方式联运，等等，其主要规则是：（1）铁路公司在一些运输项目上获得了上下调节价格的充分（不是全部）自由，过去为了保护其竞争者铁路一直被限制降低价格；（2）铁路公司可以与货主分别签订协议，改变了过去铁路公司被要求以一致的价格标准对待所有客户的做法，现在可以与主要的客户就价格和服务等事项进行个别协商；（3）放弃不盈利线路的程序大大简化了[①]。

政府管制从经济管制转变为社会管制，更多的管制是运输安全、服务质量、合并监管和垄断价格监控等。铁路产业管制改革把铁路企业的自主经营权交给企业，使市场机制充分发挥调节作用。20 世纪 80 年代放松管制以来，美国铁路货运在政府的帮助下积极参与市场竞争，很快就走出低谷并得以复兴。具体表现为：

第一是通过一些较大铁路公司之间的并购，改变了铁路的产业结构，使原来比较分散的结构变得较为集中。

美国铁路运输业在放松管制前后垂直一体化和水平一体化组织结构没有改变，各家铁路公司拥有自己的铁路网、机车车辆和其他公司线路的通路权，连续并购后大铁路公司从区域规模扩展到全国性的特大铁路公司。

第二是实行弹性价格，合同运价成为铁路运价的主流，铁路企业与货主通过谈判确定运价，体现了铁路运输的市场营销准则和竞争性市场定价原则。

第三是提高了铁路资产利用率，运输的效率和服务质量得到改善。铁路重组过程中一个显著的方面是出现了数以百计的小规模的铁路公司，被称为"短线革命"，即低密度运量、不经济的地方铁路和地区铁路从大铁

---

① 埃克里·W. 贝舍尔斯等：《CONRIAL——一个美国铁路公司的政府组建和民营化》，载《运输业的民营化》，林晓言、蔡文燕译，经济科学出版社 2004 年版，第 339 页。

路剥离，成立小铁路公司，满足用户的特定需要，提供准确无误的位移前后的延伸服务（包括上门取货、代包装、代理托运、送货到用户指定地点等），为顾客创造价值①。

第四是出现了不同方式间的联运和兼并，除铁路企业间的合并和收购外，还向公路、水运推进。1984 年 7 月，ICC 批准了 CSX（切西海滨铁路公司）公司与 ACL（美国商业航运公司）公司的合并，产生了当时美国第二大铁路控股公司和最大的驳船经营公司之一②。铁路还对管道、航空等运输企业进行参股和兼并。

第五是铁路货运采用新型运输工具来降低成本，提高竞争力，如驮背式运输将公路拖挂车停放在铁路的平板车上，到目的地后改由汽车运输，这种卡车与铁路结合的背负式运输可替代铁路专用线进行门到门运输；公铁两用车安装两套车轮，一套可在公路上行驶的橡胶车轮，另一套可升降凸缘轮可在钢轨上行驶，这种车可不用铁路的平板车而直接与机车进行编组。据报道，这种两用车的长途运输成本比全程公路汽车运输成本低50%③，而且运输途中不需装卸搬运，有助于实现货运物流化。

合并后美国 I 级铁路实现了强强联合和强强竞争的局面，I 级铁路的市场覆盖范围扩大，竞争能力强，有足够的实力投入资金进行基础设施的改造和维护，并利用运价杠杆吸引更大的运量。同时，各大公司在主要产品和方向上仍存在平行竞争，避免了完全垄断，使中小铁路和货主利益得到保障。

截至 2004 年，美国一级铁路路网总长为 18.4848 万公里，机车 22064 台，货车 389918 辆，职工 162167 人，年营业额 412.58 亿美元。美国铁路货运市场比较繁荣，货运铁路分为 5 个部分：第一部分为 7 条一级铁路，年最低营业额超过 2.619 亿美元；第 2 部分为 31 条地区铁路，路网长度至少达到 500 余公里，年营业额 4000 多万美元；第 3 部分为地方货运铁路，主要运输业务在联邦州内进行，运距小于 80 公里，年营业额少

---

① 参见何壁主编《铁路改革模式选择》，中国铁道出版社 1997 年版，338 页。

② 参见［美］唐纳德·J. 鲍尔索克斯、戴维·J. 克劳斯《物流管理——供应链过程的一体化》林国龙、宋柏、沙梅译，机械工业出版社 1999 年版，第 272 页。

③ 同上书，第 257 页。

于 4000 万美元；第 4 部分为调车和集装箱运输，年营业额小于 1000 万美元；第 5 部分为在美国经营的 2 条加拿大货运铁路。长途客运铁路网只占 12.9%，2004 年美国铁路客运公司（Amtrak）客运量为 2500 万人次，仅占美国长途客运的 1.6%。

伴随以上三个发展阶段，美国铁路产业市场结构演变具有以下主要特点：

1. 产业集中度逐步提高

从 1830 年第一条铁路通车到实施管制期间，由于美国政府铁路产业政策的鼓励，民间资本大量涌入，铁路产业存在严重的进入过度现象，铁路公司最多时超过 2000 家，企业规模小，不能充分发挥规模经济性，资产集中的进程比较缓慢，市场的集中程度低。因此初创发展阶段的美国铁路产业是完全竞争型的市场结构，竞争体现在多条运输线路竞争和运费竞争，竞争的日趋激烈，为了提高资源配置效率，铁路产业发展的同时，铁路运输企业必然走向联合与兼并。

铁路企业从较小的规模扩大到最佳规模，平均成本会大幅下降，规模经济性显著的特点决定了铁路产业内企业寻求兼并重组而成长为铁路行业的巨型企业，产业集中度逐步提高。这一点在美国国内铁路市场表现得尤为突出，即使在严格的政府管制期间，也没有完全阻止美国铁路产业的兼并和产业集中度的提高，从 1887—1940 年管制时期的前半段，美国铁路产业集中度的变化趋势如图所示：在 19 世纪 90 年代实行管制以前，美国铁路产业的 C4 和 C8 指标分别为 34% 和 45%，而到了管制中后期 1940 年已分别达到 64% 和 71%（见图 6 - 3）。后因管制措施越来越严格而延缓了铁路产业市场结构的变化，限制了企业间的合并行为，也使铁路企业失去了市场竞争活力。

2. 寡头垄断市场结构

按照美国经济学家贝恩（Bain，1959）的划分，某产业四厂商集中度（CR4）在 30% 以上、八厂商集中度（CR8）在 40% 以上就属于寡头垄断型的市场结构。以此为理论依据的话，1900 年美国铁路产业的 CR4 和 CR8 分别为 37% 和 45%[1]，美国铁路产业早在 19 世纪末 20 世纪初就已经

---

[1]　汪建丰：《美国政府铁路产业政策变迁的历史分析》，《社会科学战线》2005 年第 3 期。

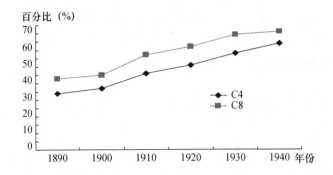

图 6 - 3　美国铁路产业集中度 CR4 和 CR8 变化（1890—1940）

资料来源：Ben J. Wattenberg, The Statistical History of the United States, New York, 1980, pp. 734 - 735，转引自汪建丰《美国政府铁路产业政策变迁的历史分析》，《社会科学战线》2005 年第 3 期，第 134—138 页。

发展为准垄断寡头垄断形态的市场结构①。

目前美国铁路产业的现状是由少数几家大企业控制着产业市场大部分产品供给，占有绝大部分市场份额，已形成典型的寡头垄断市场结构。到 1999 年 6 月，美国 I 级铁路仅剩 7 家大型铁路货运公司：CSX（切西滨海铁路公司）、桑太菲南方太平洋公司、联合太平洋公司、诺福克南方公司、伊利诺伊中部海湾公司、密苏里—堪萨斯—得克萨斯铁路公司、伯林顿北方铁路公司，它们在美国货物运输领域发挥着举足轻重的作用。2004 年底，美国名义上还有 7 家 I 级铁路，但真正具有支配能力的只有 4 家，即中西部的 UP（太平洋联合铁路公司）和 BNSF（伯林顿北方铁路公司），东部的 CSX（切西滨海铁路公司）和 NS（诺福克南方铁路公司），分别在中西部和东部形成平行竞争的态势，力量比较均衡。起主导作用的 4 家大企业已经达到相当大的规模，继续扩大规模的话企业内部管理和交易成本高昂，运营难度加大，同时美国政府也不鼓励垄断经营。因此，4 家大公司短期内进一步合并的概率不大，但是不排除这 4 家公司继续兼并其他铁路公司的可能。

———————————

①　尽管对铁路产业直接使用四厂商集中度（CR4）和八厂商集中度（CR8）是否恰当有待于进一步探讨，仍可作为一种分析方法。

从铁路发展阶段的自由竞争到管制阶段的有限竞争，再到复兴阶段的寡头垄断竞争，美国政府的产业政策始终起到支持或制约的作用，其中，管制政策作为政府力量在一定程度上妨碍了铁路企业的经济性集中。而一旦放松管制，铁路企业随即开始大规模并购，通过一些较大铁路公司之间的并购，改变了铁路的产业结构，使原来比较分散的结构变得较为集中，并购和划分标准①的提高，使 I 类铁路公司的数目从 1976 年的 52 家，减少到 1987 年的 16 家，1991 年为 13 家，再到 1999 年的 8 家，仅占 1999 年美国 566 家铁路公司的 1.4%，但经营的铁路里程占总里程的 70.8%，雇员人数占 88.2%，运行收入占到 91% 以上②，按照日本学者越后贺典对市场结构的分类，已经表现为寡占型市场结构，进一步演变为目前的典型的寡占型市场结构。

第二节　加拿大铁路产业改革与市场结构变化

加拿大铁路产业与美国铁路产业的发展历程相似，私人资本所占比例较大，铁路产业市场结构的变迁也基本一样，不同之处在于加拿大私人铁路企业加拿大太平洋铁路公司（CP）与国营铁路企业加拿大国家铁路公司（CN）长期并存。加拿大太平洋铁路公司（CP）一直是一家私营铁路公司，其历史可以追溯到 1880 年，该公司修建了当时横贯加拿大的第一条铁路——加拿大太平洋铁路，2002 年，CP 公司拥有铁路营业里程 22328 公里，员工 16116 人。CN 是于 1919 年由加拿大政府成立的公司，在经历了长达 76 年的国有企业身份后，于 1995 年实施了民营化改造成为上市公司，2002 年，CN 营业里程为 17821 公里，员工 23190 人，运营收入 61 亿加元③。

政府对于私人铁路企业没有过多的干预，使 CP 经营机制比较灵活，

---

① 按照 1992 年的划分标准，运行收入 2.5 亿美元以上的铁路为 I 类铁路，0.4 亿—2.5 亿美元之间的铁路为地区铁路，4000 万美元以下的为地方铁路，还有提供调车编组和终到服务的枢纽铁路。

② 参见王全斌《我国铁路体制改革总体方案研究》分课题报告，《中国经济时报》，2001 年 3 月 14 日。

③ 中国铁路代表团：《加拿大国家铁路上市经验与启示》，《中国铁路》2004 年第 3 期。

在市场竞争的环境中成长壮大。CN 曾是加拿大最大的铁路公司,改革前是一家典型的国有企业,虽然加拿大历届政府都采取了种种措施试图对其进行改革,但由于改革没有触及体制这一根本问题,一些实质性的问题没有得到彻底解决,面对日趋激烈的市场竞争,到 20 世纪 90 年代初,公司面临着严重的问题:企业冗员量大、劳动生产率低下;债务负担沉重、营业比(成本/营业收入)居高不下,1993 年达到了 97%;企业组织机构臃肿、管理效率低下;保留以生产为核心的经营理念、不能适应客户需求的变化;政府严格管制、企业缺乏应有的活力①。

　　加拿大铁路改革主要是针对 CN 公司进行重组并上市。

　　1992 年 7 月—1995 年 2 月,CN 对上市进行了为期近 3 年的充分准备,1992 年 7 月,加拿大政府任命保罗·泰利尔出任 CN 总裁,从此拉开加拿大铁路民营化改造的序幕。为了使 CN 成为对投资者有吸引力的公司,保罗·泰利尔领导 CN 针对前面提到的问题,采取了许多有针对性的措施:通过削减公司管理层和调整生产力布局,裁减冗员、降低成本、提高生产效率;撤换管理人员、精简机构、以股权激励管理人员提高管理效率;优化资产结构、剥离非核心业务、突出主营业务;变生产经营陈旧观念为市场营销新理念,彻底改革运输组织模式以高质量服务满足客户需求;加拿大政府以极高的效率完成了《CN 商业化法案》,并于 1995 年 5 月 5 日提交议会,同年 7 月 13 日生效。在降低负债率方面,政府通过债转股豁免了 CN9 亿加元的长期债务,帮助 CN 出售部分房地产和其他非核心业务获得 5 亿加元。这样,CN 的长期债务就减少了 14 亿加元,负债率降到了 40% 以下。所有这些积极的措施,使 CN 重新建立了公司的竞争优势,经营状况有了很大改善,1995 年盈利达到了 2.45 亿加元,营业比从97% 下降到了 90%,成为当时北美盈利幅度改善最大的铁路公司,使企业初步获得了资本市场的认可,实现了上市并取得极大成功。

　　CN 上市以来,公司经营状况有了更为明显的好转,营业比由 1994 年的 97% 降低到 2000 年的 69%,劳动生产率提高了 50%,货运量增加了15%。股价上市后翻了两番。1999 年 7 月,公司动用 35 亿加元收购了原美国伊利诺伊中央铁路公司,并通过 KCS 公司与墨西哥 TFM 公司联合运

---

① 中国铁路代表团:《加拿大国家铁路上市经验与启示》,《中国铁路》2004 年第 3 期。

营,成为唯一一家路网贯通北美东西、南北,与大西洋、太平洋和墨西哥湾相连的铁路公司。后又成功地收购了加拿大第三大铁路公司——不列颠哥伦比亚铁路公司。政府放松对铁路运价的管制和充分的市场竞争,使其铁路运价下降了30%以上,成为全球运价最低的铁路公司。现在,CN公司已成为北美铁路市场最有竞争力的铁路公司之一。

加拿大铁路产市场结构模式与美国铁路产业市场也十分相似,1919年前加拿大政府成立国铁前,加拿大铁路市场结构是以私人铁路企业加拿大太平洋铁路公司(CP)为主体的竞争性市场结构;CN成立后,秉承自由竞争政策的加拿大政府一直鼓励国内两承运人间的竞争,但是国铁受到政府管制,CN在开展铁路运输业务的同时,要承担大量的公益性运输职能。政府对铁路公司放弃、变卖低运量线路规定了复杂的程序,使操作成本极高,致使公司经营了大量的亏损线路和亏损业务,不能根据市场需求的变化及时调整经营业务范围。这一时期的铁路市场竞争是很不充分的。

加拿大国铁改制上市以后至今,加拿大有两家横贯北美大陆的Ⅰ级铁路公司:加拿大国家铁路公司(CN)和加拿大太平洋铁路公司(CP),另外还有一家国营客运公司VIA和若干家支线铁路公司。加拿大铁路2002年末营业里程为46811公里,几乎全部为货运公司所有,主要经营货运业务。2002年完成货物发送量2.88亿吨,货物周转量3207亿吨·公里,客运方面只有一家国营客运公司VIA,成立于1977年,是一家纯粹的政府公司,负责加拿大所有铁路的客运业务,2002年客运量为422万人,旅客周转量为15.97亿人·公里。

加拿大交通运输体系比较完善,各种运输方式竞争激烈,客运主要以汽车和飞机为主。货运方面,水运、铁路、公路各有其优势领域,水运在远洋进出口运输中占主导地位,铁路在国内货运市场的份额超过60%,居第一位,公路承担了大量高附加值、小批量货物的运输。

自1996年加拿大运输法生效以来,加拿大铁路业发生了很大变化。两大铁路巨头加拿大全国铁路公司(CN)和加拿大太平洋铁路公司(CP)在加速现代化和机构重组的同时,中小铁路公司大量涌现,形成大、中、小铁路公司相互依存、共同发展的格局,属于铁路行业内寡头垄断又适度竞争的市场结构。

第三节　英国铁路产业改革与市场结构变化

　　1825 年，英国修建了世界上最早的铁路，到 1923 年，大小不同的 123 个私营铁路公司进行了合并，形成大西部、南方、伦敦、米特兰和苏格兰、伦敦和东北等大型铁路公司①，出现了铁路产业垄断运输市场的局面。1948 年前，英国铁路是私人所有、私人经营的，1948 年工党政府将铁路收归国有，成立英国铁路公司（BR），1962 年英国铁路董事会成立并作为 BR 最高管理机构。战后由于汽车、航空、管道等新型运输方式的兴起，英国铁路的市场份额日益缩小，铁路在运输市场中的份额货运从 1952 年的 42% 降到 1991 年的 7%，客运从 1952 年的 17% 减至 1992 年的 6%②。1955 年，英国国铁出现亏损，此后国铁每年都要向政府申请财政补贴，成为政府的财政包袱。

　　为了解决英国国铁严重亏损问题，BR 内部进行过两次改革③。传统的管理体制是英国铁路公司内部按地区分为 5 个地区局（东区、中区、苏格兰区、南区、西区），在董事会的统一领导下，各大区负责本辖区内的一切铁路业务。1982 年进行了第一次内部改革，BR 废除了沿用 30 多年的分区管理体制，BR 总部设立了 5 个事业部，分别负责长途客运、伦敦大区客运、市郊客运、行包运输、货物运输，原来的 5 个地区局成为只负责具体运输的生产组织，为 5 个事业部服务。按事业部管理有两个优点：（1）它使管理监督的界线更加明确。每个事业部负责经营该领域的所有业务，突破了传统的地域范围。（2）相关经营资产划归各事业部便于各事业部进行直接管理。事业部体制的存在的问题在于，5 个大区局实际上既是基础设施拥有者也是垄断者，各事业部要向它们缴付使用费，使各事业部经营成本居高不下，这一改革未能解决国有铁路效率低下的问题。

　　1988 年进行第二次内部改革，BR 正式撤销了 5 个地区局，按市场业

---

　　① 何璧主编：《铁路改革模式选择》，中国铁道出版社 1997 年版，第 299 页。

　　② 同上书，第 303 页。

　　③ 改革详情参见李杰《20 世纪后期英国、日本铁路改革及其比较研究》，硕士学位论文，苏州大学，2005 年。

务成立了8个垂直管理的事业部，即城市客运、东南路网客运、地区铁路客运、欧洲客运服务、整车货运、集装箱运输、行包业务部、维修服务部。各事业部都是独立经营单位，拥有自己的基础设施，事业部之间互相提供服务要按内部价格进行清算。事业部不是企业法人，但在BR内部实行独立核算。改革后，各事业部不用再向基础设施拥有者缴付大量使用费，节约了成本。但这种划分法使交易界面增多，各事业部在相互使用对方基础设施时需签订大量合同。同时，基础设施被分割管理也不利于提升整个路网的质量，事业部虽然独立核算，但是不自负盈亏。

国铁内部的两次改革在划清权责方面起到了积极作用，与国有传统体制相比是个很大进步。但是它未能解决铁路业所缺乏的激励约束机制问题，无论各事业部经营成绩好坏，最终财务结果还是由国铁统一承担。两次改革并没有阻止国铁的继续亏损，证明体制内改革虽然有一定效果，但收效甚微，继而转向对国铁的私有化改革方案。

1992年7月运输大臣提交国会审议的《铁路改革白皮书》是英国铁路改革的最早方案；1993年11月，以白皮书的主要内容为基础制定的《英国铁路法》在国会通过；1994年4月1日，《英国铁路法》生效，英国铁路改革正式开始，铁路改革的目标是结束铁路的国家垄断、拆分国铁并民营化、引入市场竞争机制。

铁路改革方案是成立一家路网公司负责经营和管理基础设施，铁路运营业务则按业务内容分割成为100多家专业公司，面向社会出售。国铁改革后，主要的专业公司如图6-4所示，路网公司在整个铁路运营中居核心地位，7家基础设施养护公司、6家轨道更新公司及其他公司分别为路网公司提供保障服务；25家客运公司和6家货运公司租用路网公司线路，并缴付使用费；而3家车辆公司和6家车辆维修公司则分别向客运、货运公司提供车辆租赁和车辆维修服务。

但是英国铁路改革后出现了一些始料未及的问题：英国路网公司因资不抵债而要求政府追加补贴被拒绝，在接管铁道设施5年后（1999年）被强制破产；铁轨系统私有化后除管理不善外，对改善铁轨设施等大型工程投资不足，使铁路多次发生故障和事故[1]；铁路内部的竞争并没有充分

---

① 刘桂山：《英国铁路：尝到私有化的苦涩》，《经济参考报》2001年10月24日。

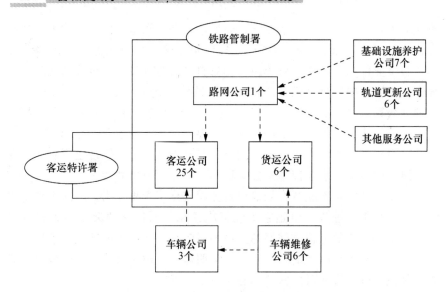

图 6 – 4　英国国铁改革后铁路组织机构图

资料来源:荣朝和:《探究铁路经济问题》,经济科学出版社 2004 年版,第 333 页。

展开,25 家客运公司除少数路段多家经营有一定程度的客运竞争外,多数为单一市场主体运营,6 个专业化货运公司业务很少相互交叉,竞争不足;服务质量距公众要求存在差距,客运晚点、货运可靠性差,2000 年客货运量出现较大幅度下滑;英国铁路分割为 100 多家公司,公司间关系协调困难,降低了管理效率,公司间的契约关系需要合同确定,各公司间先后签订 200 多种合同共 15000 多份,涉及非常多的权利和义务关系①。这些客货运输公司后来分别进行了合并,目前 4 家与汽车运输公司组成的客运联盟已经占了 70% 的铁路客运业务,5 家货运公司合并为 EWS (English Welsh & Scottish Railway Ltd.) 货运公司,该公司成立于 1996 年 2 月,目前年营业额 5 亿英镑,有员工 5300 名,机车 418 部,车皮 13283 节,是英国最大的铁路运输公司,市场份额达到 80%②,实际已演化为寡

---

① 中国铁路代表团:《印度、英国铁路考察报告》,《中国铁路》2001 年第 11 期。

② 潘振锋、荣朝和:《从英国铁路引入竞争的尝试看铁路改革与重组》,《铁道学报》2004 年 6 月,第 26 卷第 3 期,第 104—107 页。

头垄断市场结构。

针对上述问题，英国铁路管制署 2001 年 2 月成立铁路战略局取代客运特许署，减少因特许期限造成的短期行为；路网公司破产后重新被政府接管，2002 年 10 月新的路网公司 Network Rail 成立，新成立的路网公司不再是上市公司，将其工作重点放在了实现公益性目标上，采取商业化的模式运营，盈利全部用于再投资。这样使得英国铁路改革方案进一步完善。

英国对客货运和路网均以私营方式进行重组，在铁路产业引入竞争的基本思路是正确的，改革的目标也十分明确。但是由于铁路具有显著的规模与范围经济特征，铁路产业不可能向像一般产业那样有大量的企业存在，从而实现完全和充分的竞争，而需要在规模经济和竞争之间取得平衡，英国铁路改革后客货运公司的兼并和合作，说明铁路产业寡头垄断作为市场结构自然演化的结果，能实现市场稳定，并能够增进组织绩效、提高行业效率。

第四节　日本铁路产业改革与市场结构变化

早在 1906 年日本政府就对大部分私营铁路实行国有化，通过对 17 条主要私营铁路国有化，于 1949 年成立了全国统一的日本"国家铁路会社"，实行国有国营，运价统一，管制比较严格。除国有铁路外，还有部分民营铁路，国营铁路经营所有城市间的干线运输，民营铁路集中在大城市市区。日本铁路在改革前分为国铁、私铁和城市公交铁路，原国铁在全国铁路中占营业里程的 73% [1]。

改革前日本国铁在人事、票价、工资、投资、预决算、经营领域等多方面都受到政府的干预和管制；市场环境恶化，在其他运输方式的竞争中国铁市场份额逐渐下降，1965 年国铁所占的客运市场份额为 45.5%，货运市场份额为 30.3%，1986 年客货运所占的市场份额分别下降到 18.5% 和 4.5% [2]。

---

[1] 《英国最大铁路运输公司关注中国市场》，中国物流联盟网，2006 年 4 月 20 日。

[2] 李杰：《20 世纪后期英国、日本铁路改革及其比较研究》，苏州大学硕士论文，2005 年，第 26 页。

日本国铁具有当时其他国家国铁的通病：连续多年亏损、巨额债务、管理效率低下、员工缺乏积极性、冗员众多、人浮于事等。为此日本国铁1969年提出国铁再建十年计划，1972年又提出新财政十年计划，1976年出台经营合理化计划，1979年12月内阁向国会提出《国铁再建特别措施法案》，决定从1980年开始实施"国铁再建综合五年计划"，均未扭转国铁的颓势。

在1986年1月日本通过了《国有铁路改组法》，开始改革日本铁路公司（简称国铁）。日本铁路改革方案主要包括两个方面的内容：一是国铁分割民营化，改革开始后，国铁被一分为七，并逐步上市出售；二是处理国铁难题，主要是对国铁债务、富余人员和三岛公司的安排和处理，政府为此设立了国铁清算事业团和三岛管理稳定基金。

1987年4月，日本政府解散国铁，成立JR东日本、JR东海、JR西日本、JR北海道、JR四国、JR九州六个区域性的客运公司、一个全国性的货运公司、新干线保有机构和国铁清算事业团，改革后的日本铁路系统示意图见图6-5。路网等基础设施由各客运公司拥有并负责维修，因货运列车的运行而产生的费用由货运公司以使用费的形式支付。为防止地区垄断，鼓励铁路运输企业进行区域间比较竞争，为各铁路运输企业开展竞争提供了一种有效的刺激机制。政府管制体制改革使日本铁路运输产业效益出现显著的改善，在政府对其每年约100亿—200亿日元的补贴已经停止，同时运价不再提高的情况下，从原国铁分出去的七家公司在1987年底就首次出现了盈利，当期利润为500亿日元[1]。

日本铁路改革模式的选择充分考虑到日本的客运和货运国情，客运路网不是按地理界限进行划分，而是按照客流密度分布划分。改革后，日本的铁路网虽然被分割，但是并没有破坏路网的完整性，不同公司间的过轨率仅为5%，95%的客运都在公司内部完成[2]。1986年，改革开始时日本铁路货运的市场份额只有4.5%，因此日本铁路改革分割为6个区域性网

①　胡世峰、朱晓燕：《论我国铁路运输产业市场结构的重组》，《河北经贸大学学报》1999年第3期。

②　李杰：《20世纪后期英国、日本铁路改革及其比较研究》，硕士学位论文，苏州大学，2005年，第29页。

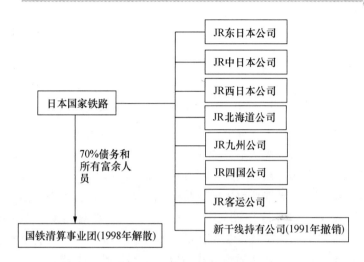

图6－5 日本国铁改革后的铁路系统示意图

资料来源：李杰：《20世纪后期英国、日本铁路改革及其比较研究》，硕士学位论文，苏州大学，2005年，第31页。

运合一的客运公司和1个全国性的货运公司，国铁清算事业团负责原国铁遗留下的债务、富余人员安置等问题。

日本铁路货运公司作为1987年日本国铁（JNR）解体后成立的7家公司之一，自己不拥有铁路，租用其他公司线路进行运营。自JNR解体后，直到1993年度盈利额并不大，1992年仅有2亿日元的税前利润。1993年以后又陷入亏损，到1995年积累亏损达89.78亿日元。货运量和货运周转量也分别从1992年的5640万吨和2630亿吨·公里降到1995年的5210万吨和2470亿吨·公里[①]；日本国铁分割后区域性铁路客运公司之间实质上很难有充分的竞争，各客运公司的主要竞争对手来自同一方向的民营铁路。因航运、公路运输而挤占了铁路货运的大部分市场，再加上民营化后，JR客运公司在车次调度上为货运安排的时间都在深夜进行，这使货物到达时间很难满足货主要求，日本铁路货运市场竞争力受到削弱。日本铁路客运企业改革后有来自市场其他竞争对手的压力，经营管理

---

① 罗庆中：《日本铁路与公路联合可能挽救铁路货运公司》，《世界铁路动态》1997年第2期。

和服务质量明显提高，盈利能力增强；但是货运受到市场容量的限制而举步维艰。

日本国土面积狭小，拥有发达的铁路交通网，改革前铁路网总长度为 2.7 万公里；铁路在路网通道能力上超前和富余，尤其是东京到博务东西向主要城市之间，有多条铁路线平行，JR（日本铁路）公司和私铁相互竞争，构成了贯穿日本主要城市的大通道。从东京到名古屋有 3 条双线平行，名古屋到大阪有 6 条平行线路，足以通过任何时段的客流需求，为铁路市场竞争和大能量输送提供了足够的保证①。

日本铁路改革对铁路市场的直接影响是客运公司在区域范围内形成比较有效的竞争，而货运公司全国只有一家，又不拥有路网，无法展开竞争，成为事实上的铁路货运独家垄断，在铁路行业内部没有竞争对手，在整体货物运输业中与其他运输方式的竞争力明显处于弱势。

第五节　德国铁路产业改革与市场结构变化

在 1992 年（德国统一后开始执行全国交通网发展规划）以前，联邦德国政府一直奉行重公路运输、轻铁路运输和内河水运的交通运输政策，联邦铁路长期以来缺乏投资。汽车工业的发展带来高能耗、重污染、交通事故频发、道路拥堵等越来越严重的社会问题和环境负担，引起原西德政府的注意并试图加以解决，但因铁路改革措施不配套，并没有改变对公路的投资和限制。

1990 年两德统一前，原东、西德时代的交通网体系主要为南北向构架，统一后首要的任务是强化改造和建设东西向交通设施，于是利用制定全德第一个联邦交通网发展规划（BVWP92）的机会，制定了新的交通运输政策。这个规划的实施时期为 1992—2012 年，规划对交通网新建和改造项目的投资分配如下：

联邦铁路线路 1183 亿马克、联邦长途公路 1086 亿马克、联邦水运 157 亿马克，总计 2426 亿马克②，铁路投资超过公路，旨在提高铁路竞争

① 王洪：《没有自然垄断特性铁路繁荣无须垄断》，《中国经营报》2001 年 6 月 19 日。
② 毛俊杰：《德国交通运输政策研究》，上海物流网，www.sh56.org，2006 年 7 月 3 日。

能力。

为了强化德国铁路的竞争力，1994 年德国铁路实行改革，成立了德国铁路股份公司（Deutsche Bahn AG），公司内设路网、长途客运、短途客运、货运四个独立核算的事业部。1999 年 1 月 1 日在原事业部基础上开始实行主辅分离，先后组建了路网公司（Netz AG）、货运公司（Cargo AG）、旅行和旅游公司（Reise & Touristik AG）、短途客运公司（Regio AG）、车站和服务公司（Station & Service AG）五个全资子公司，其中，旅行和旅游公司主要经营长途旅客运输，短途客运公司经营区域内和城市内的旅客运输。德国铁路组织机构改革示意图见图 6 - 6。

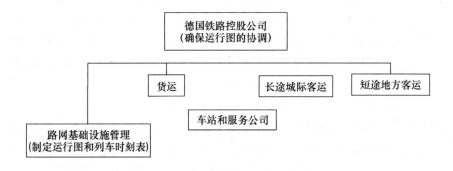

图 6 - 6 德国铁路组织机构改革示意

资料来源：路易斯·汤普森、铁路顾问：《中国铁路重组——铁路业的巨大挑战》，世界银行，2000 年 3 月。

为优化组织结构、提高内部效率和明确市场目标，2003 年 11 月，德铁将旅行和旅游公司的服务职能剥离出去，更名为长途客运公司（Fern-verkehr AG），核心业务是长途客运[①]。

结合铁路改革，德国联邦交通部在 2000 年度交通报告中全面地阐述了综合化交通运输政策。德国交通部认为，交通运输政策应从经济、社会和生态这三个主要视角（所谓目标三角形）进行综合考虑。其任务是确保人们的出行和物资运输，同时把交通发展所产生的负面后果限制在可承

---

① 唐述春：《德国铁路客运营销特点及思考》，《中国铁路》2005 年第 5 期。

受的程度内。综合化运输政策与铁路相关的有：建设能力强大的交通设施，在继续发挥公路在客货运输中的关键作用的同时，通过改革提高铁路的竞争地位，减轻公路的运输负担，大力支持发展短途公共旅客运输，改善国内水运的竞争地位；完善各种交通运输方式组成的交通网络；在客运方面，优化铁路客运和民航客运，把国内短距离航空运输转移到高速铁路运输；在货运方面，加强联合运输，特别要大力发挥铁路在联合运输中的作用；建立公平公正的竞争条件，从税收方面采取措施，为各种交通工具在欧盟范围和德国境内建立公平的竞争环境。

德国联邦交通部在 2000 年度交通报告中明确提出了到 2015 年通过贯彻综合化交通运输政策应达到的目标：（1）在货运方面，使公路货运所占市场份额从 1997 年的 63.5% 降到 2015 年的 61.5%，同时使铁路货运所占市场份额从 1997 年的 19.6% 升到 2015 年的 24.3%。（2）在客运方面，使公路客运从 1997 年的 79.6% 降到 2015 年的 79.2%，同时使铁路客运从 1997 年的 7.8% 升到 2015 年的 8.7%①。

德国铁路自 1999 年 1 月 1 日主辅分离成立长途客运、短途客运、路网、货运、车站和服务等五大公司，同时开放了铁路的运输市场，让德国境内的 200 余家私营运输公司共同公平参与竞争，均向路网公司清算费用，从而使德国的铁路运输引入了市场机制，有利于铁路企业提高生产效率和竞争能力，也提高了路网的使用效率和效果。五大公司各自独立经营、独立核算，准备上市，以便从证券市场上获得铁路发展建设的资金，这也促使各铁路公司严格按照上市公司的要求进行运作②。

1994 年改革后的 10 多年间，德国铁路路网股份公司经营着德铁（DB）36500 公里路网，并负责养护和维修。该公司是一个铁路基础设施企业（EIU），承担的义务是使所经营的路网供每个潜在的客户使用，这是欧盟立法所要求的③。

德国铁路客运在经济不景气、市场需求下滑和竞争激烈的不利状况下，坚持以人为本，以旅客需求为导向，积极采取多种营销措施，不断提

---

① 毛俊杰：《德国交通运输政策研究》，上海物流网，www.sh56.org，2006 年 7 月 3 日。

② 杨奎山：《中国铁路与德国铁路的部分区别》，《中国铁路》2004 年第 8 期。

③ 铁信数据中心：《德国铁路路网股份公司的线路使用费体系》，《中国铁路》2005 年第 10 期。

升服务水平和服务质量，市场份额稳中有升，从 1990 年的 6.2% 上升到了 2003 年的 8.0% 左右，2003 年德铁客运发送量比改革初期的 1994 年增长了 17.6%①。但是德铁旅客列车经常由于设备故障、线路病害而晚点，使乘客非常不满。

改革后的德国铁路货运经营效果不好，没有扼制住公路运输市场份额继续增长的势头，铁路货运的竞争地位也没有明显加强。铁路改革使铁路运输企业走向市场虽然可以增强铁路企业的活力，但是面对公路运输的激烈竞争，这种潜力是有限的。实现技术创新，从根本上改变铁路传统的生产方式，提高铁路的效率、降低运输成本是不可忽视的决定性因素。这方面德国铁路不如美国铁路和日本铁路②。

综合德媒体报道，经过多年的争论，德国铁路私有化进程终于取得新的进展。在 2009 年前德国铁路逐步实行部分私有化，按照协议，2010 年 3 月底前联合政府将提交私有化草案，其中包括联邦和铁路公司间的合同。铁路网和火车站还将保持联邦所有，铁路公司受联邦委托，管理和经营铁路网线，委托期尚未确定。联邦政府同意铁路公司将交通和基建纳入统一的运营管理和财政结算③。至此，德国铁路改革的市场结构尚未变化，仍然维持原国铁垄断市场的格局。

除以上分析的国家的铁路改革外，还有瑞典、澳大利亚、阿根廷、秘鲁、东欧国家在 20 世纪 80 年代以后都进行了铁路机构改革，减少了政府干预，促进了市场竞争，私营部门的作用明显提高，如私有客货运线路的委托经营，劳动效率和行业绩效都显著提高。

第六节　俄罗斯与哈萨克斯坦铁路产业改革与竞争模式变化

俄罗斯幅员辽阔，以平原为主，铁路运输在国家战略中占据重要地位。俄罗斯铁路运营里程 8.62 万公里，俄罗斯铁路旅客列车是居民出行

---

① 唐述春：《德国铁路客运营销特点及思考》，《中国铁路》2005 年第 5 期。
② 毛俊杰：《德国交通运输政策研究》，上海物流网，www.sh56.org，2006 年 7 月 3 日。
③ 驻德国经商参处网站，2006 年 11 月 10 日。

主要选择的交通运输工具，铁路旅客周转量约占全国旅客周转总量的40%左右；据报道铁路货运占运输总量的80%左右（不包括管道运输）。近年来俄罗斯铁路积极努力采取有效措施发展铁路快速运输，以改善运输服务质量，提高铁路在运输市场中的竞争能力。2007年年末，中国铁路营业里程达7.8万公里，中国的客货运输同样主要依靠铁路实现，还有很重要的一点就是中俄铁路运输原有的计划经济管理体制基本雷同，因此俄罗斯铁路改革的经验对中国有很大借鉴意义。

　　1996年负责铁路工作的俄罗斯交通部提出了经议会通过、政府批准的《俄罗斯铁路运输2005年前的主要发展方向和社会经济政策》。在铁路机构改革方面提出要在运输管理信息化的基础上建立大铁路局、取消分局级管理，降低管理费用。1997年把19个铁路局减至17个，104个分局减至78个。此后，1997年后俄罗斯铁路配合改革狠抓了经济、技术的发展，如增加投资进行重点路段基本建设、提高信息网络现代化和牵引动力现代化水平，于1997年7月开始贯彻增产节约、战胜铁路运输低迷的方案。1998年5月开始试行体制改革的新构想，把改革目标指向市场竞争，使管理机构适应运输发展的需要，多渠道吸引投资，更新技术设备，提高铁路运输效率；在部分铁路局内开始试建长途客运公司和市郊客运服务公司。

　　在发展生产基础上的铁路体制初步改革，使俄罗斯铁路客货运输1999年比1998年有较大增长。于是，2000年8月16日俄罗斯交通部管理委员会决定2000—2005年分三阶段，将铁路改革工作进一步推向前进。2001年5月18日，俄罗斯联邦政府正式批准了"铁路改革纲要"，俄罗斯交通部开始按照"纲要"提出的目标、原则和任务要求，推动改革进程[①]。

　　长期以来、整个运输生产组织工作一直按"交通部—铁路局—铁路分局—基层站段"传统模式实行四级管理。全路现有17个铁路局，60个铁路分局，形成63个局间分界站。由于全路机车牵引和供电制式不同。设有76个电力机车供电制式变换或内燃机车与电力机车牵引动力制式变换的车站。为实现列车按编组计划进行编解作业和方向车流调整以及保证行车安全，全路共有93个编组站（其中路网性编组站82个）、200个机

---

① 周继宏编译：《俄罗斯铁路进行深入的体制改革》，《铁道运输与经济》2001年第8期。

车技术检查站和 400 个车辆技术检查站。这样的运输生产管理机构设置和布局，无法提高运输效率，资源不能得到有效利用，尤其是"分界口"过多，作业重复，运输途中停留延误时间过长，直接影响货物的送达速度，而且运输成本加大。

采用新的运输组织管理模式的基本思路是：建立无内部边界及铁路局和铁路分局外界站的统一铁路网；在一个地区管辖内的列车运行只由 1 台本务机车担当全部作业；重组运输组织管理机构实现集中统一调度指挥。

按照这一改革思路，铁路运输组织管理机构将由现在的四级管理改变为"交通部运输（调度）管理中心—地区调度指挥中心—基地站（中心）"三级管理。以在地区中心管辖范围内组织开行直达列车运输方式，实现从货流的产生地到消费地直达输送，减少运输途中技术作业，节省货物运输时间和支出费用。改革重组方案设计，将建立 7 个地区中心，莫斯科中心级别高于其他中心（见图 6-7）。

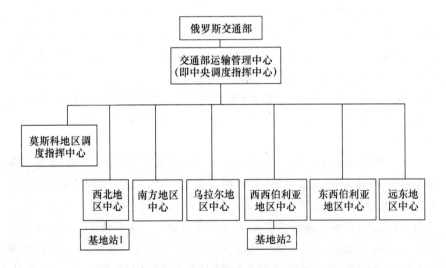

图 6-7　俄罗斯铁路运输改革后的组织管理机构

资料来源：刘重庆：《俄罗斯铁路运输组织管理机构改革》，《中国铁路报》2001 年 9 月 28 日。

俄罗斯铁路改革第一阶段（2000—2002 年）的重要任务：实现运输管理体制的"政企分开"，把国家调控和监管职能与经营业务管理分离，构建"俄罗斯铁路股份公司"框架，铁路股份有限公司的功能与任务是更好地吸取国外公司的经验，抓好运输过程的运营管理。

第二阶段改革（2002—2004 年）的主要任务：在新的交通部及俄罗斯铁路股份有限总公司的领导下，处理好各个铁路组织和公司的关系，以及与其他铁路基础设施使用者的关系；取消对客运亏损补贴的规定，长途客运业务及市郊客运业务从铁路"母体"分出，成立独立的长途旅客运营公司和市郊旅客运营公司；对国家路网具有支援任务的工厂及建筑安装业实行私有化，对当前低运输密度的、无盈利的铁路从路网分离出来，采取其他改革方式或者关闭；完善基础设施的使用、管理办法，有关条款、环境、价格等对所有运营者都是平等的；建立货运公司，为总公司的下属公司，可售出部分股票作为投资财源，建立俄联邦长途客运董事会，也为俄铁总公司的下属机构；争取以贷款方式获取资金用做设备及基础设施的更新。

改革的第三阶段：2005 年以后，要求下属公司卖出一定比例的股票，所得股金交总公司作为投资财源，但俄铁总公司 100% 的股权仍然为国家所有；俄铁总公司指导各下属公司投入市场竞争①。评价把运输与基础设施完全分开的适宜性，发展私有的干线机车，把大部分货车（60% 以上）变为私人所有；发展货运领域和长途旅客运输领域的竞争，出售市郊旅客运输的经营许可权，评价建立几个彼此相互竞争的垂直一体化铁路公司的可能性。

俄罗斯铁路改革的效果从其运输收入的增长上可见一斑。近年来，俄罗斯铁路运输发展很快，2003 年货运量为 13 亿吨，比较 2002 年增长 6.7%，其中对外贸易货运达 4.07 亿吨，同比增长 12.9%②，西伯利亚大陆桥开始走出低谷，逐步恢复其运输市场份额。为提高俄亚欧大陆桥总体竞争力和服务水平，俄计划打造实力雄厚的大型运输集团，2004 年由俄罗斯铁路公司与远东海运公司各投资 50% 成立了大型集装箱运输公司，目的在于克服目前缺乏统一承运人、无法为客户提供系统服务的不足，更

---

① 周继宏编译：《俄罗斯铁路进行深入的体制改革》，《铁道运输与经济》2001 年第 8 期。

② 刘慧丽：《俄罗斯远东以路求兴——俄亚欧大陆桥发展情况及分析》，《俄罗斯中亚东欧市场》2006 年第 2 期。

有效地吸引和组织集装箱跨国联运。俄方预测，该公司的成立会使俄跨国集装箱亚欧运输量成倍增长[①]。

俄罗斯为了增加本国铁路的经济效益，积极投入大量人力、物力、财力、维护西伯利亚陆桥的优势，通过降低运费、提高速度、加强货物跟踪服务来提高吸引力，遏制通过中国境内的新欧亚大陆桥的竞争力。西伯利亚陆桥的经营者为了招揽货源，制定了许多优惠政策，简化沿途手续，实际运输时间比新欧亚大陆桥还要短，弥补了其线路长的不足，特别是对日本和韩国的过境货物有强大的吸引力；俄罗斯铁路正在寻求国外运输公司的合作，投入资金，增添设备，改善管理，采取灵活的技术和组织措施，吸引更多的货源，在市场定位上优势明显。根据俄罗斯铁路公司的资料，2003 年西伯利亚大铁路总货运量为 4.02 亿吨，货运结构是：木材 27%，石油及其制品 17%，黑色金属 18%，煤炭 22%，化肥 2%，合计有 86%的货物为初级产品。

2006 年 8 月，俄政府批准了 2006—2010 年铁路交通结构改革实施五年计划。自 2007 年起，俄罗斯将吸引私人投资进入铁路机车车辆整修及更新干线机车库，改善铁路交通价格调整系统，并计划组建联邦开放型股份公司，继续优化运输组织管理模式和机制，在垂直整合的不同铁路公司之间引入竞争，但是俄罗斯铁路改革到 2010—2012 年才能初见成效。

哈萨克斯坦铁路与俄罗斯铁路改革的初始条件接近，哈萨克斯坦铁路与独联体其他国家的铁路部门一样，在 1997 年存在独联体其他国家所特有的经济危机，运量下滑、费用上升、冗员过多、效率低下。前铁路网由原阿拉木图、原采林纳、原西哈萨克斯坦三个地方性铁路局管辖，哈萨克斯坦政府为了提高铁路的效率，1997 年将三个铁路局合并，成立了共和国国营企业 "哈萨克斯坦铁路"，通过整合，财务状况达到了稳定。为了进一步实施铁路机构改革，2001 年 6 月 4 日政府批准了 2001—2005 年铁路运输重组计划，重组计划分 3 个阶段实施：

第一阶段，2001—2002 年 7 月：主要任务是变革哈铁的保障和社会职能，剥离大规模社会公益设施和大批居民公共住宅包括机关、文教、卫

---

① 刘慧丽：《俄罗斯远东以路求兴——俄亚欧大陆桥发展情况及分析》，《俄罗斯中亚东欧市场》2006 年第 2 期。

生和体育设施；为了提高车辆和机务维修服务市场的竞争能力，在国营子公司分公司资产的基础上组建了生产合作企业和股份有限公司：机务维修子公司、热尔多列马什机务维修子公司和客运子公司，实现主辅分离、客货分离。

组建独立的客运公司将意味着企业自己必须承担路网和机车部门为其提供服务的费用，国家财政补贴机制逐步简化。为了提高客运服务质量，将在客运服务领域引入竞争机制，使财政补贴降低。在竞争的基础上，允许私人企业在有竞争力的线路上经营客运。

第二阶段，2002 年 7 月 1 日—2004 年 1 月 1 日：为运输竞争发展阶段，2001 年 12 月哈萨克斯坦共和国颁布的《铁路交通法》是今后进行改革的法律依据，下列铁路运输主体行为应遵循这个法律。（1）铁路干线工作人员，指铁路运输干线的管理者和一般工作人员；（2）承运人，指利用自备车或租用车进行运输的主体；（3）国有铁路公司，指为铁路运输干线提供服务而组建的机构，国家是这个机构财产的所有者。组建"哈萨克斯坦铁路"国有企业股份公司取代"哈萨克斯坦铁路"，所有履行辅助、保障职能的企业（线路维修企业、热尔让杰乌什线路维修企业、机务维修企业、热尔多列马什机务维修企业、能源与供水保障企业、通信保障企业、专业军事化武装押运企业等）已逐步分离，组建了股份制子公司，使它们在各自的业务范围内能够运用机动灵活的市场机制，同时，为发展辅助和维修领域里的市场关系创造了条件，允许它们开展竞争。

第三阶段，从 2004 年 1 月 1 日开始：开始将实施新的重组，主要目的是，针对货运、客运、保障领域建立市场竞争机制。根据哈萨克斯坦《铁路交通法》的有关规定，（1）作为国有重要战略资源，应保护好铁路干线，任何人无权将它纳为私有财产；（2）"哈萨克斯铁路"国有企业占有并使用铁路干线；（3）允许私营业主入网经营。这样一来，在"哈萨克斯坦铁路"国有企业里拟组建铁路干线经营机构，成立拥有承运人职能的"货运股份子公司"，在机车领域成立"机务股份子公司"，以保障所有承运人平等使用机车。同时，要像组建国有铁路干线经营机构和国有承运机构时一样，继续保持谨慎态度，逐步实施各种复杂机构的重组方案。

哈萨克斯铁路经过企业重组、股份制改革、主辅分离、客货分离等全面改革，铁路行业内企业间展开了竞争，改革后铁路装车数量、货运周转量、客运周转量、行车安全等主要生产指标都有了明显改善。

第七节　铁路竞争模式演变——结论

以铁路为例竞争模式研究的重点内容是美国铁路发展过程中市场竞争模式的演变：从铁路发展阶段的自由竞争到管制阶段的竞争是不充分（有限竞争）的，再到复兴阶段的寡头垄断竞争；加拿大与美国相似；英国、日本和德国是从市场经济条件下的国家垄断到市场竞争，再到寡头垄断竞争；俄罗斯和哈萨克斯坦两国是从计划经济条件下国家的国家垄断到企业重组、股份制改革、主辅分离、客货分离的铁路行业全面改革而引入竞争，改革还在进行过程当中。根据对不同国家铁路运输业放松管制和国铁改革的分析，可以得出以下结论，并发现近年来世界铁路产业发展的新趋势。

从世界各国铁路改革的实践看，无论是美国（加拿大）模式、英国模式还是日本模式、德国模式，抑或是俄罗斯模式，各个国家放松政府对铁路行业的管制、结束国家垄断经营铁路的历史、引入市场竞争机制，既是伴随市场环境的改变而发生的，也是各个国家铁路行业提高竞争力的内在要求。但是所有各个国家铁路改革中对市场结构的重构方案只不过是指导性的，市场结构的最终模式是在改革后激烈的市场竞争环境中，企业间几经兼并和重组而确定的，这说明具有自然垄断性的铁路产业与其他产业的市场结构演变过程具有很大的一致性，既要保持规模经济又要兼顾竞争效率。

近年来世界各经济区域铁路运输市场一体化的趋势比较明显。美国乃至北美铁路逐步合并，铁路运输市场向一体化发展，成本结构趋向合理，更有利于发挥铁路的规模经济、范围经济、密度经济等优势。如北美经济区、欧盟经济区，未来的欧亚经济区、东北亚经济区、东盟经济区等，铁路跨国界、跨区域经营已初露端倪。目前加拿大、美国已经互相参股、控股或直接经营对方国家的铁路，两国互相开放通路权；法国国营铁路公司（SNCF）和德国铁路公司（DB）于2005年年底也就法德两国铁路公司两国高速铁路和铁路货物运输签署合作协议：包括建立一个双方合资公司，自 2007 年开始在法、德两国之间开展高速铁路客运运输服务。合资公司是全资公司，财务上完全独立于两国铁路，管理多列高速客运列车，并开拓市场和进行运输服务。在铁路货物运输方面，法德两国也将进行全面的合作，共同组建两国边境铁路货运的联合体——Rail Euro Concept（REC）。2006 年 1 月起，REC 将负责跨越两国边境的铁路货物运输计划和生产，并确保国际铁路货物运输的质量；随后，REC 将接管两国的跨境铁路货物运输。按照协议，从 2006 年 2 月开始，两国间的过境货物列车将不再更换机车和司机，每列列车过境将节省 2 小时[①]。

随着欧洲一体化的进展，各成员国的铁路运输市场不断地开放。在国际货物联运方面，自 2003 年 3 月 1 日开放的泛欧铁路货物列车运输网承担的运量已经占国际联运货运量的 95%。到 2006 年 1 月 1 日它将扩展到整个欧洲国际联运路网[②]。2006 年 11 月 10 日，亚洲 18 个国家和地区的代表在韩国釜山正式签署《亚洲铁路网政府间协定》，这个横跨亚洲、连接欧洲的"钢铁丝绸之路"计划会给各协定签署国铁路带来千载难逢的新机遇。铁路产业高度集中和寡头垄断的市场结构将从一个国家向相邻国家过渡，经济区域范围内的跨国兼并、集团化和垄断经营是世界铁路产业发展的最新趋势。

---

① 王志明编译：《法德两国铁路公司签署铁路运输合作协议》，《中国铁路》2005 年第 8 期。

② 铁信数据中心：《欧盟委员会批准法国国铁的货运计划》，2005 年 10 月。

第七章 自然垄断产业改革的运营模式

随着世界范围内自然垄断产业改革和市场化进程的加快，长期滞后的中国垄断产业改革中所遇到的产权结构、治理结构、市场结构、规制结构、运营结构等一系列问题都亟待解决，尽管每一方面的改革主张都在一定程度上推动了自然垄断产业的改革进程，但是单方面的改革都存在不足，因此产权结构、治理结构、市场结构、运营结构、规制结构应该并重，对于各个方面加以系统的设计，并在政策上相互协调、取长补短，才能积极、稳妥、有效地解决自然垄断产业改革中遇到的问题，从而顺利且快速地实现改革的目标和任务。

自然垄断产业改革中遇到的许多问题，主要是企业缺乏有效的产权配置机制、公司的治理机制不健全、市场竞争不足、规制结构不合理、运营模式僵化。从历史的时序来看，自然垄断产业的改革，20 世纪 80 年代，一些国家最早开始对铁路、电信、电力、民航等产业的运营和管理体制进行改革，初衷是放松规制和促进竞争，规制放松、竞争加剧的同时这些行业中企业的产权结构、治理结构和运营结构无不发生深刻的变化。从改革的效果来看，吸引多种投资主体进入垄断行业使产权结构逐渐调整到位，改变了国有资本一统天下的局面；所有权、经营权和管理权三权分立的法人治理结构很快形成，进而形成激励约束机制；通过创建引入股份制公司、民营公司等竞争对手，对原有的垄断企业形成外在的竞争压力，形成激烈的竞争格局，推动其内部变革。本章在前面各章探讨的基础上分析自然垄断产业运营模式的演变，并分别分析电信产业、铁路运输产业和电力产业等自然垄断产业改革的运营模式。这些行业都有明显的基础网络的自然垄断性与服务的竞争性特点，服务与网络间的关联度极高，改革和运营模式有各个行业的具体特点，又有自然垄断产业的共性。

第一节　自然垄断产业运营模式的演变

由于自然垄断产业的经济、技术等特征决定了其运营模式是典型的全业务一体化经营，如图 7 - 1 所示。

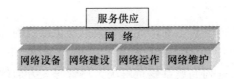

图 7 - 1　自然垄断产业的传统运营模式

自然垄断产业的传统全业务一体化经营模式基本特征是：从网络设备制造、网络建设、网络运行，直至网络维护因专业性非常强而集中于某一企业，基础设施网络本身是横向一体化经营的；以网络为运营基础，基于网络的服务产品品种单一或者功能简单，所需技术专用但不十分复杂，也被纳入纵向一体化经营的范围。这是世界范围自然垄断产业大规模改革之前一直沿用的单一运营模式，而且多数是由国家垄断经营。因此图中以矩形框表示是一体化运营模式，框图边界是实体，其他企业不可能进入；维持网络运行的各个环节之间和基于网络的服务之间浑然一体，不需要发生交易关系，彼此间容易协调，关联经济效应可以顺利实现，网络资源得以充分利用，能够达到规模经济、范围经济。不足之处是效率低下、服务质量差、价格高，等等。

自然垄断的判断与特定的生产力发展水平、技术进步、需求状况等多种因素有关，随着生产力发展水平的不断提高和技术进步以及消费者需求的扩展，原来属于自然垄断产业的，其自然垄断性弱化，在某些环节变得不再具有垄断性。在这种情况下，就需要区分自然垄断业务与非自然垄断业务。

对竞争环节的非自然垄断业务，需要放松规制，采取相应的措施引入竞争成分。根据世界各国的改革经验，放松规制、引入竞争的普遍做法是对原有的垄断产业进行拆分，各国政府在放松管制改造传统垄断时一般采取的措施是纵向或横向拆分原垄断企业，形成两种常见的运营模式即纵向一体化经营和分工明确的专业化经营，纵向一体化经营范围包括基础网络、以网络为基础的服务产品及其延伸服务，专业化经营是以服务产品的不同来界定经营范围的。

　　具体方案有两种：一是对自然垄断产业传统的一体化运营模式进行纵向拆分；二是进行横向拆分。纵向拆分是从全业务一体化经营变为基础网络独立、运营商、服务产品与网络分离的分业运营模式，基础网络维持垄断，运营商和服务产品之间引入竞争，如图7-2所示；横向拆分是将原有网络、运营商和服务按照区域或者市场需求分割为新的运营主体，一般为全业务一体化运营模式，希望在分拆后运营主体彼此间形成竞争态势，如图7-3所示。

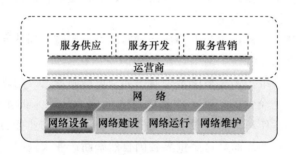

图7-2　纵向拆分运营模式

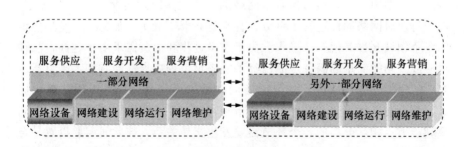

图7-3　横向拆分运营模式

　　除以上拆分方案外，还有少数国家的部分行业直接引入竞争成分，塑造一个纵向一体化经营的新市场主体，与原垄断企业展开直接竞争。运营模式类似于横向拆分方式，如图7-4所示。

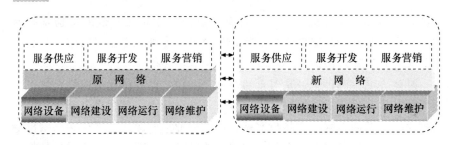

图 7-4 引入新运营商的运营模式

　　直接引入新运营商的运营模式需要建立新的基础设施网络，需要的投资数额巨大，这种模式见于英国电信改革个案，相比较而言，采用拆分方式构建竞争主体更为多见。

　　纵向拆分运营模式的基本特征是：网络设备制造先期从原有的完全一体化运营中分离，打破了网络设施的横向一体化经营，而其他网络建设、网络运行、网络维护仍然集中于企业内部，设施制造之外的基础设施网络还是横向一体化经营的；基于网络的服务运营商从原来的企业中分离出来，形成独立运作环节，同时引入竞争成分，所经营的业务出现双寡头竞争或者多家竞争的局面。这是世界各国自然垄断产业大规模改革过程中运营模式的一种重要形式，网络一般维持垄断经营，服务开始有限度的竞争。因此图中以实体矩形框表示网络的一体化垄断运营状况（部分国家、部分行业对网络同样进行了拆分，甚至进行私有化），虚线框边界是想说明竞争领域允许其他企业进入。由于技术进步和消费需求越来越高，品种单一或者功能简单的服务产品已经不能满足市场需求，同时加上来自竞争对手的压力，企业从产品的供应商向商品的运营商转变，不但要提供服务，而且要进行服务产品的开发和市场营销，保持和增加客户数量，提高盈利能力；相互分离的各个环节需要发生交易关系，彼此间需要以贸易合同的方式来实现关联经济效应，网络资源利用率高，规模经济、范围经济明显，部分地解决了垄断经营的效率低下、服务质量差、价格高等问题。产生的新问题是拆分后的众多环节间的交易复杂，贸易合同量大，交易费用的增加抵消了竞争所带来的部分收益，使规模经济、关联经济受到影响。

　　横向拆分运营模式或者引入新运营商的运营模式基本特征是：网络设备制造也会先行分离出去，其余的网络建设、网络运行、网络维护及服务产品则被纳入纵向一体化经营的范围，分拆或者新加入所形成的市场主体与分拆后或原有的市场主体之间展开竞争，因此图中以虚线矩形框表示纵向一体化运营模式，相互间可能进入，其他企业也可能进入；激烈的竞争格局和市场需求的变化，迫使企业服务、开发、营销并重，提高了产业效率、服务质量得到改善、服务价格下降。这种模式也有明显的不足，拆分的网络间或者新旧网络间虽然存在竞争，但是实力强大的经营方压制弱小一方，排斥新进入者，或者为网络间的联通设置障碍，使得竞争并不充分，同时由于各自网络画地为牢，形成了不同网络的新的垄断。这种模式限制了范围经济和密度经济效应的发挥。

　　自然垄断产业运营模式的演变是从网络与服务完全一体化垄断运营模式转变为与网络分离的服务产品横向一体化运营模式、与网络合一的以服务产品分类的纵向一体化运营模式，两者的区别在于以网络为基础的服务是否与网络分离。

　　从世界经历来看，自然垄断产业从改革启动后，一般经过3—5年，长一点的，为8—10年，原来的垄断产业都发生了比较深刻的变化，大多数竞争性环节都转变为市场结构比较完整、竞争相对激烈的市场格局，大大提升了相关产业的竞争力。不过改革初始时由政府规制部门所设计的拆分方案在实施过程中往往会遇到管理体制、交易关系、技术进步、市场需求等多方面的问题，因此需要不断调整以适应实际需求，原始的拆分方案最终在经过市场机制的作用后，拆分后的企业之间往往会重新组合、兼并收购，从而形成全新的市场格局，此时的行业市场是全面开放的，企业的运营模式进一步演变为竞争较充分条件下新的运营模式，如图7-5所示。

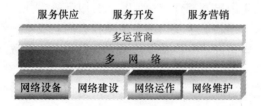

图 7-5　竞争较充分条件下开放式运营模式

开放式运营模式的基本特征是：自然垄断产业的改革在信息化带动下使其运营模式表现出新的趋势，网络设备制造、网络建设、网络运行、网络维护、服务供应、服务开发、服务营销因信息传递速度加快、相互间信息透明度增加而变成分工合作的关系，发挥各自的优势，形成差异化的既竞争又合作的态势。信息经济研究的结果显示，无边界合作正在急速改变传统经济规律，使分工进一步细化、产业链继续延伸，每一个企业都需要在产业链上找到其恰当的位置。此处以无颜色框图表示网络支持系统、网络、运营商和各种服务，每个环节有其市场需求和技术经济优势，各个环节之间需要合作、共赢，大多数行业经过竞争、融合形成了寡头垄断的市场结构。

以上四种类型的运营模式的演变是横向一体化运营模式、纵向一体化运营模式替代完全一体化垄断运营模式，开放式的运营模式又逐步取代简单的横向一体化运营模式和纵向一体化运营模式。不同运营模式在特定国家、特定行业是并存的或者是混合的，在时间上则是循序渐进的，不同国家、不同产业、不同发展阶段，因产权结构、规制政策、市场结构、竞争程度、技术水平和消费需求的不同而有所不同。

第二节　国外自然垄断产业改革的运营模式考察

世界各国普遍重视自然垄断产业的改革，制定了种类繁多的规制政策，规制政策直接影响和决定了自然垄断产业的运营模式，总结起来可以找到其共同的改革经验或者教训。下面分别考察国外电信、电力、铁路产业改革过程中的企业运营模式。

一　国外电信产业改革与运营模式选择

电信产业属于国家基础性产业，其运营服务需要强大的通信网络，通信网络投资巨大，网络的重复建设会增加社会的总成本，不利于社会资源的最佳配置。在电信产业发展初期，通常只有一个或少数运营商，运营商在网络、通信领域都没有竞争，完全垄断电信服务全过程。在近20年的自然垄断产业改革过程中，许多国家都在对电信独家垄断经营模式进行改革，探索建立电信市场的途径和办法，电信市场建立和发展的实质是塑造有竞争力的电信企业，企业的竞争力与运营模式密切相关。这里运营模式的含义主要反映电信企业是全业务经营还是分业经营，不同的运营模式决定了企业不同的市场竞争能力。

英美两国的电信业发展基本经过了"规制—放松规制—完全放开"三个阶段，积累了丰富的经验，运营模式则各有特色，分别有成功的案例和失败的教训，因此下面主要分析英美两国电信产业改革。

（一）英国电信业的改革与运营模式选择

英国是世界上第一个改革电信产业的国家，经过20余年的改革，英国电信运营模式经过了国家垄断完全一体化运营、双寡头垄断全业务纵向一体化、走向多家运营商并存的完全开放全业务一体化运营。从英国电信业改革和发展阶段看，其规制改革、市场开放、运营模式的选择具有典型性。英国电信业改革的基本程序和运营模式见表7-1。

表7-1　　　　　　　　　英国电信业改革和运营模式

时间（年）	主要事件	运营模式
1981	通过电信法案，将电信业务和邮政业务分开，分别建立了英国电信（BT）和皇家邮政公司（RN）	国家垄断，完全一体化垄断
1982	建立英国电信审批委员会（British Approvals Board for Telecommunication）向水星公司（由大东公司C&W控股）发放经营许可证，允许水星公司建立第二个固定电信网，与BT展开竞争；第一次向提供电信增值服务的公司发放了经营许可证	双寡头垄断，全业务纵向一体化（市内电话、网络服务和长途服务全业务经营，要求BT对通讯网络操作、通信设备供应、提供各种增值网络服务等业务实行独立核算，并要求将通信设备生产业务划归其独立的子公司）
1983	规定只允许英国电信和水星公司建设和经营固定网的基础设施和电信业务，这种双寡头垄断格局维持到1990年9月；颁发了第一个宽带光缆特许经营许可证	双寡头垄断，全业务纵向一体化（市内电话、网络服务和长途服务全业务经营；允许BT对有线电视进行投资，但禁止它在该公司的公共通信网络上从事各项电视服务活动）
1984	将BT私有化，向公众出售BT的51%的股权；通过"1984电信法案"，建立非政府的电信管制部门OFTEL（The Office of Telecommunications）	

续表

时间（年）	主要事件	运营模式
1985	向 Cellnet 和 Racal - Vodafone 发放经营蜂窝电信网的许可证	新运营商：专业化移动业务运营
1986	第一次向移动无线电网运营商和无线电传呼运营商发放许可证	全业务运营
1987	开发增值数据服务（VADS）及与之相关的国际通信能力的转售业务	全业务运营
1989	开放国内业务的简单转售业务	
1991	审查双寡头垄断格局，出版《竞争与选择：20 世纪 90 年代的电信政策》的白皮书，白皮书规定：任何公司都可以申请开办国内电信服务和建立固定电信基础设施；有线公司可以不经电信管制办公室批准而租用英国电信和水星公司的网络就可提供电话服务，且有线网可以互连互通；移动通信公司可以经营固定网业务，但经营固定网的许可证却不自动包括移动通信的经营权；英国电信和水星公司在 2002 年以前不允许提供娱乐服务	国内电信业务彻底开放，多种业务互相介入，专业化移动业务运营向固定电话业务渗透，造就后来的全球电信运营商沃达丰（Vodafone）
1993	向 Ionica、COLT、Energis、Scottish、Hydro - Electro 发放地区电信业务许可证；政府出售拥有的 BT 的最后股份	完全开放，全业务一体化
1996	解除对国际长途的垄断	完全开放全业务一体化

资料来源：Department of Trade and Industry Policy Briefs；Britain's Telecommunications，运营模式部分为作者整理。

英国电信业经过规制改革之后，电信产业的市场绩效明显提高。以 BT 公司为例，BT 公司通过不断的内部组织机构和运营体制改革，大大提高了效率。1984—1996 年，BT 员工人均收入从 28500 英镑提高到 53530 英镑，增幅高达 88%，英国电信市场规模日益扩大，1984—1996 年英国的电话市场规模扩大了 101.5%。电话资费持续下降，提高了电信服务质量，1985—1994 年，BT 国内长途电话网络的失误率从 4.4% 降到了 0.2%，市内电话失误率从2.0%降到了0.1%，网络的可靠性有了大幅度提升。及时装机率（在8个工作日内完成用户装机要求）从1986年的59%提高了1996年的98%。同时，用户障碍及时修复率、话务员及时应答率等都有了明显提高。在英国本土电信市场上英国电信行业总收入的65%是由BT创造的，电话业务市场占有率达80.2%，是实力最强的电信公司。

英国电信产业扩大了投资，加速了基础设施建设，增加了股东收益。英国电信市场的激烈竞争使得各个电信公司纷纷将触角伸向全球，从而大大提升了英国电信业的国际竞争力。BT在全球的主要参股公司（控股50%以上）在1995年就达8家，大东公司（C&W）控股香港电信和澳大利亚的Optus，为了巩固欧洲市场，大东公司在亚洲实行收缩战略54%的股份，沃达丰（Vodafone）于2000年宣布和德国曼内斯公司合并。沃达丰的前身是英国拉考尔电子公司专营移动电话的一个部门，1985年才单独成立沃达丰电信公司，现为英国第一大移动电信运营商，也是全球最大的移动电话运营商，其移动电话业务遍及欧洲大部分地区和日本，沃达丰持有美国电信运营商Verizon45%的股份。

（二）美国电信业的改革与运营模式选择

美国电信业的改革所采取的措施与英国有很大不同。与改革前的英国电信业国有独家垄断不一样，改革前美国电信业被实力雄厚的私人资本所垄断，可以说没有成功的模式可供借鉴，完全根据当时美国的国情进行规制改革。美国通过对电信法的修正，颁布一系列法令来规范或改变政策执行的法律环境和企业的运营模式。美国电信市场的演变过程见表7-2。

表7-2　　　　　　　　美国电信业改革与运营模式的演变

时间（年）	主要事件	运营模式
1877—1894	专利垄断	私人垄断，全业务一体化
1894—1934	早期自由竞争，后从竞争发展到垄断	私人垄断，全业务一体化

续表

时间（年）	主要事件	运营模式
1934	通信法出台联邦通信委员（FCC）专门对电信业进行管制	私人垄断开始受到管制，全业务一体化
1984 年前	AT&T 几乎垄断几乎全部的电信业务	管制垄断，全业务一体化
1984	AT&T 解体，拆分为 7 个 Baby Bell 和长途 AT&T：South Western Bell、Pacific Bell、Bell Atlantic、Bell South、U. S. West、NYNEX、Ameritech，长途引入竞争	按照基本电信业务类型横向拆分 AT&T，本地网和长途网的分业经营，但是本地业务垂直一体化
1984—1996	在长途领域中，MCI、Sprint、WorldCom 等竞争对手先后崛起，分食 AT&T 的市场份额，本地网基本由几家小贝尔公司分地区垄断	垂直一体化分业经营
1996	新电信法出台，本地电话引入竞争新运营商大量涌入	本地网和长途网相互进入形成新的全业务经营
2003	7 个小贝尔公司经兼并合并为 4 家本地运营商，SBC：South Western Bell、Ameritech、Pacific Bell、Nevada Bell、SNET；Verizon：Bell Atlantic、GTE、Nyex；Qwest：U. S West；Bell South。3 家非贝尔体系运营商，MCI/WorldCom/UUNET，长途骨干 ISP；Sprint 长途/骨干 ISP/无线；Cable & Wireless 长途/骨干 ISP	竞争与垄断并存，全业务经营

资料来源：谭锐：《中美电信管制比较研究》，《三峡大学学报》（人文社会科学版）2006 年第 28 卷第 5 期，运营模式部分为作者整理。

　　在 AT&T 解体之前，一个独家垄断经营通信网络的电信产业中，各通信网络之间的联系是企业组织内部的事，不存在收费价格等联网的条件问题。AT&T 解体以后，新进入的企业、AT&T、各地方贝尔之间就联网的条件争论日益激烈。存在长途电信运营商进入地方电信网络时的联网问题，还有地方电信网络之间的联网情况。关于联网的条件问题日益集中在长途电信运营商与地方电信运营商、各地方电信运营商之间应如何联网。

对此，联邦管制委员会（FCC）和各州管制者都建立了联网的规则。按照这些规则，地方电信运营商应该针对不同的用户包括网络运营商、其他网络服务提供商以及最终消费者制订收费表。这种收费表通常包括服务的类型、价格和购买者应具备的条件。通常这些规则及收费表都是很繁杂的，美国的电信法规要求地方贝尔公司以折扣价格向其竞争对手出租本地电话网络，电信业的进入门槛降低了，新运营商很容易进入到这个领域，造成大量重复建设，导致带宽过剩，电信市场竞争异常激烈。放松管制的美国电信市场曾一度陷入无序恶性竞争、危机重重的局面。在竞争激烈的环境下，各大电信公司采取措施增加自身实力，巩固已有的市场，抵御高额投资风险，承受日益摊薄的利润。合并成为现有公司强化竞争地位的有效手段。21世纪初，美国电信业的合并在数量和规模上都是空前的。近期电信网与其他媒体如广播电视网、计算机网的融合也给产业带来巨大变化，对现存的管制体制提出了更大挑战，对信息产业的运营方式提出了转型要求，要求综合信息运营模式以适应市场的变化。

大致概括美国的电信运营模式：从私人专利垄断到自由竞争，而后竞争形成寡头垄断，直至分拆前受到管制的寡头垄断均为全业务一体化运营；1984年AT&T分拆后本地固话为垂直一体化、长话与固话分业经营；1996年本地网和长途网相互进入形成新的全业务经营；2003年多家电信公司通过合并与竞争形成全业务经营。

20世纪90年代以来，世界各国的电信业改革都有了明显进展，一些新运营商进入了基本电信业务领域，在基础设施业务和用户服务等多层面上与原来的垄断运营商展开竞争（见表7-3）。

表7-3　　　部分国家和地区有代表性的新运营商（2001年）

国家或地区	主要的新运营商	业务类型
澳大利亚	Optus	所有业务
加拿大	Unitel Communications	除国际业务外
智利	ChileSat，VTR	基本业务
多米尼加共和国	Tricom	基本业务
芬兰	FinnNet International Telivo	基本业务

国家或地区	主要的新运营商	业务类型
加纳	Capital Telecom	基本业务
中国香港	新电讯、和记、新世界电话	本地业务
以色列	DARCOM	基本业务
日本	DDT、Teleway 日本、日本电信 IDC、ITJ TTNet	长途业务 国际业务 有线电视/电话
韩国	Dacom	所有业务
新西兰	Clear Communications	所有业务
菲律宾	Philippine Global	长途业务
瑞典	Tele2	所有业务
英国	Mercury	所有业务
美国	MCI, Sprint Teleport、Time Warner、MCI	长途业务 本地业务

资料来源：李鹏：《中国电信建立有效竞争机制研究》，硕士学位论文，北京科技大学。

表中：基本电信业务包括固定网络的本地、长途和国际电话，所有业务除基本电信业务外，还包括数据业务、增值业务等非基本电信业务和出租线路的转售业务。

从表7-3中国家新进入的运营商电信服务范围来看，除非受到政府规制政策的限制，否则大多数新运营商都是全业务垂直一体化运营模式，电信市场的开放必须以电信网络的开放为基础，没有基础网络的开放，很难形成实质意义上的可操作的电信服务竞争。要形成有效竞争的电信市场就必须采用基础设施与服务业务都开放竞争的市场结构，运营模式则由企业根据市场的实际需求、企业的经营管理水平和经济实力自主决策确定。

二　国外铁路产业运营模式选择

铁路运输业是比较典型的网络型产业，一度成为许多国家管制或国家垄断的行业。近二三十年来，放松管制成为铁路改革的世界性潮流。基本思路是在铁路产业打破垄断、引入竞争。在具体改革方案的设计和运营模式的选择上，英国、美国、日本、俄罗斯等国分别进行了实践，实践的效果正在显示出来。

（一）英国铁路产业运营模式选择

1948 年前，英国铁路是私人所有、私人经营的，运营模式为全业务一体化。1948 年工党政府将铁路收归国有，成立英国铁路公司（BR），1962 年英国铁路董事会成立并作为 BR 最高管理机构。战后由于汽车、航空、管道等新型运输方式的兴起，英国铁路的市场份额日益缩小，铁路在运输市场中的份额，货运从 1952 年的 42% 降至 1991 年的 7%，客运从 1952 年的 17% 减至 1992 年的 6%。自 1955 年起英国国铁出现连续亏损，每年需要大量财政补贴，因此迫切需要改革。英国铁路产业发展过程和运营模式的演变见表 7 - 4。

表 7 - 4　　　　　　　　英国铁路产业运营模式的演变

时间（年）	主要事件	运营模式
1825—1923	修建了世界上最早的铁路，私营铁路公司之间自由竞争	全业务一体化
1923—1948	私营铁路公司进行了合并，形成大西部、南方、伦敦、米特兰和苏格兰、伦敦和东北等大型铁路公司，出现铁路产业垄断运输市场的局面	全业务一体化
1948	工党政府将铁路收归国有，成立英国铁路公司（BR）	全业务一体化
1962	英国铁路董事会成立并作为 BR 最高管理机构	全业务一体化
1955	英国国铁出现亏损，此后国铁每年都要向政府申请财政补贴，成为政府的财政包袱	全业务一体化
1982	BR 内部第一次改革：废除按地区分为 5 个地区局（东区、中区、苏格兰区、南区、西区）的分区管理体制，设立长途客运、伦敦大区客运、市郊客运、行包运输、货物运输 5 个事业部，大区局是基础设施的拥有者也是垄断者	类似网运分离模式，各事业部要缴付使用费，经营成本居高不下

续表

时间（年）	主要事件	运营模式
1988	BR 第二次内部改革：正式撤销 5 个地区局，按市场业务成立 8 个垂直管理的事业部，即城市客运、东南路网客运、地区铁路客运、欧洲客运服务、整车货运、集装箱运输、行包业务部、维修服务部。各事业部都是独立经营单位，拥有自己的基础设施，事业部之间互相提供服务要按内部价格进行清算。事业部虽然独立核算，但是不自负盈亏	可以看做基础设施被分割管理的横向分拆模式，不利于提升整个路网的运营质量
1992—1994	运输大臣提交国会审议《铁路改革白皮书》，以白皮书的主要内容为基础制定的《英国铁路法》生效，铁路改革的目标是结束铁路的国家垄断、拆分国铁并民营化、引入市场竞争机制。成立一家路网公司负责经营和管理基础设施，铁路运营业务则按业务内容分割成为 120 家专业公司，面向社会出售	网运分离、客货运分离、主辅分离
1996	5 家货运公司合并为 EWS（English Welsh & Scottish Railway Ltd.）货运公司（改革拆分为 6 个专业化货运公司）是英国最大的铁路运输公司，市场份额达到 80%	网运分离、客货运分离、主辅分离
2001	成立铁路战略局取代客运特许署，路网公司破产后重新被政府接管，2002 年 10 月新的路网公司 Network Rail 成立	网运分离、客货运分离、主辅分离

资料来源：作者根据资料整理。

由于铁路路网投资数额巨大，英国铁轨系统私有化后除管理不善外，对改善铁轨设施等大型工程投资不足，使铁路多次发生故障和事故。2002年新成立的路网公司不再是上市公司，将其工作重点放在了实现公益性目标上，采取商业化的模式运营，盈利全部用于再投资，这样使得英国铁路改革方案进一步完善。同时铁路具有显著的规模与范围经济特征，铁路产业不可能像一般产业那样有大量的企业存在，从而实现完全和充分的竞争，而需要在规模经济、范围经济和竞争之间取得平衡。英国铁路私有化改革后网运分离、客货运分离、主辅分离的运营模式切实打破了垄断、引入了竞争机制，但是铁路内部的竞争并没有充分展开，却损失了一部分规模经济和范围经济效益。后来客货运公司分别进行的兼并和合作，在一定程度上弥补了拆分所失去的规模经济和范围经济效益。

（二）美国铁路产业运营模式选择

私人资本为主体的投资体制是美国铁路建设的基础性制度，在铁路产业创建时期政府鼓励政策和私人资本大力进入的情况下，1916 年美国铁路运营里程达到历史上最长里程将近 41 万公里，铁路在美国城际客运和货运周转量中所占的比重也同时到达了最高点。大约从 19 世纪 80 年代开始，在美国铁路产业内部形成了明显的集中趋势，美国铁路产业逐渐确立了其在运输业中的垄断地位，因垄断地位而带来价格歧视、不合理竞争等垄断行为，后来直接引发商务管制法和州际商会对铁路的严格管制，但铁路发展过程中运营模式始终坚持一体化的运营模式，具体见表 7 - 5。

表 7 - 5　　　　　　　美国铁路产业运营模式的演变

时间（年）	主要事件	运营模式
1827—1916	修建了美国历史上最长的铁路，私营铁路公司之间自由竞争，铁路在运输市场占有绝对垄断优势	全业务一体化
1871—1874	"格兰其运动"影响较大的美国中西部的伊利诺斯、明尼苏达、衣阿华和威斯康星州等先后制定了控制铁路运营的法律。这些法律明令废除铁路运费差别对待的做法，并设立铁路委员会来确定本州铁路客货运输价格的最高限额	全业务一体化
1887	国会通过了商务管制法，作为美国铁路管制的起点，依该法成立了州际商会（ICC）。当时的管制目的是保护竞争、反对垄断、维护公共利益。管制的内容包括限价、市场准入、兼并与收购、市场退出、保险与联运等等	全业务一体化
1969	美国铁路客运出现约 2 亿美元的财政赤字，占铁路工业总利润的 25%—40%	全业务一体化
1970—1975	国会通过法律实施客货运分离，把客运作为独立的公共企业来运作，开始逐渐解除对铁路的管制	客货分离，客运与路网分离，货运与路网一体化

时间（年）	主要事件	运营模式
1976	颁布《铁路复兴和规章改革法案》（4R 法）	客货分离，客运与路网分离，货运与路网一体化
1980	《斯塔格斯铁路法》的通过标志着放松管制正式开始。放松管制的基本内容涉及管制的各个方面，如灵活定价原则、进入和退出行业、经营许可、多种运输方式联运等	客运为独立的公共企业，货运实行网运一体化
1980—1984	铁路企业之间大规模并购，各家铁路公司拥有自己的铁路网、机车车辆和其他公司线路的通路权，连续并购后大铁路公司从区域规模扩展到全国性、跨国性的特大铁路公司	各个货运铁路公司垂直一体化和水平一体化
2004	美国名义上有 7 家 I 级铁路，具有支配能力的有 4 家，即中西部的 UP（太平洋联合铁路公司）和 BNSF（伯林顿北方铁路公司），东部的 CSX（切西滨海铁路公司）和 NS（诺福克南方铁路公司），分别在中西部和东部形成平行竞争的态势，力量比较均衡	客运为独立的公共企业，各个货运铁路公司垂直一体化和水平一体化

资料来源：作者根据资料整理。

美国铁路的运营模式从发展阶段到管制阶段都是私营企业全业务一体化运营；因客运的巨额亏损使放松管制实施了客货分离、客运与路网分离、货运与路网一体化的运营模式；在放松管制后客运网运分离并由政府提供客运服务，货运网运合一的垂直一体化和水平一体化的运营模式比较成功。运营模式的特点是各家铁路货运公司拥有自己的铁路网、机车车辆和其他公司线路的通路权，连续并购后大铁路公司从区域规模扩展到全国性的特大铁路公司，并渗透到加拿大、墨西哥等国家的铁路运输业。目前加拿大、美国铁路企业已经互相参股、控股或直接经营对方国家的铁路企业，互相开放通路权，在竞争中合作。北美经济区域铁路运输市场向一体化发展，成本结构趋向合理，更有利于发挥铁路的规模经济、范围经济、密度经济等优势。

（三）日本铁路产业运营模式选择

1987年改革开始时日本铁路货运的市场份额只有4.5%，因此日本铁路改革分割为6个区域性网运合一的客运公司和1个全国性的货运公司，其运营模式与美国不同，客运网运合一，货运网运分离。日本铁路运营模式的选择充分考虑到日本的客运和货运国情，客运路网不是按地理界限进行划分，而是按照客流密度分布划分。改革后，日本的铁路网虽然被分割，但是并没有破坏路网的完整性，不同公司间的过轨率仅为5%，95%的客运都在公司内部完成[1]。日本铁路产业运营模式的演变见表7-6。

表7-6　　　　　日本铁路产业运营模式的演变

时间（年）	主要事件	运营模式
1872—1906	以私营铁路公司之间自由竞争为主，政府投资为辅	全业务一体化
1906	开始国有化运动，私有铁路退出了货运市场，国铁在陆地货物运输中享有垄断地位	全业务一体化
1949	日本国有铁路作为公共企业组建国有铁道公社	全业务一体化
1964	国铁开始亏损，国家每年支付巨额补贴，赤字直线上升改革前，日本铁路分为国铁、私铁和城市公交铁路，国铁承担城际干线运输、城内运输及货物运输，1951—1987年完全是国有国营	全业务一体化
1964	日本建成并运营世界上第一条高速铁路——东海道新干线，这条专门用于客运的电气化、标准轨距的双线铁路，代表了当时世界第一流的铁路高速技术水平	新干线客运专线成功运营
1971	日本国会审议并通过了《全国铁道新干线建设法》，决定在日本客运中推行新干线	
1985	国铁的赤字达到顶峰1.85兆日元。为了消除赤字，国铁反复提高运费，1986年比1980年上涨了38%，同期国铁的长期债务也高达37.1兆日元	国铁全业务一体化

[1] 李杰：《20世纪后期英国、日本铁路改革及其比较研究》，硕士学位论文，苏州大学，2005年，第29页。

续表

时间（年）	主要事件	运营模式
1987	实施了日本国铁的分割及民营化改革，政府和国会首先制定和通过了《日本国有铁路改革法》及相关的法律	客货分离，货运与路网分离，客运与路网一体化
1993	首家 JR 股票公开上市，其他几个公司也先后上市	
1998	制定了《国铁清算事业团债务处理法》，决定在新的结构下处理国铁债务，"国铁"的改革仍在进行	

资料来源：作者根据资料整理。

日本国有铁路的改革对日本的社会经济发展产生了巨大的影响，（1）取得了显著的运营效益：改革后日本公司总的运营效益从 1985 年亏损 83 亿美元变为 1992 年盈利 69 亿美元，纯利润 1985 年为负 168 亿美元，1991 年盈利近 28 亿美元。（2）国铁改革后效率提高，竞争力增强：冗员减少，职工人数从 27.7 万人减到 20.1 万人；劳动效率大幅度提高，以人均完成的周转量计算，1996 年是 1986 年的 1.83 倍；旅客周转量在改革前 5 年年均增长 0.6%，改革后 7 年年均增长 3.4%，1997 年达到 2.477 亿人·公里。改革后本州铁路公司的劳动生产率与大的私营铁路公司的差距不断缩小，1987 年其生产率为同类私营铁路的 68%，1991 年提高到 86%。（3）改革后在维持运价不涨的情况下，日本各铁路公司都发挥各自的特点，适应不同需求，不仅增加了列车运行车次，方便了乘客，服务态度较改革前有了明显好转，货运也与公路、空运、海运实现联运，提高了运输服务质量。（4）宏观经济效益明显：竞争使铁路企业拓展业务、增加投资、重视技术创新，如新干线提速、动车技术、信息系统的应用等，带动关联企业发展；对财政贡献增加，国铁从改革前的巨额负债和政府补贴，到 1991 年上缴税金达 3336 亿日元。

日本铁路产业改革运营模式选择的详细情况，请参见本书第五章第一节的有关内容。

总之，无论是英国模式、美国模式，还是日本模式，发达国家放松政府对铁路行业的管制、结束国家垄断经营铁路的历史、引入市场竞争机制，既是伴随市场环境的改变而发生的，也是各个国家铁路行业提高竞争力的内在要求。对运营模式的选择从表 7 – 7 铁路基础设施及服务间的纵向关系中可以看出，以一体化（含会计分离）者居多，选择各公司独立经营的国家多数国体面积比较小，路网与运营商之间的关系相对简单，或者对铁路运输的依赖程度较低。

表 7 – 7   铁路基础设施及服务间的纵向关系

国家	基础设施和服务	备注	运营模式
澳大利亚	不同的国家政权一体化	改革前各州和领地分别经营管理铁路 2004 年统一铁路管理网络和客运网络	各公司网运合一 公司间干线连接
奥地利	会计分离		
比利时	会计分离		
加拿大	一体化		网运合一
捷克共和国	会计分离	基础设施是服务运营商的一个独立部门	
丹麦	各公司独立经营		
芬兰	各公司独立经营		
法国	各公司独立经营	基础设施独立，但由服务运营商的管理及维护开放市场准入	
德国	会计分离		
匈牙利	会计分离		
爱尔兰	一体化	基础设施是服务运营商的一个独立部门	
意大利	会计分离		
日本	一体化		客运网运合一 货运网运分离
韩国	一体化	基础设施是服务运营商的一个子公司	
荷兰	各公司独立经营		
新西兰	一体化		
挪威	各公司独立经营		
波兰	会计分离		

国家	基础设施和服务	备注	运营模式
葡萄牙	各公司独立经营	基础设施是服务运营商的一个独立部门	
西班牙	会计分离		
瑞典	各公司独立经营	基础设施是服务运营商的一个独立部门	
瑞士	会计分离		
土耳其	一体化		
英国	各公司独立经营	开放市场准入	网运分离
美国	一体化		货运网运合一 客运网运分离

资料来源:施本植、张荐华等编译:《国外经济规制改革的实践及经验》,运营模式为作者整理。

　　铁路运营模式的选择依据一般是客、货运运输密度,如果按照客、货运运输密度分布,可把世界各国铁路分成三种类型:(1)货运主导型,如美国、加拿大、俄罗斯;(2)客运主导型,如日本;(3)客货平衡型,如英国、法国、德国。从世界各国铁路改革的实践看,货运主导型国家基本采取了"货网一体"的运营模式;客运主导型国家基本采取了"客网合一"的运营模式;客货平衡型基本采取了客货网分离的运营模式。

　　各国铁路重组前后的一致变化是铁路运输业恢复活力、竞争力增强,具体表现为总雇员数减少、资产利用率和劳动生产率提高、扭亏为盈等,改革的初步效果明显。

三　国外电力产业运营模式选择

　　在电力行业,发电、输电、配电、供电工程需要大量资金,电力不能储存,电力供应要求系统性、随机性及高度可靠性;电力行业的公用性要求电力系统供应安全、质优、价廉的电力;一个地区内输电、配电网通常是一个,具有垄断性;发电、输电、配电、供电之间必须保持协调配合一致和系统性,服从电网统一调度,协调配合不好会造成停电或重复建设;电力行业和其他网络行业一样必须进行规模经营才有竞争力,这些行业特点决定了电力部门改革的复杂性和改革效果的不确定性。

　　电力产业的产品品种简单,但是电力生产至消费需经过必要的输电、配电和供电环节才能送至用户，电力与电网关系紧密，电网无可替代。为了引入竞争机制，对原来垂直一体化垄断经营的电力部门进行拆分，分解成独立的发电、输送、分配实体，如英国、德国、阿根廷等国家就垂直拆分了所有相关环节。其他国家的电力改革纵向拆分情况见表 7 – 8。

表 7 – 8　　　　　　　　　　电力行业的纵向拆分情况

国家	纵向一体化（从电力生产到电力供给）	电力生产和电力输送
澳大利亚	混合	各公司独立经营
奥地利	—	—
比利时	一体化	一体化
加拿大	一体化	一体化
丹麦	一体化	会计分离
芬兰	拆分	各公司独立经营
法国	一体化	一体化
德国	拆分	会计分离
希腊	一体化	一体化
爱尔兰	混合	会计分离
意大利	一体化	一体化
日本	混合	一体化
荷兰	混合	一体化
新西兰	混合	各公司独立经营
挪威	拆分	各公司独立经营
葡萄牙	混合	会计分离
西班牙	混合	会计分离
瑞典	混合	各公司独立经营
英国	拆分	各公司独立经营
美国	一体化	会计分离

资料来源：施本植、张荐华等编译：《国外经济规制改革的实践及经验》，上海财经大学出版社 2006 年版，第 50 页。

改革的目的是在能够引进竞争的环节进行必要的竞争，不过不同的环节竞争程度不同，各环节的竞争模式也不一样。总结英国等国家电力工业改革所取得经验，目前国外电力工业的竞争模式主要有三类，每一类分为两种，六种竞争模式的含义、特点和比较见表 7 - 9。

表 7 - 9　　　　　　　　　外国电力改革竞争模式及比较

	竞争模式	基本含义	对原有电力企业的影响	改革与竞争程度	实施过程	实施情况
竞标制度	独占竞标（特许权竞标）	定期进行电力业务经营权公开竞标	大，经营权可能变更	中，限于经营效率	复杂而难以有真正效果	德国
	新建资产竞标	发电部门为主的各环节新建项目竞标	小，保持现状	小，限于新建资产	简单	美国各州
代输制度	逛售代输	电网互联且输送能力大，欧洲称为"第三者输送"	中，仍保持现状	中，间接竞争，用户无选择权	比较复杂，需要制订公平的代输费用	美国联邦立法要求逛售代输
	零售代输	配电系统都必须为非系统内的发电企业提供电力转供服务	大，仍然保持现状，但直接受到冲击	大，发电企业直接参与竞争	相当复杂，需要维持公平与秩序	美新罕布什尔州，挪威1990年初
电力库制度	强制电力库	所有输电系统分离，形成单一的受管制的输电公司，负责全系统输电及电力交易	大，发电、输电、配电分开改组成公司	大，发电企业直接参与竞争，但须经过电力库	相当复杂，必须建立新的组织并维持公平与秩序	英国
	志愿电力库	厂网分离，组成单一的受管制的独立输电公司，负责输电，独立的电力交易管理电力买卖	大，发电、输电、配电分开改组成公司	大，发电企业直接参与竞争	相当复杂，必须建立新的组织并维持公平与秩序	挪威、美国加州建议

资料来源：王永干、刘宝华主编:《国外电力工业体制与改革》，中国电力出版社2001年版，第210—218页。

竞争机制要发挥其应有的作用，需要电力企业管理模式的变化，各种类型的竞争模式也对电力企业的管理模式和运营结构有不同的要求，改革后国外电力企业的管理模式（从各环节拆分角度也可看做运营模式）概括如下表，前面所述及的六种竞争模式的适用性如表 7 – 10 所示。

表 7 –10　　　　国外电力企业管理模式与竞争模式关系

管理模式　　　　竞争模式	单一垂直垄断型	单一发输与多家配电管理	单一垂直垄断与多家发、配管理	多家发电与独家输电	独家输电多家发、配电型	多家发、输、配电型	多家垂直垄断与输电网络型
独占竞标	适用	适用				适用	适用
新建资产竞标	适用	适用	适用	适用	适用	适用	适用
批发代输						适用	适用
零售代输			适用	适用		适用	适用
强制电力库					适用	适用	适用
志愿电力库					适用	适用	适用

资料来源：王永干、刘宝华主编：《国外电力工业体制与改革》，中国电力出版社 2001 年版，第 219 页。

表 7 –10 非常清楚地说明了电力产业发、配、输电环节一体化和不同拆分情况下竞争模式的适用性，其中多家发、配、输电公司的运营模式六种竞争模式都适用，而多家垂直垄断的电力公司与多家公司的输电网相互连通的运营模式六种竞争模式也都适用，也就是说，两种模式的市场竞争都比较充分，说明电力产业引入竞争不一定厂网分离，过度的拆分会带来效率和效益的损失。多家垂直垄断的电力公司与多家公司的输电网相互连通是值得重视的运营模式。

第三节　中国自然垄断产业运营模式选择

自 1994 年起，中国电信业从短缺到供求平衡、从完全垄断到引进竞争，取得了日新月异的发展。根据初步核算，中国 2007 年累计完成通信业务总量 19360.5 亿元，同比增长 26.4%，其中，电信 18545.4 亿元，增长 27.1%；邮政 815.2 亿元，增长 11.8%。完成通信业务收入 8051.6 亿元，同比增长 11.8%，其中，电信 7280.1 亿元，增长 10.9%；邮政 771.5 亿元，增长 21.2%。通信固定资产投资 2322.0 亿元，同比增长 4.3%，其中，电信 2279.9 亿元，增长 4.3%；邮政 42.1 亿元，增长 5.5%。2007 年，电信综合价格水平同比下降了 13.6%。五年来，电信综合价格水平累计下降了 53%，详见图 7－6。发展把中国电信业推向了一个新的改革阶段，即怎样从目前的分业、分区域竞争走向全面竞争。

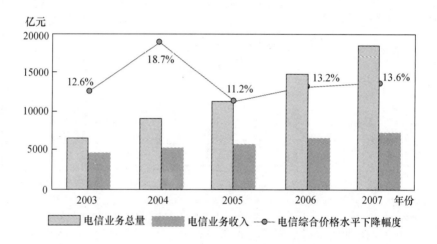

图 7－6　2003—2007 年中国电信业务情况

资料来源：《2007 年全国通信业发展统计公报》，中国经济信息网，http：// www. mii. gov. cn/art/2008/02/04/art_ 2001_ 36139. html。

一　中国电信产业运营模式选择

中国从 20 世纪 90 年代初就开始进行电信产业改革，截至目前，电信改革已经过了三个阶段：第一阶段，1994—1998 年：体制改革初期，初步引进竞争。1994 年中国联通公司成立，塑造新的纵向一体化经营的市场主体；第二阶段，1998—1999 年：机构改革和产业重组，第一次拆分中国电信，将中国电信一体化运营模式进行纵向拆分，以不同业务分离为主的纵向拆分，各专项业务领域依然维持垄断；第三阶段，2002 年上半年第二次重组，第二次拆分中国电信，重点是将中国电信集团公司拆分成南北两个电信公司，2002 年 5 月"中国电信集团公司"和"中国网通集团公司"正式挂牌。从拆分效果看，此次以电信网络覆盖的区域范围所进行的拆分，依然难以形成市场竞争，不过是在各专项业务领域垄断的基础上，又形成了区域性垄断。

从当前状况来看，国内电信市场最大的缺陷在于缺乏统一性、分割治理，从而带来比较严重的结构性失衡：首先划分固定、移动、国际和互联网等业务领域，在不同领域引入竞争者展开分业竞争；其次是划分业务经营地域，形成局部市场的实际控制力量；第三是通过实施不同的价格体系来隔离国内外市场，致使电信国有企业等龙头企业置身于垄断的市场环境中，竞争力不强。

中国电信改革即将进入的第四阶段，最新电信改革方案是"五合三"：拆分中国联通，将联通现有的 C 网、G 网分离，其中，C 网划拨给中国电信，再以 G 网资源完成联通与网通的整合；铁通并入中国移动，卫通并入航天工业总公司。重组的重要目的是增加运营商之间的竞争，改变垄断格局，也就是说把未来的三大运营商放在一个竞争的平台上，但是方案如果实施，究竟能否实现打破垄断、增加竞争的初衷，还要经过时间和实践。中国电信改革的过程如图 7-7 所示。

不难发现，新改革方案构建了三家全业务运营商，相同业务之间有可能形成竞争，但是能不能最终形成竞争局面没有肯定的答案，因为每一个全业务运营商的固定网络仍然是割裂开来的，实际上互相联网和互相竞争存在障碍，一家公司进入另一家公司的本地网相当困难。美国从 1996 年起直到现在，尽管出台许多反本地垄断的法律及强制性规定，可管制效果并不理想，本地垄断非常顽固，垄断者和其他竞争者的公平竞争不过是纸上谈兵。全业务经营可综合提高各种资源的配置效率，并有可能加速技术创新，减少交易成本，实现规模经济。但是，垂直一体化也有可能导致新的垄断。我国幅员辽阔，人口众多电信市场容量巨大，要实现有效竞争，电信企业的数目不能太多，可是只有三家主要的电信企业是远远不够的，容易造成实际上的分割垄断，这又需要寻找适应新形势的管制措施和新的运营模式。

在世界性的电信自由化潮流中，英国与欧盟的电信改革无疑是具有代表性的，因为与美国传统的电信私营体制不同，欧盟国家电信改革的起点

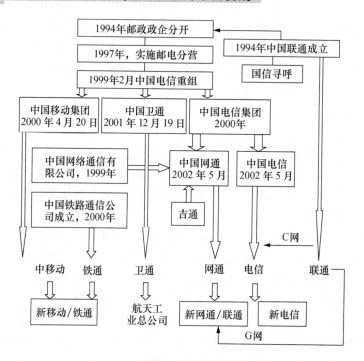

图7－7　中国电信产业改革过程图谱

资料来源：本图参考 http：//tech. sina. com. cn/pc/2004－04－09/95/363. html，新浪科技频道绘制的中国电信10年变革图，作者进行了必要的更改。

是国内公共垄断体制，这与世界上绝大多数国家电信发展的历史是相同或相近的，英国电信扶持新竞争对手的改革与美国 AT&T 分拆案相比，没有出现电信业的过度竞争和产业的动荡，在管制下的市场化被公认是电信改革的成功范例。另外从技术角度讲，电信运营业发展特点和趋势是：固定和移动走向融合、网络和业务的融合、向下一代网络（是可以同时提供话音、数据、多媒体等多种业务的综合性的、全开放的宽频网络平台体系）演进、3G 商用进程提速、VoIP 将大幅度降低传统话音业务收入，新技术要求运营商提高综合信息的服务能力。

有专家指出，按照国外的经验，电信市场达到有效竞争的条件相当严格。要求必须同时存在至少5—6家实力相当的竞争对手，而且没有任何一家企业能运用市场控制力（占有超过40%的市场，控制关键资源）。欧美发达国家的电信市场之所以能实现有效竞争，其中最主要的原因就在于放开了对电信网络和业务的市场进入限制，市场主体众多，而中国电信市场最缺乏的就是这一点。移动通信市场一直只有中国移动和中国联通两家运营商，至于固网市场，2001 年年底中国电信的重组只是将原来中国电信的一家垄断变成了两家垄断。这就不难理解为何经过多年电信改革后，国内的电信市场垄断现象仍然非常严重。考虑到其他国家电信改革的成功经验以及新电信技术层出不穷，为了避免无序竞争，实现有效竞争，建议下一步的电信改革不要以行政手段来合并现有的运营商，保留现有的 6 家运营商，开放全业务许可，由运营商自主申办业务。如果所有电信业务向所有运营商开放申请，一个运营商要申请哪种业务，就要看公司决策者的经营战略了。多家（不一定是 3 家，也不一定是 6 家）全业务的运营商，各自发挥各自的优势，形成差异化的既竞争又合作的态势。管制政策主要针对制约竞争的垄断权力和垄断行为，继续实行不对称管制，支持与现有移动和固定电信的垄断企业展开竞争的弱小运营商如联通和铁通。必要时适当投资、创造条件许可有线电视网络、无线广播网申请通信业务，这两个网是最有实力与电信网竞争的网络，其实只要放开准入条件，现有的电信运营商就会感到外在进入者的压力，就会提高自身的效率和竞争力。只有这样，才能建立有效的电信市场竞争格局。

二　中国铁路产业运营模式选择

世界铁路的分拆重组方案有"横向拆分"和"纵向拆分"两种，"横向拆分"是将原来的垄断行业按区域划分为功能相同的公司，"纵向拆分"则是按不同的业务特点，从纵向划分成几家独立的公司，从而引入竞争。对铁路而言，"横向拆分"是按区域或线路组建若干铁路区域公司或干线公司；"纵向拆分"则根据路网、货运、客运的不同业务种类组建独立的路网公司和若干客货运输公司，实现网运分离。介于这两者之间的还有把横向拆分和纵向拆分结合起来的多种混合方案。中国铁路按不同的方式进行重组，铁路运输公司之间将形成不同的交易方式和交易安排，并产生不同的交易成本。

分析表明，中国铁路按照区域铁路公司的模式进行重组，比网运分离的模式有更低的交易成本。然而，交易成本并不是中国铁路重组过程中唯一的考虑因素，铁路重组的最主要目标是增强活力加快发展。中国铁路是一个有 200 多万名职工的巨型企业，无论采用区域公司或网运分离的重组方式都会组建出若干个有几十万名职工的超大型企业，在这样规模的企业之间引入竞争并非易事，重组后极有可能陷入新的局部垄断。铁路运输业不同重组模式的比较如表 7 - 11 所示。

表 7 - 11　　　　　　　铁路业不同重组模式的比较

重组模式	市场内竞争程度	横向一体化效率	纵向一体化效率	组织成本	交易成本
一体化	弱	保持	保持	高	低
横向分割	较弱（标尺竞争）	降低	部分保持	降低	增加
纵向分割（单一主体）	弱	保持	降低	降低	增加
纵向分割（多主体）	部分增强	部分保持	降低	降低	增加

资料来源：王燕：《逐步剥离：我国铁路重组合理组织边界的初步探讨》，《中国工业经济》2003 年第 8 期。

引入竞争、提高效率是我国铁路重组改革的重要目标，因此组织边界的确定以及与之相配套的竞争激励措施已成为重组模式选择的关键。有学者以自然垄断和交易成本理论为指导，以竞争激励促进企业运行效率为依据，提出了用逐步剥离的方式逼近我国铁路重组合理组织边界的改革思路。这一思路与目前铁道部着手对内部路网和运输企业（优质资产）进行股份制改造，争取使之早日上市的做法互相配合，有望解决中国铁路改革运营模式举棋不定的难题。

逐步剥离的主要思路是既要保证铁路的路网效率有所改进，又要促使新的路网组织边界能够适应具体运输市场竞争的需要。由于我国铁路主要干线上客、货运输密度很高，一些干线与干线之间的互补性和依存度较强，任何对于铁路主要干线和干线系统的分割都会破坏其运输产品的完整性，造成交易成本的增加和铁路企业运营效率的损失。这就要求铁路重组应尽可能地将各条主要干线完整地保持在各家铁路企业内部，那些前后相继的互补性较强的铁路干线也应当形成一体化组织，这是保证铁路效率的基本原则。相反，铁路支线一般运输效率较低，局部性较强，将铁路支线保留在铁路网中并不能增加铁路企业的规模效应，而由此造成的交叉补贴在一定程度上反映了组织边界的规模不经济状态。因此，逐步剥离的初期运作就是在保持铁路干线及其干线系统完整性的基础上，先将对其依存度较弱、独立性较强的支线或子网络剥离出去。剥离后，主干线系统的效率提高，经济效益增加，引入竞争激励的基础加强；支线或子网络的依赖性减弱，寻求自我发展道路的激励增强，而且真正需要国家补贴的项目也能得到直接落实。剥离进一步的预期很可能是形成少数几个相对独立的主干线路网体系和众多的支线公司，并有较多的运输企业参与形式多样的市场竞争。其中客货运输领域的竞争程度从无到有、由弱渐强，路网公司也将在激励性的制度安排下逐步走向自我完善的发展道路。目前专业化的物流企业宝供物流集团、远成物流集团等已经在一些繁忙干线上海—广州和上海—成都进行包专列投标经营，与中铁快运、中铁物流等铁路内部的货运公司展开竞争，而竞争是在保持路网完整性的前提下货运服务的竞争。

三　中国电力产业运营模式选择

中国电力工业改革20年来的主要改革措施有：变独家办电为多家办电；积极利用外资办电（1987年）；实行"政企分开、联合电网、省为实体、统一调度，因地因网制宜"的办电管电方针（1997年）。中国电力体制改革以加快发展和向市场经济转变为目标，解决了连续20多年的电力危机，形成了比较开放的电力市场和适合当时国情的电价机制，初步实现了电力工业由计划经济向市场经济的转变。

根据国务院公布的《电力体制改革方案》，厂网分开重组国有电力资产、竞价上网、建立科学合理的电价形成机制和建立国家电力监管委员会，构成了电力改革方案的四个核心内容。2002年12月，两大电网公司、五大发电集团和四大辅业集团成立，表明我国电力体制改革进入全面实施阶段。但是，新的电力产业结构又产生了一系列新的市场势力问题。由于电网的不可分割性和规模经济性，输、配电仍共有较强的自然垄断特征，不可能仅仅由于市场结构的改变或引入竞争就改变了自然垄断属性。2002年取消长期购电合同后，一面是国有发电集团跑马圈地，一面是外资兴趣由建厂转向股市债市，而民间资本受限于资金和渠道，尝试投资小火电或小水电。已经进入市场的发电商担心的是公平问题，因收益保障的不确定性，使新的投资者不敢贸然进入电力市场。

目前，全国电力供需总体基本平衡，大电网优化配置资源的能力得到了发挥。电力供需面临的主要问题有：大量电源集中投产带来电网安全稳定运行方面的问题；电网发展的滞后，电网制约矛盾更显突出；社会节电及电力行业节能环保的压力比较大。电价方面，目前我国的电价体系包括：上网电价、输配电价和销售电价。但输配电价还没有形成完整的机制和体系。近两年，电煤价格普遍上涨，由于煤电联动，电网输配电价等进行了适当的调整，引起电价普遍上涨。

纵向和横向拆分改革几年来我国电力行业的电力供需矛盾、电网的瓶颈现象依旧，电力系统是一个有机联系的整体，拆分会影响电力系统运营；电价上升过快使改革达不到预期的效果。中国电力体制改革目标与发达国家成熟的电力市场不同，很重要的任务是以促进发展为主要目标，同时逐步引入市场竞争，提高效率，降低成本，改善服务。世界各国都是在自己国家国情的基础上，逐步完善自己的电力工业改革。我国的电力工业改革起步较晚，电力工业规模庞大，大的需求数量多增长快，情况相对比较复杂，如何建立符合我国国情且行之有效的改革模式仍任重道远还需认真求索。

电力改革要考虑电力工业的技术经济特点：电力系统的主要物理规律是即时平衡和整体互动性，电力系统的特点是产、供、销、用电同时完成；电网的电力潮流分配和传输容量的相互匹配的规律要求电网有充足的传输能力，发、输、配电投资比例一般世界平均水平为 $1:0.5:0.7$（中国的比例是 $1:0.23:0.2$），投资不平衡将使电力竞争受制于薄弱的电网；输电成本一般与输电距离成正比，有时甚至高些，远距离输电投资很大，成本也较高。远距离输电不一定经济、有竞争力，因受输电能力和输电成本的限制，电力用户自由选择供电商只能在一定的合理地区范围内进行；电力不能储存，电力供应的系统性、随机性及高度可靠性，这是电力区别于其他商品的一个重要特点。电力行业的公用性要求电力系统供应安全、质优、价廉的电力。电力工业是资金密集型行业，建设发电、输电、配电工程要有大量资金。一个地区内输电、配电网只能是一个，具有垄断性。发电、输电、配电之间必须保持协调配合一致和系统性，服从电网统一调度。

中国电力产业运营模式的选择可以借鉴日本电力管理的经验，以区域垄断的数家电力公司为主，电力公司在区域都是实行发、输、配垂直一体化的管理体制。电力管制的主要内容是：电价、环境保护和规划。电价管制的原则：一是成本主义原则——按完全成本作为核定电价的基础；二是共同报酬的原则——合理的利润，最早的总资本报酬率为8%；三是公平负担的原则——采用成本加利润的办法。对环境保护的管制主要是限制二氧化碳的排放和对核电建设的环境评价；对规划的管制主要是对长期供求规划和核电建设规划要与电力公司共同讨论。之所以考虑这种模式，是因为日本电力改革效果稳定、没有出现过电力危机。在保持其公用性的同时又促进竞争，实现电力自由化：放开占市场份额30%的特别高压用户（2万伏，用电2000千瓦以上），允许这些用户自主选择电力公司，直接参与电力零售；新建电源项目实行招标。

电力系统运营模式也要适应市场竞争的需要，要在电力公司内部对发、输、配电做功能性分离，分开进行核算，确定输电、配电的过网费，条件成熟时实行厂网分开，竞价上网。

本章概述了自然垄断产业改革进程中运营模式的演变，并分别就国外与中国电信、铁路和电力产业改革与运营模式选择进行了分析，基本符合运营模式演变的一般规律。如果对自然垄断产业的改革与运营模式的选择进行总结的话，应该说未来自然垄断产业的垄断性是否继续弱化、竞争性是否继续增强，目前无法预料，那么自然垄断产业的运营模式肯定不会固定在目前的状况，运营模式所包含的网络平台会随着技术进步而发展，所提供的服务产品因需求的升级而丰富，盈利模式依靠网络平台为用户提供的优质服务来实现，运营模式相关的规制政策和市场环境都是动态的，那么就需要顺应一切改变，不断调整形成新的运营模式。世界上不同的国家、不同的地区、不同的产业，所采取的运营模式都不一样，总的趋势是全方位引入竞争。不同的运营模式反映了市场竞争和市场结构的不同程度，一个国家在不同的时期针对不同的垄断产业，选择何种运营模式，除了决定于经济运行体制和市场发达程度外，法制化程度、企业管理水平和自动化、信息化水平等也是十分重要的因素。

第八章　自然垄断产业改革的价格模式

第一节　自然垄断产业价格规制模式

一　自然垄断产业价格规制的目标

价格规制目标体现着规制者对价格规制的偏好。规制者在制定与实施规制价格时，需要考虑多种因素，存在多重目标，但从公共利益的观点看，最基本的是以下三个目标[①]。

（一）促进社会分配效率

自然垄断产业的显著特征是，在成本弱增的范围内，由一家企业提供产品或服务比多家企业提供相同数量的产品或服务具有更高的生产效率，因此，在自然垄断产业或自然垄断性业务领域通常由一家或极少数几家企业垄断经营。但由于这些企业拥有市场垄断地位，如果不存在任何外部约束机制，它们就成为市场价格的制定者而不是价格接受者，就有可能通过制定垄断价格，把一部分消费者剩余转化为生产者剩余，从而扭曲分配效率。这就要求政府对自然垄断产业的价格实行规制，以促进社会分配效率。这是政府制定自然垄断产业价格规制政策的第一个目标。

（二）刺激企业生产效率

由于政府规制的实质是，在几乎不存在竞争或竞争很弱的产业或业务领域中，政府通过一定的规制政策与措施，建立一种类似于竞争机制的刺激机制，以刺激企业的生产效率。因此，价格规制作为一种重要的规制手段，其规制功能不仅仅是通过制定最高规制价格，以保护消费者利益，实

---

① 王俊豪等：《发达国家基础设施产业的价格管制政策及其借鉴意义》，《世界经济与政治》1997 年第 10 期。

现分配效率，而且要刺激企业优化生产要素组合，充分利用规模经济，不断进行技术革新和管理创新，努力实现最大生产效率。这是政府制定价格规制政策的第二个目标。

（三）维护企业发展潜力

自然垄断产业具有投资额大，投资回报期长的特点，而且，随着国民经济的发展，对自然垄断产业的需求具有一种加速增长的趋势。为适应这种大规模的、不断增长的需求，就需要自然垄断产业的经营企业不断进行大规模投资，以提高市场供给能力。这就需要政府在制定自然垄断产业规制价格时，考虑到使企业具有一定的自我积累、不断进行大规模投资的能力。这样，维护企业发展潜力便构成政府制定价格规制政策的第三个目标。

二　自然垄断产业价格规制的模式

自然垄断产业价格规制包括价格水平规制和价格结构规制。价格水平规制主要包括投资回报率规制和价格上限规制。价格结构规制包括线性定价和非线性定价、两部定价、高峰负荷定价、差别定价等。

（一）价格水平规制

1. 投资回报率规制。投资回报率规制是指政府通过限制自然垄断产业的公平或合理的投资报酬率水平使其价格反映产品成本。下面以阿夫契和约翰逊及考英的模型为基础来对它进行阐述，其价格模型为 $R = C + S \cdot RB$，则 $P = (C + S \cdot RB)/Q$，其中 R 为收入函数，C 为总成本函数，S 为限定的资本报酬率，RB 为企业的资本投资额，P 为产品受管制的价格，Q 为产量。

对此模型进行分析，会得出一些不利的结论：设企业生产函数为 $y = f(k, l)$，l、k 分别为劳动和资本两种投入要素，w、r 分别为劳动和资本投入的价格，因为自然垄断企业会追求自身利润最大化，即 $\max \pi = pf(k, l) - nk - wl$，约束条件为：$\dfrac{pf(k, l) - wl}{k} \leqslant s$。解上述最优问题，可得被管制企业面临着一个扭曲的要素价格比例，这会引起资本存量的过度投资即 A—J 效应（棘轮效应）；一旦选定了产品产量、允许的报酬率和投入要素价格，也就决定了服务价格。这样，规制就成为一种成本加成合同，企业只会转移自身绩效和成本费用，而消费者才是提高成本引起的风险与降低成本带来利益的承受者。另外，企业还会通过与政府讨价还价提高报酬率，使产品（服务）价格上升，社会福利受损。至于具体投资项目是否符合社会需求，规制者（政府）不能通过投资报酬率规制达到限制和激励的目的。

2. 价格上限规制政策。它是由李特查尔德于 1983 年提出的，是为刺激企业高效发展而提出的规制方式。下面以 RPI－X 模型介绍价格上限规制。其方程式为 $p_{t+1} = p_t (1 + RPI - X) +$ 其他，式中 p_t、p_{t+1} 分别是第 t、t+1 期产品的加权平均价格，RPI 是一年的零售物价上涨率，X 是被管制产业的生产率上升率，由规制方与被规制方以签订合同的方式决定，其他是指包括原材料、燃料费的变化和税制等变化所引起的费用调整。

与投资报酬率规制相比，RPI－X 规制具有三个明显的优点：一是减少了对被规制企业成本信息的依赖。这一点从 RPI－X 规制模型中便可以看出，因为规制价格的构成并不直接包括企业成本，所以规制者也无须完全掌握企业的成本信息。二是向企业提供了充分的激励。由于价格上限被固定，企业为了实现利润最大化，只有通过优化现有的各种生产要素，积极采用新的技术手段，不断提高管理水平，从而使企业的实际生产率上升率超过订立合同时规定的 X。唯有这样，被规制企业才能更多地分享由此带来的利润。三是避免出现资本投资过度的现象。在 RPI－X 规制下，企业会更加注重各种生产要素的合理组合以达到最好的产出效果，而不会过分强调资本的比重，产生投资报酬率规制下的 A—J 效应。

同时，价格上限规制在实施过程中也存在几个问题：一是对企业提高产品质量的激励不足。由于企业把工作的重心转向了降低生产成本，因而它很可能会以牺牲产品质量为代价，忽视对企业产品质量的改进与提升。二是在签订合同时所产生的"棘轮效应"会弱化激励强度。当已签订的价格上限规制合同执行完后，规制者会发现被规制企业具有较大的提高生产效率的潜力，因此，在下一次修改合同确定生产效率上升率 X 时，规制者便会进一步调高 X 值，从而对企业提出更高的要求。随之而来的便是企业增加利润的空间相对缩小，而且，越是效率高的企业，其受到的不利影响也越大，所以出现了棘轮效应，这将导致企业出现懈怠情绪，从而不利于对它的正向激励。三是"规制俘获"出现的可能性增大。价格上限规制为被规制企业提供了高强度的激励，企业会因此而获得较多的信息租金。由于规制者拥有确定价格上限的权力，而这又是直接关系到被规制企业可能获得利润的多少，所以其俘房规制者的动机会大大增加。

表 8 – 1　　　　　　　　价格上限规制与公平报酬率规制的比较

	价格上限规制	公平报酬率规制
特点	1. 规定价格上限 2. 企业拥有一定的定价权 3. 企业具有剩余索取权 4. 高强度的激励规制方式 5. 企业是因成本变化所带来的风险和收益的承受者	1. 以成本为基础定价 2. 企业无定价权 3. 企业不具有剩余索取权 4. 激励强度低 5. 消费者是因成本变化所带来的风险和收益的承受者
主要优点	1. 减少了对企业成本信息的依赖 2. 提供了充分提高生产率的激励 3. 避免资本投资过度	1. 有利于企业稳定地向社会提供产品和服务 2. 保证正常投资 3. 有助于产品质量的提高
主要缺点	1. 提高产品质量的激励不足 2. 产生"棘轮效应" 3. "规制俘获"出现的可能性增大	1. 对信息充分性的依赖程度较高 2. 易产生 A—J 效应 3. 降低成本的激励不足

（二）价格结构规制

1. 线性定价与非线性定价。从最基本的表现形式看，价格结构的形式可分为"线性定价"和"非线性定价"这两种形式。线性定价又可分为定额价格和同一从量价格。定额价格是指无论消费量大小，都按固定的标准收费的价格。定额价格虽然最为简单，但它的一个最大缺点是会造成过度消费，浪费现象严重。因此，在实践上已很少使用定额价格。同一从量价格是指无论消费量大小，都按同一的单位价格收费。

2. 两部定价。两部定价所形成的价格结构由两部分组成：一是与消费量无关的"基本费"；二是根据消费量收取的"从量费"。它是非线性定价的一种形式。

由于自然垄断产业在一定的产出范围内表现为成本递减，而在成本递减的状况下，如果根据边际成本定价，这时就会产生亏损额，我们可以把这一亏损视做固定费用总额。为了使自然垄断产业的经营企业盈亏平衡，就有必要设计出一种价格规制机制，使实行边际成本定价方式下所形成的企业亏损由消费者承担。显然，由于固定费用与消费量的大小无关，所以，不能按消费量收取固定费用。从社会分配效率的角度看，两部定价次于边际成本定价，但优于平均成本定价。

3. 高峰负荷定价。从原理上而言，为了缩小高峰和非高峰需求的差异，一种简单的方法就是对高峰需求制定高价，以抑制消费，而对非高峰需求制定低价，以鼓励消费。但在实际运用高峰负荷定价时，由于高峰需求与非高峰需求是一个相对概念，这就存在如何区分高峰需求和非高峰需求的问题。同时，如果把一天中的需求区分为高峰需求和非高峰需求，并据此向消费者收取不同的价格，这就要求有相当精密的度量表技术。另外，如果将需求划分得过细，消费者也难以对消费和价格做出足够的反应。因此，在价格规制实践中，也可考虑按月或按季节区分高峰需求和非高峰需求，例如，对电力产业来说，由于在夏天居民要用空调和冷藏设备，属于用电高峰需求期，所以制定较高的电力价格，促使消费者节约用电，或者多使用管道燃气等替代物。而在冬季属于用电低谷期，可以制定较低的电力价格，以刺激消费。通过这种价格差异，促使消费者在消费过程中对消费量与价格的关系作出一定的反应，从而熨低消费高峰和低谷的"落差"，提高负荷率，进而提高自然垄断产业固定资产的利用率，减少固定资产投资需求，实现社会资源的优化配置和运用。

4. 差别定价。差别定价是指垄断企业在同一时间以同一产品或服务对不同的购买者制定不同的价格。差别定价是垄断定价的具体表现形式，垄断企业实行差别定价的动机是因为这种方法比单一价格能获取更多的利润。按照价格差别的程度，差别定价有三种主要形式：

（1）一级价格差别（first-degree price discrimination）。若垄断企业完全了解每个消费者对任何数量的产品愿意支付的最高需求价格，就可以对每一单位数量的产品分别制定差别价格，从而使消费者剩余完全为垄断企业所侵占，变成生产者剩余（即转移为垄断企业的利润）。

（2）二级价格差别（second-degree price discrimination）。它是指垄断企业把产品或服务分成若干数量组，按组制定不同的价格。

二级价格差别与一级价格差别的区别仅仅是前者的价格差别种类比第一级价格差别要少得多。在二级价格差别下，若是按成本制定的价格，则垄断企业获取的消费者剩余要比采取一级价格差别时得到的消费者剩余少得多。在现实中，二级价格差别表现为企业向消费者提供的各种数量折扣，以鼓励消费者多使用产品或服务。

（3）三级价格差别（third-degree price discrimination）。它是指垄断企业在不同的市场上对同种产品或服务制定不同的价格。即垄断企业为了取得较多的收益，要求销售到所有市场上的产品的边际收益等于边际成本，在这个原则下，将总销售量分配到各个市场，然后按照各市场的不同需求价格弹性，再分别制定不同的价格。

第二节　国外自然垄断产业价格规制改革的实践

一　电信资费改革

由于技术进步使电信业展开竞争成为可能，从20世纪80年代初起，美国和英国开始了以电信业竞争机制为目标的电信资费改革。改革随后波及日本、法国和德国。到目前，电信业建立竞争机制的改革已在全世界大多数国家展开，欧美发达国家不仅在国内建立了竞争机制，而且把竞争推向了世界。

（一）美国电信资费改革

美国的电信资费改革，总体来说，是采取了两项有决定意义的价格政策。

1. "非对称资费限制政策"。20世纪80年代初以前，美国电信产业基本上受AT&T垄断。作为垄断时期的价格政策，美国政府规定电话资费按照"资产公正报酬率"制定。这种方式保证了投资者有相当的收益，但是也限制其利用垄断地位向消费者收取过多的资费。经营者以全部收入支撑全部成本，并有一定利润，以长途盈利弥补市话亏损。这种办法是电信垄断经营时代很多国家共同采用的价格政策。

20世纪80年代初，为了在长话领域建立起竞争机制，美国政府对长途和市话公司采用了两种不同的价格政策。市话仍然是垄断价格体制，沿袭过去的"资产公平报酬率"办法。长途采用扶持竞争价格机制。

由于AT&T在长途市场上占有的份额过高，美国联邦通讯委员会（FCC）认为它处于垄断者的地位，而AT&T的竞争对手MCI、SPRINT是非垄断者，让它们站在同一高度上竞争对非垄断者是不公平的，不利于开展电信业的有效竞争，因而对二者采用了不同的价格政策。非垄断者可以自由修改价格，自由引入新业务；AT&T作为垄断者实行资费限制，只允许在一定范围内修改资费。这种资费限制政策上的不平等，被称为"非对称资费限制政策"。

　　美国对垄断者AT&T最先采用的资费限制政策称"选择性收费政策"。1985年10月，FCC作出《选择收费制裁定》，规定AT&T在必须维持12.75%以上年利润率的前提下，为吸引用户，可以提供两种或两种以上的交费方案，供用户选择。这样就使AT&T不能采用低价格竞争策略，而其他经营者却可以使用。

　　随着AT&T市场份额的下降，1989年7月，FCC决定对AT&T所有长途业务资费实行"最高和最低限价"政策，这也是通常说的"资费上下限制"。限定AT&T每种电话业务每年增加的费率不得超过5%，其中周末和夜间业务增加的费率不得超过4%，各种业务每年减少的利润率不得低于5%。

　　1984年AT&T分解后，美国各地方电话公司由各州管理，因为各地情况不同，各州本地话费一般实行以成本为基础的"资产公平报酬率"收费方法，城市资费高于农村资费。随着形势发展，电信价格政策改革逐渐波及仍处于垄断地位的市话公司，国会于1990年7月1日批准对其也实行最高和最低限价政策。这是因为处于垄断地位的各地市话公司满足于"资产公平报酬率"，不积极降低成本。

　　2. 资费面向成本。随着AT&T市场份额的减少，1995年联邦通讯委员会根据长话市场占有份额情况，认为AT&T已不是垄断者，为使其能和MCI、SPRINT公平竞争，对其资费实现最大限度简化制，资费修改在1天前提出申报即可。此时美国长话市场占有率：AT&T为56%，MCI为18%，SPRINT为8%。

　　1996年2月，克林顿总统签署《1996年电信法》，允许符合要求的市话公司进入长话经营，同时也允许长话公司进入市话网。电话公司可以进入有限电视（CATV）市场，CATV也可以进入电话市场，并要求电信资费反映成本。放宽外资外商进入美国电信市场的限制，并鼓励美国公司进入外国市场。事实上，《1996年电信法》等于开放了美国电信市场经营，竞争更加激烈。此时的按成本定价解释成企业自主定价。从美国电信由垄断到竞争的过程不难看出："非对称资费限制政策"的目标是促进电信由垄断走向竞争；而"资费面向成本"的政策目标是竞争已经开展起来以后使竞争机制能有效地发挥作用。

（二）英国电信资费改革

20世纪80年代初，英国决定在电信业开展竞争。1981年英国电信法决定对原邮政总局进行改组，组织了一家国有公司，称为英国电信公司（BT），同时还批准了一家私营公司使者通讯公司（Mercury）。根据《1984年电信法》，取消了BT垄断权，对BT实行股份化，将其50%的股份售给私人，政府仅控制21.8%，并规定到1993年7月将政府股份全部出售。

《1984年电信法》决定成立电信管理局，电信管理局的最大职责之一就是对垄断者BT实行价格资费上限制，对其他电信公司不实行资费限制，只要在资费修改前一天向电信管理局提出申请即可。如对BT的资费上限制是根据"通货膨胀率（RPI）$-X\%$"制定的，X是上涨消费物价指数对电信领域技术革新和增长的反映。

表8－2　　　　　　　　　英国电信产业价格上限规制的实践

电信	RPI – X	X = 3 （1984—1989） X = 4.5 （1989—1991） X = 6.75 （1991—1993） X = 7.5 （1993—1997） X = 4.5 （1997—2001）

20世纪90年代初，英国出现了100多家经营各种业务的电信公司。英国电信管理认为BT已经不是垄断者，竞争已开展起来，因而在第五个资费限制期，对BT及其竞争对手实行同样的资费上限制，使之在平等的资费政策下开展竞争。

美英电信资费改革的影响主要有：建立起了国内竞争机制；促进了本国电信业的快速发展；带动了国际电信市场竞争；资费水平大幅下降。美国长话资费1984—1989年年均下降10%左右，英国BT资费年均以4%的速度下降。

二 电力价格改革

(一) 英国电价改革

英国在发电领域实行竞价上网，以竞争机制代替价格规制，而对输电、配电和零售供应电力实行 $RPI - X$ 最高限价模型。这一价格规制模型在具体运用中，是以平均收益规制为基础的，即对每千瓦小时的电力确定最高限价。由于在实际操作中不能准确地预测未来时期的平均收益水平和通货膨胀率，就需要一个修正因素以调整预测误差。

1989 年，英国政府对电力输送规制价格所确定的 X 值为 0，制定最高限价的主要依据是运用电力输送网络的平均收益。运用电力输送网络收费价格包括网络服务收费价格和基础设施建设收费价格，后者在各个地区有不同的收费标准。对从苏格兰与法国输入的电力实行联网的收费价格，则实行以投资回报率为基础的规制价格。

英国 12 个地区电力公司的配电收费价格的规制模型有很大差异，变化范围从 $RPI - 0$ 到 $RPI + 2.5\%$ 不等，如在伦敦电力公司的配电收费价格规制模型中，X 值为 0；南威尔士电力公司的 X 值为 2.5%；约克郡电力公司的 X 值则为 1.3%。这种差别主要是由于各地区的配电基础设施建设状况不同，为补偿投资成本，投资需要越大的地区，其价格规制模型中的 X 值就越小；反之则相反。尽管在电力产业的配电系统中实行地区性结构，但在配电价格规制中并没有运用区域间比较竞争规制方式，只不过在规制价格调整与评价时，可以从不同地区电力公司得到一些比较信息。

那些最大需求量不超过 1 万千瓦的顾客有权以公布的电价购买电力，较大的顾客可以与电力供应企业谈判电力供应合同的条件。每个地区电力公司的电力零售价格规制模型，是以该公司所有顾客的平均供应收益为基础的。无论各地区电力公司的规模或地理位置差异，都采取 $RPI - X + Y$ 的价格规制模型，其中，每个地区电力公司的 X 值都为 0，而成本转移项 Y 按照下式计算：

$$Y = T + U + E + F$$

在上式中，T 和 U 分别为输电成本价格与配电成本价格，两者分别由不同的价格规制模型确定，E 为电力采购成本，F 为矿物燃料税。以上各项之和约占电力供应成本价格的 95%。如在 1992 年，以上各项构成分别为：输电成本 3.9%，配电成本 23.8%，向电力生产者购买电力的成本 58.3%，矿物燃料税 9.3%。这就是说，电力零售供应价格规制模型只对剩余 5% 的成本产生效果。电力采购成本是按照地区电力公司经营许可证中的"经济采购义务"（第 5 条）实行转移的，而矿物燃料税是以地区电力公司按照规定的义务购买一定数量的非矿物燃料电力的一种补偿，这种税收实际上是对原子能电力的一种间接补贴，以鼓励地区电力公司采购原子能电力。

从 1990 年 3 月 31 日开始，英国政府为输电、零售供应和配电所确定的价格规制模型的有效期分别为 3 年、4 年和 5 年，到期时将对各种业务的规制价格的合理性进行评价，并做必要的调整。

1992 年，英国电力规制办公室对国家电网公司的输电价格进行了评审，其结果把 X 值从 0 调整到 3%。这样，从 1993 年 4 月开始，国家电网公司的平均收益水平就受 RPI - 3% 价格规制模型的约束。可是，对该公司的输电价格结构实行规制同样是十分必要的，因为没有理由期望该公司制定的价格结构会自动与公共利益保持一致。由于国家电网公司为 12 个地区电力公司合资所有，这就存在为了满足这些地区电力公司的利益，国家电网公司有意扭曲正常的市场行为的可能性。即使假定该公司只追求自身利润最大化，这也很难断言必定会采取正常的输电价格和投资行为。由于这些原因和其他问题，电力规制办公室对国家电网公司采取了一些规制措施，例如，要求它促进电力生产和供应的竞争，对不同顾客不能采取歧视行为等。按照这种规制要求，国家电网公司对输电价格进行了自我评价，随后提出了采取"投资成本相关定价法"（investment cost related pricing）决定输电网络服务的收费价格。在这种方法下，运用输电网络服务的收费价格是以为满足输电高峰期需要而扩大网络容量进行新投资的资本成本为基础，同时考虑有关的网络操作与维修成本，以及为保证网络安全的成本和其他网络成本。但这种定价方法是以该公司自身的成本为基础，它没有考虑因输电容量限制等因素而引起的成本变化。因此，它并不符合最优空间定价原理。但尽管存在这一缺陷，电力规制办公室还是接受了国家电网公司所提出的"投资成本相关定价法"，采取这种定价方法，在相当程度上扩大了地区性价格差异。例如，在英国南部（特别是西南部）地区，从输电网络获取电力的付费价格大幅度提高，而电力生产企业的付费价格则下降；在北部地区，情况正好相反。

从 1993 年 4 月开始实施的输电规制价格在 1997 年 3 月到期，为此，电力规制办公室在 1996 年 10 月对输电规制价格进行了周期性的评价和调整[①]。该办公室评估了国家电网公司从 1993 年 4 月以来的效率增长和成本降低情况，建议从 1997 年 4 月 1 日起到 2001 年 3 月止实行新的输电规制价格，规制价格的形式是继续实行 $PPI - X$ 最高限价模型，在 1997—1998 年度先降价 20%，将过去几年因提高生产效率而获得的利益转让给电力用户，然后，在以后的 3 年中，将最高限价模型中的 X 值由 3% 提高到 4%，即实行 $RPI - 4\%$ 最高限价模型。这意味着国家电网公司在实行新的电力输送规制价格的 4 年中，将要因降低收费价格而减少约 10 亿英镑的营业收入，从而实现通过价格规制，把国家电网公司因效率增长之利转让给广大电力用户的价格规制目标。

1993 年 7 月，电力规制办公室对各地区电力公司的电力零售供应价格进行了评价与调整，从 1994 年 4 月开始，对电力最大需求量小于 100 千瓦的消费者的电力零售供应价格规制模型从 $RPI - 0 + Y$ 调整为 $RPI - 2\% + Y$。但配电收费价格对消费者具有更大影响，因为它大约占消费者所支付的电力价格的 1/3，而且，在各地区电力公司的经营地域范围内，配电业务是一种地区性垄断业务，因此，更有必要加强对配电收费价格的规制。1994 年中期，电力规制办公室对配电收费价格进行了评价与调整，从 1995 年 4 月起，各地区电力公司的配电收费价格下降 11%—17%；随后，所有的配电价格都采取 $PRI - 2\%$ 最高限价模型（以前，各地区电力公司的 X 值最大为 0，最小为负 2.5%，即 $PRI + 2.5\%$）。由于地区电力公司股市价格的大幅度上升和电力消费者对 1994 年价格调整的批评，电力规制办公室再次对配电价格进行了评价，并在 1995 年 7 月宣布了新的配电价格调整幅度[②]，在 1996—1997 年度，各地区电力公司的配电价格将下降 10%—13%，在 1997—2000 年期间，X 值增加到 3%。这样，实行

①　OFFER，1996，The Transmission Price Control Review of the National Grid Company：Proposals，Birmingham：Office of Electricity Regulation.

②　OFFER，1995，The Distribution Price Control：Revised Proposals，Birmingham：Office of Electricity Regulation.

新的规制价格后，从 1994—2000 年，配电价格将累计下降 27%—34%（具体降幅按照各地区电力公司的情况而定）。

如前所述，从 1998 年 4 月 1 日开始，将对最后实行垄断性供应的电力最大需求量在 100 千瓦以下的零售市场实行阶段性放开竞争供应。为配合这一规制政策，电力规制办公室在 1996 年 12 月发布了一个咨询报告，专门讨论了电力零售供应市场从 1998 年 4 月 1 日到实现完全竞争这一时期的价格限制问题；1997 年 1 月，电力规制办公室发布了第二个咨询报告，总结了有关方面对第一个咨询报告的反馈意见，并对一些主要问题提出了基本思路；1997 年 5 月，电力规制办公室发布了第三个咨询报告，在总结对第二个咨询报告反馈意见的基础上，提出了从 1998 年以后，对电力零售供应市场实行价格规制的具体建议。这第三个咨询报告的主要内容是①：第一，考虑到在 1998 年年末或 1999 年年初将在电力零售市场上完全实行竞争性供应，因此，价格限制的有效期为 2 年（从 1998 年 4 月至 2000 年 3 月），但并不排斥在 2000 年 3 月后继续实行价格规制的可能性，这决定于市场竞争对价格的影响程度；第二，价格限制的适用范围是年电力消费量在 12000 千瓦时以下的居民家庭和小型工商企业用户，无论是原来的地区电力公司还是其他的电力供应者，都不能突破价格限制；第三，过去的电力零售价格规制模型实行 $RPI - X + Y$ 的形式，而 $Y = T + U + E + F$，其中 T 和 U 分别为输电和配电成本，E 为电力采购成本，F 为矿物燃料税，所有这些成本（Y）都转移到最终销售价格中，因此，X 值的大小对销售价格的影响并不大。为了更好地保护消费者的利益，并促使企业在输电、配电和采购环节尽量降低成本，新的最高限价模型采取 $PPI - X$ 的形式，即取消了原来价格规制模型中的成本转移项（Y）。这无疑增加了电力供应企业的经营风险，这是因为，虽然电力供应企业能预测输电和配电成本（两者都受价格规制），但难以较准确地预测变动幅度较大的电力采购成本，如果电力采购成本接近或超过电力供应最高限制，企业就只能取得微利甚至亏本，这将迫使电力供应企业提高经营效率。

① OFFER, 1997, The Competitive Electricity Market from 1998: Price Restrains (the Third Consultation), Birmingham: Office of Electricity Regulation.

（二）日本

日本对电力根据不同用途而制定多种收费标准及收费方式，主要类型有：以居民为对象的家庭用电；以办公楼、商店等为对象的商务用电；以工业为对象的高压电及大规模工业企业用的特别高压电等。近年来，日本电力市场准入制度改革主要表现为扩大电力市场自由化领域。包括取消发电企业许可制度，实施一般供电企业电力采购招标制；实施特定供电企业制度；实施特定规模供电企业制度等。在电力收费制度改革方面的措施包括：实施供电合同收费确定申请备案制；引入地域间竞争；实施燃料费调整制度；大规模用户供电零售收费自由化；实施供电合同收费下调申请备案制等。目前，对大规模工业企业、商业大厦等特定单位的用电收费管制已经放开，实行了自由化对象用电收费政策；而家庭、商店、办公楼、医院、普通企业等用电收费仍然实行严格的管制，称为非自由化对象用电收费政策。下面分别介绍不同用途的电价体制和电价管制方面的改革情况。

1. 非自由化对象用电收费定价方式。对于家庭等非自由化对象用电收费一般采用的是两部制定价方法，即由与用电量无关的基本收费加上根据使用量收取的费用所组成。家庭用电收费采取的是"用电量分档累进两部制"。主要划分为 120 度（每月生活必要使用量）以内、120—300度、300 度以上 3 个档次。第一档收费水平较低；第二档按平均收费水平收取；第三档收费水平相对较高。这种收费方式反映了费用的累进倾向，即用电量越多，单位用电量收费也就越高。

在普通的收费目录中，有分时电价（夜间用电，收费较低）、季节电价（夏季以外的季节用电，收费较低）等种类。这种优惠收费价格的目的是希望用电量向夜间等用电需求量比较少的时间段或季节时期（低负荷时期）分流，以降低供电成本。

另外，为了减轻电力公司的成本费用压力，增加收入，根据用户个性化的需求，在向政府经济产业大臣申请备案后，可制定多样化的收费目录。例如，以扩大用电量为目的、面向特殊条件用户的优惠措施（包括全电气化住宅收费优惠政策、账户划转优惠措施等）。

目前，对家庭等非自由化对象供电，仍然由日本的 10 家大型电力公司实行地域垄断。为了防止利用垄断地位制定高收费标准而损害消费者的利益，此类收费标准的制定和调整（下调时除外）必须经过经济产业大臣的认可。由于10大电力公司间的竞争关系不是直接的而是间接的，日本经济产业省还制定了"标准查定"政策，在电力企业提出提高收费申请时，经济产业省要对电力企业成本进行"标准查定"。要核查的电力企业供电成本包括发电成本、送电成本和一般费用三个方面。根据10大电力公司目前的效率水平，经济产业省制定电力企业应对比较，经济产业省还需要充分考虑10家公司不同的地域特性及用户结构，在此基础上对目标进行相应的调整。经过"标准查定"后确定的收费标准应由符合效率经营基础上的适当成本加上适当利润构成，即在不实行价格歧视，能够保证供电企业持续供电的成本并获得适当利润的前提下，采用完全成本定价法进行收费水平的确定。

2. 自由化对象用电收费定价方式。从1995年12月开始，日本经济产业省针对特殊规模电力用户等特定单位（具体到一处建筑、一个机构）供电制定了"特定电力事业制度"，其收费水平在供求双方达成协议的基础上确定，只要向经济产业大臣提出申请备案即可。

从2000年3月开始，日本电力收费实行了部分零售供给自由化、对于大规模工厂特别高压用户的用电可以由10大电力公司以外的供电企业提供等改革措施。这种情况下的供电价格可以由用户和电力公司之间通过协议自由决定。

3. 电网转运服务费的确定方式。由于电网设备投资巨大，新进入的供电企业一般难以承担高额的电网投资费用，而且各自建网，势必造成重复投资，对于经济效益的提高无益。所以，日本经济产业省规定新进入的供电企业必须使用10大电力公司电网进行供电，称为"转运"。

为防止10大电力公司依靠电网垄断优势，制定较高转运价格，排挤竞争者，影响电力行业效率的提高，经济产业省规定转运合同的确定必须得到经济产业大臣的认可。具体来说，10大电力公司所制定的转运价格在此合同的基础上再附加任何条件，如果该转运合同条款对某些企业有不适当的歧视对待行为，经济产业大臣可以命令其改正。

日本经济产业省规定：转运收费的确定也采用两部制，由与转运电量无关的基本收费加上根据转运电量而计算得到的费用所组成。新进入的供电企业对10大电力公司所支付的转运费用根据该转运所必需的费用来确定，费用确定不仅要参考过去的费用实际情况，还要将预期经营效率提高、技术革新、可预见需求变化等因素考虑进来，以便确定适当的费用。

为了保证 10 大电力公司的电网转运合同条款公平、中立，转运价格合理，解决 10 大电力公司与新进入的供电企业之间，以及营运者之间的冲突或纠纷，经济产业省目前正在抓紧研究、出台各种政策法规，如向经济产业大臣申述权益制度、"电力业务纠纷处理办法"、"电力业务指南"等。转运业务目前已涉及 9 家新进入的供电企业，它们的供电总量在所有自由化对象用电总量的比重 2002 年 3 月已达到 0.5%。

4. 燃料费调整制度。由于日本发电企业过分依赖国外石油与天然气的进口，因而燃料进口价格变动对 10 大电力公司经营业绩有着巨大的影响。为了使非自由化对象部分电力收费能够迅速反映原油价格、汇率变动等情况，从 1996 年 1 月开始，推出了对应于燃料费的变动，收费每 3 个月进行一次自动调整的"燃料费调整制度"。每次调整以海关统计所公布的上季度各种燃料进口价格 3 个月平均值为依据。例如：某年度 7—9 月的电力收费价格反映的是 1—3 月的海关统计的价格水平。这个制度还规定，为了避免收费价格频繁地小幅度变动，根据燃料进口价格计算后的供电价格相比原价格变动幅度为 ±5% 时，不进行调整。同时为了防止供电价格过度波动，经济产业省规定了调整上限：无论燃料进口价格变动幅度多大，供电价格一次调整的上限为 50%。

这里以东京电力公司收费为例说明"燃料费调整制度"的实施情况：1996 年 7—9 月后，由于日元贬值、原油价格上涨等因素，电力收费不断升高；而 1998 年 10—12 月后，由于原油进口价格下降，电力收费不断降低；但是从 2000 年 7—9 月开始，由于原油价格的攀升，价格再一次调高。

5. 日本电力收费水平变动及改革进展情况介绍。1986 年以来，日本电力收费水平出现了不断降低的趋势，其原因是多方面的：由于日元升值导致的原油进口价格降低，1996 年实施的燃料费调整制度，电力自由化政策引入了电力公司之间的竞争，对于电力收费持续下降都发挥了重要的作用。例如：10 大电力公司电费在 1996 年 1 月平均下调约 6.3%；1998 年 2 月下调 4.7%；2000 年 10 月下调 5.4%；2002 年 4 月，东京电力公司又下调 7.0%；同年 7 月，东北电力公司也再次下调 7.1%。

目前日本国内 10 大电力公司间的收费标准还存在着一定的差距，但是差距并不大。例如，2000 年 10 月最大的价格差距中，照明电收费为 1.06 倍、动力电收费为 1.16 倍。1996 年 1 月推出的"标准查定"政策是导致国内价格差缩小的主要原因。

日本的电价水平和其他发达国家还存在一定差距。根据日本内阁府调查研究显示，从日本标准家庭每月用电量（280 度）所需费用的内外价格差来看，以 2001 年 11 月为基期，以日本东京电力收费水平为 100，根据当时汇率测算，美国纽约是 94、英国伦敦是 55、法国巴黎是 46、德国法兰克福是 68。可见，日本与美国的电价水平差别不大，但与英国、法国、德国相比依然较高。

6. 国外电价改革对我国电价改革的几点借鉴。通过以上介绍，结合我国的电力管理体制改革和电价改革，我们可以得到以下几点借鉴：

第一，在电价形成过程中，可以适当放开部分用途或用户的电价，允许部分特定用户与供电企业自主协商定价，政府主管部门不必进行干预。

第二，在电价调整过程中，必须充分注意与燃料价格的联动关系。我国的电力供应是以火力发电为主的，而火力发电的主要燃料是煤炭。因此，要根据煤炭市场价格的变动及时调整电力价格，在煤价下降时可以降低电价，在煤价上涨时也应及时提高电价。目前，煤炭价格，包括发电用煤价格已经完全放开由市场调节，但电力价格继续实行高度集中的政府定价，如果电价不能及时反映煤价的变动，就会影响电力的正常生产和供应。

第三，在制定和调整电价时，要引入一定的效率标准，使不同的电力企业的成本具有相对可比性，从而避免按照个别成本定价的一厂一价现象。实际上，我国政府定价工作中按照部门平均成本定价的原则与日本的"查定标准"具有相同的含义和作用，要进一步完善。

第四，正确处理和协调不同电力企业之间与统一电网之间的关系。日本有 10 大电力公司电网转运收费问题，我国也有不同隶属关系的发电企业与国家电网之间的经济利益关系，还有地方电力公司与中央电力企业、独立电力企业之间的关系，比日本的电力市场更加复杂。如何处理好这些关系，还需要深入研究和借鉴发达国家，包括日本的经验。

三　铁路

（一）美国

美国是最早对铁路产业进行价格规制的国家。1887 年国会通过的

《州际商务法》标志着美国政府对铁路产业正式实施规制。通过此法还成立了州际商业委员会（ICC），专门对铁路产业实行严格的价格规制。该组织加强了政府对铁路运价的监督管理，控制铁路运费率和旅客车费。该法令规定各种运费必须"公平合理"；铁路公司须公布自己的运费价格表，若要增加运费必须10天前通知公众；对不同个人、地区及货物种类所实行的特殊运费、运费折扣、回扣及其他形式的运费差别待遇均属非法；禁止短途运费高于长途运费的做法；禁止铁路公司之间签订合伙经营协定等①。

进行价格规制最重要的环节是确定合理的价格规制水平，因此，美国创建了专门的价格规制机构ICC。因为同国会或法院相比，在某一特定的社会经济领域，规制机构拥有更多的时间、知识和经验。一旦被赋予相应的权力，就有可能降低立法或司法成本，从而取得专业化带来的经济性。

20世纪70年代，美国逐步放松了对铁路产业的价格规制。1980年通过了《斯塔格斯法》放松了ICC对定价权的规制，使铁路价格更富有弹性，合同价格和费率体现出差异性。

（二）英国

英国对铁路产业的价格规制一直实行的是自由定价方式，其价格规制改革主要在于价格规制方法的革新，由传统的报酬率规制演进为有助于调动企业积极性的激励性规制——价格上限规制。价格上限规制是传统的报酬率规制的替代方式，是英国政府在20世纪80年代初对自然垄断产业规制改革中，委托当时在伯明翰大学任教授的李特查尔德设计的一个价格规制模型。该模型有助于找到一个合理价格，既能控制铁路产业的垄断价格又能节约规制费用，同时又能给予被规制企业提高内部效率的激励。

英国在规制改革前采用的是传统的报酬率规制：对非营利性的铁路客运，政府通过年度预算和公共费用谈判中所确定的"公共服务义务"，对BR进行补助，财政的负担较为沉重。为了缓解财政困境，提高铁路产业运营效率，英国将运输部分经过专业分工分成多家企业，通过出售与特许经营的方式放松进入规制与价格规制；路网部分仍保持垄断经营，并逐渐由政府所有转向私人所有，并实施价格上限规制。

---

① 斯蒂芬森：《美国的交通运输》，人民交通出版社1990年版。

（三）日本

日本国铁运价在规制改革前实行国会议决制，价格管制比较严格刻板。规制改革后实行了运输大臣认可制。运输大臣认可制的特点是：只要运价满足合理的成本加一定的利润、不对特定的旅客和货主实施歧视性待遇、不使消费者负担困难、不与其他铁路企业发生恶性竞争等条件即可获得认可。之后，在运输大臣认可制的基础上，又实行了运价上限认可制，由大臣认可运价的适当范围，在其上限之内的价格调整只需事先提出申报。这种变化标志着日本对铁路运价规制的进一步放宽，铁路企业只要获得了运价及新干线特快票价的上限价格的认可，对既有线路的特快票价、卧铺、对号坐席及各种票价的折扣优惠，仅提出申报即可，对站台票价、退票费等均无限制（见表8－3）。

表8－3　　　　　各国对自然垄断产业中的价格规制（1999年）

国家	电力行业输送环节	电信行业		铁路行业	
		移动	固定	客运	货运
澳大利亚	基于成本	价格上限	价格上限		
奥地利	—	无规制	任意规制	—	
比利时	基于成本	无规制	价格上限	—	无规制
加拿大	基于成本	无规制	价格上限	基于成本	无规制
捷克共和国	—	无规制	价格上限	价格上限	无规制
丹麦	基于成本	—	价格上限	价格上限	无规制
芬兰	基于成本	无规制	无规制	无规制	无规制
法国	基于成本	无规制	价格上限		无规制
德国	基于成本	价格上限并基于成本	任意规制	无规制	无规制
希腊	无规制	—	价格上限		
匈牙利	—		价格上限		
爱尔兰	无规制	无规制	价格上限	部分规制	部分规制
意大利	价格上限	无规制	基于成本	基于成本	基于成本
日本	基于成本	部分规制	价格上限	基于成本	基于成本
韩国	—	任意规制	任意规制	基于成本	基于成本

续表

国家	电力行业输送环节	电信行业		铁路行业	
		移动	固定	客运	货运
墨西哥	—	—	价格上限	价格上限	价格上限
荷兰	无规制	无规制	价格上限	价格上限并基于成本	无规制
新西兰	—	—	价格上限	—	—
挪威	价格上限	基于成本	基于成本	—	无规制
波兰	—	无规制	价格上限	价格上限	价格上限
葡萄牙	基于成本	无规制	价格上限	基于成本	价格上限
西班牙	基于成本	无规制	部分规制	无规制	无规制
瑞典	无规制	—	基于成本	价格上限	无规制
瑞士	—	—	价格上限	无规制	无规制
土耳其	—	价格上限	任意规制	价格上限	价格上限
英国	价格上限	—	价格上限	价格上限	无规制
美国	基于成本	无规制	价格上限	—	—

注：表中任意规制为费率审批。

资料来源：《国外经济规制改革的实践及经验》，上海财经大学出版社 2006 年版。

第三节　我国自然垄断产业价格规制存在的主要问题

我国自然垄断产业价格规制的思路总体讲是比较清晰的，效果也比较明显。但与市场经济的要求相比，自然垄断产业价格规制还不尽完善，主要表现在以下几个方面：

一　缺乏有效的价格规制法规

当前许多方面存在着法律真空，或者现有法律、法规已不适应建立竞争性市场的要求，使得改革过程中出现了企业间交易关系和竞争方式的混乱。自然垄断产业在国民经济中的特殊性决定了其价格规制的重要性，需要制定自然垄断产业价格规制的法律、法规，但目前我国尚未出台专门的自然垄断产业价格法律、法规。对自然垄断产业价格规制的原则和方法，主要参照《中华人民共和国价格法》及其他与之相关的行业法律法规，针对性不强，操作性差。《价格法》把自然垄断行业、公用事业和公益事业等提供的产品和服务并列在一起，界限不清；对自然垄断产业价格管理的原则、定价方法和规制机制等规定不明确。这些问题严重制约了价格主管部门对自然垄断产业价格的规制。政府对相关规制机构缺乏有效的监督和制约，许多领域的规制职能没有得到法律和政策的明确授权，规制无规可循，人为因素大，决策过程透明度低，寻租风险大。自然垄断产业立法滞后，不能依法有效约束各类市场主体的行为。

二　定价成本不科学

目前，中国对自然垄断产业的价格规制主要采用的是成本加成法，该方法本质上属于公平报酬率监管。它最大的特点是能够让企业收回成本。但是由于缺乏客观的定价依据，在价格的制定和调整中表现为较大的主观随意性，价格的形成在相当程度上取决于政府与企业之间讨价还价的能力和各利益集团之间的博弈程度。沿用传统的按成本定价方法，这种成本不是社会平均成本，而是企业的个别成本。因此，规制者和被规制者之间存在严重的信息不对称。例如，自然垄断产业产品价格的制定或调整，是根据企业的提价申报审批形成，企业在成本增加后，为不减少利润就必然要求提高价格，有的企业甚至采取多报成本支出的办法来达到提价的目的。但价格主管部门很难准确地审核其成本的真实性，往往是成本涨多少，价格就提多少，甚至出现价格的上涨幅度高于实际成本增加的情况。因此留给企业大量因信息租金而产生的超额利润。此外，被规制企业上报的成本是以调价前或执行期成本为准，没有考虑控制成本、节约成本，也没有法定预期成本的依据，更没有明确、量化的效率指标。

三　价格规制方式单一

单一的成本加成规制法固然可以抑制垄断经营者利用垄断地位谋取高额利润的行为，保护消费者利益，但同时也抑制了竞争机制的引入，隔断了企业与市场之间的相互作用关系，使价格调节机制受到极大限制。其结果是，一旦出现供求矛盾，往往需要经过较长时间的论证才能作出反应，企业也缺乏降低成本、提高效率的动力。以移动话费为例，现行移动通信实行政府定价形式，资费标准于 1994 年制定，月租费 50 元/月，通话费0.40 元/分钟，且双向收费。随着移动通信市场竞争机制的引入，一方面广大用户对降低资费的期望不断提高；另一方面移动电话规模发展所带来的规模效应，使得移动通信的单位成本大幅降低，移动网络资源充足甚至过剩，部分区域出现"超闲小区"，移动电话经营者有降价的要求。在单一的定价形式及资费标准已不符合客观实际、背离了价值的情况下，经营者只能通过短期优惠促销、打折、赠送话费、网内单向收费或变相单向收费等方式变相降价，双向收费已基本名存实亡。事实表明，统一僵化的规制方式不仅不适应灵活的市场经营要求和日趋充分的市场竞争环境，而且也不利于促进资源的有效配置。

四　补偿机制不完善

自然垄断产业初期投入的固定成本相对较高，而在运营之后的较长时间内，其变动成本或边际成本的比重较小，即有较高的固定成本和较低的边际成本。而自然垄断产业多为关系到民生问题的产业，决定了这些产业不能完全以追求利润最大化为目的。新中国成立以来，我国较长时间实行了较低的价格制度，由此造成的损失一般通过价格补偿和政府财政补贴两个渠道弥补。但由于各地财力有限，政府往往拿不出更多的财力直接投入或进行补贴，常常寄希望于提价来解决补偿不足问题。但价格主管部门制定和调整价格不仅要考虑成本、经营者的可持续发展、保证产品供给等因素，更要考虑价格调整对其他行业、部门和群众生活的影响，考虑社会和公众的承受能力。

第四节　完善我国自然垄断产业价格规制的建议

"师夷长技以致用"，在充分借鉴发达国家成功的经验，汲取教训，并结合中国实情，探索一条适合中国环境的成功价格规制改革之路。

一　科学界定自然垄断产业

科学界定自然垄断产业，重新认识垄断的传统领域。就整体而言，电信、电力、铁路、邮政以及城市公共事业中的自来水、煤气等都属于自然垄断行业，其成本都具有次可加性（弱增性）的特点。但是，这并不是说，这些产业的所有业务都具有自然垄断的性质。事实上，这些产业的业务是可以具体分解的。以电力行业为例，英国规定发电、输电和供电业务分业经营，在发电市场、售电市场引入竞争机制，鼓励多家公司展开竞争；输变电则由全国电网公司独家经营，国家仍对输变电价格进行规制，从而形成了多家发电公司、多家配电公司和一家输电公司的格局，促进了英国电力的效率大大提高。改革后，英国电力生产彻底改变了供不应求的局面，电价大幅度下降，国家不再补贴电力，服务质量也明显改善。因此，必须科学界定自然垄断产业的内涵，把自然垄断产业中的非自然垄断业务从自然垄断业务中剥离出来。对于非自然垄断的业务，政府应该引入市场机制，充分发挥竞争在企业价格形成中的作用，这与其他竞争性产业应该是没有区别的。对于自然垄断业务则应该从提高企业效率、实现资源的优化配置和保护消费者利益以及促进企业的长期稳定发展为目标，对自然垄断产业进行价格规制。此外，还要明确区分行政性垄断和自然垄断，把政府的权力从自然垄断产业中剥离出来。

二　制定与完善有关价格法规

西方发达国家自然垄断产业价格规制都是立足于相关规制法律法规来实施的，具有很高的权威性和实效性。同时，为适应自然垄断产业的发展，各国都加快了立法和法律调整的步伐，逐步完善市场监管的法律基础。我国自然垄断产业的立法取得了很大的成就，但是立法还是比较落后。以北京市供热行业为例，目前北京市依据的仍然是1994年市政府15号令《北京市住宅锅炉管理规定》，已经很难适应当前的供热管理、改革和专业化、社会化的需要了。因此，我国在积极稳妥推进自然垄断产业改革过程中，要注重按照建设社会主义法制社会和实现自然垄断产业依法监管的目标要求，抓紧制定完善有关自然垄断产业运营和监管的法律法规和监管办法，完善相关的投资、价格、财税、产权、社保等配套政策。我国应建立以《价格法》为核心的价格法规体系，从法律上明确规定自然垄断经营产品价格监管的范围、原则、程序和基本方法，维护政府价格监管的严肃性，从而对自然垄断经营产品的政府定价和价格监管有法可依，提高政府价格监管的科学性。

三　构建科学的价格规制模式

欧美国家对自然垄断行业的价格规制政策，是建立在发达的资本主义市场经济基础上的，不完全适合于我国的国情和现状；而且其价格规制政策本身也存在诸多问题。英国的最高限价规制模式实质上只是规定监管价格的上升（或下降）率，它是以有一个合理的基价为假设前提的，而基价的决定必然要以成本为基础，这就决定了我国在构建规制价格模式时不能回避成本问题。近期内，我国有不少产品价格还属于价格调整阶段，零售价格的变动幅度较大，而且不稳定。同时，某些非价格因素也会引起零售价格指数的变化，但不会导致企业成本的相应变化，这会使企业利润并不完全取决于企业的生产效率。不过，可对欧美国家的价格规制政策进行适当调整，使其适合于我国的条件。考虑到欧美国家实行的两种价格规制政策各有优缺点，将其结合起来，加以改造，建立起适合中国自然垄断产业的价格规制模式。

四　优化价格规制方式

针对自然垄断产业价格规制方式单一，我们认为，除了采用固定价格外还可以考虑以下几种方式：一是制定最高和最低限价。最高限价可以防止垄断企业制定垄断高价，而最低限价可以防止垄断企业制定倾销低价将竞争者排斥于市场之外，保护市场竞争。在市场竞争还不够充分的情况下，重点防止垄断高价对消费者利益的侵害；当市场竞争格局形成以后，既要防止垄断企业恶意制定倾销低价排挤新企业的进入，也要注意防止相关企业联合制定垄断价格。二是实行两部制价格。根据自然垄断产业所提供的产品的供求状况，由政府给消费者确定基本的消费定额，并对定额内和定额外的产品制定不同的价格。这种定价方式主要适用具有较强需求弹性的产品。对消费者而言，这个定价方式可以保证最基本的需求；对经营者而言，定额可以保证获得基本的收入。在供不应求的情况下，超额消费则要支付较高的价格，从而达到抑制消费、刺激供给的目的。三是实行浮动价格。政府只制定基准价格和浮动幅度，由经营者根据市场情况和经营需要，在政府规定的幅度内确定具体的价格水平，并报政府价格主管部门备案。

五　尽快建立完善的成本约束机制

为了保证成本信息的真实性，价格主管部门就需要对经营企业建立有效的成本约束机制，主要办法有三个：（1）逐步建立企业价格成本台账。在价格非调整期，按照每月或每季度的期限，由企业上报工资状况、人员构成、各种支出等成本构成因素，由物价部门进行审核认定，剔除虚置成本，约束企业自觉降低成本，提高效益。（2）确定企业成本控制参数。根据企业产品零售价格指数，参考社会平均职业收入增长率等因素，确定企业成本上升率；根据企业所在行业的技术进步率、实际生产效率和国内外同行业先进生产效率的差距等因素，确定企业成本的下降率。企业成本的变动率就决定了政府为企业确定的成本上升率和下降率的相对数，即只有在成本上升率大于下降率时，企业才能提价。反之，企业就应该降价。在这种成本变动硬约束下，企业要取得较高的利润就必须努力降低生产经营成本和提高管理水平。（3）积极引入价格竞争机制。自然垄断产业的垄断价格和垄断利润阻碍技术进步和服务质量的提高，严重损害了消费者利益，抬高了社会成本。而引入价格竞争机制是促进经营企业技术改进，增加服务品种，提高服务质量和降低价格的有效方式。物价部门要积极配合有关方面体制改革，打破垄断，促进竞争，降低企业个别成本，为逐步实现市场形成价格创造条件。

六　完善价格听证会制度

进入 21 世纪以来，中国政府及各地物价主管部门在制定或调整与群众利益密切相关的商品和服务价格之前，普遍进行价格公开听证，建立了价格决策专家论证制度、集体审价制度。但由于价格听证会制度在我国还处于尝试探索阶段，仍存在不少问题，如 2002 年 6 月 24 日重庆市就路桥收费办法举行听证会，但完全是走过场，因为在 6 月 17 日该办法就已经审议通过。重庆市的水价上调听证会、公交车起步价上调听证会等基本上都是多数代表反对申请人的涨价方案，但最终还是出台了。2002 年安徽省春运价格听证会上没有民工代表参加。济南市机动车路桥通行费听证会上，28 名消费者代表中普通平民身份者只有 1 人[①]。为此，需要从四个特性及上进一步完善价格听证会。一是广泛性。要广泛地选择社会各领域、各阶层、各方面利益代表参加听证会，聆听他们的意见和呼声，使价格听证会真正成为汇集各方面意见和建议的渠道，成为架起沟通信息的桥梁，使政府制定和调整的价格更能代表广大人民群众的利益。二是公开性。在召开听证会的前后，要充分利用广播、电视、报刊等新闻媒体宣传报道听证会价格调整有关情况，发动广大消费者了解听证会，关注听证会，参与听证会。三是多次性。目前听证会在调整或制定某一产品价格时通常是一次性的，听证会结束后，便由价格主管部门制定最终价格，缺乏反馈性。事实上，对某些重要产品或服务价格的价格听证会应该举行多次，轮番征

[①]　例子来源于杜钢建《政府职能转变攻关》，中国水利水电出版社 2005 年版，第 124 页。

询社会各利益集团的意见，以充分反映价格听证会的民主性和有效性。四是制度性。由于价格听证会制度在我国还处于探索阶段，它目前的作用很多时候还只作为一个必要的定价程序，尚未发挥价格听证会应有的制度作用。从以往几次听证会的情况看，听证方案、听证结果并没有得到足够的尊重，如 2001 年关于电信资费听证会听证的方案，与最后出台的结果完全不同①。听证会应该具有严格的法律效力，听证结果应该受到尊重。价格听证会不仅作为一种程序，更是一种法律制度，以此来约束垄断行业定价行为，增加定价的科学性、民主性、规范性。

---

①　王学庆等:《管制垄断》，中国水利水电出版社 2004 年版，第73 页。

第九章　自然垄断产业改革的规制模式

第一节　国外自然垄断产业规制模式的特点

一　规制机构的设置

随着自然垄断产业改革的进行，各个国家都建立了专门的规制机构，负责自然垄断行业的规制与发展。表 9 - 1 列举了部分 OECD 国家电信部门监管机构。

以美国电信规制机构为例，美国的电信规制机构是联邦通信委员会（FCC）。美国联邦通信委员会（FCC）是世界电信产业最早成立的具有完全意义上的独立性规制机构。1934 年，美国通过了《电信法》，依据此法成立了具有综合管制功能的 FCC。FCC 对美国电话电报、无线电通信、互联网、广播电视等业务实行一体化规制，旨在使美国全体人民获得迅速、高效、价格合理的通信服务。FCC 以国会立法形式设立，直接对国会负责，独立于电信运营商，也独立于政府行政机构。FCC 的规制范围十分广泛，除了电信行业，其管制权力涉及无线电广播、有线电视和互联网领域。FCC 在通信方面的主要职责是：制定电信产业政策；发放电信业务许可证；分配频率；管理电信网络基础设施；对电信服务价格和服务质量进行规制；协调电信运营商之间的矛盾；促进普遍服务，等等。FCC 的管辖权适用州际通信业务和国际通信业务，州内通信业务，尤其是本地电话业务的规制由美国州公益事业委员会（PUC）来承担。

英国电信规制体制的突出特点是电信政策的制定权和电信业务的具体规制权相分离。英国电信政策的制定权放在英国电信业主管部门贸易产业部（DTI），电信业务的具体规制权放在一个相对独立的机构——电信规制办公室（OFTEL）。电信规制办公室（OFTEL）是依据英国 1984 年《电信

表9-1　OECD国家电信部门规制机构及其职责

行业规制者	规制机构	职权							企业绩效及成本评估依据
		发放许可证的规制职责区分			网络互联的规制		定价规制	服务质量规制	
		许可证发放	许可条件监督	兼并审批	强势运营商网络互联收费授权	争端解决			
澳大利亚	通信管理局（ACA）独立规制机构	×							受规制企业提供的信息；规制机构通过调查获得的信息
	消费者与竞争委员会（ACCC）竞争管理局		×	×	×	×	×	×	一个价格上限在每期未进行独立审评估
奥地利	电信管理局（TKC）独立规制机构	×	×		×	×	×	×	受规制企业提供的信息；规制机构通过调查搜集的信息
比利时	邮电业与电信业协会（BIPT）独立规制机构		×		×	×		×	受规制的企业提供的信息；规制机构通过调查获得的信息
	竞争管理局			×					
	政府部门	×					×		

续表

行业规制者		规制机构	职权					定价规制	服务质量规制	企业绩效及成本评估依据
			发放许可证的规制职责区分			网络互联的规制				
			许可证发放	许可条件操作监督	兼并审批	强势运营商网络互联收费授权	争端解决			
加拿大	无线电广播和电信委员会（CRTC）	独立规制机构	×（固话）	×（固话）	×	×	×	×	×	受规制企业提供的信息；规制机构调查获得的信息
	竞争管理部门	竞争管理部门		×						
	政府部门	政府部门	×（移动）							
捷克共和国	电信管理局（CTO）	独立规制机构	×（移动）	×	×		×（技术方面）	×	×	受规制企业提供的信息；规制机构调查获得的信息
	政府部门	政府部门				×（价格方面）	×			
	其他				无授权					
丹麦	国家电信局（NTA）	独立规制机构	×（移动电话）	×	×	×	×	×	×	受规制企业提供的信息；企业绩效的比较信息
	竞争管理局	竞争管理局		×						
芬兰	电信管理中心（TAC）	独立规制机构	×	×	×	×	×		×	受规制企业提供的信息；规制机构调查获得的信息
	竞争管理局	竞争管理局						×		
	政府部门	政府部门		×						

续表

行业规制者	规制机构	职权							企业绩效及成本评估依据
		发放许可证的规制职责区分			网络互联的规制		定价规制	服务质量规制	
		许可证发放	许可条件监督	兼并审批	强势运营商网络互联收费授权	争端解决			
法国 电信管理局(ART)	独立规制机构		×	×		×		×	受规制企业和独立审计机构提供的信息
	竞争管理局			×					
	政府部门	×					×		
德国 电信与邮政管理局(Teg TP)	独立规制机构	×	×	×	×	×	×	×	受规制企业提供的信息;规制机构通过调查获得的信息;同一部门/市场的企业绩效和成本的比较信息;其他信息
	竞争管理局			×					
希腊 国家邮政与电信委员会(EETT)	独立电信规制机构		×		×	×	×	×	
	竞争管理局			×	×				
	政府部门								

续表

行业规制者	规制机构	职权							企业绩效及成本评估依据
		发放许可证的规制职责区分			网络互联的规制		定价规制	服务质量规制	
		许可证发放	许可条件监督	兼并审批	强势运营商网络互联收费权	争端解决			
匈牙利 电信管理局	独立规制机构	×						×	受规制企业和独立审计机构提供的信息；规制通过调查获得的信息
	竞争管理局		×	×		×			
	政府部门				×		×		
冰岛 邮政与电信管理局（PTA）	独立规制机构	×	×		无授权		×	×	
	其他			×					
爱尔兰 电信管理局（ODTR）	独立规制机构	×	×		×			×	受规制企业和独立审计机构提供的信息；规制通过调查获得的信息
	竞争管理局			×		×			
意大利 电信管理局（AGC）	独立电信规制机构	×	×		×	×	×	×	同一部门/市场的企业绩效和成本的比较信息
	竞争管理局			×					

续表

行业规制者	规制机构	发放许可证的规制职责区分			网络互联的规制		定价规制	服务质量规制	企业绩效及成本评估依据
		许可证发放	许可条件监督	兼并审批	强势运营商网络互联收费授权	争端解决			
日本 邮电部（MPT）	竞争管理局			×					受规制企业提供的信息；规制机构得到的信息
	政府部门	×	×	×	×	×	×		同一部门/市场的企业绩效和成本的比较信息
	其他							无规制	
韩国 信息通信部（MIC）	独立规制机构				×	×			受规制企业和独立审计机构提供的信息；规制机构通过调查获得的信息
	政府部门	×	×	×	×	×	×	×	
卢森堡 电信协会（ILT）	独立规制机构					×	×	×	
墨西哥 联邦电信委员会（COfetel）	独立规制机构				×	×	×	×	受规制企业提供的信息
	竞争管理局			×					
	政府部门	×							

续表

行业规制者	规制机构	发放许可证的规制职责区分			网络互联的规制				企业绩效及成本评估依据
		许可证发放	许可条件监督	兼并审批	强势运营商网络互联收费授权	争端解决	定价规制	服务质量规制	
荷兰　独立邮政电信局（OPTA）	独立规制机构	×（固话）			×	×	×	×	受规制企业提供信息；规制机构通过调查获得的信息
	竞争管理局	×（移动）	×						同一部门／市场的企业绩效和成本的比较信息
	政府部门								
新西兰　商业委员会和竞争管理局	竞争管理局			×					受规制企业提供的信息
	政府部门								
	其他	无授权							
挪威　挪威邮电局（NPT）	独立规制机构					×	×	×	受规制企业和独立审计机构提供的信息
	竞争管理局			×					规制机构通过调查获得的信息
	政府部门	×							
	其他				无授权				

续表

行业规制者			职权							企业绩效及成本评估依据
			发放许可证的规制职责区分			网络互联的规制		定价规制	服务质量规制	
		规制机构	许可证发放	许可条件作监督	兼并审批	强势运营商网络互联收费授权	争端解决			
波兰	邮电部	政府部门	×	×		×	×	×	×	受规制企业提供信息；规制机构通过调查获得的信息；同一部门/市场的企业成本效益比较信息
葡萄牙	通信委员会（ICP）	独立规制机构	×			×	×	×	×	受规制企业提供信息；规制机构通过调查获得的信息；同一部门/市场的企业成本效益比较信息
		竞争管理局		×				×		
		政府部门			×					
西班牙	电信交易委员会（CMT）	独立电信规制机构	×（固话）		×	×	×	×	×	受规制审计机构独立获得的信息；规制部门通过调查获得的信息；同一部门/市场的企业绩效和成本的比较信息
		竞争管理局		×						
		政府部门	×（移动）							

续表

行业规制者	规制机构	发放许可证的规制职责区分			网络互联的规制		定价规制	服务质量规制	企业绩效及成本评估依据
		许可证发放	许可条件监督	兼并审批	强势运营商网络互联收费授权	争端解决			
瑞典 国家电信局（NPTA）	独立规制机构	×	×		×	×	×	×	
	竞争管理局			×					
瑞士 通信委员会（ComCom）和联邦通信局（OFCOM）	独立规制机构	×	×			×		×	受规制企业和独立审计机构提供的信息；规制通过调查获得的信息；同一部门市场的绩效和成本的比较信息。
	竞争管理局			×					
	政府部门						×		
	其他				无授权				
土耳其 交通与通信部	竞争管理局	×				×	×		受规制企业提供的信息；规制通过调查获得的信息。
	政府部门				无授权				
	其他							无规制	

续表

行业规制者	规制机构	职权							企业绩效及成本评估依据
		发放许可证的规制职责区分			网络互联的规制		定价规制	服务质量规制	
		许可证发放	许可条件监督	兼并审批	强势运营商网络互联收费授权	争端解决			
英国　电信管理局（OFTEL）	独立规制机构		×	×	×	×	×	×	受规制企业提供信息；规制机构通过调查得到的信息；同一部门的企业绩效和成本的比较信息
	竞争管理局			×					
	政府部门	×	×						
美国　联邦通信委员会（FCC）	独立规制机构	×	×	×	×	×	×	×	受规制企业和独立审计机构提供的信息；规制机构通过调查获得的信息；同一部门/市场的企业绩效和成本的比较信息；立法程序
	竞争管理局			×					
	其他				×	×			

资料来源：OECD, 2000, The Implementation and Effects fo Regulatory Reform: Past Experience and Current Issues, OECD Economic Studies No. 32, 2001/1。

法》成立的，比美国 FCC 的成立整整晚 50 年。OFTEL 的权力和职责来自英国的《电信法》。OFTEL 拥有广泛而集中的规制权力，其主要职责有：根据英国电信业主管部门贸易产业部的授权颁发电信经营许可证；有义务公开修改许可证的理由和内容；协调电信运营商之间的关系；处理用户申诉，保护电信消费者的利益；对不正当竞争行为进行调查和处理；公布电信产业的运营状况和相关信息；向贸易产业部提出政策建议。

二　规制立法

政府规制的关键是有法可依。基于规则的监管强调了市场化的约束，是走向法治经济的重要内容。史普博认为，有秩序的市场交易理当来源于法律，对受规制市场的研究必须从市场规则的研究入手，这也是法学和经济学的接壤之处。通过研究市场得以运行于其中的制度框架，我们可以更好地描述规制制度的效果，进一步地，可以对政府规制能否促进资源的有效配置作出估计，并决定采取何种形式的规制。尤其是面临更自由的市场、更复杂的交易，也意味着更严格的规则，新的电力监管体系的建立必须基于规则而非基于行政权力管制，当在从垄断向充分竞争的过渡过程中，包括美国在内的很多国家，都制定了比改革以前更为详细的规则。

市场经济是法治经济，监管与传统政府管制体制的最首要区别就在于前者是基于"规则"的监管。法律上的独立性是规制机构真正独立性的前提。西方经济发达国家大都由立法机关颁布一项法律建立对某一特定产业的规制权力，立法先行是这些国家政府规制的一个特征。通过规制立法，以法律的形式将政府规制机构的独立性确定下来，可以避免政府出于政治目的而任意对规制机构的活动施加影响。同时，又明确了规制机构的职责权限，规制的目标，规制的内容，规制的程序，增加了规制机构规制过程的透明度，便于接受监督。例如，英国从 20 世纪 80 年代开始先后颁布了《电信法》、《自来水法》、《电力法》和《铁路法》等一系列法律，为这些产业的政府规制体制改革提供了法律依据。

政府规制立法的总体目标是为政府开展规制活动提供法律依据。主要目的是限制自然垄断产业或特定领域的垄断力量，消除负外部性，以保护社会整体利益和消费者权益。发达国家自然垄断产业规制和规制改革的实践表明，规制要以法制建设为先导，以整个政府规制体制为依据，制定较为完善细致的法律法规。如：从美国的电力法律体系框架的构建过程就可以看出美国电力规制改革的发展历程。1992 年，美国政府颁布《能源政策法》和《联邦电力法》，消除市场准入限制，开放输电网，推动了批发电力市场竞争。1930 年，颁布《联邦动力法》。1996 年，进一步指导各州零售领域引入竞争，并推动输电网的使用更加公正和开放。这些都是以立法为先的。

规制立法的内容主要包括：（1）规制机构的职责范围和权限。对规制机构进行法律定位，明确其基本职责和规制权限。（2）规制机构的政策目标和基本内容。规制机构要制定公平合理的价格；保护消费者的利益；防止自然垄断企业的价格歧视等行为。（3）建立、健全规制监管法规。一方面是对规制机构本身的监管，要求其做到有法必依、执法必严，防止规制机构滥用职权；另一方面是进行行业监管。针对不同行业的特点，制定与之相适应的监管规则和公开透明的监管程序，提高监管的公正性和有效性。保证立法与执法并重，提高规制效率。表 9 - 2 是部分国家电信立法时刻表与主要内容。

表 9 - 2　　　　　　　　　　部分国家电信立法改革

国家	修订或出台电信法的时间	备注
澳大利亚	1997 年，《电信法》	确定了牌照发放、服务提供规则及技术监督
巴西	1997 年，《电信法》	电信服务的组织，监管组织的建立和运作
加拿大	1993 年，《电信法》	确立了 CRTC 和政府的权力以及政策目标。内阁有权发出指令和修改 CRTC 的决定
法国	1996 年，《电信规制法》	关于电信监管局的组织和功能
德国	1996 年，《电信法》	
印度	1997 年，《印度电信监管局法》	
日本	1997 年，《NTT 法》	重建 NTT 为两个地区性公司（东日本和西日本）和一个长话公司
英国	1984 年，《电信法》	建立 OFTEL，取消了 BT 在提供电信服务方面的特权
美国	1996 年，《电信法》	允许本地电话公司、长途电话公司和有线电视公司互相进入、互相竞争

资料来源：根据 ITU/BDT Regulatory Database 整理。

三 规制机构的独立性

所谓独立性，是指要设置独立的规制机构。这里的"独立性"包含两层含义：一是规制机构与被规制企业的独立，要"政企分开"，使规制机构成为调整经营者和消费者利益的中立者，要避免规制机构和被规制企业在机构、人事上存在千丝万缕的联系，否则规制就难以做到得力、到位和公平。二是规制机构在实施规制政策时与政府的其他机构要保持独立。一个成功的规制体系应该做到政府和规制机构的职责分离，一旦政府设定好政策框架，规制机构就可以进行独立的规制。也就是说，规制机构是由具有专业技能的人在不受政治家或行业说客不恰当的干预下贯彻政策，独立管理，并按特定的运行规则对结果负责。从各国经验来看，西方许多国家都不同程度的采用了独立监管机构行使权力。如：美国其最早的独立管制机构——洲际商业委员会成立于 1887 年，历史上经历了四次扩张，又大规模的进行了许多次的改革，至今已有一百多年的历史，足见其旺盛的生命力。由于规制机构的上述两个特性，独立性规制机构得到了广泛的认可，日益成为自然垄断产业规制机构的一个基本要求。另外，从各国实践来看，建立独立的规制机构还体现在法律和行政地位上对其独立性的强调。例如，根据世界贸易组织基础电信协议的参考文件，各国必须建立独立的电信规制机构。1993 年，只有 7 个国家建有独立的电信规制机构，到 2000 年，已发展到了 22 个。

尽管在实践中规制机构不可能完全独立，但是为了实现独立性应当做到以下几点：（1）赋予规制者法定权力（也包括否决其决定的情况和程序）；（2）在结构上要表现出它与政府的分离和自治；（3）对独立机构的任命规定一个多方参与的程序（如行政和立法机构的参与）；（4）保护规制者不会被随意（如规定固定任期）；（5）固定独立机构的任职标准和恰当的薪酬水平；（6）有一个可靠的基金来源（如行业缴费）[①]。表 9 - 3 描述了 OECD 主要国家电信产业规制机构的独立性。

---

① OECD，2000，The Implementation and Effects fo Regulatory Reform：Past Experience and Current Issues，OECD Economic Studies No. 32，2001/I. 转引自施本植、张建华、蔡春林等编译《国外经济规制改革的时间及经验》，上海财经大学出版社 2006 年版。

表9-3 OECD国家电信规制机构的独立性

国家	监督者	监督者向谁报告	领导由谁任命	任期	除法院外谁能推翻监督者的决定	经费来源
澳大利亚	ACA	通信和艺术部	总署	不超过5年	没有	拨款
奥地利	TKC	立法机构(部)	政府	5年	没有	收费和捐赠
比利时	BIPT	除了公布年度报告外,没有其他报告义务	部长	6年	没有	收费
加拿大	CRTC	部(立法机构)	The governor in council	5年	The governor in council	收费
捷克	CTO	部	部长	不确定	—	拨款
丹麦	NTA	部	部长	不确定	通信投诉委员会和通信消费者委员会	收费和拨款
芬兰	TAC	部	总统	不确定	没有	收费
法国	ART	向政府和议会年度报告	总统	6年	没有	拨款
德国	Reg TP	立法机构(每两年)	总统	5年	没有	收费和拨款
希腊	EETT	部	部长	5年	没有	收费
匈牙利	通信局	部	部长	不确定	部长	收费
冰岛	PTA	—	—	—	—	收费
爱尔兰	ODTR	部	部长	不确定	没有	运营商的捐赠
意大利	AGC	向总理和议会年度报告	总理	7年	没有	拨款
日本	MPT	—	—	—	—	拨款

续表

国家	监督者	监督者向谁报告	领导由谁任命	任期	除法院外谁能推翻独立监管者的决定	经费来源
韩国	MIC	—	总统	3年	—	拨款
卢森堡	ILT					运营商的捐赠
墨西哥	Cofetel	除了公布年度报告外，没有其他报告义务	总统（部长建议下）	不确定	部长	拨款
荷兰	OPTA	向部长作年度报告	部长	4年	没有	收费
新西兰	商业委员会	（政府监督结果）	部长	—	—	拨款
挪威	NPT	部	政府	不确定	挪威电信上诉和顾问政府事务部	收费
波兰	邮电部					拨款
葡萄牙	ICP	装备部	部长理事会	3年	没有	收费
西班牙	CMT	部	政府（需经议会批准）	5年	没有	运营商的捐赠
瑞典	NPTA	向部长作年度报告	政府	6年	没有	运营商的捐赠
土耳其	交通和通信部	—	—	—	—	拨款
英国	OFTEL	部	部长	5年	垄断和兼并委员会	收费
美国	FCC	立法机构	总统（需经参议院批准）	5年	没有	收费和拨款

资料来源："Telecommunications Regulations: Institutional Structures and Responsibilities", pp. 15 – 21。

下面,我们介绍一下规制机构独立性的两个重要方面:

(一) 规制机构的资金来源

资金来源的渠道也是影响规制机构独立性的重要因素。一般而言,规制机构的资金来源主要有两个途径:一是来源于受规制的企业;二是财政拨款。为了保证规制机构独立于政府行政部门,免受其他政府部门的压力,我们认为规制机构的资金应主要来源于受规制的企业。因为如果资金大部分来自于财政部门,那么规制机构就很容易受到政府的影响。所以,可以采取类似于行业协会的形式,资金大部分来自于受监管的企业所缴纳的"会费",而财政性拨款只作为辅助资金来源。

(二) 人员的独立性

规制机构的组成人员应该由立法机关任命,有一定的任期,且任期应该是相互交叉的。在人员任期内,政府不能任意任免机构人员。这样可以保证规制机构独立于政府部门。另外,规制机构人员应该与被规制企业无任何经济利害关系,从而使规制机构在人员上独立于企业。保持人员独立性的最为重要的一点是,规制机构人员应该形成他们所共同认可的组织文化和价值观念(Berg,2004),以保证规制机构行使规制职能的独立性和一致性。共享的价值观或组织文化对于保持规制机构独立性,实现政府规制的目的是必不可少的。这种价值观或组织文化是规制机构人员在规制过程中所形成的关于规制的共享的理念,这一理念使他们在进行行业规制,行使规制职能时可以保持自身的独立性,免受外界的干扰。同时也使规制机构的新成员尽快找到观察、思考和处理规制问题的正确方法,以保证规制政策的一致性和连贯性。

1. 美国联邦通信委员会(FCC)的运营。美国联邦通信委员会以国会立法形式设立,直接对国会负责,独立于电信运营商,也独立于政府行政机构。美国联帮通信委员会集立法权、行政权和准司法权于一身,具有独立性、集权性和专业化的特点。美国联邦通信委实行委员会负责制,由美国总统提名并经国会批准,产生5名委员,组成最高领导集团。这些委员一旦被批准,在5年的任期内是不能被替下的。美国联帮通信委员下设无线通信局、有线竞争局、执行局、媒体局、国际局和消费者与政府事务局,共6个运行局、10个办公室,其大量的管制工作就是由这些运行局和办公室完成的。美国联帮通信委员的运行经费主要由国会提供,部分经费来源于频率拍卖、许可证收费。

2. 英国电信规制办公室（OFCOM）的运营①。英国电信规制体制的突出特点是电信政策的制定权和电信业务的具体管制权相分离。英国电信政策的制定权放在英国电信业主管部门贸易产业部（DTI），电信业务的具体管制权放在一个相对独立的机构——电信管制办公室（OFTEL）。OFTEL 享有较高的独立性和裁量权，但在人事权力上受贸易产业部的制约，其主席由贸易产业部部长任命，任期 5 年。贸易产业部制定的电信产业政策对 OFTEL 电信业务的管制有一定的影响，所以说，英国的 OFTEL 是一个相对独立的电信管制机构。OFTEL 每年需向英国议会汇报工作，接受议会对 OFTEL 的审查和监督，英国议会不会直接干涉 OFTEL 的管制活动。OFTEL 对核心成员素质的要求很高，核心成员多为经济学家、法律专家和电信行业的高级工程师。

第二节　世界各国规制改革的趋势：放松规制

当初，规制的目的是为了克服市场失灵。但是许多规制并没有产生预期的目标，产生了规制失灵。于是，英美等发达市场经济国家开始了放松规制的历程。

20 世纪 70 年代以来，美国、英国等成熟的市场经济国家在电信、电力、铁路、航空、石油及天然气输送、煤气、自来水等自然垄断行业的规制出现了放松的趋势。放松规制的首要目的在于引入竞争机制、减少规制成本、促使企业提高效率、改进服务。放松规制包括将行业禁入改为自由进入，取消价格规制等政策。即放宽自然垄断产业中竞争性业务领域的市场准入，允许具有相应规模的企业自由竞争，形成具有活力的竞争机制。表 9-4 与图 9-1 描述了 OECD 主要国家在 1975—2003 年 7 个垄断产业的规制指数。我们可以看出，OECD 主要国家从 1982 年开始了大规模的放松规制改革历程，主要垄断产业的规制指数不断降低。由 1982 年的

---

① 英国在 2003 年将电信管理局（OFCOM）、无线电通信管理局、独立电视委员会、无线电管理局、播放标准委员会等监管机构合二为一，成立新的综合性的独立监管机构 OFCOM。

5.07 下降到 2003 年的 2.22[①]。

表 9 - 4　　　　　OECD 主要国家平均规制指数（1975—2003 年）

年份	规制指数	年份	规制指数
1975	5.12	1990	4.43
1976	5.12	1991	4.29
1977	5.12	1992	4.16
1978	5.12	1993	3.95
1979	5.11	1994	3.81
1980	5.10	1995	3.60
1981	5.09	1996	3.43
1982	5.07	1997	3.31
1983	5.02	1998	3.16
1984	4.99	1999	2.85
1985	4.95	2000	2.64
1986	4.89	2001	2.48
1987	4.78	2002	2.31
1988	4.65	2003	2.22
1989	4.54		

　　资料来源：根据 OECD, Indicators of Regulation in Energy, Transport and Communications, Indicators of Product Market Regulation Database 整理而成。

　　下面，我们主要以美国与英国两个典型国家为例，分析这些国家放松规制的历程。

一　美国放松规制的历程

　　以美国为例，美国民航从 20 世纪 70 年代末开始放松规制，1978 年出台了《航线放松规制法》，1981 年取消线路规制，1983 年取消了价格规

---

　　① Conway, P., V. Janod, and G. Nicoletti (2005), "Product Market Regulation in OECD Countries, 1998 to 2003", OECD Economics Department Working Paper, No. 419 详细描述了规制指数的定义及计算方法。规制指数的范围在 0—6 之间，规制指数越大表示规制强度越大。

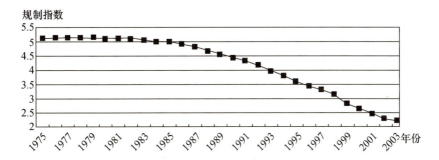

规制指数

图 9 - 1 OECD 主要国家平均规制指数轨迹 (1975—2003 年)

制。通过 20 年的实践，美国航空机票价格总体下降了 33%，全行业的全要素生产率（FTP）提高了 15%，安全系数也得到了很大的提高，服务质量也明显改进（OECD，1997）。表 9 - 5 和图 9 - 2 描述了美国自 1975—2003 年民航、电信、电力、天然气、邮政、铁路以及公路 7 个主要垄断产业的规制指数。我们可以看出近 30 年来，美国主要垄断产业不断放松规制，规制指数由 1975 年的 3.73 下降到 2003 年的 1.44。

表 9 - 5   美国主要垄断产业规制指数 (1975—2003 年)

年份	民航	电信	电力	天然气	邮政	铁路	公路	平均
1975	2.6	4.0	4.5	1.0	4.2	3.8	6.0	3.73
1976	2.6	4.0	4.5	1.0	4.2	3.8	6.0	3.73
1977	2.6	4.0	4.5	1.0	4.2	3.8	6.0	3.73
1978	2.6	4.0	4.5	1.0	4.2	3.8	6.0	3.73
1979	2.2	4.0	4.5	1.0	4.2	3.8	6.0	3.67
1980	1.7	1.7	4.5	1.0	4.2	3.0	5.0	3.01
1981	1.3	1.7	4.5	1.0	4.2	3.0	4.8	2.93
1982	0.8	1.7	4.5	1.0	4.2	3.0	4.6	2.83
1983	0.4	1.6	4.5	1.0	4.2	3.0	4.4	2.73
1984	0.4	1.6	4.5	1.0	4.2	3.0	3.4	2.59
1985	0.4	1.6	4.5	0.5	4.2	3.0	3.2	2.49

续表

年份	民航	电信	电力	天然气	邮政	铁路	公路	平均
1986	0.4	1.4	4.5	0.5	4.2	3.0	3.0	2.43
1987	0.4	1.2	4.5	0.5	4.2	3.0	3.0	2.40
1988	0.4	1.2	4.5	0.5	4.2	3.0	3.0	2.40
1989	0.4	1.1	4.5	0.5	3.7	3.0	3.0	2.31
1990	0.4	1.0	4.5	0.5	3.7	3.0	3.0	2.30
1991	0.4	1.0	4.5	0.5	3.7	3.0	3.0	2.30
1992	0.4	0.9	4.2	0.5	3.7	3.0	3.0	2.24
1993	0.4	0.9	4.2	0.5	3.7	3.0	3.0	2.24
1994	0.4	0.8	4.2	0.5	3.7	3.0	3.0	2.23
1995	0.4	0.7	4.2	0.5	3.7	3.0	0.5	1.86
1996	0.4	0.5	3.3	0.5	3.7	3.0	0.5	1.70
1997	0.4	0.4	3.3	0.5	3.7	3.0	0.5	1.69
1998	0.4	0.4	2.7	0.4	3.7	3.0	0.5	1.59
1999	0.4	0.3	2.4	0.4	3.7	3.0	0.5	1.53
2000	0.4	0.2	2.4	0.4	3.7	3.0	0.5	1.51
2001	0.4	0.2	2.3	0.4	3.7	3.0	0.5	1.50
2002	0.0	0.2	2.3	0.4	3.7	3.0	0.5	1.44
2003	0.0	0.2	2.3	0.4	3.7	3.0	0.5	1.44

资料来源：OECD, Indicators of Regulation in Energy, Transport and Communications, Indicators of Product Market Regulation Database。

　　尽管，美国各个产业都进行了放松规制的改革，但是，美国各垄断产业放松规制的时间与程度是不平衡的。最早放松规制的产业是航空业，早在 1978 年，美国就出台了《民航放松规制法》（*Airline Deregulation Act*）。考虑到电力产业技术的复杂性，美国的电力产业是最晚实施放松规制政策的。直到 1996 年 *FERC Order* 888 的出台，美国才对电力产业实行大规模的放松规制。另外，各个产业之间，放松规制的幅度也不平衡。公路产业放松规制的幅度最大，规制指数从 1975 年的 6.0 下降到 2003 年的 0.5。电

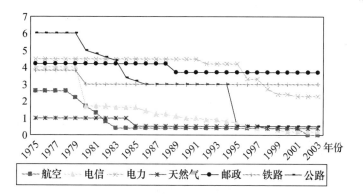

图 9-2 美国主要垄断产业规制指数变化轨迹

信产业放松规制的幅度次之，规制指数从 1975 年的 4.0 下降到 2003 年的 0.2。航空业也很大，规制指数由 1975 年的 2.6 下降到 2003 年 0。而铁路、邮政、天然气产业的放松规制的幅度不大，铁路产业在 1978 年出台"*Staggers Act*"的第二年出现了一次较大规模的放松规制后（规制指数从 1979 年的 3.8 下降到 1980 年的 3.0），一直没有明显的放松规制的迹象。邮政产业在 1988 年出现了一次较大规模的放松规制后（规制指数从 1988 年的 4.2 下降到 1989 的 3.7）。同样天然气产业也是如此。

表 9-6　　　　　　　　　　　美国放松规制的里程碑事件

年份	法律名称	所在行业	内容
1978	民航放松管制法	航空业	
1980	Staggers Act	铁路	
1980	Motor Carrier Act	货车	
1984	AT&T divestiture	电信	
1992	FERC Order 636	天然气	
1996	FERC Order 888	电力	
1996	Telecommunications Act	电信	

资料来源：World Bank (2004), Reforming Infrastructure: Privatization, Regulation, and Competition, A World Bank Policy Research Report, p. 32。

(一) 民航业的放松规制

1975 年，肯尼迪众议员在积极听取对民用航空委员会（CAB）的意见后，1977 年向议会提出了放松航空运输业规制的法案。1978 年该法案通过即著名的民航放构规制法《民航放松管制法》。该法案以继续保持联邦航空局（FAA）的安全管理为条件，全面取消经济性规制，即实行了取消航线认可（1981 年）、取消认可运费（1983 年）、解散民用航空委员会（CAB）（1984 年）等。通过这些措施，航空公司可以自由地加入航线，自由地确定运费，自主地提供新服务，航空公司间可以自由地合并。至此，一个竞争性的航空产业已经初步建立。

表 9 - 7　　　　　　　　　美国民航业放松规制的主要历程

	时间	内容
第一阶段 （1975—1977 年）	1975 年	福特总统向国会提交了民航业放松规制法案；民用航空委员会终止了航线暂停审批制度和产量限制协议
	1976 年起	实行多家许可进入制度、"休眠"许可制等
	1977 年	引入"标准产业价格水平"（SIFL），建立价格上下限制度，上限为 SIFL 的 5%，下限为 50%
	1977 年	通过放松国内航空货运规制的法案，允许货物运输者在任何国内航线上自由的经营和定价；同时还首次允许客运业务实行折扣机票
第二阶段 （1978—1989 年）	1978 年 10 月	颁布《民航放松规制法》，重新对国内、国际航空运输政策作出解释，部分取消了对客运业务的规制
	1981 年 10 月	正式取消民用航空委员会的航线进入规制权
	1983 年 6 月	取消民用航空委员会对国内航空运价的规制权
	1984 年	颁布《民用航空委员会废止法》
	1985 年 6 月	解散 1938 年成立的民用航空委员会，其保留下来的职能移交美国交通部
	1989 年	全面解除价格规制、服务标准规制，实现自由的进入与退出和完全自由的兼并与联盟

续表

	时间	内容
第三阶段 (1990—2000 年)	1991 年	放松对外资进入民航业的限制，将外资对本国航空公司的最大持股比例从 25% 提高到 49%
	1994 年	取消了各州对州内航空快递业务的规制权
	1998 年 4 月	美国运输部发布了《有关航空公司不公平的排他性行为的执行政策声明》，以纠正其所宣称的产业内的反竞争行为
	1999 年 5 月	美国司法部对美洲航空公司提起反托拉斯诉讼
	2000 年 11 月	西北航空公司在反垄断审查中同意放弃在其对手美国大陆航空公司中的控股权

资料来源：*Airline Handbook*，转引自夏大慰、史东辉等《政府规制理论经验与中国的改革》，经济科学出版社 2003 年版，第 256 页。

美国民航业的放松规制主要体现在以下几个方面：

（1）进入壁垒的降低。图 9 - 3 描述了美国航空业进入壁垒指数。我们发现美国航空业的进入壁垒指数飞速下降，由 1978 年的 5.2 下降到 2002 年的 0。现在美国航空业基本不再有进入限制。

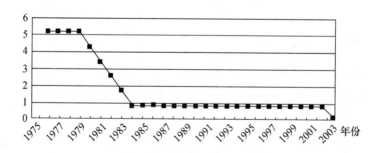

图 9 - 3　美国民航业进入壁垒指数

在 1978 年之前，规制部门对航空业实行严格的进入规制。1938—1978 年有 80 家航空公司申请进入航空业，但是没有一个干线执照得到批准。1978 年出台的《民航放松管制法》放松了航空运输市场准入的条件，不再进行严格的进入限制，同时允许航空公司自由扩展业务、增开航线。

因此，1978—1986 年共有 198 家航空公司进入该市场。

（2）价格规制的放松。1978 年出台的《民航放松管制法》在放松进入规制的同时也对价格规制进行了放松，允许航空公司自由定价，不再限制航空公司间的联盟兼并。价格开始出现了多层次化，以满足不同层次旅客的需求。在放松规制后，民航委员会不再对航空公司的票价实行规制，因此各公司为了招徕乘客、争取市场都纷纷降低票价。1976—1982 年虽然美国国内油价上涨 73%，使航空公司平均成本上升了 15%，每客座公里的平均票价仍下降了 8.5%。价格规制放松取得了明显的效果：1976—1993 年期间，航运价格下降了 1/3。

（二）美国电信产业的放松规制

20 世纪 50 年代以前，美国电信业是一个完全规制的垄断行业，美国电话电报公司（AT&T）垄断了全部长途电话服务市场和 80% 的短途电话服务市场。美国电信业的放松规制开始于 20 世纪 60 年代。美国电信业的放松规制是以持续的技术革新为背景的，但是，经历了一个曲折的发展历程，到 80 年代才有突破性进展，而一直到 90 年代才完全放开了电信业的竞争。图 9－4 描述了近 30 年来美国电信产业规制指数的变化情况。我们可以看出，美国电信产业的放松规制取得了很大的进展，规制指数从 1975 年的 4.0 降为 2003 年的 0.2。

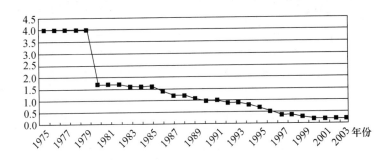

图 9－4　美国电信产业规制指数

1982 年，美国联邦最高法院决定将 AT&T 公司中的贝尔系统事业公司与西部电气公司实行分离。分离以前，提供通信设备的西部电气公司与提供电信服务的贝尔系统事业公司，在电信市场互为犄角，垄断电信市场，电信市场的利润被 AT&T 垄断。分离后，贝尔系统事业公司拥有的地区电话公司的网络仍处于地区垄断地位，西部电器公司及提供高级信息服务的部门（新的 AT&T 公司）同其他电信公司一样，平等参与长途电话市场的竞争。即地区内电话市场仍实行地区垄断，而长途电话市场则成为真正的竞争结构。

表 9-8　　　　　　　　　　美国电信产业规制指数

年份	进入壁垒	公共所有权	市场结构	年份	进入壁垒	公共所有权	市场结构
1975	6.0	0.0	6.0	1990	0.1	0.0	2.9
1976	6.0	0.0	6.0	1991	0.0	0.0	2.9
1977	6.0	0.0	6.0	1992	0.0	0.0	2.7
1978	6.0	0.0	6.0	1993	0.0	0.0	2.6
1979	6.0	0.0	6.0	1994	0.0	0.0	2.4
1980	0.4	0.0	4.8	1995	0.0	0.0	2.0
1981	0.4	0.0	4.7	1996	0.0	0.0	1.6
1982	0.4	0.0	4.6	1997	0.0	0.0	1.2
1983	0.4	0.0	4.5	1998	0.0	0.0	1.2
1984	0.4	0.0	4.4	1999	0.0	0.0	0.8
1985	0.4	0.0	4.4	2000	0.0	0.0	0.6
1986	0.0	0.0	4.1	2001	0.0	0.0	0.6
1987	0.0	0.0	3.7	2002	0.0	0.0	0.5
1988	0.0	0.0	3.4	2003	0.0	0.0	0.6
1989	0.1	0.0	3.1				

资料来源：OECD, Indicators of Regulation in Energy, Transport and Communications, Indicators of Product Market Regulation Database。

到 1984 年，微波通信公司已成为美国电信业第二大电信公司。该公司利用微波技术大大减低了成本，与 AT&T 公司在长途电话市场上展开了竞争。当然，它们主要争夺商业用户。由于电信技术的成本壁垒比较高，其他的企业想进入这个行业很难。但是，20 世纪 90 年代后手机的出现使形势发生了变化。手机服务的利润较高，在整个通信服务中占有相当大的份额，因此成为一个新的竞争领域。AT&T 公司在反垄断的压力之下，被分成了 7 个贝尔子公司，他们只能提供短途电话业务。而新的 AT&T 不能经营本地电话业务。竞争的加剧促使 AT&T 在 1994—1995 年间卖掉了自己的设备公司，专门从事电话业务。

1984 年 1 月 1 日，美国司法部正式分解 AT&T，分拆出一个继承了母公司名称的新 AT&T 公司（专营长途业务）和 7 个本地贝尔电话公司：大西洋贝尔、太平洋贝尔、西南贝尔、南方贝尔、西部贝尔、亚美达科和纽新公司。竞争放开后，新兴电信运营商如雨后春笋般出现，通信市场出现激烈竞争。竞争带给美国电信市场极大的繁荣，并且给消费者带来了实惠，通话价格到 20 世纪 80 年代末已下降了 40%。MCI 一开始就是 AT&T 的挑战者，到 20 世纪 90 年代，它已跃升为全美第二大电信公司。同样在 AT&T 拆分后进入长话市场的 Sprint 则凭借价格战术逐渐崭露头角。随着垄断被打破，电信市场竞争日益激烈。AT&T 的长途市场份额不断受到 MCI 和 Sprint 的蚕食而急速滑落，从 1984 年的超过 90% 下降到几年后的 50%，而 1999 年，Bell Atlantic 在小贝尔中第一个获得进入长话市场的批准，竞争日趋白热化。至此，美国的电信市场已经形成了多家竞争的格局。

美国电信产业放松规制的历程主要经历了以下几个重要的阶段：

1979 年，联邦最高法院判决停止公用有线电视的节目规制，允许公益规制；

1979 年，FCC 放松无线电节目内容规制规则；

1981 年，FCC 认可直接卫星广播节目的制作；

1982 年，FCC 同意判决对 AT&T 的拆分；

1983 年，FCC 取消电视节目内容的规制；

1984 年，FCC 完全撤销对卫星广播收费和服务的规制；

1984 年 1 月，美国司法部正式分解 AT&T，分拆出一个继承了母公司名称的新 AT&T 公司（专营长途业务）和 7 个本地贝尔电话公司；

1984 年，通过《电缆电信法》，完全放松对有限电视的规制；

1993 年，首次开放无线通信市场，引入竞争，并解除了对无线资费的规制；

1995 年，首次以拍卖的形式向新的无线竞争者提供必要的频率；

1995 年，FCC 解除了对 AT&T 州际长途电话资费的规制；

1996 年，《电信法》（*Telecommunications Act*）颁布，新的电信法开放了本地电信市场，引入了竞争；并要求本地在位运营商以受规制的批发价格，向新进入者出租其网络设施；

1997 年，FCC 提出了一个旨在降低国际"结算费率"并在国际业务方面加大竞争的全面计划；

2003 年，FCC 通过一项有关本地电信市场竞争的新规则，要求本地市场的主导运营商仍然必须向竞争对手，以非绑定网元的方式开放其拥有的宽带接入网络。

电信产业放松规制主要表现在以下几个方面：

（1）进入壁垒的降低。1980 年，联邦通信委员会解除对回报率的规定，并要求 AT&T 直接将终端设备卖给用户，而不是通过地区贝尔租给用户，这打破了 AT&T 对本地电话设备市场的垄断，降低了进入壁垒。

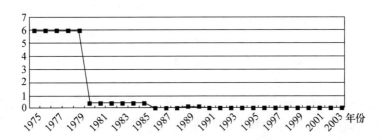

图 9－5　美国电信产业的进入壁垒指数

（2）竞争性市场结构的建立。美国电信业竞争性市场的建立是通过拆分原有垄断企业与引入新的竞争者实现的。竞争放开后，新兴电信运营商如雨后春笋般出现，通信市场出现激烈竞争。MCI 一开始就是 AT&T 的挑战者，到 20 世纪 90 年代，它已跃升为全美第二大电信公司。表 9－9 描述了 2003 年美国移动电信企业市场份额的基本情况，我们可以看出美国移动通信市场已经形成了一个竞争的市场结构。

表 9 - 9　　　　　　　　2003 年美国移动电信企业市场份额　　　　　　单位:%

企业	市场份额
Verizon wireless	27
Cingular Wireless	17
AT&T Wireless	16
Sprint PCS	12
T - Mobil	10
Nextel	9
ALLTEL	6
US Cellular	3
共计	100

资料来源: FCC, U. S. Mobile Market Data 2002 - 2003。

二　英国放松规制的历程

英国的垄断产业也经历了巨大的变革,而且英国垄断产业的改革与美国不同,采取了一条与美国不同的道路。图 9 - 6 描述了英国自 1975—2003 年民航、电信、电力、天然气、邮政、铁路以及公路 7 个主要垄断产业的规制指数的变化轨迹。我们可以看出近 30 年来,英国主要垄断产业不断放松规制,规制指数由 1975 年的 4.8 下降到 2003 年的 1.0。

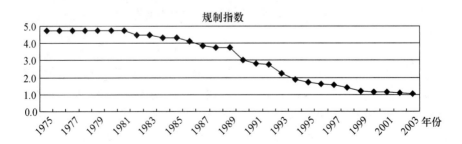

图 9 - 6　英国主要垄断产业规制指数

　　英国各垄断产业放松规制的时间与程度是不平衡的。最早放松规制的产业是邮政业。事实上，英国也是世界上最早进行邮政改革的国家之一。1969 年英国邮政公司成立，变为非政府机构；1981 年邮政董事会成立，实行了董事会领导下的总经理负责制；2001 年，英国邮政改组为公共有限责任公司，同时建立了邮政行业监管委员会和邮政用户理事会，实现了邮政的政企分开，也实现了邮政所有者、监管者和经营者的分离。改革幅度最大的是电力产业，而且是采取的激进式的改革。规制指数由 1989 年6.0 降到 1990 年 0.8，并迅速降为 0。另外，英国铁路产业的改革也呈现出激进式改革的特征。规制指数在短短几年内迅速由 6.0 降至 0.4。而航空、电信、天然气却采取的是渐进式放松规制改革模式。

表 9－10　　　　　　　　英国主要垄断产业规制指数

年份	航空	电信	电力	天然气	邮政	铁路	公路
1975	4.4	6.0	6.0	5.8	4.7	6.0	0.5
1976	4.4	6.0	6.0	5.8	4.7	6.0	0.5
1977	4.4	6.0	6.0	5.8	4.7	6.0	0.5
1978	4.4	6.0	6.0	5.8	4.7	6.0	0.5
1979	4.4	6.0	6.0	5.8	4.7	6.0	0.5
1980	4.4	6.0	6.0	5.8	4.7	6.0	0.5
1981	4.4	6.0	6.0	5.8	4.7	6.0	0.5
1982	4.4	5.1	6.0	5.8	3.7	6.0	0.5
1983	4.4	5.1	6.0	5.8	3.7	6.0	0.5
1984	4.4	4.1	6.0	5.8	3.7	6.0	0.5
1985	4.4	4.1	6.0	5.8	3.7	6.0	0.5
1986	4.4	4.0	6.0	4.3	3.7	6.0	0.5
1987	2.9	3.9	6.0	4.3	3.7	6.0	0.5
1988	2.9	3.8	6.0	3.5	3.7	6.0	0.5

续表

年份	航空	电信	电力	天然气	邮政	铁路	公路
1989	2.9	3.8	6.0	3.5	3.7	6.0	0.5
1990	2.9	3.7	0.8	3.5	3.7	6.0	0.5
1991	2.9	2.2	0.8	3.5	3.7	6.0	0.5
1992	2.9	2.2	0.8	3.5	3.7	6.0	0.5
1993	1.4	1.5	0.8	3.3	3.7	4.5	0.5
1994	1.4	1.4	0.6	3.3	3.7	2.3	0.5
1995	1.4	1.3	0.1	3.0	3.7	1.9	0.5
1996	1.4	1.2	0.1	3.0	3.7	1.5	0.5
1997	1.4	1.1	0.1	2.6	3.7	1.5	0.5
1998	1.4	0.9	0.0	2.2	3.7	1.1	0.5
1999	1.4	0.7	0.0	1.9	2.9	1.0	0.5
2000	1.4	0.6	0.0	1.9	2.9	0.8	0.5
2001	1.4	0.5	0.0	1.9	2.9	0.7	0.5
2002	1.4	0.5	0.0	1.9	2.9	0.5	0.5
2003	1.4	0.5	0.0	1.7	2.9	0.4	0.5

资料来源：OECD, Indicators of Regulation in Energy, Transport and Communications, Indicators of Product Market Regulation Database。

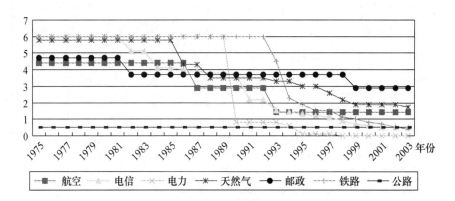

图 9-7　英国主要垄断产业规制指数

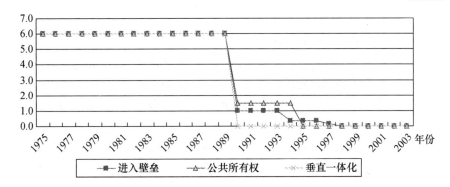

图9-8 英国电力产业规制指数

（一）电力产业放松规制

英国电力产业放松规制的特点是放松进入壁垒、民营化、市场结构的纵向拆分是同时进行的，而不是采取的渐进式的模式。

具体表现在以下几个方面：

1. 产业的纵向分离。1989—1990年，英国政府对国有的中央发电局（GEGB）进行结构重组，把发电与输电分离，把发电容量分配给不同的公司生产，建立了一个批发电力的现货市场，促使电力生产形成竞争。具体来说就是将原来发电、输电统一经营的中央发电局（GEGB）分割为四部分：发电、高压电力输送、低压地区配电以及售电（Newberry，1998）。其中包括4个发电公司和1个输电公司。发电部分建立了独立经营的国家电力公司（NP）、国家发电公司（PG）、国家核电公司（NE）和一些独立的私人发电企业（IP）。NP、PG、NE分别获得3000万、1800万和840万千瓦的装机容量。输电部分成立了国家电网公司（NGC）。

2. 民营化。在分割GEGB后，国家电力公司和国家发电公司通过出售国有股权转变为民营公司。国家核电公司由于成本较高，不具备竞争力，继续维持国家垄断的格局。同时建立了一个电力市场交易机构——电力库（Power Pool），由国家电网公司负责运营。12个地区电力局完全民营化，现在成为地区电力公司（REC）。

3. 进入壁垒的降低。通过民营化与纵向分离的改革，英国电力产业进入壁垒业也不断降低。进入壁垒指数由1992年的6.0降为1993年的 1.5。

（二）铁路产业的放松规制

20 世纪 50 年代以后，英国铁路逐渐失去了在运输业的垄断地位，开始出现亏损。1952—1992 年，先后关闭了 45% 的客站、90% 的货站和仓库、80% 的编组站、30% 的客运线和 40% 的货运线，货运列车减少了 70%。铁路客运市场份额从约 20% 下降到 5.6%，货运市场份额从约 40% 下降到 7.5%。基础设施建设投资逐年缩减，财政补贴增加，系统老化，可靠性下降。针对这些问题，英国政府确定了引入竞争、实行民营化、减少政府补贴、提高服务质量的铁路改革目标。1979—1997 年，英国保守党政府执政期间，一直倾向于民营化政策。1979 年撒切尔政府上台后，为了削减政府开支，决定引入市场竞争机制，搞活经济，实行国有企业民营化，并在电力、电信、煤气和航空等 50 余家国营企业中率先实行。英国铁路民营化改革，也正是在这样的政治背景下进行的。1988 年，撒切尔政府开始考虑铁路民营化问题，并充分讨论了铁路民营化的四种方案，即：（1）整体出售，形成全国性垄断公司；（2）重组为多个私营的区域性公司；（3）按照业务分别重组为私营公司；（4）网运分离及民营化。1992 年 7 月，在《铁路的新机遇》白皮书中，保守党政府决定按照欧盟 91/440 指令的原则，正式提出对铁路进行网运分离及民营化改革的建议。1993 年 11 月，议会通过了《1993 年铁路法》。1994 年 4 月 1 日，英国铁路改革开始，铁路行业结构发生了重大变化。

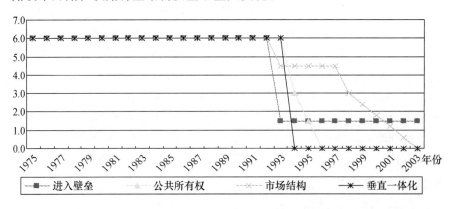

图 9 - 9　英国铁路产业放松规制情况

具体表现在以下几个方面：

1. 产业的纵向分离。英国铁路改革的一个重要的方面就是实行产业的网运分离。把铁路网与客运公司（或者货运公司）进行分离，将铁路分拆为 1 个全国性路轨公司（Railtrack）、25 个客运公司、6 个货运公司、3 个机车车辆租赁公司以及多家设备改造、维修服务公司。其中路轨公司负责管理经营全国铁路基础设施（轨道、桥梁隧道、车站、信号），向运营公司收取基础设施使用费。

2. 民营化。英国铁路改革的一个重要方面就是实行民营化，把网运分离后的公司全部改造为民营公司。例如，1996 年 5 月 20 日，线路公司在伦敦股票交易所上市，政府出售了全部股权，不再持有股份。按照发行价计算，线路公司的市值达到 19.5 亿英镑。1995 年 12 月，美国威斯康星中央运输公司（WCT）和另外 3 家金融企业联合购买了英国邮件铁路快运公司。1996 年 2 月，购买 3 家整列货运公司，并将 4 家公司合并成立了英格兰·威尔士—苏格兰铁路公司（EWS）。之后，EWS 又收购铁路国际货运公司。即原英国铁路分出的 6 家货运公司，在此基础上重组变为 2 家货运公司，一家为 EWS，另一家为从事铁路集装箱运输的公司（Freightliner）。目前，两家货运公司分别占有英国铁路 85% 和 15% 的市场份额。另外，政府按照地域划分出的 25 个铁路客运特许经营区，通过公开招标形式，于 1995 年 12 月 18 日到 1997 年 2 月 25 日，全部出售给 25 家客运公司，特许经营期限为 7—5 年，多数为 7 年左右。3 家机车车辆租赁公司也被英国政府出售，获得 25 亿英镑收益，其中包括出售前以红利形式得到的 8 亿英镑现金。

3. 进入壁垒的降低。通过民营化与纵向分离的改革，英国铁路产业进入壁垒业也不断降低。进入壁垒指数由 6.0 降为 0。

4. 竞争性市场结构的建立。铁路也形成了一种竞争性的市场结构。在铁路企业方面，英国铁路被分割成 100 余家企业，包括 1 家线路公司（Railtrack）、25 家客运特许经营公司、6 家货运公司、3 家机车车辆租赁公司、13 家基础设施维修与更新改造公司、7 家机车车辆维修公司及 40 多家中央服务与支持公司。

第三节　我国自然垄断产业规制模式的特点及效果

一　我国自然垄断产业规制模式的特点

众所周知，目前中国所有受规制产业从一开始起便实行的是计划管理体制。改革开放后，虽然国民经济的市场化程度不断提高，大多数产业也已经基本纳入市场经济的轨道，但电力、电信、民航、铁路、供水、供气等自然垄断产业不仅仍然受到政府的严厉规制，而且规制的广度和深度并没有发生实质性的变化。其中，在 20 世纪 90 年代中期以前，"对国计民生有着重大影响"成为政府对这些垄断产业继续保持规制的主要依据；而自 90 年代中期以后，在国有企业改革和国有经济重组的过程中，在国有企业逐步退出竞争性产业的主张下，继续保持国有企业在非竞争性产业中的主体地位无疑就成了导致政府长期严厉规制得以继续的必然逻辑。

诚然，改革开放以来我国自然垄断产业的政府规制体制及规制模式发生了不同程度的变化，如产业主管部门的简政放权、国有企业的公司化改造以及有关规制政策的法制化等。但是由于种种原因，计划经济时期所形成的政府规制的根本性质、特点和基本的规制体制，却并没有发生实质性变化。这些自然垄断产业的规制依然沿袭了传统的行政管理模式。我国现行的规制体制不同于其他市场经济国家。从我国政府规制体制的形成和政策执行过程的实质来看，与其说我国政府规制的形成同样源于克服自然垄断和信息不对称所致严重弊端需要，还不如说是计划经济体制使然。目前，我国对垄断产业的经济经性规制本质上仍然是传统计划经济体制下政府对垄断产业实施行政垂直管理延续（夏大慰、史东辉等，2003）。

我国垄断产业规制模式主要表现出以下几个特点：

（一）规制机构的目标是多维的

规制机构的行为是受规制机构的目标驱使的。规制机构的目标是指规制机构最大化什么？规制代表谁的利益？规制机构的目标是规制理论中的价值判断问题，直接决定了规制政策的导向性问题，直接关系到一个国家的社会福利水平。关于规制机构目标的认识也经历了一个演进的过程。对规制机构目标的认识主要经历了规制公共利益理论与部门利益理论两大阶段。

事实上，规制机构的目标是由规制机构产生的历史、规制机构与政府的关系、规制机构与垄断企业的关系、规制人员的组成等因素共同决定的。由于我国垄断产业特殊的产权结构、治理结构、市场结构、运营模式，导致我国垄断产业的规制机构与发达市场经济国家相比，表现出明显的不同。我国垄断产业规制机构的目标主要有三个目标，即：提高社会总福利、实现国有资产的保值增值以及实现自己的预算规模最大化。

规制机构的第一个目标是实现国有资产的保值增值。我国自然垄断产业主要以国有企业为主，而我国国有企业改革的一个重要目标就是实现国有资产的保值增值。国务院国有资产监督管理委员会在自己的职责中明确规定，自己的职责就是根据国务院授权，依照《中华人民共和国公司法》等法律和行政法规履行出资人职责，指导推进国有企业改革和重组；对所监管企业国有资产的保值增值进行监督，加强国有资产的管理工作①。事实上，我国各个规制机构或者部委的一个重要职责就是管理本部门的国有企业，实现国有资产的保值增值。例如，铁道部财务司负责国家铁路国有资产管理、监督工作；建立产权制度，实施资产经营责任制，组织、指导财会监督检查，维护国家投入铁路资本的权益，维护财经纪律；同时负责国家铁路货车资产价值的管理。可见，实现国有资产的保值增值是规制机构的一个重要的目标。

规制机构的第二个目标就是实现规制机构的预算规模最大化。其表现形式就是实现垄断产业运营企业的利润最大化。

一方面，各级规制机构官员都是具体规制政策的执行者，相对于政府层面抽象的公共利益目标，他们的目标函数则更为具体。塔洛克（Tullock，1965）、唐斯（Downs，1967）、尼斯卡宁（Niskanen，1971）的官僚理论系统地研究了政府官员的目标和行为。官僚理论和实证研究表明，政府官员目标不是或者至少不完全是公共利益。他们像其他个人一样，追求个人效用的最大化。尼斯卡宁（1971）列举了可能会进入官僚效用函数的变量，如：薪金、职务津贴、公众声誉、权利、奖金、机构的产出、变革的难易度、管理的难易度等。尼斯卡宁（Niskanen，1971）指出，在任何一个政府官僚在位期间，除了最后两个变量以外，其他所有变量都与

---

① 见国务院国有资产监督管理委员会网站 http：//www.sasac.gov.cn/gzwgk/gzwgk_jj.htm。

该官僚机构的预算规模有正相关关系。因此，可以将某政府部门的预算规模作为该部门官僚的目标函数。而规制机构预算规模一般与被规制企业的利润有关。一般来说，被规制企业的利润越多，规制机构可以支配的资源也就越多，规制机构的预算也就越大，规制机构的效用也越大。

另一方面，西方"规制俘获"理论研究表明，自然垄断产业规制机构的官员与被规制企业有着十分密切的关系，甚至是一定程度上的利益共同体。另外，有些垄断产业规制官员具有双重属性，即同时也是被规制企业的成员，有的在未来可能会发生这种身份转变。在这种"旋转门"情况下，"规制俘获"很容易发生。因此，各级规制机构在制定规制政策时，往往成为被规制企业的利益代言人，在制定与执行具体规制政策时，利用其自由裁量权帮助被规制企业实现利益。由于我国规制机构与国有企业天然的联系，更是强化了规制机构与被规制企业的关系。因此，实现垄断国有企业的利润最大化，即规制机构的预算规模最大化也是规制机构的一个重要目标。

规制机构的第三个目标是提高社会总福利。新古典经济学事实上就假设规制机构是以社会福利最大化为目标的。规制理论的公共利益理论也是以此为出发点的。尽管公共利益理论受到了包括斯蒂格勒、佩尔兹曼、波斯纳、贝克等在内的一大批优秀经济学家的批评，但是有种种迹象表明提高社会福利是规制机构考虑的其中一个目标。另外，在我国我们的党政机关一直强调为人民服务，提高社会福利水平[1][2]。因此，提高社会总福利也是我国规制机构的一个重要目标。

（二）规制机构与在位国有垄断企业形成了一种特殊的政企同盟

我国垄断产业中政企不分的现象十分严重。规制机构与在位国有垄断企业之间存在着一种特殊"父子关系"或者"兄弟关系"。这种特殊关系必然导致政企不分。这种特殊关系在我国垄断产业已经演变为了一种更加

---

[1]　国家邮政局的部门职责中的第 8 条是"推进邮政普遍服务机制的建立和完善"。参见 http：//www. post. gov. cn/folder48/folder51/index. html。

[2]　信息产业部的部门职责中第 6 条是"依法对电信与信息服务市场进行监管，实行必要的经营许可制度，进行服务质量监督，保障公开竞争，保证普遍服务，维护国家和用户利益"。http：//www. mii. gov. cn/col/col241/index. html。

特殊的利益共同体即"政企同盟"①。结盟者一方为行业规制机构;另一方为行业原有的国有垄断巨头。这个"政企同盟"在"合法"掠取巨额垄断利润的同时,极力阻碍着公平竞争之市场博弈规则的建立。放松进入规制后,新进入企业也许能够与其他的政府机构结成另一些政企同盟,但它们在规制博弈中却不得不处于劣势地位(余晖,2000)。

这种同盟形成的原因在于我国垄断产业的政企不分。而政企不分的原因在于规制机构与在位国有企业之间的特殊"父子关系"或者"兄弟关系"。这种特殊的关系主要体现在以下两个方面:

一方面,规制机构对垄断企业有着绝对的控制权,垄断企业的经济绩效很大程度上受到规制机构政策的影响;并且垄断企业的经济绩效,直接决定着规制机构领导的升迁。这种双向的制约关系就为垄断企业贿赂规制机构,规制机构袒护垄断企业提供了天然的纽带。

另一方面,规制机构与垄断企业之间人员的频繁流动与互换。由于我国特殊的政治体制,我国许多垄断企业的管理人员享受着政府行政部门领导的待遇,许多企业的管理人员在行政上属于副部级职务。政府部门为了某些特殊的原因,频繁地把规制机构的管理人员与垄断企业的管理人员进行互换。表9-10以电信产业为例,描述了规制机构与国有企业之间的人员流动情况。

表9-10 电信产业部分国有企业以及规制机构之间的人员流动情况

时间	人物	原职	新职	曾任职
1999年	杨贤足	信息产业部副部长	中国联通董事长	
2003年	张春江	信息产业部副部长	中国网通集团总裁	
2003年	奚国华	中国网通集团总裁	信息产业部副部长	
2000年4月	张立贵	中国邮电电信局局长	中国移动通信集团总经理	
2002年5月	周德强	信息产业部部长	中国电信股份公司董事长	邮电部副部长
2000年4月	李平	中国移动(香港)有限公司副董事长	中国电信执行副总裁	中国电信总局副局长

① "政企同盟"的概念是余晖在《中国工业经济》2000年第1期上发表的《受管制市场里的政企同盟——以中国电信产业为例》中提出的。

续表

时间	人物	原职	新职	曾任职
2004 年 6 月	张永平	山东网通总经理	中国铁通总经理	山东省济南电信局代理局长
2004 年 6 月	王晓初	中国移动董事长	中国电信总经理	
2004 年 6 月	王建宙	中国联通董事长	中国移动董事长、总经理	信息产业部综合规划局局长
2004 年 6 月	常小兵	中国电信	中国联通董事长	信息产业部电信管理局局长
2004 年 6 月	冷荣泉	中国网通副总裁	中国电信副总经理	中国邮电电信局副局长

资料来源：史小龙：《我国自然垄断产业规制改革中的利益集团研究》，博士学位论文，复旦大学，2005 年。

事实上，这种人员的流动并不仅仅存在于电信产业。各个产业之间都存在着这种现象。表 9-11 描述了部分垄断产业规制机构领导的组成情况。从中我们可以看出许多规制机构的领导都来自被规制企业。另外，许多规制机构的领导由于种种原因也可能会到被规制企业工作。这种特殊的行政管理体制，已经在规制机构与垄断企业之间形成了一个特殊的"旋转门"（Revolving Door），最终促成了规制机构与垄断企业之间的串谋关系，不利于规制机构政策的中立性。

表 9-11　　　　我国部分自然垄断产业规制机构领导的组成

产业	行业规制机构	规制机构领导的组成
电信产业	信息产业部	7 位领导中 2 人来自被规制企业
电力产业	国家电力监管委员会	5 位领导中 2 人来自被规制企业
民航产业	国家民航总局	6 位领导中 2 人来自被规制企业

资料来源：作者整理。

规制机构与在位国有垄断企业之间这种在父子关系基础上形成的天然利益同盟对正在建立过程中的政府规制及其效果的消极影响是致命的。这种政企同盟一旦形成，便完全有可能在立法和执法过程中藐视消费者利益集团和新进入企业集团的力量，置它们的合法权益于不顾。由于在目前的政治法律制度下还无法打破这种政企同盟，规制者在滥用其行政职权的同时，使这些受规制产业的资源配置效率惊人的低下（余晖，2000）。

由于我国规制机构的多重目标以及与垄断国有企业所形成的政企同盟，规制机构在放松规制的过程中，利用自己的特殊地位与权力，采取各种策略性行为，阻碍垄断产业的放松规制，特别是进入规制。在放松规制的过程中表现出了极大的对抗性，这主要体现在以下三个方面。

第一，既是行政部门又兼行业主管的规制者不可能站在中立的立场上平等对待所有的市场参与者，新的市场进入者或非国有企业会受到严格的进入规制。

我国垄断产业虽然没有相关法律和法规明确规定进入规制的程度，但规制机构对垄断产业的进入规制政策是十分严厉的。规制机构实际上不仅严格控制新进入的企业数量，而且对于非国有企业以及新进入国有企业也长期实行歧视性的进入规制政策，甚至是打压政策。原因就在于既是行政部门又兼行业主管的规制者不可能站在中立的立场上平等对待所有的市场参与者，规制机构将限制新企业的进入，保护原有国有企业继续维持垄断地位。

近年来，我国出台了许多法律或者文件，明确提出支持民营企业的发展，为民营企业提供与国有企业平等的竞争平台。例如，2005年国务院出台了《国务院关于鼓励支持和引导个体私营等非公有制经济发展的若干意见》（简称"36条"）的文件，允许非公有资本进入垄断行业和领域，例如电力、电信、铁路、民航、石油等行业和领域。这些文件的颁布，使对民营企业准入限制的有形门槛基本消失，但是在注册制度、市场准入、审核批准等方面仍然存在着不少阻碍民营企业进入的无形限制。民营企业进入垄断产业还是阻碍重重。这就形成了对新进入企业，特别是民营企业的"玻璃门"现象①。

1994年联通公司进入我国电信产业的艰难历程就是一个很好的例

---

① 详见 http：//news. xinhuanet. com/fortune/2005 - 09/20/content_ 3515860. htm。

证①。我们从中可以看出,规制机构对企业进入实施严格的规制。具有国有企业性质,并且有各大部委在"背后撑腰"的联通公司进入的艰辛尚且如此,其他民营企业的进入艰难就更可想而知了。民营企业进入垄断产业更是步履维艰,处处碰壁。

这种严格的进入规制,致使我国自然垄断产业目前仍是国有企业占主导,垄断产业的经营企业都是清一色的国有企业。在这种情况下,规制机构与国有企业之间的特殊"父子关系"或者"兄弟关系",必然导致政企

---

① 张宇燕(1995)、盛洪(1999)详细描述了联通成立的过程。在这场博弈中最先登场的是中国人民解放军总参谋部所属的通信兵部。1988年,总参通信兵部上书有关部门,寻求经营电信业之特许权。1989年,两位资深通信专家、中国科学院士叶培大和张煦教授联名向中央提交了一份题为《按照商品经济的规律改革中国通信管理体制的建议》的报告,建议中央有控制的放开国家对通信的专营权。也许是特有所指,邮电部于1990年9月3日向国务院递交了一份报告《关于加强通信行业管理和认真整顿通信秩序的请示》。此份《请示》的核心思想在于强调"邮电部是管理全国通信工作的主管部门,负有通信行业的管理职责。……主要通信业务必须由国家统一经营"。具体来讲,它强调并重申:"一、公用网和专用网的建设必须统筹规划,提倡并鼓励联合建立;二、除军队、铁路等有特殊要求者外,其他部门原则上不得再自行建设长途通信线路;三、各部门长途通信所需电路原则上由公用网提供,凡新建长途通信线路均应经邮电部或省、自治区、直辖市邮电管理部门归口会审;四、长途通信业务和国际通信业务由邮电部门统一经营;五、专用网只限内部使用,原则上不得开放公众业务;六、地区性专用网应纳入当地公用网的规划,经技术改造后组成统一的市内电话网;七、外商不得参与经营境内电信业。"由此我们可以看出邮电部在阻止专用网经营共用事业,继续维持其垄断地位方面一直在努力。1992年6月,中国电子学会、中国通信工业协会和《中国电子报》联合召开了旨在加速发展通信行业的研讨会。该研讨会的主要参加者大都不是来自邮电部门,因而会议的基本倾向是,中国电信业管理体制改革势在必行,邮电部门要政企分开,打破垄断,引入竞争,开发市场,充分发挥专业网的作用。几个月后,电子部、电力部和铁道部联合向国务院正式提出组建联通公司的请示报告,要求进入公用电信业。这可能是邮电部有史以来面临的最大挑战。针对三部成立联通公司的报告,邮电部为了维持自己的垄断地位,在多种场合陈述其反对组建联通公司的理由:(1)通信具有全程网络、联合作业、高度统一的特征,具有自然垄断性;(2)电信业既是社会共用设施,又是国家的神经系统,事关国计民生、国家安全与主权,非同一般竞争性行业;(3)由国家统一掌握、统一规划、统一建设,资源可以充分利用,低水平重复建设可以避免;(4)世界各国在其电话网建成之前,无一不是由国家或国营公司垄断经营;(5)统一经营也有利于公用网标准的制定,从而使公用网的通信质量得到保证;(6)统一经营或垄断经营本身并不排除垄断企业内部的竞争。在经过几个回合的艰难较量后,国务院于1993年12月14日正式同意电子部、电力部和铁道部共同组建中国联合通信公司(即"联通"),并发布国务院178号文件。国内外对此反映强烈,许多部门、地方及单位纷纷表示投资入股,有的甚至试图另行组建通信公司。1994年4月15日,邹家华副总理主持联通公司筹备会议,确定并重申了通信政策的几条基本原则:国家授权经营电信业务的只有邮电部和联通公司;三部以外的其他专用网可以参股联通,但不能另行独立组建电信公司。会议还议定:联通公司按照有限责任公司组建,挂靠国家经贸委,享有邮电企业的各项优惠政策和进出口权;邮电部和国家无线电管理委员会应对联通公司予以支持。1994年7月19日,联通公司正式成立,有16家股东,注册资本10亿元人民币。至此,一家由多家政府部门组成的联合公司才宣告成立,而这一过程已经历了6年之久。

不分。目前，政企不分的现象在自然垄断产业仍然十分严重。

第二，规制机构不公平的偏向性规制。即使其他国有企业甚至民营企业最终进入了这些垄断产业，相关规制机构也会凭借自己的垄断权力对这些新进入企业实行不公正的规制。一般说来，由于规制机构与在位国有企业之间特殊的"父子关系"，规制机构会偏向原有在位国有垄断企业，对新进入的国有企业特别是民营企业实行歧视性的规制。

我们也可以从联通公司进入电信产业后受到的不公平待遇中略知一二。虽然经过百般努力，联通公司最终进入了电信产业。但是，对于主导运营商和行业管理者——邮电部来说，新的进入者对自身的权力构成了巨大的威胁。它采取的策略就是凭借手中的行政权力和行业标准，千方百计将这个新生的进入者赶出电信市场。进入后的联通受到来自具有主导运营商和行业管理者双重身份的邮电部的尽情"揉搓"与百般刁难①②。

---

① 概括起来，联通受到的"特殊待遇"有五条：第一，对联通的市场进入进行限制。联通从建立到1996年5月，开始了长话网和市话网的投资，累积3亿多元，但邮电部根据178号文的解释，否认联通拥有经营一般长话和市话的特许权。联通公司曾向邮电部报送了在27个城市建设长、市话接口局的可研报告，但邮电部的答复是："关于长话业务，联通公司应在对专用网做出安排之后，再行申请；关于市话业务，则你公司没有必要在上述城市建立覆盖全市的与公用网重叠的市话网。"邮电部指令联通与当地邮电主管部门取得共识后再向邮电部申请，而当地邮电局则要求先得到邮电部批准再与它们讨论。联通被当做皮球一样踢来踢去。据联通反映，邮电部的审批程序最长达两年，最短也要3个月。事实上，联通成立3年以后，仅在移动电话和无线寻呼上取得了一点进展，市话、长话市场始终向它关闭。第二，在互联互通上对联通接入市话网进行限制。首先，在审批时间上拖延接口运行的时间，如联通1995年4月5日提出其移动网与京、津、沪、穗等城市的接口汇接报告，5个月后才批准，直到当年12月才开通运行；本来联通先于邮电部建立GSM移动电话系统，但邮电部只是在自己的系统开通后，才批准联通开通。其次，在接口的技术安排和费用分摊上予以限制，如规定联通一个GBS移动交换机只能覆盖一个本地网（邮电部的可以覆盖几个本地网）等。此外，邮电部规定联通的130手机不能打入119、110、120、122等特种服务。第三，在网间付费方面对联通实行垄断定价。邮电部把联通视为一个普通用户，而不是一个平等的公用电信网，在收取网间话费上，不实行对等原则。如联通GSM移动电话接入邮电市话网时，联通要将收入的80%付给对方，而相反方向的接入时，邮电网只需支付收入的10%。第四，在号码、无线频率等公共资源的分配上对联通实行限制。联通在1994年9月15日就申请使用的号码资源，但直到1996年仍没有如愿以偿。在1996年4月24日下发的"关于联通公司通信网编码等问题的批复"中，提出"不采取预分局号的办法"，没有批复联通任何一个城市的市话号码，也没有分配给联通长途网的网号或过网号。另外，邮电部规定不许将富余管、线出租给联通，而且把行业标准改为企业标准，对联通实行封锁。第五，通过交叉补贴、低价倾销。比如，在寻呼领域，南京电信以对电话号码进行摇奖的方式赠送寻呼机，以排斥寻呼领域的竞争对手，但江苏省邮电局不仅没有干预，而且要求在全省范围内大赠送。再比如，通过降低移动电话收费抬高市话费用的办法交叉补贴，而排斥只有移动业务的联通公司。更详细的分析可以参见盛洪（1997）以及张维迎（1997）。

② 张宇燕（1995）、盛洪（1999）详细描述了联通成立的过程。

"中国联通"在1993年进入电信基础网络市场后，邮电部采取的策略是，利用自己的行业管理者的权力，通过各种行政措施和不公平竞争手段，最终将"中国联通"挤出市场，或者至少将其业务限制在很小的范围内。最后，联通实际上被赶出固定网的竞争，只在移动通信占有较小份额。

第三，行政垄断十分严重。行政垄断是指政府为保护本部门或本地区所属企业的利益，通过法律、行政法规或规定的形式，维护这些企业的市场垄断地位，阻止竞争市场形成的行为。行政垄断是从计划经济向市场经济转型之后，旧体制遗留下来的问题。改革开放之前，中国实行的是计划经济体制。计划经济的一个基本特征就是行政垄断。在几乎所有的行业，从市场准入到原材料的提供、价格的制定、产量的规定，都由政府直接规定，政府进行了垄断。1979年之后，虽然政府放松或放弃了对大多数行业的管制，竞争的局面逐渐形成，社会主义市场经济体制逐步确立。但是在一些具有网络特性的行业，政府仍然处于垄断地位，常常以行业管理和维护市场秩序为名，通过法令、政策、行政法规等手段从事各种反竞争活动。因此，我国自然垄断产业都带有浓厚的行政垄断色彩。事实上，刘世锦教授认为，我国的垄断产业存在的问题是在并不存在自然垄断的场合施行垄断经营，而且是行政性的垄断经营①。

与其他垄断形式相比，行政垄断的一个最为显著的特征就是政府部门以规章制度、行政命令的形式维持着这些行业的垄断地位。根据余晖的研究（余晖，2001），行政垄断的特征主要表现为：大多是国有独资或国家绝对控股企业；由政府直接经营，在人事、分配、经营等诸方面受制于政府；垄断市场力量来源的行政合法化和法律合法化；垄断企业既是纳税人，又向政府上缴利润；垄断企业之间的竞争是一种低效率的市场；行政性垄断的本质，是妨碍市场竞争，妨碍整个社会效率的提高。

二　我国垄断产业规制的效果

我国对垄断产业实行的规制初衷是好的，但是近年来的规制效果却与规制初衷恰恰相反。中国（海南）改革发展研究院进行的"改革进程评估与展望——2006中国改革问卷调查报告"中对"2007年改革攻坚的重

---

①　刘世锦、冯飞主编：《垄断行业改革攻坚》前言，中国水利水电出版社2006年版。

点任务"一项的问卷调查发现，58.12%的政府官员、专家、学者认为国有企业与垄断行业改革是 2007 年改革重点。但是政府官员、专家、学者对我国 2006 年垄断行业改革所获得的评价却最低：66.28%的专家认为没有进展；10.95%的专家甚至认为有所倒退。

（一）严格规制导致企业的低效率，不利于经济增长与国际竞争力的提高

对垄断产业严格的进入规制阻碍了投资，降低了投资效率，限制了垄断产业的发展。因为，垄断性行业是高利润行业，民间资本希望进入，现在垄断性行业的投资改革很多只是允许私营企业投资现有国有企业，而不是建立新企业。于是使众多资金拥挤在狭窄的投资渠道内，拥有经营许可证的现存国有企业趁机渔利，获得垄断利益。行业规制部门也利用发放许可证的手段获利。这种严格的规制使投资者和投资效益降低，不利于产业发展，获利的仍是现有垄断者。

垄断行业都是基础设施产业，这些部门的产出，是国民经济其他部门的投入，因此这些基础设施产业部门的发展直接影响国民经济的健康发展。严格的进入规制限制了本产业的发展，进而会限制国民经济其他部门的发展。另外，垄断产业的国有企业没有来自潜在进入者的竞争压力，缺乏降低成本、提高效率的激励，导致生产与运营成本较高。这最终会产生一种乘数效应，导致国民经济其他部门成本的数倍增长，不利于国民经济的发展与国际竞争力的提高。如安徽蚌埠市的化工厂就因供电部门的垄断高价格而大受其害，供电部门从发电企业以每度 0.25 元的价格买来的电，以每度 0.5 元的价格卖给化工企业，使得烧碱行业的电费成本大大增加，占到了总成本的 70%，企业每生产一吨烧碱就要损失 500 元。如果企业自己发电，则每吨烧碱可降低成本 500 元，不少企业就可以立即扭亏为盈①。

（二）严格的行政垄断导致的腐败损失

行政垄断造成了巨大的经济损失。在中国，行业垄断所造成的租金可以分为三个部分。第一部分是在垄断价格中体现出来的社会福利损失。根据胡鞍钢（2000）的估计，我国垄断产业的垄断租金约为 1300 亿—2020 亿元，约占国内生产总值的 1.7%—2.7%（见表 9-12）。第二部分是行

---

① 王佐军：《自然垄断部门国有企业改革的经济学分析》，《天府新论》2004 年第 4 期。

业垄断部门巧立名目非法收取的各项费用,将自身低效运营的成本和发展的投资强加给广大消费者。胡鞍钢根据官方的统计数据,计算了部分垄断行业在 1998—2001 年之间收取的各类非法费用(见表 9 - 13)。第三部分是垄断行业高工资所耗散的租金。根据过勇、胡鞍钢估计,2000 年我国部分行政垄断产业职工高工资耗散的租金大约 278.2 亿元(见表 9 - 14)。这些行政垄断产业产生的租金最终将全部被耗散,从而成为净社会福利损失。事实上,中国的行政垄断造成了的巨大经济损失,已经成为腐败所造成经济损失的一个重要组成部分,且远远超过了政府官员贪污受贿所造成的经济损失,从而成为中国当前最严重的腐败形式①。

表 9 - 12　　　　　 1995—1999 年中国部分行政垄断行业的租金估计

垄断行业	租金额(亿元/年)	占 GDP 的比重(%)
电力行业	560—1120	0.75—1.50
交通运输邮电业	740—900	1.0—1.2
邮电通信业	215—325	0.29—0.43
民航业	75—100	0.1—0.13
医疗机构	75—100	0.1—0.13
总计	1300—2020	1.7—2.7

资料来源:胡鞍钢:《腐败:中国最大的社会污染》,《国际经济评论》2001 年第 2 期。

表 9 - 13　　　　　　　中国部分垄断行业非法收入估算

垄断行业	年份	非法收入(亿元)	占 GDP 的比重(%)
电力行业违法收取资费	1998—1999	27.4	
居民生活用电同价减轻农民负担	2001	350	0.37
电信行业违法收取资费	1998—1999	21.7	
打击医药购销不正之风减轻患者负担	2001	101	0.11
价格收费违法案件	2001	31.5	0.03
总计		530	0.60

资料来源:胡鞍钢、过勇:《从垄断市场到竞争市场:深刻的社会变革》,《改革》2002 年第 1 期。

———————————

① 根据中纪委副书记曹庆泽提供的一份材料,从 1992 年 10 月到 2001 年 6 月,全国纪检监察机关共立案 141 万多件,结案 133 万件,挽回经济损失 400 多亿元。这仅占同期 GDP 累计额的 0.175%。与行政垄断所造成的巨额经济损失相比,这只能算是"九牛一毛"。

表 9-14　　　　2000 年中国部分行政垄断行业职工工资耗散的租金

垄断行业	职工平均工资超出全国平均水平（元）	消散租金（亿元）
电力、煤气及自来水生产与供应行业	3459	97.5
邮电通信业	6988	79.1
航空运输业	14083	16.5
铁路运输业	4549	85.1
总计		278.2

资料来源：过勇、胡鞍钢：《行政垄断、寻租与腐败——转型经济的腐败机理分析》，《经济社会体制比较》2003 年第 2 期。

（三）严格的进入规制导致垄断行业员工的过高收入，不利于社会稳定

对垄断产业实施严格进入规制的同时，没有对价格施行严格、有效的规制，导致规制机构、垄断企业的经理人员、职工的利益迅速膨胀和惰性的增长。规制的不力使垄断产业的国有资产、社会财富正在向垄断企业的经理人员、员工集中。突出表现就是，目前垄断性行业的从业人员，享受着比其他行业高得多的工资待遇（王学庆，2004）。

垄断行业的员工存在高收入，引起了社会的普遍不满。据报道，国资委监管的 169 家中央企业，2005 年度有 12 家利润超过 100 亿元，其员工平均工资是全国平均工资水平的 3—4 倍[1]。根据《21 世纪经济报道》《垄断行业高工资调查：烟草公司小职员的高收入》的报道，一个烟草公司的小职员的年收入是其他行业收入的 3—4 倍[2]。其他媒体也有许多类似的报道。例如，有报道称电力公司抄表工能领取 15 万元的年薪[3]。后又有报道称国家电网公司的处、司局级干部年薪在 30 万—60 万元[4]。还有报道称某些烟草系统普通在编员工一年收入可高达 18 万元，沿海地区有的烟草系统内中层干部年收入 30 万元[5]。另有报道称一些银行人均年

---

① 引自新华网 http://news.xinhuanet.com/fortune/2006-07/11/content_4816092.htm。
② 引自新华网 http://news.xinhuanet.com/politics/2006-07/11/content_4818829.htm。
③ 引自新华网 http://news.xinhuanet.com/fortune/2006-06/26/content_4748660.htm。
④ 引自新华网 http://news.xinhuanet.com/fortune/2006-07/21/content_4863790.htm。
⑤ 引自新华网 http://news.xinhuanet.com/fortune/2006-08/15/content_4963744.htm。

工资达 10 万元①。尽管这些数据的真实性尚未得到认定，有关行业有的还出面否认，或声明本行业薪酬水平实际没有那么高，与有竞争关系的企业相比，薪酬水平非但不高，甚至还有点偏低；或指出本行业企业关键重要岗位人才由于薪酬水平不高而流失。但是我们还是可以从这些报道中看出垄断行业的工资可能比其他行业高出许多。

事实上，目前，自然垄断产业国有企业的高工资现象已经成为社会的焦点，如果不得到有效解决，必然会对社会稳定产生不利影响②。目前，垄断行业的高收入问题已经成为社会不和谐的一个重要因素。据此，2006年 7—8 月《半月谈》杂志社在我国东西部中的浙江、江苏、上海、河北、陕西、四川、重庆、贵州 8 省市实施问卷调查，调查共收到 5000 份有效答卷。调查发现收入差距扩大已经成为老百姓最关心的问题（得票4295 票，排名第一）（新华社半月谈和谐社会调研小分队，2006）③。

（四）规制导致产品价格高而质量低

对垄断产业进行规制的初衷就是为消费者提供质高价低的产品或服务，提高消费者的福利水平。但是，规制的结果与此恰恰相反，消费者普遍认为我国垄断产业提供的产品或者服务质量低、价格高，对垄断行业颇有微词。据有关专家测算，我国居民的电信消费占收入的比重高达 7%，远高于电信发达国家的 2%④。据中消协发布的《2007 年上半年全国消协组织受理投诉情况分析》报道，2007 年上半年全国共受理消费者投诉299552 件，其中电信受理投诉 20856 件，占全部投诉的 6.69%。投诉主要集中在收费价格高、服务质量低等方面。2007 年 2 月 26 日，广州市消费者委员会公布 2006 年广州市消费者投诉排名前 10 位的行业。十大被投诉行业依次是：IT 业（218 宗）、邮购业（189 宗）、家用电器及维修业（188 宗）、电信业（149 宗）、房地产业（146 宗，1300 多人次）、日用百货业（128 宗）、旅游餐饮服务业（69 宗，400 多人次）、医疗业（54宗）、交通运输业（50 宗）、金融保险业（42 宗）。而据广州市消委会

---

① 引自新华网 http：//news. xinhuanet. com/fortune/2007 – 06/05/content_ 6202461. htm。

② 参见新华网 http：//news. xinhuanet. com/politics/2006 – 07/31/content_ 4889118. htm。

③ 同上。

④ 盛洪：《垄断企业的平均工资到底有多高》，《南方都市报》，2007 年 2 月 8 日。

2005 年数据，除银行是今年新"晋级"行业外，其他九大行业在 2005 年也位居被消费者投诉最多前 10 位。对电信产业的投诉主要集中在通话质量差与话费高、乱扣费等问题①。2008 年 1 月 8 日，北京市消费者协会发布 2007 年度投诉情况，其中消费者对北京市场电信资费高的问题一直反响很大，投诉比较多。

第四节　我国自然垄断产业规制模式改革

现实中为数很多的垄断并非自然垄断，它们不是来自经济需要，而是来自人为的安排，通常是通过政治权力的行使而产生的。在这些情况下，垄断通常是由政府授予的，并非出自鼓励引进新产品（正如专利权一样）的目的。相反，一个供应者被授予独家经营一种现有产品或服务的权利，而其他所有供应者则被排除在外。这样，竞争的自然状态经过法令而转化为一种法定的行政垄断。人们看到的垄断的福利损失（无谓损失）更多地与此相关。自然垄断产业的低效率也更多地与此相关。因此，政府规制体制改革必然成为自然垄断产业改革题中应有之义。我国规制改革总的来讲是要顺应世界潮流而放松规制，制止目前强化规制倾向。

放松规制的改革应当分阶段进行。根据 OECD（1995）提出的政策就是垄断产业的规制模式改革应当分为三个阶段，分步骤进行（见图 9 - 10）。

考虑到我国正处在经济转型过程中，由于我国法律不健全，同时并没有建立起科学的规制体系，因此我国自然垄断产业规制模式改革是一个放松规制与强化规制并存的过程。一方面需要建立、强化、完善我国缺失的、合理的规制；另一方面，又要不断的减少、废除过时的、不合理的规制。在此我们郑重建议：

一　强化竞争，放松规制

规制是竞争的剩余和替代，凡是能够展开竞争的领域都要放开竞争。即 便是所谓"市场失灵"的领域，也不一定意味着规制的必然和必要，因为同样存在"规制失灵"问题，即规制得不偿失，规制成本大于收益。在某些情况下，规制失灵加剧了市场失灵，尤其是政府可能会以加剧市场

---

① 参见 http://beis.icoupon.com.cn/info/html/2007/2/info_ show_ 27546.html。

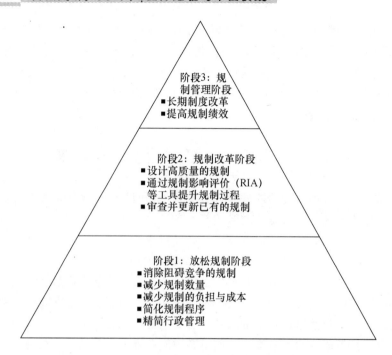

图 9 - 10　OECD 对规制改革的阶段划分

资料来源：OECD (1995), Recommendation of the Council of the OECD on Improving the Quality of Government Regulation, OCDE/GD (95) 95, OECD。

缺陷而不是减轻这些缺陷的方式推动无效率的结果的产生。"[1] 从最近 30 年国外放松规制的实践来看，旨在放松规制的改革取得了很大成效。（1）降低了自然垄断产业的收费水平；（2）收费体系多样化；（3）使服务多样化；（4）使企业提高效率和有活力；（5）通过削减行政费用减轻国民负担；（6）在宏观上由于降低收费水平和使服务多样化扩大了消费和投资，从而为经济增长率提高作出了贡献[2]。

目前，我国中央政府一年需要完成行政规制 2.8 万件，而日本只有

① ［美］W. Kip Viscusi 等：《反垄断与管制经济学》，机械工业出版社 2004 年版，第 29 页。

② 参见植草益《微观规制经济学》，中国发展出版社 1992 年版，第 184 页。

2800件，韩国3000件①。由此可以想象我国政府规制成本之高昂。对自然垄断产业而言，国有制和加强规制是相互替代的两种手段，但在我国，自然垄断产业的运营既保留纯粹的国有制（国有独资公司），同时又加强政府规制，可谓双管齐下。面对国外放松规制的浪潮，我国也应该顺应国际潮流，总体上采取放松规制取向的改革。面对"市场失效"和"规制失效"这种"甘瓜苦蒂，天下物无全美"的境地，我们只能采取"两害相权取其轻"的态度，宁可容忍"市场失效"，不一定非要进行规制不可。正如美国总统里根在其执政时期在12291号总统令中所提出的："除非管制条例对社会的潜在收益超过了社会的潜在成本，否则管制行为就不应该发生。"② 面对规制中的"俘获"现象和规制导致的"设租与寻租"现象，规制的初衷未必能够实现。对此，萨缪尔森曾深刻地总结道："尽管经济规制带给消费者常常是很低劣的服务，但立法人员投票通过对产业的规制，却是出于一种真诚的信念，相信规制有利于公众利益，能防止在消费者之间实行价格歧视并保证普遍和规范的服务。但浪费之路就是用这种良好的意图铺成的，这些计划经常是损害了而不是帮助了消费者。"③ 在向来崇尚"制度社会"的西方国家尚且如此，而在一向特别注重"乡土社会"、"人情社会"和"关系社会"的中国，我们更不能指望政府规制比政府干预更能体现"三个代表"。而令人担忧的是，在政府机构精兵简政的同时，众多政府部门又以政府规制机构的身份再现。难道有一个特殊行业就需要一个特殊的规制机构吗？在金融领域，银监会、证监会、保监会等规制机构一个接一个地成立；在电力领域，撤销了电力工业部，成立了电监会。更是有人主张，要在现有有关政府部门的职能基础上分离并成立电信管制委员会、铁路管制委员会④等等。照这样改革的话，每一个行业，都既有一个主管部门，又有一个监管（规制）部门，政府部门岂不是越改越多？自然垄断产业领域，国外的趋势是放松规制，我国似乎是

---

① 参见杜钢建《政府职能转变攻坚》，中国水利水电出版社2005年版，第46页。

② ［美］W. Kip iscusi 等：《反垄断与管制经济学》，机械工业出版社2004年版，第17页。

③ 萨缪尔森等：《经济学》上册，首都经济贸易大学出版社1996年版，第644页。

④ 国务院发展研究中心重点研究报告《改革攻坚30题：完善社会主义市场经济体制探索》就是这种主张。

加强规制的趋势，这样岂不是与改革的初衷背道而驰。

二　整合相关规制职能，成立综合性的规制部门

目前，我国规制职能的实施和规制部门的设置既有综合性的管理机构（如发展和改革委员会），又有行业主管部门机构（如信息产业部），还有独立规制机构（如电监会）等。规制内容主要有两种：一是进入管制；二是价格管制。

在现阶段，我国除了少数几个专门的产业规制部门之外，从中央到地方的几乎所有政府机关都拥有规制权力。而且，对同一市场行为的政府规制，往往涉及多个规制机关，如对卫星广播电视的规制机场就有原广电部和电子部（现信息产业部）、公安部、安全部与工商局等；对消费品质量的规制机关有技术监督局、工商局、商务部门等；对水污染的规制机关有各级环保、航政、水利、卫生、地矿、市政管理机关及重要的江河的专门水管机构等；对药品的规制机关有卫生部、医药管理局、农业部、工商行政管理局、技术监督局等；对职业安全与卫生的规制机关有劳动部、卫生部和有关产业主管部门等；对城市出租车的规制机关有建设、安全、旅游和物价部门等。因此，规制部门之间的协调就成了问题。表 9-15 给出了我国涉及自然垄断产业规制的国务院有关部门设置和规制内容（仅仅是经济性规制），从中可以看出我国对自然垄断产业规制的重复和交叉情况。

近些年来，我国比较强调专业性的独立规制部门的设置，如金融领域的人民银行、银监会、证监会、保监会等，交通领域的交通部、铁道部、民用航空总局等。专业规制体制容易分工过细，性质趋同，职责交叉，造成政出多门、多头审批、多头监管的弊病，可谓"上面千条线，下面一根针"，规制成本高昂。根据"大部制"的改革趋势，我们应该强调综合规制部门的设置，如成立能源监管委员会、交通监管委员会、金融监管委员会、通信监管委员会，等等，而不是在每一种能源领域、交通领域、金融领域、通信领域分别成立相应的非常细致的专业规制委员会。根据这一思路，在能源领域，今后应该重点整合电监会、煤矿安全监察局（现挂靠在国家安全生产监督管理总局）、国家发展和改革委员会能源局（目前实施对石油、天然气、煤炭、电力等能源的管理）等部门的职能，成立能源监管委员会（或能源部）；在交通运输领域，应该整合铁道、民航、公路、航运、出租车等部门职能，成立交通运输监管委员会（或交通运输部）；在通信领域，整合信息产业部、广电总局等部门的职能，成立通信监管委员会，等等。无论是就交易成本还是管理效率而言，综合规制部门都要优于专业规制部门。

从机构运行看，综合性规制有助于保持机构必要的稳定和衔接，避免频繁的行政机构改革使规制机构出现无所适从的"真空"状态。以煤炭生产和安全规制为例，1988 年煤炭部并入能源部；1993 年撤销能源部，恢复煤炭部；1998 年撤销煤炭部，国家经济贸易委员会下设国家煤炭工业局；2000 年 1 月，成立国家煤矿安全监察局，2000 年 12 月设立国家安全生产监督管理局，原由国家经贸委承担的安全生产监督管理职能，划归国家安全生产监督管理局。原国家煤矿安全监察局承担的职能不做调整，实行"一个机构、两块牌子"，行使双重职能，凡涉及煤矿安全监察方面的工作，仍以国家煤矿安全监察局的名义实施；2001 年 3 月年撤销国家煤炭工业局，有关行政职能并入国家经贸委；2003 年 3 月国家经济贸易委员会撤销，在国家发展和改革委员会下设能源局，作为能源综合管理机构。2005 年 2 月，国家安全生产监督管理局又升格为国家安全生产监督管理总局。迄今，国家煤矿安全监察局仍挂靠在国家安全生产监督管理总局下，继续沿用"一个机构、两块牌子"的做法。如此频繁的机构调整，使煤炭规制机构和管理人员感到无所适从，缺乏预期和积极性，煤矿事故的频发也就不难找到个中缘由了。

在政府规制体系内部，需要尽快理顺职能关系，解决越位、错位、不到位等"归位"问题，例如，电监会于 2002 年成立，然而至今电价、投资等审批权仍然掌握在国家发展和改革委员会手中。电监会仍把组建区域电力市场作为主要职能实在是有悖于电力规制的使命。另外，立法先行是国外政府规制设立的一般经验。但由于我国规制立法滞后，往往造成规制机构成立后处于"无法可依"或"不合法"的尴尬境地。如电监会 2002年成立，而 1995 年制定的《电力法》一直没有修改，该法确定的执法主体是当时的电力工业部，而 1998 年的政府机构改革中已经撤销了电力工业部，直到 2005 年国务院《电力监管条例》颁布，电监会作为电力规制机构或监管机构的尴尬地位才有所缓解。

表 9-15　有经济性规制职责的国务院有关部门设置和规制内容（2003 年 10 月）

规制机构	主要规制行业	规制内容
国家发展和改革委员会	所有垄断性行业	价格或收费
	能源、交通等基础产业	行业发展规划与行业政策
	电力	行业监管、结构调整、国企改革
	石油、天然气、成品油	行业监管、结构调整、国企改革
	烟草	生产、专卖许可证、结构调整、企业改革、产业规制等所有事宜
	所有垄断行业	国企改革和企业集团发展
国有资产监管委员会	所有垄断行业	国有资产管理及经济管理人员任免
民政部	民政事业单位、企业	经营许可、收费
财政部	公交、内贸、邮电	企业采取管理制度、监缴国有资本金收益
	所有垄断行业	国有资本金划转、转让等
劳动和社会保障部	所有垄断性行业	国有企业工资总额及工资水平
建设部	市政、公用事业	行业管理
铁道部	铁路	行业监管、铁路运价
交通部	公路客运、水运	市场准入、行业监管
信息产业部	广播、电视、卫星通信电信	频道管理、网络规划、技术标准行业监管、资费标准、网络规划、技术标准、产业结构调整
	邮政	基本收费标准、行业监管
民用航空总局	民航	行业监管、企业改革、管理航空市场、对企业实行许可证管理、价格收费
广播电影电视总局	广播、电视	县及县以上广播电视播出机构的建立和撤销、行业管理

资料来源：王学庆：《管制垄断》，中国水利水电出版社 2004 年版，第 45 页。

三　在规制内容上，加强社会性规制，逐步减少经济性规制

经济性规制的内容主要包括进入和价格两个方面。进入规制的形式有国家垄断、许可、申报、审批、营业执照、标准设立。尤其许可的种类繁

多，有许可、准许、特许、核准、注册、批准、审核、检查、备案、检定等。现实中使用的许可证件也有多种：如许可证，法律对一定行为实行一般禁止，在特定场合下对特定人解除（解禁），允许从事某种活动，如采矿许可证；执照，管制机关经审查颁发给相应主体获得某种职业或从事某一行业的书面证明文件，它既是一种资格证明，像驾驶执照，又是一种开业的书面凭证，如营业执照；准许证，其含义与许可证基金相同，如准印证；特许证，与一般许可证相比，其条件更严，申领程序更复杂，如特许专营（卖）证；证照，如鉴证、商品检验证等。与上述方法相配套，行政机关还辅以行政检查、行政处罚、行政强制执行及行政指导等措施。而在针对具体管制内容上，进入管制的方式也有所区别。如对国家铁路、邮政、国际长途、国内长途、地区通信，采取国家垄断的管制方式；无线移动电话，则是国家双头垄断；城市燃气与热力、公共汽车与地铁，为地方政府垄断；有线电视与卫星电视广播采取许可方式；航空运输与水路运输，采取许可、营业执照方式；城市出租车、公路运输，采取营业执照方式；地方铁路与专用铁路采取审批方式；管道运输采取特许方式；无线寻呼采取许可证方式；电信增值业务采取申报方式；城市供水采取资质审查工商登记方式；电力采取供电营业许可证和营业执照方式；消费品质量、职业安全与卫生、一般环境管制采取标准设立方式；广告采取内容审查、许可证、营业执照方式；药品采取合格证、许可证、营业执照方式；医疗采取审批、执业许可证方式；食品采取卫生标准、卫生许可证、营业执照方式；大气污染、水污染、噪声污染采取标准设立、申报、超标排污收费等方式。

价格规制方式主要有法定价格、地方政府定价、行业指导、核准等。如邮政、国际长途、国内长途、无线移动电话、国家铁路、航空运输等采取法定价格方式。城市供水、城市出租车、公共汽车与地铁、城市燃气与热力、地区通信、无线寻呼、有线电视、卫星电视广播、地方铁路等采取地方政府定价方式。电力采取核准方式。水路运输与公路运输采取行业指导方式。

涉及环境、健康、安全、质量等方面的社会性规制无论如何都是长期需要加强的政府职能。而我们所倡导的放松规制主要是就经济性规制而言的，特别是进入规制（如投资审批、行政许可）和价格规制，更应该在尽快放松规制之列。市场经济的本质在于自由进退和供求调节，进入规制结果是保护了在位者（the Incumbent）的既得利益，固化了垄断利益。价格规制的结果扭曲了价格信号功能，容易造成稀缺资源的误配现象。如石油价格规制，政府让本已处于垄断地位的石油商固定价格，然后出上百亿元巨额财政补贴给石油商，无论对于民车还是公车而言，岂不是造成"穷人补贴富人"的效应？

放松进入管制，特别是行政性和歧视性进入管制，鼓励民营资本和外商资本进入自然垄断产业领域。而且，应该实质上取消对民营资本"非国民待遇"和外商资本"超国民待遇"做法，凡是对外商能够开放的产业领域应该首先对民营资本开放。

四　在经济性规制上，加强市场秩序规制，慎用非对称规制

非对称规制有悖于公平竞争准则，一定要慎重使用。1994年以来，我国在电信领域对中国联通给尽了各种扶持政策，结果仍无济于事。最后，政府不得不诉诸对原中国电信进行分拆的措施。目前，在电信、电力、广电等领域，无序竞争和恶性竞争的事件时有发生，甚至曾经发生过部门之间流血冲突是严重事件。如1997—2000年间，湖南电信部门和广电部门为争夺"有线电视传输权"，先后发生了上百次流血冲突，湖南省长沙、株洲、浏阳、临湘、湘潭、湘乡、邵阳、洞口、衡阳、怀化等40多个县市，流血冲突造成的人员伤亡超过100人。而且，双方都能拿出现行的法律法规当依据。即使在电信内部，恶性竞争事件也不时地发生，例如，中国铁通在福建、上海、内蒙古、甘肃、重庆、河北等地的分公司通信设备遭其他通信公司人为破坏、员工被殴打的事件。对于诸如此类的恶性竞争和无序竞争事件，恰恰是政府规制部门应该介入和管理的事情。此外，通信领域的互联互通以及公平接入价格问题一直制约着我国电信领域改革的深入进行，而信息产业部1998年成立以来在这方面似乎没有什么作为。经济性规制虽然是逐步放松的，但在转轨时期，必不可少的经济性规制仍是需要加强的。因此，在经济性规制领域，重点要从传统的价格和准入规制转向市场秩序规制。

第十章　自然垄断产业改革的路径选择

第一节　整体渐进式改革路径的提出

作为转型经济学（过渡经济学、转轨经济学、改革经济学等）的基本范畴，经济学家非常广泛地使用改革路径这一词汇，但又往往是在极不相同的含义上使用的。按照转轨经济学家吕炜教授的总结归纳，经济转轨的路径安排一般可以划分为两类：一类是我们经常谈论的激进式和渐进式两种转轨路径或模式；另一类是选择经济体制市场化的途径。无论从哪种角度划分转轨路径模式，关注转轨的次序和速度问题，将有利于转轨绩效和收益的实现①。因此，我们这里对改革路径的讨论将限定在这两个方面。

一　单一改革抑或系统改革？

时下，关于自然垄断产业及国有企业的改革思路，为数不少的经济学家仍主张"竞争优先论"，如林毅夫、杨小凯、田国强、徐滇庆、江小涓、刘芍佳等。与此同时，也有不少经济学家主张"产权优先论"，如吴敬琏、厉以宁、何炼成、刘伟、张维迎等。还有，绝大多数产业经济学家似乎更倾向于政府"规制优先"，这一点从国内外有关自然垄断产业改革的理论文献几乎是"规制一边倒"的现象中就可看得出来。而中央政策则似乎更强调"治理优先论"，虽然中央政策没有直接专门阐述自然垄断产业的改革模式和路径，但1999年党的十五届四中全会通过的《关于国有企业改革和发展若干重大问题的决定》中早已把治理结构作为建立现代企业制度的核心和关键，"对国有大中型企业实行规范的公司制改革。

---

① 参见吕炜《经济转轨理论大纲》，商务印书馆2006年版，第390—391页。

公司制是现代企业制度的一种有效组织形式。公司法人治理结构是公司制的核心"。

其实，从系统论的观点出发，任何单一要素的改进都无助于系统整体功能的强化，只有系统设计，协同动作，才是系统转换的根本路径。从这个意义上讲，既不是"战略决定成败"，更不是"细节决定成败"，而是"系统决定成败"。我们看到，自然垄断产业改革是一个系统工程，涉及政府、行业、企业、公众等多个层面和主体，涉及产权、治理、竞争、运营、价格、规制等多种内容，涉及众多外部约束条件和配套措施。而且这些主体、内容、条件与措施之间又是彼此相互联系，互补性和制约性非常强。在这种存在互补性和制约性的情况下，"仅仅关注个别的改革使人们看到错误的转型全景"①。世界银行在调查关于国有企业改革成功的原因中，涉及了产权处置、竞争、硬预算、金融部门改革以及改变国有企业和政府之间的体制关系五个原因。而且发现：更多的改革成功国家采用了5种方法的大多数，"它们不是分别选择使用这些方法，而是把这些方法作为一种总体战略中相辅相成的成分。我们样本中的另一些国家在使用单项改革方法进行改革时得益较少，并且很少采用综合战略"。有鉴于此，中国自然垄断产业改革的目标模式，既不能简单冠以"民营化"，也不能完全理解为"放松规制"。更不能为引进竞争机制而"一拆了之"。在面临国情、基本政治经济制度、产业技术经济特征、社会历史文化等众多约束条件下，我们认为以"市场化"来概括中国自然垄断产业改革的目标模式是比较恰当的。市场化改革要求中国自然垄断产业改革应该在产权模式、治理模式、竞争模式、运营模式、价格模式以及规制模式等方面进行系统设计，同时在改革速度和次序上采取平稳过渡的渐进方式，即"总体同步配套，渐进分步实施"的整体渐进式的改革思路和路径，同时有效控制改革中的各种风险，确保改革达到预期目标。

二 渐进式改革抑或激进式改革

20世纪80年代以来，从传统计划经济向现代市场经济的转轨过渡中形成了两种截然不同的思路和路径，即"激进式改革"和"渐进式改革"。"激进式改革"又称"休克疗法"，是苏联和东欧各国进行经济和政

① ［比］热若尔·罗兰：《转型与经济学》，北京大学出版社2002年版，第26页。

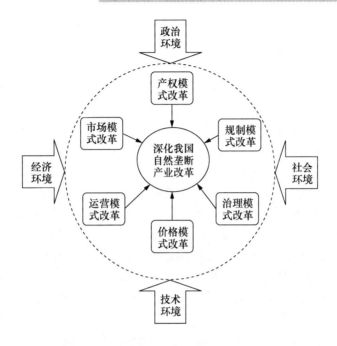

图 10 - 1　我国自然垄断产业系统改革的框架

治改革所采取的基本方式。"渐进式改革"则是中国在经济体制改革中逐渐形成的改革方式,具有鲜明的中国特色和深刻的历史文化背景。

　　激进式改革和渐进式改革在众多方面都是不同的,对于它们的利弊优劣国内外经济学界和政治学界一直有着不同的看法。渐进式改革的逻辑是"生小孩必须经过十月怀胎",而激进式改革的逻辑则在于"不能分两步跨过一个鸿沟"。虽然两种改革路径的确各有利弊,但总的来看,最早大多数国外专家以西方经济学理论为依据,认为激进式改革优越于渐进式改革,主张中国进行激进式改革向市场经济过渡。然而,出人意料的是,渐进式改革在中国过去30年的改革实践中获得了成功,中国经济长期持续快速发展,被称为"中国的奇迹";相反,激进式改革在苏联和东欧各国却遭遇了惨败,引发了社会和经济的各种混乱。实践促使理论界进行反思。于是,对于中国为样板的渐进式改革的研究也就因此成了世界性课题,引发了广泛的理论探讨。

然而,"激进式改革"还是"渐进式改革"的讨论,背景是发生在竞争性产业领域。对于垄断性产业领域而言,世界范围内还没有真正找到一种有效的模式和路径。即便是美国、英国,在自然垄断产业改革过程中,也出现了种种问题。在电力领域,2000 年美国加州发生了电力危机,造成大面积停电现象。2003 年,发生了历史上罕见的美国、加拿大电力危机,造成更大面积的停电现象。英国从 1990 年开始实行单一购买机构(强制电力库),运行 10 年后,发现发电侧缺乏竞争,易受操纵,成为发电商俱乐部。在此期间,发电成本下降了 25%—40%,但终端价格没有下降,是一种并不成功的改革。所以英国从 2000 年 3 月 27 日起取消了强制性电力库,实行双边合同主导的新交易规则。而且实行彻底厂网分开的后果,使得英国丧失了国内电力公司的市场,成为外国电力公司的天下。目前,英国的售电市场被美国和法国垄断了一半,法国甚至还控制了伦敦的售电线路和全部用户。2000 年 3 月欧盟首脑会议上,法国否决了欧盟进一步加快开放电力市场的安排。在铁路运输业,英国自 20 世纪 90 年代以来,对具有自然垄断性质的铁路业开始分拆为几家私人公司,曾被看做是欧洲铁路经营模式的范本。但进入 21 世纪以来,由于设备老化、投资减少、管理不善、车厢拥挤和服务质量低劣以及重大事故频繁等原因,顾客强烈不满,英国铁路业陷入了极其混乱的状态,负责经营路轨和其他设施的英国线路公司因资不抵债已经破产,一些铁路运营商也正面临着破产的威胁。英国运输大臣承认自私有化以来,英国铁路网的情况越发糟糕;法国运输部长称,英国的铁路系统已经变成世界上最糟糕的铁路系统①。这一现实使得欧盟开始重新审视铁路的改革模式,对铁路业的开放和竞争进程采取更为谨慎的态度。在电信业,1998 年,巴西政府对国有电信公司进行解体和重组,将其分拆为 12 家公司:1 个长途公司,经营长途和国际、数据、互联网(拥有拉美地区最大的互联网骨干网)及传输业务等;3 个区域公司(北部、南部和大圣保罗地区),经营本地电话和区内长途业务;8 个移动电话公司,分区经营移动通信业务。然而,改革后曾经发生过一周之内全国通信瘫痪,连本地电话都打不通的难堪局面。现在,长途公司由美国公司绝对控股,并占有该国 90% 的长途市场份额;

---

① 参见新华网 2002 年 3 月 13 日。

圣保罗电信公司由西班牙公司控股；南部电信公司由意大利电信控股；北部电信公司由国内财团把持；移动电话公司也大部分由外资控制。

国外自然垄断产业改革过程中的这些深刻教训，告诫我们一个基本的道理，即自然垄断产业的改革要比竞争性产业的改革不知要困难多少倍。渐进式改革虽然存在一些缺陷，如由于子秩序不一致而引发的矛盾，从而对进一步改革产生掣肘，但毕竟比"大爆炸"式的激进疗法对社会的破坏性稍小一些。考虑到自然垄断产业在我国国民经济中的特殊地位和作用，以及借鉴中国前期在竞争性产业领域的改革经验①，我国自然垄断产业的改革选择整体渐进式的改革路径更容易取得广泛共识，也更为既作为改革主体又作为改革对象的政府以及广大公众所接受。

第二节　自然垄断产业改革的时序

转轨速度和转轨次序是转轨路径问题的两个方面。整体式渐进改革在路径上的体现和要求就是遵循"先易后难、先简单再复杂"的改革时序。

对自然垄断产业改革前的体制运行而言，人们最突出的印象就是独家垄断性，而打破独家垄断、强化竞争是各个国家自然垄断产业改革最原始、最普遍、最基本的初衷。如果不选择"竞争先行"的改革路径，即使其他方面的改革都进行了，改革绩效也根本显示不出来。英国在这方面有过沉痛的教训。英国在自然垄断产业私有化改革中，奉行的是"产权优先"的改革路径。1984 年对电信产业进行改革时，英国政府首先采取了整体民营化改革（尽管是渐进的），但市场结构改革（竞争模式）并没有跟上，结果使英国电信公司从国有垄断转变为私人垄断，为后来重构竞争性市场结构制造了麻烦。在煤气业，1986 年英国对英国煤气公司实行了私有化，但该公司不仅在具有自然垄断性的煤气储运业务领域具有垄断权，而且在煤气采购业务中具有独家垄断地位，在煤气零售市场上具有法

---

① 党的十六大报告提出的"把改革的力度、发展的速度和社会的可承受程度统一起来，把不断改善人民生活作为处理改革发展稳定关系的重要结合点"，"必须坚定不移地推进各方面改革。改革要从实际出发，整体推进，重点突破，循序渐进，注重制度建设和创新。坚持社会主义市场经济的改革方向，使市场在国家宏观调控下对资源配置起基础性作用"，可以说是中国前期渐进式改革经验的学界说法得到了官方的正式认可。

定垄断权,在煤气批发市场上几乎不受政府约束,对该公司的反竞争行为也没有具体的规制措施。因此,私有化改革以及在此基础上的放松规制并没有导致竞争市场的出现,而且为以后的重塑竞争的体制改革付出了巨大代价。英国对电力、自来水等自然垄断产业的改革路径也是如此。由于一味产权私有化和放松规制,没有导入竞争机制,改革绩效不明显,导致改革初期公众不满情绪上升①。

在涉及众多方面内容的改革中,产权模式改革、治理模式改革、竞争模式改革、运营模式改革、价格模式改革、规制模式改革的难易程度是不同的。其中竞争模式改革和运营模式改革相对容易;而产权模式改革、治理模式改革次之,价格模式改革和监管模式改革最为复杂。为什么这样讲?依据主要有:

第一,在国有制框架下,先行改革运营模式和竞争模式的路径最容易为多数人所接受。首先是政府容易接受,因为这种改革路径不触及所有制和意识形态传统。其次,公众容易接受,因为竞争获致的繁荣导致"消费者剩余"的增加是立竿见影,显而易见的。最后,阻力最小。除了作为被改革对象的垄断部门和垄断企业外,几乎不存在什么阻力。在同一个所有者下(国家或政府)进行业务流程重组和竞争模式再造毕竟是"老板"天经地义的职权。依靠政府的权威,这种改革的实施也相对容易。

第二,改革产权模式和治理模式要比运营模式和竞争模式的改革相对困难,也相对复杂。这主要是涉及所有制和意识形态传统。毕竟,包括国有制在内的公有制被看做是社会主义制度的根本特征和经济基础,也是凯恩斯主义影响下的资本主义国家在第二次世界大战后的重要宏观调节工具之一。所以,改革产权模式和治理模式对政府和公众在意识形态上难以接受。但是,作为一种彻底的逻辑一致的改革,待运营模式和竞争模式改革进行一段时间后,一定内在地呼唤产权模式改革和治理模式改革。实际上,这种改革路径属于"由表及里",是"倒逼性"和"策略性"的路

---

① 如 1988 年进行的一项民意调查,不赞成英国电信公司私有化改革的比例为 56%,不赞成英国煤气公司私有化的比例为 57%,不赞成电力和自来水私有化的比例为 72%。又如,根据 1995 年进行的民意调查,64% 的英国选民反对私有化,只有 31% 的选民赞成进一步私有化。(王俊豪,2004 年,第 104 页)

径。尽管普遍认为产权和治理是深层次的改革内容，但由于所有制和意识形态传统，很难直接从此入手。但不深化这方面改革，改革也就容易"半吊子"，成为"夹生饭"。

第三，价格模式改革和规制模式改革最为复杂，也最为困难。价格模式改革最直接地涉及公众，而规制模式改革最直接地涉及政府。对公众而言，芸芸众生对改革效果最直接的期待就是价格的下降，最恐惧的莫过于通货膨胀。自然垄断产业全部涉及国计民生，与居民消费密切相关，对价格的稍许变动极为敏感。所以，即使在国外，也有着价格听证会之类的制度和程序。在中国，所有自然垄断产业的价格都是受政府规制的，即实行严格的政府定价和政府指导价。而且，也正是出于公众的考虑，价格长期稳定在低价位上。如铁路，即使在春运高峰，票价也不上浮的规制政策。在这样背景下，在缺乏有效竞争和企业硬预算约束条件下，如果先进行放开价格改革和放松规制改革，一定会不可避免地引发自然垄断价格上涨，进而导致全面的通货膨胀。从政府本身来讲，规制改革最直接地涉及政府部门自身的利益，属于"自己改自己"。出于既得利益的本能，谁也不愿意"革自己的命"。时至今日，投资审批权之类的进入规制和公共事业收费之类的价格规制仍严格地掌握在政府手中，改革基本上没有什么进展，其中就有政府部门自身的原因。但是，如果其他方面的改革内容都已经到位，自然垄断产业已经变成可竞争产业了，企业有了市场这只"看不见的手"的硬预算约束，政府规制已经部分或完全没有了理由和依据，届时政府规制这只"看得见的手"也只好无可奈何地选择退出。这是我们把包括价格在内的政府规制改革放在最后的基本考虑。

综上所述，理想的自然垄断产业改革路径应当是：竞争模式和运营模式改革→产权模式改革和治理模式改革→价格模式改革和规制模式改革，如图 10－2 所示。

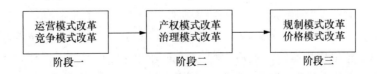

图 10－2　我国自然垄断产业系统改革的路径

第三节　自然垄断产业改革的具体路径

一　关于竞争模式和运营模式的改革路径

自然垄断产业改革强调竞争导向，一切都要围绕竞争模式展开，要以有效竞争准则来评价改革成效。而竞争模式改革需要以运营模式改革为前提。不同的运营模式伴随着不同的竞争模式，竞争效果就可能有天壤之别。所以，作为改革起点的竞争模式和运营模式的改革应该一步到位。

自然垄断产业有效竞争的目标应该是寡头竞争结构。而塑造寡头竞争结构格局，存在多种多样的改革路径选择，包括放开进入、分拆、综合运营商等。

关于放开进入的路径，一般是在保持原有垄断商所有业务不变的条件下，允许其他国有资本、外国资本、民营资本等以各种形式进入该领域，与原有垄断商分庭抗礼。如英国开放电力市场后，美国、法国的资本大举进入。目前英国的售电市场被美国和法国垄断了一半，法国甚至还控制了伦敦的售电线路和全部用户。广大发展中国家特别是巴西、阿根廷等国家，电信市场开放后，发达国家的资本也是大举进入。目前巴西的长途公司由美国公司绝对控股，并占有该国90%的长途市场份额；圣保罗电信公司由西班牙公司控股；南部电信公司由意大利电信控股；北部电信公司由国内财团把持；移动电话公司也大部分由外资控制。但出于所谓产业安全的考虑，各个国家开放的步子一般不会太快。在这种情况下，放开进入的结果容易出现不对称竞争局面，即新进入的"小不点"企业面临的竞争对象是"巨无霸"式的原有垄断商，竞争在短期内无法实质展开。在中国，为了打破原邮电部政企合一性质的中国电信的独家垄断局面，1994年，原电子部、电力部和铁道部以13亿元注册资金共同组建了中国联合通信有限公司。中国联通成立后，生存在中国电信的巨大阴影下，尽管拥有所有的牌照，但在成立后的4年多的时间里基本上没有什么作为。到1998年，中国联通的资产只有中国电信的1/261，电信业务收入为后者的1/122，竞争作用有限。最后，为了真正竞争，政府不得不诉诸对中国电信进行分拆。美国，1996年新《电信法》完全开放市话运营后，AT&T曾投资35亿美元大举进入市话市场，结果一无所获。在中国香港，1995

年以来政府新发了 3 张固定电话牌照，但这 3 家公司几年后一共只占有不到 2% 的市场份额，最后连网也不愿意建了。所以，依赖放开进入的方式打破垄断要依赖于新进入企业的高规模起点和快速成长性，否则面对原有垄断运营商的垄断势力，起点低、成长慢的新进入者只能"望竞争而兴叹"。

关于分拆的路径，一般存在横向分拆、纵向分拆两种基本分拆方法。横向分拆指的是按照地域进行分拆。纵向分拆是指按照业务进行分拆。通过横向分拆导入竞争的关键在于分拆后的各个企业能够彼此自由进入，否则只能是一个全国垄断商变成了多家区域垄断商，类似"军阀割据"局面，垄断依旧。例如，2002 年通过分拆中国国家电力公司形成的国家电网公司和南方电网公司，不存在任何实质意义上的竞争。通过纵向分拆导入竞争的关键在于必须在每一个业务领域至少有 2 家以上的竞争者，否则只能是一个综合垄断商变成了若干家专业垄断商。例如，1999 年通过对中国电信一分为四的纵向分拆形成了新的中国电信集团公司（经营固定网络和业务）、中国移动通信集团公司（经营移动网络和业务）、中国卫星通信集团公司（经营卫星通信业务）、国信寻呼公司（经营无线寻呼业务），4 家电信公司之间没有任何实质性的竞争，分别仍是各自业务领域内的专业垄断者，"卖油的卖油，卖醋的卖醋"，彼此毫无竞争关系。所以这种分拆被专家评价为"没有任何意义，甚至可以说是误入歧途"，"1999 年，按业务的'竖切'拆分，实际上是在引入竞争的改革中走了弯路，以后还需对这次改革留下的后遗症'补课'"①。2001 年，中国政府不得不对中国电信集团公司再次进行横向分拆，经过重组形成了新的中国电信集团公司（经营南方 21 省固定电信业务）和中国网络通信集团公司（经营北方 10 省固定电信业务）。至此，电信产业领域 6 家基础运营商较为充分的竞争格局和无线寻呼和电信增值业务充分竞争的局面已经形成。然而，电信 3G 技术的发展以及国际竞争的压力使得中国电信领域再次面临重组的迫切要求。这也是 2001 年电信第二次分拆重组留下的未决问题。因此，有效竞争市场格局的形成必须与运营模式有机结合起来，为适应技

① 参见王学庆等《管制垄断》，中国水利水电出版社 2004 年版，第 105 页。该书是国家发展和改革委员会宏观经济研究院重点课题和联合国计划开发署资助的研究项目的最终成果。

术进步和市场变化留下余地和空间。

有效竞争市场结构的形成虽然可以诉诸横向分拆或纵向分拆，但对自然垄断产业而言，基本上都存在一个基础网络。在基础网络与网上的运营活动之间，如电力输电网络与发电、配电，电信和有线电视网络与运营业务，铁路的路网设施与客、货车运营之间，都存在着"接口"在何处和如何"连接"的运营模式选择问题。在能够引入竞争的环节尽可能地引入竞争，并在自然垄断部分和竞争部分之间形成平稳连接，以在改善激励效果的同时实现规模经济、范围经济、关联经济和网络经济。合理界定自然垄断和竞争性之间的边界只是必要的一步，关键在于两者之间能否形成平稳过渡抑或"无缝连接"的业务运营结构。严格的互联互通的接入规制和公平价格规制虽然有助于解决这一问题，但为此而付出的代价就是企业规模经济、范围经济、关联经济和网络经济等效益的丧失和政府规制的自我强化甚至永远不退出。所以，从经济效益、技术进步、国际竞争力等因素出发，政府最好不要轻易划定和限定企业的业务区域和范围，究竟选择何种地域和何种业务，应该是企业自主权的范围。考虑到我国在电信、电力等领域的改革教训，现阶段，在我国电信、电力、民航、有线电视、邮政、铁路等全国性垄断行业，通过横向纵向双向分拆重组的方式形成3—5家综合运营商进行寡头竞争的有效竞争格局可能是比较理想的模式。这不仅可避免连续分拆重组式改革带来的巨大震荡，而且可以增进规模经济、范围经济、关联经济、网络经济等经济效益，有利于技术进步，有利于提高我国产业的国际竞争力。

二　关于产权模式和治理模式的改革路径

在市场结构改革与运营模式改革完成后应该着手进行产权模式改革和治理模式改革。产权模式改革最终在于从目前的国有独资公司走向国有相对控股公司。这一路径同样是渐进的，第一步是将按照《企业法》注册成立的国有企业改制为按照《公司法》成立的有限责任公司，包括国有独资公司和有限责任公司；第二步是将国有独资公司这种特殊意义上的有限责任公司（只有1家出资主体）改制为国家绝对控股的普通有限责任公司（出资主体2家以上，国家出资51%以上），即国有绝对控股公司；第三步是将国有绝对控股公司逐步改制为国有相对控股公司（20%—50%不等，视股权分散程度而定）。

　　自然垄断产业改革不仅要强调公司改制，吸收国内外战略投资者和国内民营企业投资入股，而且还要强调整体上市，积极支持资产或主营业务资产优良的企业实现整体上市。只有整体改制和上市，才有助于真正转换企业经营机制，建立现代企业制度。为此，需要发展多元股东持股的国有企业集团，大力吸收各种机构投资者，包括证券投资基金、社保基金等各种基金、保险公司、证券公司、金融资产管理公司以及引进境外机构投资者等投资入股。由于资金投入量大，机构投资者有动力也有能力介入改制后的公司治理结构建设当中。

　　深化自然垄断产业产权模式改革，必须建立有效的民营资本进入和国有资本退出的通道和机制，坚定不移地实行国有资本减持的方针。目前我国自然垄断产业中国有资本比重过大，存在"一股独大"现象。国有资本"一股独大"现象的普遍存在，使得企业即使改组为股份有限公司甚至成为上市公司，企业集团母公司与作为子公司的股份有限公司的领导班子"两块牌子，一套人马"的现象比比皆是，公司治理结构的架构和运作仍然难以脱胎换骨。当前，在竞争性产业领域，要加大国有资本减持的力度。在自然垄断产业领域，本着渐进的原则，不断减持国有资本的比重，以相对控股为目标。目前，我国非国有经济有了较快发展，为向有实力的民营企业有偿转让国有产权创造了一定条件。同时，应该鼓励经营者持股和管理层收购（MBO），完善职工持股会的运作机制。另外，要鼓励外商资本作为战略投资者买入国有股份和收购国有资产。在这方面，中国证监会、财政部和原国家经贸委共同发布的《上市公司国有股向外商转让暂行办法》将对拥有上市公司的垄断企业产权结构调整和治理结构的规范化运作起到一定的促进作用。

　　在民营资本进入方面，关键是要取消所有制歧视的进入壁垒，在国有资本、民营资本和外商资本之间实行统一的进入机制，不能在注册和审批方面宽待国有资本和外商资本，对民营资本刁难和歧视。另外，目前有些产业领域虽然没有明文规定不准民营资本投资经营，但与国有企业和外资企业相比，面临着更多的事前审批。在项目审批、土地征用、信贷资金、上市审批等一系列环节上，民营资本面临的困难也要比国有资本和外商资本大得多。不取消这种歧视性的进入壁垒，民营资本很难发展壮大，自然垄断产业国有企业和国有独资公司"一股独大"的格局也就难以打破。

　　治理结构是产权结构的延伸，进行产权模式改革的同时，必须同时对治理模式进行改革。

　　理顺干部人事管理是建立规范的公司治理结构的一个关键。目前在自然垄断产业中，仍然存在公司董事、监事、高级管理者队伍建设中多头任命问题，包括组织部系统、国资委系统等。如现有150家中央企业中，有53家的一把手（包括党委书记、董事长、总经理）由中共中央任命，由中央组织部进行考核。自然垄断产业中的中央企业基本上都是这种情况。多头任命势必引发企业领导人中"谁任命就对谁负责"的心理和做法，进而使得股东大会、董事会、经理班子、监事会之间的关系难以规范和协调。所以，按照现代产权制度和现代企业制度的内在要求，今后由中央任命和组织部考核的仅限于党委书记，董事长、监事长和总经理按照《公司法》的治理程序产生。党委的职能是政治保证和保驾护航，在这一点上党委与董事会的决策职能有些交叉，与监事会的监督职能也存在一定程度的交叉。在此，解决交叉问题，一方面应该鼓励交叉任职；另一方面可以考虑推行党委书记、董事长两个职务由1人担任的机制，或者可以考虑由党委书记兼任监事会主席。问题的关键在于需要从公司章程、各项工作规程和工作细则明确党委职能的具体实现机制，包括党委参与决策和意见表达的内容、环节、方式。

三　价格模式和规制模式的改革路径

　　规制改革是转变政府职能的首要任务。无论是从转变政府职能的角度还是深化垄断行业改革的角度，都内在地呼唤着政府规制的改革。中国规制改革总的来讲是要顺应世界潮流而放松规制，制止目前强化规制和规制泛滥的倾向。考虑到我国正处在经济转型过程中，由于我国法律不健全，同时并没有建立起科学的规制体系，因此我国自然垄断产业规制模式改革是一个放松规制与强化规制并存的过程。一方面需要建立、强化、完善我国缺失的、合理的规制；另一方面，又要不断的减少、废除过时的、不合理的规制。总的来讲，中国规制体制改革应该坚持如下原则：第一，总体上强化竞争，放松规制；第二，在规制机构设置上，成立综合性规制部门，慎重设立专业性规制部门；第三，在规制内容上，加强社会性规制，减少经济性规制；第四，在经济性规制上，加强市场秩序规制，慎用非对称规制。

包括价格规制在内的放松规制改革在内容上也应当是渐进的，需要分阶段进行。

在具体规制改革内容上，在总体上强调放松规制的趋势下，放松进入规制应该先行。没有进入规制的放松，竞争仍是政府人为设计出来的竞争（如通过分拆措施），竞争不是自由的，竞争程度有限。因为有了整个改革过程第二阶段即产权模式改革和治理模式改革，企业一定程度上已经成为市场竞争主体，有了硬预算约束，这时候必然呼唤着对规制体制的改革，包括价格形成机制的市场化和进入规制的自由化。但在价格和进入两个方面内容规制上，放松进入规制一定优先于放松价格规制。只有有了比较自由的进入基础以后，市场竞争比较充分了，才具备放开价格规制的条件。不然，如果价格先于进入而放开，在进入不充分的条件下，改革后的企业有涨价冲动，公众见到的恐怕只是垄断行业的价格上涨或价格合谋情形。

放松进入规制要求重点改革行政审批制度，包括投资项目审批、许可认可制度、资格制度、标准检查制度等内容。在行政审批制度改革上，首先要继续减少审批范围，取消不必要的审批；其次，不断提高政府审批的投资项目资金规模起点；第三，逐步改革范围广、程度严的审批制，沿着审批→审核、核准→备案的思路和方向，将"事先审批型模式"逐步过渡到"事后审批型模式"。

我们看到，自 2001 年 10 月中国政府部署行政审批制度改革工作以来，到 2007 年 10 月，国务院已经连续四批公布取消和调整行政审批项目 2046 项，占总数的 57%①。各省、自治区、直辖市也陆续取消和调整了

---

① 根据新华社记者李亚杰 2007 年 6 月 19 日采访国务院行政审批制度改革工作领导小组办公室负责人的报道文章《国务院部门取消和调整行政审批项目 1806 项》中介绍，国务院部门共取消和调整行政审批项目 1806 项，占总数的 50.1%，由此可以推算出国务院部门的行政审批项目总数为 3604 项。2007 年 10 月 14 日，仍是同一记者报道《国务院决定第四批取消和调整 186 项行政审批项目》，文章称"这是继前三批取消和调整 1806 项行政审批项目后，行政审批制度改革取得的又一重要成果"。根据这些数字，我们推算出到 2007 年 10 月，已经取消和调整的行政审批项目共计 2046 项，占行政审批项目总数为 3604 项占总数的 57%。具体参见新华网 2007 年 6 月 19 日和 2007 年 10 月 14 日。

半数以上的审批项目。根据 2004 年 6 月 29 日发布的国务院令 412 号《国务院对确需保留的行政审批项目设定行政许可的决定》，目前国务院确需保留的行政审批项目设定行政许可共 500 项。鉴于投资体制改革正在进行，涉及固定资产投资项目的行政许可仍按国务院现行规定办理。由于固定资产投资项目的行政许可是进入规制最主要的内容，我们希望这部分改革要适度加快进行，至少不要拖整个自然垄断产业改革的后腿。

放松价格规制是自然垄断产业改革的最后的内容，如果有了较为充分的竞争机制、进入机制和企业硬预算机制，价格也就可以完全像竞争性产业领域一样由市场决定了，此时取消价格规制也就顺理成章了。对于价格规制逐步放松乃至完全解除后，规制改革的使命已经完成，其后的企业价格行为（诸如价格合谋等），已经属于《反垄断法》等法律所要解决的问题了。伴随着价格、进入等规制改革内容的到位，政府有关经济性规制部门也就应该彻底退出了。当然，即使在竞争性产业领域，政府保持对价格的相机抉择的宏观调控权，极端情况下甚至冻结价格（如 2008 年 1 月，中国 31个省（区、市）均已启动临时价格干预措施)[①]，也是各个国家政府的普遍职能和国际惯例。这种做法和放松价格规制并不矛盾，属于政府对市场机制的偶尔和临时性的矫正，竞争性产业如此，自然垄断产业更是如此。

自然垄断产业中涉及健康、安全、卫生、标准、质量等社会性规制内容的，这部分职能本来就是需要加强的，但需要在规制体制上进行改革。总的来讲，社会性规制改革在坚持必要的最小限度原则基础上创造宽松的社会环境，逐步实现规制内容的简明化，规制方法的科学化，规制过程的透明化，规制手续的效率化。

---

① 参见中央政府门户网站（www.gov.cn）2008 年 1 月 31 日。

第十一章 自然垄断产业改革风险控制

风险是指"损失发生的可能性"（Haynes，1895）。自然垄断产业改革的风险是指能够影响改革目标的不确定性，即由于改革结果偏离了目标，从而给消费者、企业、国家等利益相关人带来损失的可能性。由于自然垄断产业处于经济和社会中非常重要的地位，一旦出现改革失误，不仅使得自然垄断产业发展陷于困境，影响经济生产和广大人民群众的生活，而且还会给政府的威信和执政能力带来负面影响。1978 年党的十一届三中全会以来，我国就开始尝试对经济体制进行改革，但是自然垄断产业改革一直到 20 多年后才开始实质性启动。而且在改革过程中一直都是非常谨慎地推进，为此我国也相继出台了多部法规和政策指导和规范自然垄断产业改革。自然垄断产业改革在中国从整体上讲还是一个较新的东西，现有政治经济制度和宏观经济环境以及市场准入、定价、规制等法律制度仍然还不能适应，甚至有些制度还阻碍了自然垄断产业改革的进一步发展；另外，在自然垄断产业改革的操作层面和运行机制方面，也存在不少亟待解决的问题。这些问题往往使得自然垄断产业改革面临很大的风险，甚至导致改革的失败。

在本章我们将详细分析我国自然垄断产业改革风险产生的原因、自然垄断产业改革的消费者风险、产业发展风险以及国家（社会）风险特征以及如何控制自然垄断产业改革风险问题。

第一节 中国自然垄断产业改革风险产生的原因

一 自然垄断产业作为中国渐进式改革的"深水区"，改革阻力越来越大

在中国渐进式改革逻辑下，我国国有企业的改革始于 1979 年，主要

是从行政管理体系改革入手,围绕着扩大企业经营管理自主权所进行的松绑、放权、让利等。这种改革方式是以传统计划体制中最薄弱的环节作为突破口,实行由易到难、逐步过渡的策略,在阻力很小的情况下引入了市场机制,解决了企业激励和效率等问题,使各方面都获得了较大的收益。这些改革主要是针对竞争性行业,此时自然垄断产业还未进入改革者的视野。此后,随着经济发展和竞争性领域企业改革的推进,自然垄断产业的短缺瓶颈对国民经济的发展造成了严重的阻碍,国家也不得不开始考虑自然垄断产业改革问题。这时改革的首要任务是解决短缺问题,即如何筹集资金发展生产。改革是从短缺瓶颈最严重的电信和电力产业最先开始的。对于电信行业,1980 年和 1982 年国务院分别出台收取电话初装费和"三个倒一九"政策,解决了通信行业发展所需的资金来源问题;对于电力行业,1985 年国务院发布《关于鼓励集资办电和实行多种电价的暂行规定》,拉开了集资办电改革。通过这种体制外的增量改革方式,没有降低自然垄断产业原在位者的利益,减少了改革的阻力,降低了改革的成本,使大部分社会集团可以很快从改革中获取收益。尽管在同期,英国和美国已经开始了电信产业的私有化和分拆改革以促进竞争,提高效率。但就当时中国改革所面临的政治经济环境而言,自然垄断产业的经济效率等根本问题是不可能触及的,因为改革的基本条件尚不具备,改革的阻力太大。直到 1994 年联通公司进入中国电信市场,我国才开始探索自然垄断产业改革的竞争和效率等根本问题。

在渐进式改革的逻辑下,自然垄断产业作为中国经济改革的"深水区",只能通过创造改革条件,局部突破,逐步推进。这种改革方式并不马上触及自然垄断产业体制的难点问题,制度变迁对经济的推动也使绝大多数人得到了实惠,减少了改革的阻力,最大限度地降低了改革的风险。这种渐进式改革在客观上是在自然垄断产业改革过程中采取了避重就轻的策略,带来的后果就是随着改革的逐步深入,改革所面临的阻力也在逐步加大。对于我国自然垄断产业改革而言,解决短缺问题是可以通过增量改革和体制外改革的方式实现,因为深受短缺制约的消费者、企业和国家等利益相关人几乎都可以从"如何做大蛋糕"的改革中得到好处,这是一个帕累托改进结果。但在基本解决短缺问题后,以竞争和效率为导向的改革必然成为下阶段深化改革的重点,这必然要触动原有体制的难点问题。

从某种程度上说这是一种"如何切分蛋糕"的改革问题，必然会涉及企业、消费者和国家等利益相关人的利益权衡，因此基本上并不具有增量改革和体制外改革方式的特征。所以，随着中国自然垄断产业改革的推进，自然垄断产业改革也会面临更大的风险。

二 中国自然垄断产业改革缺乏成熟理论的指导和平行实践经验的借鉴

（一）从自然垄断产业改革的理论研究看，尽管我们可以从中找到改革的理论依据，但对于涉及改革方式等实践应用方面的问题，现有理论并不能提供多少有用的指导

自然垄断的理论研究已经有很长的历史。目前学界判断某个行业是否为自然垄断一般是从技术角度，即规模经济、范围经济或是成本次可加性标准。这三个标准成立都有其严格的前提条件，如单一产品、技术不变、长期投入要素比例限制等。由于现实世界的复杂性，因此在实践中应用这样的标准去具体判断自然垄断时会遇到很多困难，甚至是根本不可能。尽管很多传统的自然垄断产业体现出很强的规模经济或是范围经济性，但是随着技术的进步，人们发现其自然垄断的边界也在变化。而且，现实中很多垄断并非自然垄断，它们不是来自经济需要，而是来自人为的安排，通常是通过政治权力的行使而产生的。因此，尽管我们可以从现有的自然垄断理论中找到改革的依据，但是在具体改革方式等方面现有理论并不能提供多少有用的指导。

在自然垄断产业改革的实证研究方面，由于技术、经济和社会等方面的绩效很难用一个统一的标准来度量，而且不同的学者往往关注不同方面的绩效，以及不同国家和不同行业的改革在方式和程度方面并不一致，因此，关于自然垄断产业改革效果的实证分析也没有一致的结论。另外，对发展中国家和经济转型国家来说，自然垄断产业改革的历史很短，很多数据难以获得；而且自然垄断产业改革的同时往往伴随着相应的其他经济改革，因此也很难从计量方面单独验证自然垄断产业改革的效果。例如，单就自然垄断产业的私有化改革的实证研究而言，研究结果也是不一致的。格雷（Gray, 2001）、梅金森和内特（Megginson and Netter, 2001）通过汇总分析其他学者的研究结果，在总体上对自然垄断产业的私有化改革作

出了积极的评价。在微观层面，一些学者通过比较企业在自然垄断产业私有化改革前后的绩效状况，认为改革提高了企业的效率（以劳动效率和全要素生产率度量），改进了自然垄断产业的财务状况，扩大了服务范围（Galal and Others，1994；Boubakri and Cosset，1998；Dewenter and Malatesta，2001）。另外一些学者的实证研究却认为，自然垄断产业私有化改革成功与否取决于私有化后的规制政策和能力（Levy and Spiller，1996；Bortolotti，Siniscalco and Fantini，2000；Torp and Revke，1998；Jamasb and Pollitt，2000；Villalonga，2000；Arocena and Price，2002），以及在自然垄断产业市场所引入的竞争程度（Bouin and Michalet，1991；Kleit and Terrell，2001）。所以，在改革方式选择上，到底是私有化还是放松管制？为什么有些国家私有化方式成功了，而另外的国家的私有化改革却没那么幸运？这些问题从现有理论研究中我们找不到答案。

（二）从发达国家和发展中国家的自然垄断产业改革实践看，我们很难找到符合中国情况的平行实践经验加以借鉴

20世纪80年代开始，英国的撒切尔政府开始正式对电信等自然垄断产业进行以私有化为主要方式的改革。同时，美国也开始对自然垄断产业进行以放松规制为主要特征的改革。其他经济发达国家在英、美国改革的影响下，也逐渐开始对其自然垄断产业进行了具有各自国家特色的改革。经过20多年的改革进展，经济发达国家的自然垄断产业改革取得了一些成绩，但也出现了很多问题。对于发达国家而言，政治、经济和社会环境决定了其自然垄断产业改革政策，其改革的方式和路径并不能简单"移植"到发展中国家。

对于广大的发展中国家来说，其自然垄断产业传统上是由国家拥有和经营的。而且自然垄断产业的产品和服务供给一直处于短缺状态，成为各国经济社会发展"瓶颈"。因此，随着阿根廷的梅内姆（Menem）政府最早开始对其自然垄断产业进行私有化改革，从20世纪90年代开始，广大的发展中国家也逐渐开始对自然垄断产业改革，但改革的目的主要是通过吸引外国投资来解决短缺问题。对于发展中国家而言，存在着政治体制和经济发展水平等多种差距，因而发展中国家自然垄断产业改革的开始时间、背景、目的、方式、进展和结果等方面体现出很大的差异性。具体来看：前苏联和东欧地区的发展中国家，受"休克疗法"经济改革思路的

影响，很多自然垄断产业进行了大规模的私有化；对于拉丁美洲发展中国家，由于受世界银行援助政策的影响，主要采取了私有化的改革方式；对于东亚的部分发展中国家，由于政府在经济中的主导作用，主要采取了渐进私有化方式，而且改革过程一直是由政府主导。

可以看出，由于各个国家政治、经济和社会环境不同，经济发展水平的差异，以及自然垄断产业自身技术和经济发展的快慢不同，决定各个国家的改革政策也不能相同。真正能"移植"的改革方法并不存在。从更加宽泛的意义上看，自然垄断产业改革实际上是政府干预市场的一种制度安排。既然自然垄断产业制度对一个国家的产业和经济绩效十分重要，为什么其他国家不能学习和采用在经济绩效较好国家中运用的最佳制度？根据诺思（North，1990）的定义，制度（institutions）是社会的博弈规则，或更严格地说，是人类设计的制约人们相互行为的约束条件。作为制度的博弈规则可以分为两类：正式规则和非正式规则。正式规则包括政治规则（宪法、政府规制）、经济规则（产权制度）和合同。非正式规则包括社会规范、惯例、习俗和道德准则。将制度看做博弈规则有利于我们分析制度的可实施性问题。因为博弈规则是内在产生的，是通过包括实施者在内的博弈参与人之间的策略互动，最后才能成为可自我实施的（self - enforcing）博弈规则。从这点看，制度是一种博弈均衡。作为博弈均衡的制度，特别是非正式规则，是不太可能从外部产生的。因此，即使能从国外借鉴良好的正式规则，如果本土的非正式规则因为惰性而一时难以变化，新借鉴来的正式规则和旧有的非正式规则就必然产生冲突，其结果可能是新借鉴来的制度既无法实施又难以奏效。因此，在我们建立有中国特色的社会主义市场经济过程中，我国的自然垄断产业改革也必将打上"中国特色"的烙印。如果照搬国外改革经验而不考虑我国的制度约束，很可能会出现"照猫画虎"，甚至是"照虎画成了猫"的结果。

三　自然垄断产业改革环境变化的不确定性

（一）从国内环境看，短缺约束、宏观调控政策和产出增长的刚性约束将影响自然垄断产业改革的推进

我国自然垄断产业传统上由国家拥有和经营的。由于政府财政有限，对自然垄断产业的投资不足，往往造成短缺，使得自然垄断产业成为国民经济发展的瓶颈；另一方面，由于自然垄断行业投资巨大，挤占有限的政

府财政资金，限制了其他投资需求；对于自然垄断产业国有企业来说，由于信息非对称问题，无法解决垄断行业国有企业运营机制上的委托—代理问题，企业缺乏激励，无法实现在市场竞争机制下所能够实现的效率。这就导致自然垄断产业提供的产品和服务经常性处于短缺状态，且质次价高。同时，当供给短缺引致的"瓶颈"现象严重的时候，往往还造成官僚僵化、排队等现象，此时也是这些行业的低效和腐败问题突出的时候，社会公众不满情绪将会上升。这是目前短缺约束给自然垄断产业改革带来的紧张环境。与我国不同，对于英国和美国改革而言，它们在 20 世纪 80 年代开始的改革是在一个基本解决了短缺的前提下进行的，并不存在这样的额外压力。因此，在面临短缺约束下进行自然垄断产业改革，我们便面临了更多迫切的社会压力和期待，稍有不慎将会使得改革风险加大，甚至导致改革的失败。

为了促进国民经济持续健康发展，我国在下阶段的宏观调控方面将综合运用财税政策、货币政策、产业政策、分配政策等手段，以科学发展观统领经济社会发展全局，加快经济结构调整和增长方式转变，防止经济增长过热和通货膨胀，并促进和谐社会发展。为此，对于下阶段的自然垄断产业改革来说，一方面由于自然垄断产业是国民经济发展的支撑部门，对于完成国民经济宏观调控的任务当然责无旁贷，这必然会要求在自然垄断产业在完善体制机制上取得新突破，推动解决经济社会发展中的深层次矛盾。另一方面，由于电信、电力、运输、供水等自然垄断产业也是关系人民生活的基础设施部门，也要求我们的改革有利于促进我国的和谐社会建设，努力在改善民生上取得更大成效，把发展成果更好地体现到提高人民生活水平和质量上，特别是要着力改善低收入群众生活。这样的宏观调控政策要求自然垄断产业改革既要追求发展和效率目标，又要考虑社会公平目标，加大了改革的操作难度，客观上也提高了改革成功的评价标准。

目前我们还在遭受短缺的威胁，自然垄断产业改革的外部条件偏紧。从目前我国对政府决策的考核体系看，经济增长往往是评价改革成败的决定性指标；同时，由于自然垄断产业关系国计民生，其产出增长还关系到社会稳定大局，这从我国几乎每年都要重复的"春运"对铁路的考验以及用电高峰加强电力紧张现象可见一斑。因此，我国自然垄断产业改革其实还面临的一个隐含约束条件就是产出增长刚性约束，即我们的改革必须保证自然垄断产业产出的绝对增长，不能出现哪怕是暂时的产出下降。产出的刚性约束必然使得自然垄断产业的改革首要任务只能是促进生产和吸引投资，而对于效率目标和社会公平目标也只能是处于次要地位。产出的刚性增长约束给自然垄断产业改革施加了额外的限制。在一个不宽松的环境下进行改革，由于可供周转的空间有限，必然会限制对于改革方式、程序和时间等方面的选择。对于目前我国建立社会主义和谐社会的努力，这是一个无奈的选择，也必然会增大改革的协调成本，加大改革的风险。

（二）从改革的国际环境看，加入世界贸易组织和私有化浪潮也将影响我国自然垄断产业改革

加入世界贸易组织后，随着自然垄断产业开放竞争领域的逐渐增加，国内自然垄断产业运营商也必将逐渐会直接面临国际产业巨头的挑战。在以往长期垄断经营的环境下，国内垄断运营商缺乏竞争压力，经营的效率和效益水平很低。虽然经过了初步改革，电信等部分自然垄断产业市场上开始出现了竞争，但相对于它们的国际同行而言，竞争能力还很弱。未来市场开放后，国内运营商迟早会面对国际上有实力同行的竞争。如何通过改革增强国内企业的实力，参与国际竞争，也是改革必须关注的问题。另外，加入世界贸易组织后，随着自然垄断产业开放竞争领域的逐渐增加，国外企业将会选择利润丰厚的区域和领域以"摘樱桃"（cherry - picking）方式进入。由于我国目前自然垄断产业尚未建立普遍服务体系，还是通过企业内部补贴来完成欠发达区域的服务目标。因此改革还面临着如何在短缺约束的背景下实现普遍服务等公共目标的挑战。国外在电信改革中虽已经取得了一些经验，但国内在未来电信开放的新环境下，采取何种机制促进普遍服务目标的实现，还是摆在我们面前的一个新问题。对于铁路、供水等其他自然垄断产业而言，由于发展水平所限，完成普遍服务目标将面临更大的困难。

由于饱受供给短缺之苦，很多发展中国家的自然垄断产业改革采取了私有化的改革方式，以吸引外部投资促进产出增长。如前苏联和东欧地区的发展中国家的很多自然垄断产业进行了大规模的私有化，拉丁美洲发展中国家，由于受世界银行援助政策的影响，主要采取了私有化的改革方式。根据世界银行的统计，2000—2005 年，发展中国家自然垄断产业通过民营化改革共获得了超过 887.57 亿美元的投资（见图 11 - 1）。

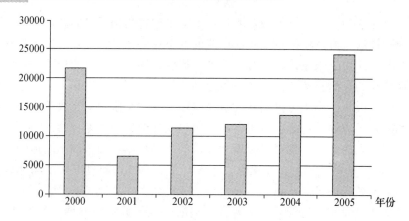

图 11 - 1　发展中国家基础设施产业民营化金额（单位：百万美元）

数据来源：世界银行 PPI Data, 2006 年。其中，世界银行统计的产业包括运输、供水和污水处理、电信、天然气运输和配送、电力生产、运输和配送。

同许多发展中国家相同，我国自然垄断产业改革的初始动力来自于对资金的需求。我国自 20 世纪 90 年代以来，为了解决供给短缺和投资不足的问题，吸引社会资金、放松价格和进入管制成为合乎逻辑的政策选择。在世界各国普遍对基础设施产业进行放松规制和民营化改革的背景下，我国政府也相继出台了相关法规和政策，为自然垄断产业民营化创造条件，如 2005 年 2 月国务院正式发布了《关于鼓励支持和引导个体私营等非公有制经济发展的若干意见》，第一次明确允许非公有资本进入电力、电信、铁路、民航等垄断领域。在这些法规和政策的指导下，我国也开始开放或部分开放电信、电力、交通和城市公用事业等自然垄断产业，允许民营企业进入，并取得初步成效和一定经验。民营化是深化我国政府管理体制改革的重要途径，因为民营化可以减轻我国政府负担和提高投资效率。随着科技进步和需求增长对我国自然垄断产业民营化改革的支持作用不断加强，以及目前我国部分自然垄断产业民营化逐步取得成效，民营化改革也必将继续深化和扩大发展。无论从理论分析还是从改革实践上看，民营化尽管带来了很多好处，也带来了很多风险，因此民营化在各国都是一个非常有争议的改革（Sclar, 2000）。在我国，尽管自然垄断产业民营化改革才刚刚起步，但由于存在一些体制性障碍，加上未能对民营化的风险和不利后果给予足够的重视，改革过程中也已经暴露出如国有资产流失、民营化过程中的寻租与腐败、招投标中的暗箱操作、民营化运作不规范等诸多问题。如在沈阳第八水厂的产权转让与回购事件中，由于运作不规范、政府没有风险意识和责任机制等原因，导致沈阳市在交易中损失重大（天则所，2001）。

四　利益集团的影响

作为一种制度变迁，任何改革都会或多或少地对原有制度体系下利益格局进行调整。大多数改革并不能从总体上保证改革结果是一种帕累托改进，因此改革过程中都会有部分利益主体遭受损失。当利益受到损害的时候，人们会本能地捍卫自己的权益。制度体系内这部分主体的能动性反应会成为改革最大的阻力来源，甚至左右改革的方向。不仅如此，在改革过程中，不同的利益集团会对改革方案的制订等决策施加影响，以争取对自己有利的结果出现，因此也会使得自然垄断产业改革充满了风险①。按照国内最早研究自然垄断产业利益集团博弈问题的学者张宇燕的定义，"利益集团是由一群拥有共同利益的、在社会中占少数的人组成的团体，其目的在于力求通过对国家立法或政府政策的形成与执行施加于已有利之影响，以期最便捷地实现自身的利益"。影响较大的利益集团，主要是以地区、部门为依托，以行业利益为纽带，常常借助公共权力、行政性垄断手段等，来获取特殊利益的经济性利益集团，如具有垄断地位的电力、电信等企业②。张宇燕认为，利益集团借助政府或曰"公共资源"来获利有三个途径。其一，也是最直接和最显而易见的，是从政府那里获得政策性货币补贴；其二，借助政府管制来阻止新竞争者的进入，最经典的例子，就是由政府主管部门来颁发营业执照或经营许可证、规定进出口配额等做

---

① 严格地说，在我国并不存在西方国家意义上的利益集团。一是国家不允许出现因某些利益的需要而结成这样那样的组织形态；二是国家更不允许公开雇用公关公司、顾问和说客对政府进行游说活动。但是，有人认为，我国现在实际上已经存在利益集团问题。例如，一些具有特殊利益的部门，私下聘请相关专家学者担任独立董事，为其呼喊请命或通过行贿等不正当的利益传输，直接影响政府行政决策；有的行业的开发商与一些专家学者、研究机构、部分媒体甚至官员联手，强占行业话语制高点，掌握了行业话语权，从而影响上层的政策制定（见孙立平《中国进入利益博弈时代》，《中国新闻周刊》2006 年 01 月 12 日）。

② 参见余丰慧《"特殊利益集团"是社会和谐的大敌》，新华网，2006 年 10 月 5 日。

法；其三，依靠国家立法来寻求集团利益的实现。

在自然垄断产业改革过程中，由于目前的短缺约束，主要考虑发展问题，社会公平问题尚未真正进入改革视野。因此从客观上讲，我国以前的自然垄断产业的改革是以企业利益为先的。而且，根据曼瑟尔·奥尔森（1995）的分析，小集团在施加影响力方面往往比大集团更有效率。相对于广大的消费者群体来说，由于在我国自然垄断产业中企业数量较少，最多不超过四、五家，因此更容易组织起来分担成本，从而能对改革施加更大的影响；消费者则相反，由于人数众多，不易组织，如果由单个消费者去对规制机构施加影响的话，他所负担的成本十分巨大，几乎是不可能的（这一点从媒体所披露出来的许多消费者的艰难维权的例子也可以看出来）。因此，在当前的改革环境下，如果不采取切实的措施，很可能出现由于利益集团的影响，导致改革偏离了应有轨道的结果，甚至出现利益集团左右了我国自然垄断产业改革的严重后果①。在各种合法的利益集团面前，政府需要提供的是制度平台，实现利益表达、博弈、调控的制度化，提供开放的合法利益表达渠道，让各种力量在相互博弈和沟通中达成共识，特别是增强消费者集团的利益诉求能力。否则，由于利益集团的影响，我国自然垄断产业改革的效率和公平目标不可能真正实现。

五　自然垄断产业改革的系统性不足，配套改革跟不上

自然垄断产业改革作为一套复杂的系统工程，涉及政府、行业、企业、公众等多个层面和主体，涉及产权、治理、竞争、运营、价格、规制等多种内容，涉及众多外部约束条件和配套措施。而且这些主体、内容、条件与措施之间又彼此相互联系，互补性和制约性非常强。从国外自然垄断产业改革的成功经验看，自然垄断产业改革离不开产业重组、垄断环节和竞争性环节的分拆和建立强有力的独立规制机构等配套改革措施的支

---

① "近年来，一些垄断企业正在形成政策影响力越来越强大的利益集团，不断干扰和损害社会利益和老百姓利益。" 2007 年 3 月 11 日，一位来自电力科研领域的政协委员接受《瞭望》新闻周刊采访时举例说，有的企业为了达到扩大自己垄断地盘的目的，通过各种形式的赞助影响决策部门，通过科研课题项目左右专家的建议，通过投放广告控制媒体舆论，"它们有财力和政府资源做各种影响决策、牟取私利的活动，尽管消费者群体庞大，却根本无法和其对抗"。结果就是，忍受高价的老百姓对垄断企业不满的社会情绪在不断积累和扩大（见《中国利益阶层多元化，合理博弈力量正兴起》，《瞭望》新闻周刊 2007 年 3 月 23 日）。

持。而在我国，自然垄断产业改革中很多深层次问题的解决还受制于我国相关经济体制改革和政治体制改革进展。自然垄断产业作为我国经济体制改革的"深水区"，其改革成功必须依赖于我国政府管理体制改革进展所提供的条件，如国有资产管理体制改革和政府规制体制改革等。另外，由于自然垄断产业改革在我国起步较晚，改革目标的确定也是一个渐进的过程，在改革方式、程序和启动时间选择上，也依赖于宏观经济环境等诸多不确定的因素，中间可能还免不了会出现阶段性的停滞和反复。因此，由于我国自然垄断产业改革的系统性和配套性不足，上述改革措施尚未完全到位，也会给自然垄断产业改革带来风险。

六 自然垄断产业自身特征所隐含的改革风险

就自然垄断产业自身的特征看，其自然垄断性和社会公益性共存的特性也隐含着改革的风险。自然垄断产业的自然垄断性主要体现在向最终消费者提供的产品和服务必须通过相关的网络设施进行，否则无法完成整个生产过程。这样的网络设施包括电信的本地网、电力的输电和配电网、交通的道路/轨道和车站、燃气、供水和污水处理的管道网等。这些网络设施具有典型的规模经济特征，从理论上讲，由一家厂商提供服务可以取得成本降低的好处。这是自然垄断产业具有自然垄断性的根本原因。而对于处于基础设施网络末端的环节，如电信的设备制造和长途业务、电力的设备、生产、供水和燃气的生产等，一般认为并不具有自然垄断性。自然垄断产业的公益性主要体现在其产品或服务是社会公众的生活所必需的，其消费的价格弹性一般很低。世界银行认为，每个消费者都有获得电力、电信和供水等自然垄断产品和服务的权利，这是人的基本权利。因此，以消费者能负担的价格，提供相应的自然垄断产品和服务既是企业的职责，也是政府的职责所在。

正如政府和市场的根本矛盾一样，自然垄断产业供给方面的自然垄断性和需求所体现的社会公益性也存在同样的冲突。自然垄断产业的自然垄断性要求产品和服务的提供由一家企业垄断进行，以获得生产成本上的优势。但是对于垄断企业来说，其本质天性是追求利润最大化。在这样的天性驱使下，企业往往在边际成本等于边际收益条件下决定产量、价格和质量。由于缺乏竞争的约束，垄断企业滥用了市场势力，造成产出相对于需求来说太少，产品价格太高。这样的结果并不是能够促进整个社会福利最大化的结果,是与自然垄断产业的社会公益性相互冲突的。为了解决这样的冲突,政府可以采取两种方法:一是直接由政府提供自然垄断产品和服务;二是继续让企业进行生产,但是对企业的投资和价格进行规制,即由政府控制市场准入,并决定相应的价格。

由政府直接提供自然垄断产品和服务是很多国家在 20 世纪 90 年代改革前的实际情况,其中部分国家是通过国有企业进行的。这种方式的弊端是非常明显的,主要体现在以下方面:第一,通过政府的财政资金进行投资,由于资金有限,往往投资不足,造成普遍存在的短缺和瓶颈;同时,自然垄断产业投资的巨大需求也使政府不堪重负;并且挤占了财政资金的其他需求。第二,政府部门和国有企业的一个主要问题是无法解决运营机制上的委托—代理问题,即无法解决信息不对称问题。由于企业缺乏相应的激励,无法实现在市场竞争机制下所能够实现的效率,造成企业绩效低下。具体表现为自然垄断产品和服务不仅经常性处于短缺状态,而且质次价高。第三,政府提供自然垄断产品往往还会造成官僚僵化、腐败、排队等现象。当然,政府提供自然垄断产品也有一定的好处。例如,由于政府的权威和公信力,容易让消费者产生信任;价格低廉,低收入消费者也可以消费,一定程度上解决了社会分配的不公正;政府比较关注质量问题等。但是相对于弊端而言,这些好处相形见绌。

既然政府供给自然垄断产品和服务存在上述问题,那么市场机制能否实现有效供给?市场竞争机制发挥作用需要一定的前提。但是自然垄断性和公益性往往使得自然垄断产业的市场供给存在市场失灵。一方面,正如前面分析的那样,处于垄断地位的企业缺乏竞争的压力,无法实现有效供给;另一方面,由于自然垄断产业投资巨大,回收期长,在缺乏政府的支持下,没有企业敢于轻易参与(当然,还有一种情况就是过度进入,市场上存在过多的企业,无法实现规模经济效应,这在早期英国伦敦的自来水市场和美国部分城市的电话市场上出现过)。同时,市场机制也无法自动实现对社会公益产品和服务的有效供给,会造成社会不公问题。这些都需要政府加以干预和纠正。因此,由于自然垄断产业的自然垄断性和社会公益性,既不能由政府进行供给,也不能完全由市场进行供给。在信息不对称的世界中,一个次优(second best)的现实解决方案是由市场机制提供供给,但是政府施加一定程度的干预。之所以是次优选择,是因为这种安排无法实现社会福利最大化的结果，但是要优于单纯由政府供给或市场供给的结果。

因此，由于自然垄断产业自身的矛盾性，使得我们只能在垄断性和公益性之间取得一定的权衡，达到暂时的稳定均衡。但是随着技术进步、经济发展、社会环境和政治环境的变化，必然导致这种暂时均衡的失稳，诱发新的改革需求。

第二节　自然垄断产业改革的风险特征

按照不同的角度，可以把自然垄断产业改革中存在的风险进行不同的分类。按自然垄断产业改革的进程，可以分为：改革初级阶段存在的风险，改革过程中存在的风险和改革后存在的风险；按风险产生的顺序，可以分为：初级风险和诱致风险；按不同的主体类型，又可以分为：政府面对的风险，企业面对的风险，消费者面对的风险和国家及社会面对的风险等。

下面我们将从消费者、企业和国家（社会）层面分别论述我国自然垄断产业改革中存在的风险。

一　消费者风险

一般来说，自然垄断产业往往是缺乏弹性的产品，其提供的产品或者服务都是消费者必不可少的。因此自然垄断产业改革给消费者带来的风险主要体现在所提供产品或服务的价格和质量方面，以及对普遍服务的影响。同时，自然垄断产业改革后，在产品和服务的定价方面可能采取歧视性政策，也会造成消费者在公平方面的损害。

具体来说，自然垄断产业改革的消费者风险主要体现在以下几个方面：

（一）价格上涨的风险

第一，补贴取消导致价格上涨。在国有企业经营自然垄断产业的情况下，为了提高消费者福利水平，规制机构制定较低的价格（World Bank，2004）。这种较低的价格必然会造成国有企业的亏损，规制机构通过补贴的形式对国有企业进行补偿。自然垄断产业市场化改革后，企业（特别是通过民营化改革引入的民营企业）可能会提高产品或者服务的价格。

虽然，原则上说规制机构还可以对企业实施价格规制，但是国家对企业的价格规制变得越来越困难。另外，市场化改革后，规制机构对企业的补贴也变得越来越困难。这样，在利润最大化的目标的驱使下，企业可能会提高产品或者服务的价格。据世界发展报告报道，1995 年，Compania de Aguas del Aconquija（CAA）获得了为期 30 年的阿根廷图库曼省供水与排污服务的特许经营权，为筹集投资所需要的资金，CCA 决定将费率提高占原来的 68%（《世界发展报告》2002 年，第 164 页）。阿根廷电信产业民营化后的价格比民营化前的价格还要高（ITU，2003）。

　　第二，民营企业的机会主义行为导致价格上涨。在自然垄断产业的改革中，如果仅仅是对自然垄断产业实行民营化，而没有引入竞争。那么民营化后的民营企业仍然是垄断的企业。虽然在民营化前，我们可以通过拍卖或者招标的形式选择成本较低、效率较高的企业。但是，一旦选择了一家民营企业，与之签订合同后，民营企业就成为垄断的供给者。在与规制机构关于产品或者服务价格制定方面的讨价还价中就有了优势，可能会假托各种借口，提高产品或者服务的价格。国外许多市政供水民营化的例子就表明，在民营化初期，成立的民营公用事业供水公司可能会按照协议降低产品价格，但是接下来，许多公司以成本上升为理由，很快把价格提了上去，甚至超过很多当地居民收入的水平。菲律宾首都马尼拉的水务服务的民营化就是一个典型案例。1995 年，菲律宾国会通过了《水源危机法》（*Water Crises Act*），为进一步的民营化铺平了道路。最后，在世界银行与国际金融公司（IFC）的帮助下，马尼拉的供水公用事业最终由马尼拉水务公司（Manila Water Company）与马尼拉德国际水务服务公司（May-nilad Water Services Inernatioanal）共同承担。这两家公司都是民营企业。马尼拉水务公司承诺特许经营的收费仅为现行费率的 27%，即原来为 16 美分，现在为 4 美分；马尼拉德国际水务服务公司的报价收费仅为 4.96 比索，为现行价的 57%。合同仅签了一年，马尼拉德国际水务服务公司就要求第一次提价。2001 年，水价提升到了 12 美分，随后就沿着 20 美分、21 美分、28 美分一路攀升，远远超过了民营化前的价格（Public Cit-iezen，2003）。

　　近年来，随着中国供水行业民营化改革的进行，中国出现多起外资水务"溢价收购"事件。例如，2007 年 1 月，威立雅水务集团报价 17.1 亿元，与兰州供水集团签署了45%的股权转让意向性协议，远远超过同时竞标的中法水务报出的4.5亿元和首创股份报出的2.8亿元；2007年5月，威立雅以9.53亿元的报价获得海口水务集团新组建的给排水一体的项目公司49%的股权，报价总额超过标底约3倍，北京控股、首创股份、中法水务、中华煤气在角逐中落马；2007年9月27日，威立雅水务以21.8亿元人民币夺得天津市北水业49%股权转让项目，这一出价超出净资产额3倍。这是迄今为止中国水务市场上单项合同额最大项目。在天津项目中，威立雅击退的是香港中华煤气和中法水务，两者的报价分别是9.2亿元和11.9亿元。对于外资水务这样高比例溢价行为是否会提高水价并损害公众利益，是否能通过正常渠道收回投资，在中国理论和实业界引起广泛争论。2007年9月，全国工商联环境服务业商会发出关于城市水业资产溢价转让行为的公告指出：在政府定价的背景下，水业资产溢价是地方城市用以后预期的水价和水量收益进行的短期资产融资。因此，溢价的收益最终将进入消费者的支付体系中。北京桑德集团总裁文一波也认为，溢价是政府、企业和公众之间利益的平衡，资产转让的价格和投资回收都会计入成本，并影响水价，而且在目前阶段，高溢价已经对行业造成了巨大的冲击①。

第三，自然垄断产业改革后，企业的随意退出导致价格上涨。国有企业经营自然垄断产业的情况下，即使亏损也可以得到国家的补贴，因此会继续从事生产，提供产品或者服务。但是，民营企业就不同了。许多民营企业过于乐观的估计进入自然垄断产业的收益，未充分估计到进入后的成本或者风险。进入后发现利润并不像预期的那样高，甚至许多出现了亏损。在得不到政府补贴的情况下，这些企业可能会退出。最终导致产品供给减少甚至中断，价格迅速攀升。在有些案例中，许多跨国公司又会以社区供水无利可图为由最终撤出，当地消费者不得不承担这些外商违背诺言的恶果（《私有化的局限》，第541页）。

（二）产品或者服务质量下降的风险（规制缺失）

垄断行业由于具有自然垄断性，市场上往往只有一家企业垄断经营。

① 参见叶枫《外资溢价收购水务企业或有变数：严控水企合资》，《21世纪经济报道》2008年2月19日。

在没有市场竞争的压力和约束下，为了追求利润最大化，垄断企业天生就会有降低质量和提高价格的冲动。因此，伴随着垄断行业市场化改革的进展，特别是近年来发生在部分国家的大停电事故，垄断行业服务质量监管问题开始引起各国的关注。美国和欧盟开始考虑引入特殊的服务质量监管法律以保证电力供应的稳定性；另外，英国等部分国家也发现有必要考虑对电信行业服务质量问题采取额外的监管政策；而对各国供水行业来说，质量问题直接关系到消费者的生命健康，则更为重要。近年来，关于我国电信、电力、铁路等垄断行业服务质量的投诉几乎年年都是引起全社会高度关注的热点问题，已经成为社会不稳定的潜在风险因素。

在垄断行业市场化改革过程中，往往伴随着管制体制的改革，主要体现在价格管制从过去的报酬率管制转变到价格上限管制。价格上限管制能够为企业降低成本和技术创新提供激励，从而克服了报酬率管制的诸多缺点。但对于垄断企业来说，由于在报酬率管制下成本会得到补偿，往往会过度投资，因而会提供过高的服务质量水平，甚至超过了消费者的需求水平。而在价格上限管制下，企业的价格水平受到限制，企业能获得成本节约的收益。为了降低成本，企业往往会降低服务质量。这种现象在英、美等国电信行业市场化改革过程中都出现过。

近年来中国城市公共交通产业改革后，不仅服务质量下降，还多次酿成事故。例如，长沙公交民营化后，一些民营公交企业为了一己之利，公然违背政府法令，将公交车转包给个人承包，导致乱象丛生，交通违法剧增；合肥公交民营后改革后，民营企业野蛮行车，5个月撞死11人[①]。重庆公交产业民营化后的安全隐患问题就是一个典型的案例。2007年7月16日，中央电视台《新闻调查》栏目报道了重庆市公交民营化后存在的安全隐患问题。2006年重庆市首家民营公交公司成立了。事实上，20世纪80年代，民营中巴就已经进入了重庆公交产业。民营公交给重庆市居民出行带来方便的同时，也带来了很大的安全隐患问题。民营公交公司公交车争道、抢客、赖站、超车等现象屡禁不绝，造成了很大的安全隐患。据报道，重庆2006年1月—2007年4月间，公交系统的营运客车发生多次特大交通事故，共造成130人死亡172人轻重伤。在2006年10月1日

①　参见《第一财经日报》2007年5月24日。

和 2007 年 4 月 23 日发生的两起事故当中，死亡 56 人。重庆的公交系统存在的安全隐患问题受到普遍性的质疑，市民甚至在网上发起抵制公交的行动。英国铁路私有化后，虽然融资投资渠道增加，服务改善，运输量有所扩大。但同时管理不善的问题也随之暴露。1997—2002 年短短的 5 年中，接连发生 13 起严重事故，其中造成重大伤亡的事故有 7 起，共导致59 人死亡，数百人受伤，引起全社会不满。

（三）普遍服务与歧视性价格

自从 AT&T 总裁西尔多·维勒在 1907 年首次提出普遍服务的概念以来，普遍服务已经成为衡量居民福利水平的重要标准，成为各国公用事业改革的重要目标。普遍服务（universal service）是指公用事业的运营商以消费者能够承受的资费水平向低收入者和所有高成本地区的消费者提供有质量保证的产品或服务（杨永忠，2006）。其含义是国家为了维护全体公民的基本权益，缩小贫富差距，通过制定法律和政策，使得全体公民无论居住在本国的任何地方，都能以普遍可以接受的价格，获得某种能够满足基本生活需求和发展的服务。尽管不同国家、不同产业、不同时期普遍服务的内容与种类会有所不同，但是普遍服务一般具有可获得性、可接入性和可承担性三个特征。

电信、电力、供水等垄断行业往往具有社会公益性，其提供的服务是每个消费者生活所必需的。世界银行认为，每个消费者有获得电力、电信和供水等基础设施产品和服务的权利，这是人的基本权利。因此，以低廉的价格提供合理质量水平的服务是垄断企业的义务。自然垄断产业民营化后，民营企业可能会对高成本地区的消费者索取较高的价格，造成高成本地区的消费者的过重负担，加剧了地区间的贫富差距。另外，由于民营企业的"撇奶油"（cream skimming）行为，民营企业可能会中止向高成本地区提供产品或者服务，普遍服务将受到很大的冲击。

最近北京市公交系统发生的 930 公交车涨价事件就是一个很好的例证。2008 年 1 月 1 日起，运行于北京市通州与市区之间的 930 路公交车开始了涨价。票价由原来的全程 5 元涨到全程 8 元。通州区由于房价较低，有许多上班族在通州购买住房，每天上下班都要乘坐 930 路公交车。涨价后每天上下班乘坐 930 路公交车的乘客，就要支付 300 多元（使用 IC 卡也需要支付 250 元左右）。这对收入本来不高的普通消费者来说确实是一个很大的负担。而这会加剧社会的不公平。因为，在远郊区县购房并乘坐公交车的都是普通的消费者，这会进一步加重他们的负担，加剧社会的不公平。

二　产业发展风险

产业发展风险就是产业在有意识地追求一个发展前景之中时潜伏着或隐含着发生相应的不良结果的可能性。自然垄断产业改革的产业发展风险主要有：第一，自然垄断产业发展需要巨大的投资，且其投资具有沉淀性和专用性等特点，容易出现"套牢"（holdup）问题；加上政府有限承诺能力和非对称信息存在，企业的投资风险和运营风险是相当大的。第二，自然垄断产业在国有垄断经营时期存在不同服务的交叉补贴问题，如何理顺价格机制，也是吸引投资的关键之处；同时，相关的普遍服务责任安排也将影响产业发展。第三，改革后的自然垄断产业可能仍是低效率的。

自然垄断产业改革的进程中，这些不良结果的可能性可能是所有行业共同存在的，有些则是某些或个别行业存在的。下面我们主要以电力产业市场化改革存在的风险对产业发展风险予以阐述。

（一）双重加价风险

电力产业具有垄断经营的特征。在其市场化进程中，我国主要采用了分拆式的改革办法。分拆的手段有横向分离和纵向分离。简单纵向分离后的电力产业结构如图 11－2 所示。这样从发电企业到消费用户要经过输电、配电和售电三个环节，这就可能导致更大的价格扭曲。

图 11－2　电力产业纵向分离后的市场结构图

由于简单纵向分离后在各个环节还是独家垄断，因此每个环节的垄断企业都是按照 MR＝MC，即 $p = \left(c \Big/ 1 - \dfrac{1}{\varepsilon} \right)$（其中 c 是企业的边际成本，是企业的需求价格弹性）的模式进行定价。我们假设发电的成本是 c0，那么发电企业卖给输电环节的电力价格（即输电企业的成本）就是 c0＝

$\left(c0 \Big/ 1 - \dfrac{1}{\varepsilon}\right) > c0$。因此产生了双重加价问题。随着销售环节的不断增加，最终的消费者消费价格会高出成本许多，价格产生了更大的扭曲。特别是在输配电环节，价格上涨压力更大。这是因为输配电环节依然是垄断环节并且目前我国输配电价格偏低。电力产业实施简单纵向分离后，输配电提高价格的冲动更大，电力价格有很大上涨压力。

（二）投资套牢和投资不足风险

威廉姆森（1975）论述了两个相关企业之间由于机会主义行为和资产专用性而导致的投资不足问题。罗兰和维迪尔（1999a）也认为，经济转型国家由于资产专用性也会导致 GDP 的下降。电力产业纵向分离后，发电、输电、配电、售电各环节成为独立的企业。由于电力资产的专用性，电力企业一旦投资电力，资产就很难再移做他用，因此后投资企业会产生机会主义行为（opportunism），先投资的企业在与后投资企业谈判中会处于劣势，由此产生了事前的投资不足。泰诺尔（1988）通过严格的数学模型证明了纵向关系中事前投资与资产专用性负相关[①]。即随着资产专用性的增强，事前投资会更加不足。由于电力产业资产的专用性很强，因此电力产业如果只是实行简单的纵向分离，那么电力企业的事前投资会降低。最终会导致电力产量的下降。另外罗兰和维迪尔（1999b）通过分析在经济转型中生产厂商与消费者可能会打破原先的、旧的合作关系网络，寻找新的合作伙伴，也会导致生产厂商的事前投资下降，最终导致产量下降。英国在电力产业改革多年后，从 1994 年开始允许购电量在 500KW—1MW 之间的 1000 多名电力用户自由选择供电厂商。结果在第一年就有 1/4 用户改变了供电商；第二年一半用户更换了供电商（纽伯里，2002）。因此在我国电力产业改革进程中，特别是售电环节改革后也可能会出现这种大规模的更换供应商的行为。这可能引起这种电力生产链的中断，导致电力供给的大幅度降低。

（三）产品供给不足风险

自然垄断产业的网络性说明产业内各环节是高度相关的，密不可分

---

① 事实上泰诺尔（1988）并没有给出显式的解，但是我们进一步对其进行比较静态分析我们可以得到上述结论。

的，相互影响的，哪一个环节出了问题，都会导致系统的非稳定性。改革以前，电力产业四个环节的协调是在组织内部完成的，因此各环节的协调成本较低，比较容易协调；而实施纵向分离后，各环节都成为独立法人，各环节的协调成本较高，协调比较困难。因此，电力产业的简单纵向分离可能会导致电力系统的无政府状态。布兰查德与克莱默（Blanchard and Kremer，1997）在分析经济转型国家的 GDP 下降时认为，任一生产链条的破坏都可能导致产量的下降。因此电力产业简单纵向分离可能会导致发电、输电、配电、售电环节的破坏，导致电力产量的下降。

罗兰（2002）建立了一个简单模型分析了经济转型国家由于协调不足而导致的产量下降问题。为了便于分析，我们把他的模型重述如下[①]：

罗兰考虑了一个产业系统，需要 n 个参与者共同协作，另外还存在行业协会，起政府协调作用。每个参与者提供一种产品，生产是高度互补性的，缺少任一参与者产业的总产出为 0。行业协会购买各个参与者提供的产品，并按照市场价格出售。市场价格标准化为 1。

参与者提供的产品的保留效用为 h，且 h 为私人信息。假设 h 分布在区间上 $[0, \bar{h}]$，其累积的分布函数为 F，概率密度函数为 f。$F(0) = 0$；$F(\bar{h}) = 1$，且 F 为公共信息。假设 h 在区间 $[0, \bar{h}]$ 上为均匀分布。行业协会给每个参与者提供一个购买价格 p，不存在参与者与行业协会的讨价还价。参与者的效用为：

$$u \begin{cases} p-h, & p \geq h \\ 0, & p < h \end{cases}$$

行业协会的出价 p 为多少才能保证行业系统生产的进行呢？给定不对称信息，行业协会必须对所有参与者的出价 p 要足够高以保证激励相容。但是行业协会的出价也不能过高，以保证自己有利可图。行业协会要对 p 进行选择使期望的行业利润最大化如下所示：

$$max F^n(p)(1-p)n$$

---

① 此处我们对罗兰（2002）的模型进行了简化。在罗兰（2002）的模型中，他考虑了国有企业与民营企业的问题。而我们这里不考虑民营企业问题只考虑国有企业问题。

其中 $F^n(p)$ 为产业合作的可能性，$(1-p)n$ 为行业利润。

得到产业的总供给为 $Y = n\left(\dfrac{p}{h}\right)^n = n\left(\dfrac{n}{(n+1)\,\bar{h}}\right)^n$

我们把罗兰的结果进行进一步推广，通过比较静态分析，我们发现 $\dfrac{dY}{dn}$。

事实上，n 可以表示产业的复杂程度。我们可以看出 n 越大，Y 越小。即产业的复杂程度越高，产业的产出越低。由于电力产业由发电、输电、配电、售电四个环节构成，电力产业的构成极其复杂，因此如果没有规制者的有效规制，电力产业的无政府状态可能会导致电力产量的大规模下降。

（四）外资撤离风险

引进外资是自然垄断产业市场化改革的重要部分。但是如果厂商的经营风险增大，那么企业将会降低产量以规避风险，并相应降低投资规模（沃夫斯岱特，2003）。由于电力产业风险增大，外资电力公司纷纷从中国撤资。据统计 2000—2004 年，约有 1200 亿美元从中国电力市场撤走，给我国电力产业的稳定、健康发展带来不利影响[①]。这与我国电力产业 20 世纪 80 年代外资纷纷涌入的局面形成鲜明对比。

20 世纪 80 年代末到 90 年代中期，中央政府和地方政府为鼓励和吸引外来资本进入中国的发电领域曾给予外资进入发电领域"三保证"的优惠政策，即保电量、保电价、保回报，外资电厂的回报率很高。甚至不少地方政府开出了年固定回报率为 15%—20% 的条件。由于电力风险较小，因此外资纷纷涌入，投资电力产业。到 1990 年外资占我国电力固定资产投资的比例为 12.2%。这对于解决困扰我国长期缺电的问题做出了巨大贡献。但随着我国电力产业改革的不断深入以及竞争的引入，到 2002 年中国政府对外资逐渐取消这些优惠政策，外资回报率明显下降。另外由于外资电力产业在输配电环节中讨价还价能力的不足导致外资企业的经营风险加大，电力产业经营不理想。2004 年几乎全部亏损。因此电力产业外资纷纷退出我国市场。

---

① http://finance.sina.com.cn，2005 年 1 月 5 日。

(五) 产业关联风险

产业关联风险是指产业间上游企业与下游企业衔接过程中出现的风险。煤炭在我国电力产业中有着不可替代的地位。2001 年火力发电占发电总量的 81.2%，火力发电用煤 6.2 亿吨，占煤炭消耗比重的 58.2%。由于煤炭对电力企业的不可替代性，因此煤炭企业容易产生机会主义行为（Williamson，1975），他们可能会串谋提价。2003 年下半年以来的一段时间内，在煤炭需求旺盛、市场电煤价格大幅上涨的情况下，煤炭企业提价欲望强烈，他们共同提出了电煤提价的呼声。而煤炭企业提价的共同呼声是他们串谋的表现。煤炭价格的提高会导致发电成本的上升，因此上游煤炭产业的机会主义行为有导致发电成本上升的风险。随着电力需求的不断增长，"煤电之争"不断升级。我国火电企业遭遇了前所未有的"缺煤危机"。煤炭货源奇紧，发电厂常常吃了上顿没下顿，到处"找米下锅"。价格奇高，煤价几乎每月一涨，火电厂基本都在亏损的边缘上运行，甚至负债发电。从 2003 年年底开始，许多电厂燃煤原料纷纷告急，南方的广东、上海、浙江、江苏、福建等地的发电用煤普遍出现紧缺，甚至有的大型电厂备用煤库存仅仅能维持 5 天的用煤量。由于缺煤，甚至导致了一些地方发电机组的停运，更加重了当地的电力紧张局势。在缺电大省江苏，2004 年 5 月 10 日，江苏全省无煤停机 3 台次，容量为 49 万千瓦，涉及 3 个电厂；申请降低出力来抬高电煤库存的电厂达到 9 个，共影响机组出力 110 万—130 万千瓦。在安徽，2004 年 4 月 12 日，安徽省 12 家大中型火电厂除合肥二电厂外，都只有半天的存煤量。大型电厂淮南田家庵发电厂只有两三个小时的库存量，形势极为严峻。全省无煤停机容量已达 80.75 万千瓦。另外华能国际公司下属各电厂的电煤库存大多只能维持 2—3 天，而理论上讲电厂的电煤安全库存应在 15 天。因此上游煤炭产业的机会主义行为有导致发电成本上升的风险。

三　国家（社会）风险

自然垄断产业改革的国家（社会）风险主要包括以下方面。

(一) 体制与政策风险

目前我国自然垄断产业改革中很多深层次问题的解决更多依赖于相关经济体制改革和政治体制改革的成功。其中，现代企业制度和现代产权制度、国有企业股份制改革、公司治理结构、市场准入、投资主体和产权多元化、国有资产监管体制，以及政企分开、政资分开、政事分开等行政管理体制等方面的改革，已经成为深化我国自然垄断产业改革的前提和基础。

纵观我国整个市场化改革，最大的特点就是"改革在前，立法在后"。制度建设严重滞后。斯科特·沃尔斯顿曾以电信业改革为例，使用200个国家从1985—1999年的分组调查数据来检验制度改革和民营化之间的选择顺序问题，得出先行确立制度和规制框架，然后再进行民营化是非常重要的。并且还发现，民营化之前先行确立监管机构和相关规制体制，将会大大提高投资者购买公司愿意支付的价格。

例如，在自然垄断产业市场化改革的制度安排主要分为两个方面。一是政府对本身的正确定位。长期以来我国的计划经济体制使政府在自然垄断产业领域一直承担着资产所有者、行业管理者和公共政策执行者三种角色，同时兼任三种相互冲突的角色，致使任何一项功能都很难发挥。在改革过程中，政府首先要明确和理顺政府与企业、政府与市场、政府与社会、政府与中介机构的关系，并把这一关系制度化、法制化。二是进行自然垄断产业改革的法律程序建设，为民营企业进入基础设施领域提供透明、稳定、公平的制度环境。主要表现在市场准入制度的落实、产权保护制度的配套实施、公平的金融制度、政府行为的诚实守信等方面。

（二）公共安全风险

供水、供气、供电、公共交通等自然垄断产业本身具有较高的安全风险，一旦出现事故，社会影响巨大，甚至是灾难性的。改革一定程度上会导致追求经营者自身的经济利益最大化而不是公共利益最大化，因此会加剧这种公共安全风险。同时，从当前的国际国内环境看，我国也面临着如民族分裂主义的恐怖袭击、极端的反社会犯罪行为等非传统安全风险。

很多自然垄断产业提供的产品和服务大都具有必需品的性质，这些产品和服务不仅与民众生活密切相关而且关系到国家的经济基础和整个社会的公共秩序。如果出现问题，将诱发严重的公共安全问题，不仅人民的生命财产会受到威胁、政府的形象及在民众心中的地位也将受到威胁，整个社会都将为此付出沉重的代价。国外私有化的实践表明，自然垄断产业的私有化存在公共安全风险，政府必须建立必要的监管和防御机制。

在交通行业，因为私有化改革导致的公共安全风险比比皆是。在前文中我们已经提到，我国长沙、合肥和重庆等地的城市公交民营化改革后，不仅服务质量下降，还多次酿成事故，造成恶劣的社会影响。英国铁路私有化后，在开始的一段时间里，交通量和营业额确实都有了较大提高，但是，稍后一系列问题逐渐暴露出来，结果导致服务质量下降。英国铁路私有化后连续发生五次重大交通事故①。铁路私有化改革受到在野党的猛烈批评，并引发公众对铁路私有化本身的质疑，越来越多的人认为根源在于私人企业利润目标和公众安全利益目标的冲突。1999 年 10 月事故后一项民意调查表明，3/4 的英国人希望政府对铁路系统重新实施国有化②。2000 年 10 月事故后，民意调查显示 56% 的受调查者认为，铁路系统应该重新由国家控制（2000 年 11 月 23 日，英国 4 频道电视台）。英国铁路私有化后运行质量滑坡的直接原因包括：一是私人企业重短期利益，忽视对基础设施的长期投资；二是私有化后铁路管理不善，安全漏洞多；三是私营公司陷入财务危机，依靠政府补贴。此后接连出现的铁路事故，加快了英国政府接管私有化铁路的进程。2003 年 10 月 23 日，英国政府决定，由有政府背景的"铁路网"（Network Rail）公司，从私营承包者手中收回所有铁路维护权，2004 年完成。

在电力产业改革中也出现很多私有化改革导致的公共安全事故。2003年 8 月 28 日傍晚，英国伦敦和英国东南部地区发生大规模停电事故，致使地铁和火车停运，由于时逢下班高峰，伦敦交通出现大混乱。英国《卫报》认为，布莱尔政府推行的地铁电力系统私有化政策是此次伦敦

---

① 英国铁路私有化后，1997—2002 年短短的 5 年中，接连发生 13 起严重事故，其中造成重大伤亡的事故有 7 起，共导致 59 人死亡，数百人受伤，引起全社会不满。主要事故有：1997 年，两列车相撞，7 人死亡，150 人受伤；1999 年 10 月 5 日，伦敦帕丁顿车站，一列闯红灯的列车与迎面驶来的列车相撞，31 人死亡、500 多人（245 人）受伤；2000 年 10 月 17 日，一列旅客列车在驶过伦敦附近哈特菲德的弯道时出轨，4 人死亡、近 100 人受伤；2001 年 2 月 28 日，英格兰北部大黑克镇，一列高速运行的客车和一列货车相撞，13 人死亡、70 人重伤；2002 年年初，数家客运公司工人要求提高工资待遇未果，陆续罢工，部分列车停驶；2 月 28 日晚在林肯郡，一列旅客列车与一辆小货车相撞，货车司机当场死亡，3 名旅客受伤；2002 年 5 月 10 日，在英国波特斯巴车站，一列从伦敦始发的客车脱轨，一节车厢冲上站台，7 人死亡、67 人受伤，遇难者中有两名中国台湾女记者，中国香港凤凰卫视主播人刘海若重伤。事故发生后，火车乘客下降了 50%，运营公司要向罹难者家属和受伤旅客赔偿 1200 万英镑，面临破产威胁；2003 年 10 月 18—19 日，在英国连续发生两次出轨事故，7 人受伤。
② 参见《新民晚报》1999 年 10 月 27 日。

"史无前例"停电混乱的罪魁祸首。2003 年 8 月 14 日，美国东北部地区发生了大范围、长时间的断电事故停电，造成的直接经济损失要以数十亿美元计，甚至有分析师认为，这一次事故可能导致美国东北部地区 GDP 增长率下降 1 个百分点。

正因为公用事业发生安全事故后的影响巨大，西方国家非常注重这些行业的安全投入。美国每年用于供水安全的支出 1.6 亿美元，"9·11"事件后更是加大了供水、供气、供电、公共交通等行业的安全支出。2002 年 6 月 12 日，美国联邦政府通过《公共安全及反生化袭击行动法案》后，2002 财政年度当年就启动 24 亿美元用于饮用水安全计划等。英国由于长期处于北爱尔兰共和军恐怖活动的阴影下，近几十年来始终保持着高度水安全戒备状态。中国政府 2007 年通过了《全国农村饮水安全工程"十一五"规划》，其中提出，计划在 10 年里投入 50 亿美元用于安全水项目，基本上解决 3.23 亿农民饮用水不安全和 1 亿农民饮用高氟水、高砷水等水质不达标以及局部地区严重缺水的问题。这从侧面说明，自然垄断产业具有很大的安全风险，必须从"非经济的"角度进行防范。

（三）国家经济安全风险

国家经济安全风险包括：由于自然垄断产业改革，国家政策得不到执行或不完全执行的政策执行风险；自然垄断产业改革导致国家的经济控制力下降的风险；由于国有资产价格低估、改革人为失误等原因而导致的国有资产流失风险；由于规模经济存在，还可能会出现垄断的风险；自然垄断产业改革过程中还会出现腐败风险；自然垄断产业往往是国家参与国际竞争的经济和技术载体，自然垄断产业改革可能造成国家竞争力下降的风险。

国家经济安全通常与国家经济利益相对应，它涉及很多领域，如产业安全、能源安全、金融安全等，主要包括两个方面：一是国内经济安全，即一国经济处于稳定、均衡和持续发展的正常状态；二是指国际经济安全，即一国经济发展所依赖的国外资源和市场的稳定与持续，免于供给中断或价格剧烈波动而产生的突然打击，散布于世界各地的市场和投资等商业利益不受威胁。为了保障国家经济安全，国家既要保护、控制好国内市场，又要在参与国际经济合作时，维护民族利益。

自然垄断产业改革初期，国家面临国有资产流失的风险。一些地方政府由于缺乏专业技术知识、谈判能力不足（在与经验丰富、财力雄厚的跨国公司谈判时这种不足表现尤其突出）造成资产价格低估。如：东北某市与某大跨国水务公司签署的协议，使该公司先是得到了丰厚的固定回报，协议终止后又使市政府溢价回购。事后，据某咨询公司计算，外方得到了50%的超额利润，而自来水公司则连年亏损①。当然，代价是惨重的，该市主要负责谈判的自来水公司总经理（后来升为市府秘书长）被判无期徒刑。这种腐败造成的后果必然由社会公众承担。另外，改革过程中，政府如果违规操作，也会造成国有资产流失。审计署公布了"2008年第2号审计结果公告——18个省市收费公路建设运营管理情况审计调查结果"。公告显示，部分收费公路经营权转让不规范。审计调查山东、江苏、浙江等10省（市）106个公路经营权转让项目发现，地方政府越权和违规审批经营权转让项目64个，占转让项目总数的60%。如上海市沪杭高速公路等12条公路发生收费权转让18次，其中有12次未经有关部门审批。此外，用银行贷款抵顶转让金。部分地方转让18个项目获取的243亿元资金中，有170亿元是受让方以被转让公路做质押取得银行贷款支付的，占70%。这不仅未达到吸引社会资金参与公路建设的目的，而且让一些单位以极低的风险代价控制了巨额公路国有资产，并从中获取巨额利益。例如，安徽省高速公路总公司违规转让合巢芜高速公路经营权，流失国资12.4亿元。安徽省政府违规压低评估价格，低价转让合肥至巢湖至芜湖高速公路，两年半后又违规高价收回，共损失资金12.4亿元②。

另外，在中国，地方政府往往把交通等自然垄断产业发展结果作为政绩的表现，热衷于过快发展，但由于政府资金的不足，超出了自身财力和资源承受能力，也会给经济安全造成威胁。2006年审计署对北京、河北、山西、辽宁、吉林、黑龙江、上海、江苏、浙江、安徽、山东、河南、湖北、广东、重庆、四川、云南和陕西18个省（市）收费公路建设、运营、管理情况进行了审计调查。审计调查发现，一些地方政府强调要加快公路发展，但财政投入少，主要依赖银行贷款建设大量收费公路，造成收

① 吴琦：《关于城市公用事业民营化的思考》，《江汉大学学报》（社会科学版）2006年第1期。

② 参见《新京报》2008年2月28日报道。

费公路建设规模过大，超出了自身财力和资源承受能力，增加了社会运营成本，增大了偿债风险和资源风险。

（四）社会安全风险

自然垄断产业改革往往伴随着失业问题，如何保护原国有企业职工的合法权益是一个十分重要的问题；自然垄断产业改革还会带来社会收入分配不公等问题；自然垄断产业改革也可能对政府合法性造成新的潜在风险，即影响公众对政府的认同、接受和支持。

人们通常认为自然垄断产业私有化后，企业发展壮大会提供更多就业岗位。事实上，在转型国家里，从私有化至今，就业水平一直在下降，中欧、东欧国家 2001 年的就业指数仍未到达 1989 年以前的水平（World Bank，2001）。在日本的电力改革中，日本电力公司东京电力在引入市场竞争机制后，大大提高了原有设备的负荷率，到 2003 年人均售电量达到了 670 万千瓦，但是在电力公司生产率提高的同时，公司员工人数比 1999 年减少了 2000 人（杨永忠，2006）。在 1989 年阿根廷的铁路改革中，铁路工人为 9.5 万人，从 1990 年开始市场化改革。在 1994—1995 年，阿根廷铁路系统经过市场化改革被重组为几条独立运营的货运和客运系统，结果导致了 1997 年铁路工人人数降到了大约 1.7 万人。同样，在智利，1973—1990 年国家已经将铁路劳动力裁员了将近 75%。但是，1990—1995 年的铁路市场化改革过程中，又将劳动力裁员了将近一半。比利时和英国的铁路市场化改革也有类似经验。可见，自然垄断产业在市场化改革过程中，确实伴随着严重的企业职工的失业问题，对原国有企业职工权益造成了损害。

在中国，自然垄断产业改革也会带来就业问题。根据赵晓的估算，2002 年我国需就业的劳动力数量已达 1.77 亿人，相当于全部劳动力总数的 1/4。再加上各种企事业单位富余人员，我国需就业和再就业的劳动力就达到 1.97 亿人。假设今后我国的经济增长率为 8%，就业弹性系数为 0.13，则每年对劳动力的新增需求为 800 万。即，我国还将有 1.89 亿的劳动力处于失业或隐性失业的状态。未来 5 年造饭碗的压力相当于过去 50 年①。因此，自然垄断产业改革很可能会恶化原已紧张的就业矛盾，必

---

① 赵晓：《处于临界点的中国失业问题》，《证券时报》2002 年 6 月 21 日。

须予以恰当处理，否则将激发社会矛盾。

自然垄断产业改革后，还可能会拉大分配差距。伊丽莎白·布雷纳德（Elizabeth Brainerd，2000）曾建立计量经济模型，对俄罗斯大规模私有化后对职工工资和技能分布的影响进行了检验，其中得出的一条检验结果是，私有部门职工的工资离差明显高于国有部门和私有化后企业职工工资的离差，即收入的不均等在私有化的过程中更为常见。2003 年，英国人约翰·米尔斯在《一种批判的经济学史》中，利用充分的数据描述了 20 世纪后期，特别是经过私有化高潮洗礼后，实行福利制度的发达市场经济国家在财富和收入分配上的"退步"趋势。比较充分地显示了私有化（和私权）对于财富和收入分配发生负面影响的问题。

自然垄断产业改革还会涉及原国有企业职工权益保护问题。这个问题其实和就业问题密切相关。在过去中国国有企业改革中，有相当一部分国企职工被迫以提前退休、买断工龄的方式结束了自己的工作，他们被推向了社会，提前退休的员工尚可领取数量不多的退休金，但买断工龄的员工由于年龄偏大、工作技能单一等原因，没有实现再就业，成了失业大军中的一员。他们靠买断工龄的资金维持自己及家人的生活，很多人不得已从事个体经营。由于长期在国企工作，缺乏市场经验。很多人初涉市场，便亏得血本无归，一直生活在贫困的边缘。因此，如何切实保护自然垄断产业国有企业职工的合法权益在改革中不受侵害，也是自然垄断产业改革中必须注意的问题①。

在政府合法性信任的风险方面，因为自然垄断产业私有化失灵而导致政府合法性危机的事例在玻利维亚等拉丁美洲国家已出现过。2004 年，在科恰班巴（玻利维亚中西部城市）水业私有化 5 年后，水价升高，引起暴动。5 年前，此地开始了水业私有化运动。当时，在强大的舆论支持

---

① 参见国资委《五大原因导致国企改革职工权益受损》，2006 年 11 月 15 日，新华网。国资委负责人认为，国企改革过程中职工合法权益受到侵害主要有 5 个方面：一是由于部分企业改制不规范，包括改制程序不规范、不透明，方法简单，甚至搞"暗箱操作"；限时间、抢进度，不将企业改制方案或破产预案提交职代会审议；改制过程中未妥善处理拖欠职工的工资、集资款等。二是由于企业资产变现难。三是下岗失业人员再就业困难。四是一些厂办大集体企业停产半停产时间较长，职工因企业欠缴社会保险费，得不到失业、医疗保障，一些没参加基本养老保险或中断缴费的集体企业职工退休遇到很大困难。五是部分行业、企业拖欠职工工资。

下，产生了一个公司联盟，由美国加利福尼亚工程公司贝克特尔（Bech-tel）领导。在几周内就接管了该市的公用水务公司之后，贝克特尔使当地水价飞涨了 200%，这个价格当地的穷人根本不能承受。另外，玻利维亚埃尔阿托市（El Alto）及它的邻居拉巴斯市（La Paz）的水系统在 1997 年私有化了，当时世界银行把水业私有化作为向玻利维亚政府提供贷款的条件。私有化联盟同法国水业巨人苏伊士水务公司以及其他一些股东，包括世界银行一起控制了这里的水公司 Aguas del Illimani。埃尔阿托市的公众团体指控说，通过将外汇汇率同美元挂钩，Aguas del Illimani 自从被接管后将水价上涨了 35%。每年一个家庭为饮水及污水处理要支付 445 美元，也就是说，如果一个人拿的是最低保障工资，那么这已经超过了他 6 个月的总收入。起义组织者说，更为严重的是，这个公司使 20 多万人连一点水都得不到，因为它没有铺设足够多的水管以满足日益增长的市政需求。"没有水就没有生命，所以，事实上，这个公司正在剥夺埃尔阿托市市民的生命。"公众团体组织起来在 2005 年 1 月进行重大的公众行动，使用暴力手段重新掌管水务公司，除非玻利维亚政府取消同苏伊士的合同，并将埃尔阿托市的水务公司重新交回公众手中。5 年前科恰班巴的经历为这场新的水起义投下阴影，在当时的起义中，一名年仅 17 岁的少年死亡，100 多人受伤。该国政府和起义组织者（公众团体领导人）都说希望不是以暴力和政府镇压来解决这项新争端。科恰班巴的水业领袖们也在积极与同病相怜的埃尔阿托人进行联系。科恰班巴水起义的结果对苏伊士和它的合作者也是一个教训。贝克特尔被迫退出后，它和它的同道股东向世界银行操作的一个秘密贸易法庭，提起了一项针对玻利维亚政府的 2500 万美元的诉讼，诉讼请求远远超过了该公司投资的合理估价，引起了国际性的抗议（Jim Shultz, Pacific News Service, Nov. 24, 2004）。不仅如此，玻利维亚在 20 世纪八九十年代间开始实行全面私有化和自由市场经济，结果产生了富有的白人群体。在 1985 年，玻利维亚终于爆发严重的经济危机，通货膨胀率高达 25000%，民不聊生，政局动荡。其他一些拉美国家也出现这一问题。由于私有化改革而导致两极分化的结果是，社会出现动荡，群众抗争运动此起彼伏，如墨西哥的萨帕塔农民起义，巴西的无地农民运动，阿根廷的拦路者运动、敲锅运动，秘鲁、危地马拉、玻利维亚等国的反私有化运动，等等。

（五）规制风险

规制风险体现在：首先自然垄断产业改革造成规制改革的压力；其次，在改革背景下，可能造成规制的社会成本和规制失灵问题；最后，自然垄断产业改革还会加大"规制俘虏"的可能性。这些在前面的"自然垄断产业改革的规制模式"章节中已有详细的论述。

第三节　如何控制自然垄断产业改革的风险

由于风险的不确定性，实践中我们往往并不知道具体哪种风险会在自然垄断产业改革中出现。因此，关于自然垄断产业改革风险控制并没有标准的"药方"。一般而言，在缺乏稳定的社会、政治和经济环境，缺乏健全的法律和制度，以及改革成为某种政治目的附属的情况下，自然垄断产业改革便会面临很大的风险，消费者、产业或是国家（社会）都有可能遭受损失。特别是对于正在进行或是希望进行自然垄断产业改革的发展中国家来说，由于政治经济体制都还处在转型之中，自然垄断产业改革往往成为政府和利益集团获取收入以及满足政治利益的手段，因此改革的风险大大增加。为了有效地控制自然垄断产业改革的风险，一方面要在社会、政治和经济等宏观层面加强改革，努力为改革创造良好的外部条件，吸引投资，促进社会和经济发展，提升政府形象；另一方面，也要结合产业发展的技术和经济水平，以及传统的投资、规制和价格等方面的管理体制，分析改革面临的主要困难和约束条件，评估不同改革方案对消费者和企业等不同利益相关人的可能影响，并制订相应的应对计划。只有经过详细的风险分析，才能降低改革风险。自然垄断产业改革的简单化、盲目和短视，以及赋予自然垄断产业改革过多的目标，都将加大改革风险，甚至是导致改革的失败。

一　改革政府管理体制，健全相关的法律制度

改革政府管理体制，健全相关的法律框架。包括改革政府管理体制中那些无法适应经济发展的地方，如部门利益主导、官僚作风、严格的审批程序，等等；同时，健全与自然垄断产业改革相关的法律，如国有企业管理、投资和价格监管等方面的法规。

（一）建立相对独立的规制机构

相对独立的规制机构包括既（相对）独立于政府，又独立于企业。由于自然垄断产业的垄断性和社会公益性，其投资、价格决策往往受社会、经济环境影响。由于政府领导人的决策往往是为了平息社会公众的不满，或是获得政治上的支持，并不能导致合理科学的改革决策。而独立规制机构由于具有技术、管理上的优势，在改革方案制订和监管方面更有效率。独立的规制机构有利于公平有效地协调消费者和企业的利益冲突，从而制订一个考虑所有利益相关人的改革方案。同时，独立的规制机构还可以维持和建立一个明确改革后民营（私营）企业必须达到的目标的可靠监管框架，确保公平和有意义的竞争。在选择可能的市场参与者时，独立规制机构也可以确保一个竞争性的、透明的投标过程，挑选真正有效率的企业来经营。最后，在企业违反改革计划所确定的合同业绩时，独立规制机构也可以在必要时实施处罚。

（二）加强政治决策的透明和可问责性

自然垄断产业改革决策往往是官员的政治行为。必须保证这种政治决策的合法性、透明性和可问责性。新制度经济学的委托—代理理论将政府官员视为民众行使权力的主要代理人，而民众是权力的最终所有人，是委托者。在这种委托—代理关系中，客观上存在着信息不对称的情形，官员们可能为了自身利益的最大化，通过不易察觉的隐秘手段，作出损害公众利益的行为。为了确保官员能够与公众进行良好的沟通并真正按照公众的意愿行事以实现公共利益的最大化，必须建立激励驱动与责任追究相辅相成的机制，使政府行为得到有效的激励、约束和规范。

（三）改革决策机制，明确责任主体

过去很多自然垄断产业一直是中央政府负责的。由于中央政府财力有限，只能是采取平均分配或是配给制的方式来配置有限的财政投资，因此阻碍了产业的发展；而且由于不了解信息，在管理方面也是鞭长莫及。很多自然垄断产业，如供水、能源和城市交通往往具有消费和生产的区域性。20世纪70年代以来，很多发展中国家开始把供水等自然垄断产业投资职责从中央政府转移到地方政府。这种决策机制和责任主体的划分会带来一个问题，即如何平衡中央政府和地方政府在投资和收益方面的职责。Bardhan和Mookherjee（2000，2003）研究发现，在地方政府负责情况下，以及在使用者付费情况下，供水等基础设施更有效率，可以减少腐败。也有很多学者的研究发现，在地方政府负责供水等基础设施时，增加了投资（Estache and Sinha, 1995；Fisman and Gatti, 2002；Faguet, 2004）。因此，自然垄断产业改革应由地方政府主导，并负责其投资、建设和管理，决定价格等，而中央政府则负责全局或跨区事宜，如制定标准、法律等。

（四）有效界定改革的目标

一般来说，政府对垄断产业进行改革的目标主要有两个：效率目标和社会公平目标。由于不同利益集团的影响，改革只能是在效率目标和公平目标之间取得一定的平衡。自然垄断产业改革的目标就是要通过改革促进产业发展，从而提高所有利益相关人的福利。防止改革目标过分保护企业利益而损害了消费者。另外，在有限的政策工具选择下和有限的时间期限内，改革的目标太多，是不可能实现的，太多的期望和目标要求往往相互制约，甚至互相阻碍。

（五）防止改革中的腐败

自然垄断产业改革过程中会产生腐败的机会。例如，在自然垄断产业的私有化改革中，在改革方案的制订和改革方法的准备，到招投标、履行合同以及规制过程中，都有可能出现腐败。为了有效地防止腐败，必须从改革一开始就增加全过程的透明度，关于改革的所有讨论和咨询都应该向社会公众开放，并允许所有的利益相关人以及非政府组织参加。

二　完善改革的配套经济政策

自然垄断产业改革的成功离不开配套经济政策的支持。一般来说，自然垄断产业改革不能同时兼顾企业和消费者的合理利益需求，因此在特定改革阶段就必须对利益受损的一方进行补偿，如税收和财政政策支持。由于税收法律的限制，税收减免政策在很多情况下很可能无法实施。这时，通过财政补贴企业或消费者就是必需的。对于自然垄断产业采取民营化（私有化）改革方式而言，这里就有一个问题，即自然垄断产业（特别是供水等基础设施产业）产品的提供到底是应该政府负担（通过税收，国有企业）还是使用者付费（私有化）？政府负担由于资金有限，因此发展缓慢。但如果提高价格，让使用者付费的话，会影响到贫困人群的消费。由于供水等基础设施产品是公共物品，世界银行认为是人的基本权利，使用者付费将造成消费者在获得供水等基础设施产品方面的鸿沟，加剧社会分裂。另外，使用者付费对于消费者来说还有一个负担能力问题。世界卫生组织（WHO，2005）认为，居民家庭在供水和卫生设施方面的支出不应该超过其收入的 5%（供水 3.5%），供电等能源为 4%—6% 左右，贫困家庭在基础设施方面支出不应超过 15%。但是实际上很多发展中国家在民营化（私有化）改革后都加重了消费者负担。这个问题在自然垄断产业发展历史中一直是存在的。在 20 世纪 90 年代，很多国家支持私有化改革，对效率的关注超过了社会公平问题。但是最近世界银行（2006）的研究认为，自然垄断产业私有化改革一般来说提高了效率，但是消费者并未分享到改革的收益，特别是最贫穷的消费者。因此，必须对改革中受损的消费者进行补偿。对于受影响的贫困消费者来说，自然垄断产业改革要解决两个问题：一是增加自然垄断产业的普及率问题，让更多的消费者能得到产品和服务；二是如何解决负担能力问题。在解决普及率问题方面，可以采取要求运营商解决普及率问题（普遍服务义务），或是降低提供服务的成本（交叉补贴或是针对贫困人群的直接价格补贴），或是增加一些供应商，这样一些贫穷的消费者选择质量较低的供应商；在解决消费者的负担能力问题方面，可以采取对贫困人群的免费供给或是对贫困人群的价格补贴或交叉补贴。

另外，作为自然垄断产业改革配套经济政策，必须建立一个有效的公共资源的价格机制和分配机制，防止企业过度使用土地、水资源、频谱资源、号码资源等公共资源，避免外部性。

通过建立有效的监管机制和反垄断政策，防止自然垄断转为私人垄断。

三　加强公共监督

公共监督是自然垄断产业改革成功的保障。只有将自然垄断产业改革置于"阳光"之下，才能避免改革中可能出现的问题。公共监督包括以下几个方面：一是加强政府行为监督，可以通过执政党监督、国家权力机关监督、国家司法机关监督、人民政协及民主党派监督。二是加强公民社会建设。随着市场经济的发展和公民财富的增加，以及独立、多元经济主体的成长和壮大，独立人格和公民社会正在逐步发育形成，中国公民开始越来越强烈地、自觉地维护自己的权利。三是媒体监督。媒体监督由于其自身所特有的开放性与广泛性，在监督政府行为和企业行为方面起到举足轻重的作用。媒体有职责和义务为公众监督政府、报道政府决策，并揭露决策阶层可能发生的问题。四是非政府组织监督。五是消费者监督。

第四节　对中国自然垄断产业改革的建议

鉴于自然垄断产业改革在理论上一直存在争论，在国外改革实践上也没有可以借鉴的统一模式，因此，为了我国自然垄断产业改革的顺利进行，必须对改革的前提、过程和可能后果都进行分析，详细评价改革的收益和成本，并对可能导致改革出现失误的因素和环境特点进行分析，以降低和防范自然垄断产业改革的风险。

一　自然垄断产业改革应由相对独立的综合机构统一进行

在我们过去的改革中，一直是以解决短缺为首要目的，因此改革的重点是以企业发展为主。这种改革思路对消费者方面考虑不足。而且由于很多基础设施产业往往是政企合一，改革方案大多是改革对象自己决定的。对于改革方案、改革过程和改革后果等方面，往往缺乏相应的规制。任何改革都是一种制度变迁，一个有效的制度安排必须考虑所有利益相关人的利益诉求并取得平衡，否则，这种制度并不是可执行的。由于缺乏规制，我国自然垄断产业改革往往缺少这种利益的博弈和平衡过程。从目前的改革进展看，由于短缺的存在，以企业为中心的改革是必然的选择。但是对于自然垄断产业改革来说，改革方案的制订、出台和执行应该由一个综合的规制机构统一进行。目前国家发改委具有改革方案和价格审批方面的规制职能，相关的主管机构则负责改革方案的制订和实施。这种分散的改革决策和执行体制不能适应目前的要求。总体来看，发改委由于距离自然垄断产业改革"太远"而无法实现其相应的规制连贯性和有效性；而相应的主管机构由于距离自然垄断产业改革"太近"而无法实现其相应的规制独立性。为了加强规制，可以考虑设立像美国一样的公用事业规制体制。在各省的层面设立公用事业规制委员会，专门负责所辖区域内的自然垄断产业规制问题，而国家发改委或是相应的国家主管机构则负责技术层面以及全国和省际协调等方面的规制事宜。这种公用事业委员会的组成可以参考委员会制，也可以通过重组各省发改委和主管机构组成。无论哪种方式，必须先通过法律界定相应的职能。

二　坚持"总体同步配套，渐进分步实施"原则

中国自然垄断产业改革的目标模式，既不能简单冠以"民营化"，也不能完全理解为"放松规制"，更不能为引进竞争机制而"一拆了之"。在面临国情、基本政治经济制度、产业技术经济特征、社会历史文化等众多约束条件下，我们认为，以"市场化"来概括中国自然垄断产业改革的目标模式是比较恰当的。市场化改革要求中国自然垄断产业改革应该在产权模式、治理模式、竞争模式、运营模式、价格模式以及规制模式等方面进行系统设计，同时在改革速度和次序上采取平稳过渡的渐进方式，即"总体同步配套，渐进分步实施"的整体渐进式的改革思路和路径，同时有效控制改革中的各种风险，确保改革达到预期目标。

为此，我们要预先制订好详细的综合改革方案，方案必须考虑所有可能的后果，避免反复。由于自然垄断产业改革涉及国家、部门和消费者等多个利益主体，异常复杂和艰难，改革必须兼顾方方面面。因此，必须事先进行周密研究和论证再提出综合改革计划和配套措施，并对可能引发的关联效应和震动设计综合预案和配套措施，做到未雨绸缪，避免头痛医头，脚痛医脚，或是因某项改革遇挫而全盘后退的改革反复。

三　构建自然垄断产业改革的利益均衡博弈机制

对于广大消费者而言，目前反映最大的是很多自然垄断产业一改就涨价。在目前我国的经济条件下，首先还是发展问题，要解决短缺约束。因此往往是投资人和企业起主导作用。这种改革状况实际上使得企业的利益在改革中优先于广大消费者的利益。随着我国经济的发展和经济体制改革的深化，在下阶段的改革中，我们不仅要解决短缺问题，还需要通过进一步的改革来深化和推进我国自然垄断产业体制。尽管以企业发展优先的做法对整体社会福利没有影响，但是却造成社会分配的不公平问题，容易激起广大消费者的不满情绪。因此要通过有效规制来防止自然垄断产业改革对不同利益相关者的消极影响，特别是改革方案的出台要充分听取社会公众，特别是消费者的意见，并在改革方案中反映社会公众的利益诉求。因此在下阶段的自然垄断产业改革过程中，必须健全各个社会群体充分表达利益诉求并合理博弈的机制。一方面要建立制度化、规范化、程序化、公开、透明、公正的利益表达机制和决策参与机制；另一方面要实现利益调控制度化、制度建设民主化、民主制度程序化、民主程序法治化。要在制度层次上形成科学有效的利益协调机制、诉求表达机制、矛盾调处机制、权益保障。

四　加强配套改革和制度环境塑造

要加强配套改革和制度环境塑造，特别是市场准入控制、价格和质量监管、改革风险评价和控制等。同时，要考虑改革带来的社会分配问题，建立对低收入消费者的财政补贴机制。

参 考 文 献

一、英文文献

1. Agenor, P. R. and B. Moreno – Dodson, 2006, "Public Infrastructure and Growth: Newchannels and Policy Implications", *Policy Research Working Paper Series* 4064, The World Bank.

2. Albala – Bertrand, J. and E. Mamatzadakis, 2004, "The Impact of Public Infrastructure on the Productivity of the Chilean Economy", *Review of Development Economics*, 8 (2), pp. 266 – 278.

3. Andres, L., J. Guasch and S. Straub, 2007, *"Does Regulation and Institutional Design Matter for Infrastructure Sector Performance?"* The World Bank, Washington D. C., Processed.

4. Armstrong, M., 1998, "Network Interconnection in Telecommunications", *Economic Journal*, Vol. 108, pp. 545 – 564.

5. Armstrong, M., 2002, "The Theory of Access Pricing and Interconnection", *in Handbook of Telecommunications Economics*: Volume I, ed. by M. Cave, S. Majumdar, and I. Vogelsang. North – Holland, Amsterdam.

6. Armstrong, M., and J. Vickers, 1998, "The Access Pricing Problem With Deregulation: A Note", *Journal of Industrial Economics*, 46 (1), pp. 115 – 121.

7. Armstrong, M., C. Doyle, and J. Vickers, 1996, "the Access Pricing Problem: A Synthesis", *Journal of Industrial Economics* 44, pp. 131 – 150.

8. Armstrong, M., S. Cowan, and J. Vickers, 1994, *Regulatory Reform: Economic Analysis and British Experience*, MIT Press, Cambridge, MA.

9. Averch, H. and L. Johnson, 1962, "Behavior of the Firm Under Regulatory Constraint", *American Economic Review*, 1962, 52, pp. 1052

- 1068.

10. Bailey, E. E. , Graham. D. R. and Kaplan, D. P. , 1985, *Deregulation the Airlines*, Cambridge, Mass: MIT Press.

11. Baumol, W. , J. Panzar, and R. Willig, 1982, Contestable Markets and the Theory of Industry Structure. Harcourt Brace Jovanovich, Inc. , New York.

12. Bertolini, L. 2006, "How to Improve Regulatory Transparency", PPIAF Gridlines Note No. 11. Available at http: //www. ppiaf. org/.

13. Biglaiser, G. , and M. Riordan, 2000, "Dynamics of Price Regulation", *Rand Journal of Economics*, 31 (4), pp. 744 - 767.

14. Boccanfuso et al. 2006, "*Water sector reform in Senegal: An Interpersonal Andinterregional Distributional Impact Analysis*". The World Bank, Washington D. C, Processed.

15. Bougheas, S. , P. Demetriades, and T. Mamuneas, 2000, "Infrastructure, Specialization and Economic Growth", *Canadian Journal of Economics*, Vol. 33, No. 2.

16. Braeutigam, R. R. and Noll, R. G. , 1984, The Regulation of Surface Freight Transportation: The Welfare Effects Revisited, *Review of Economics and Statistics*, Vol. 66, pp. 80 - 87.

17. Brenneman A. , 2002, "*Infrastructure and Poverty Linkages: A Literature Review*", The World Bank, Washington D. C. .

18. Brunetti, A. , G. Kisunko and B. Weder, 1997, How Businesses See Government, IFC Discussion Paper No. 33.

19. Brunetti, A. , G. Kisunko and B. Weder, 1997, Institutional Obstacles to Doing Business, World Bank Policy, Research Paper.

20. Caillaud, B. 1990, "Regulation, Competition, and Asymmetric Information", *Journal of Economic Theory*, 52 (1), pp. 87 - 110.

21. Calderon C. and Serven, L. , 2004, "The Effects of Infrastructure Development on Growthand Income Distribution", *World Bank Policy Research Working Paper No.* 3400, The World Bank, Washington D. C. .

22. Campos, J. , A. Estache, N. Martin, and L. Trujillo, 2003,

"*Macroeconomic Effects of Private Sector Participation in Infrastructure*", in Easterly, W. and L. Serven, *The Limits of Stabilization*, Stanford University Press, Stanford.

23. Canning, D. and P. Pedroni, 2004, "The Effect of Infrastructure on Long Run Economic Growth", The World Bank, Washington D. C. , Processed.

24. Caves, D. W. , L. R. Christensen and J. A. Swanson, 1981, Productivity Growth, Scale Economies and Capacity Utilization in U. S. Railroads: 1955 – 1974, *American Economic Review*, 71: pp. 994 – 1002.

25. Chisari. Omar, Estache. Antonio and Romero. Carlos, 1997, Winners and Losers from Utility Privatization in Argentina: Lessons from a General Equilibrium Model, Policy Research Working Paper Series 1824, The World Bank.

26. Clarkson. Kenneth, W. , Roger L. Miller, 1982, *Industrial Organization: Theory, Evidence and Public Policy*, McGraw – Hill Book Company.

27. Conway, P. , V. Janod, and G. Nicoletti, 2005, Product Market Regulation in OECD Countries, 1998 to 2003, OECD Economics Department Working Paper, No. 419.

28. Cowan, S. , 1997b, "Tight Average Revenue Regulation Can be Worse than No Regulation", *Journal of Industrial Economics*, 45 (1), pp. 75 – 88.

29. Cremer, H. , F. Gasmi, A. Grimaud and J. J. Laffont, 2001, "Universal Service: an Economic Perspective Overview", *Annals of Public and Cooperative Economics*, Vol. 72, No. 1.

30. Crew, M. , and P. Kleindorfer, 2002, "Regulatory Economics: Twenty Years of Progress?" *Journal of Regulatory Economics*, 21 (1), pp. 5 – 22.

31. Curien, N. , B. Jullien, and P. Rey, 1998, "Pricing Regulation under Bypass Competition", *Rand Journal of Economics*, 29 (2), pp. 259 – 279.

32. Dalen, D. , M. 1998, "Yardstick Competition and Investment Incentives", *Journal of Economics and Management Strategy*, 7 (1), pp. 105 – 126.

33. Duggal, V. , C. Saltzman and L. Klein. , 2006, "Infrastructure and Productivity: An Extension to Private Infrastructure and IT Productivity", *Journal of Econometrics* 10: 1016.

34. Eberhard, A. , 2007, Matching Regulatory Design to Country Circumstances, Grid Lines, Note No. 23, May, PPIAF.

35. Economides, N. and White J. , 1995, "Access and Interconnection Pricing: How Efficient is the 'Efficient Component Pricing Rule'?" Antitrust Bulletin, Vol. XL, No. 3, pp. 557 - 579.

36. Effects of Surface Freight Deregulation, Brookings Institution, Washington, D. C. .

37. Estache, A. and M. E. Pinglo, 2005, "Are returns to Public - Private Infrastructure Partnerships in Developing Countries Consistent with Risks since the Asian Crisis", *Journal of Network Industries.*

38. Estache, A. and Q. Wodon, 2007, "*Infrastructure and Poverty in Africa*", The World Bank, Washington D. C, Processed.

39. Estache, A. and R. Munoz. 2007, "*Building Sector Concerns into Macroeconomic Financial Programming: Lessons from Senegal and Uganda*", The World Bank, Washington D. C. , Processed.

40. Fay, M. and T. Yepes, 2003, "Investing in Infrastructure: What is needed from 2000 - 2010", *World Bank, Policy Research Working Paper*, 3102.

41. Fernald, J. , 1999, "Roads to Prosperity? Assessing the link between Public Capital and Productivity", *The American Economic Review*, June 1999, 89 (3), pp. 619 - 38.

42. Foster, V. and T. Yepes, 2006, "Is Cost Recovery a Feasible Objective for Water and Electricity? The Latin American Experience", *World Bank, Policy Research Papers*, No. 3943, Washington, D. C. , 37.

43. Gassner, K. , A. Popov and N. Pushak, 2007, "*An Empirical Assessment of Private Participation in Electricity and Water Distribution in Developing and Transition Economies*", The World Bank, Washington D. C. , Processed.

44. Ghosh Banerjee, S. , 2006, "Decentralization's Impact on Private sector Participation in Infrastructure Investment in Developing Countries", The World Bank, Washington D. C. , Processed.

45. Gilbert, R. , and D. Newbery, 1994, "The Dynamic Efficiency of Regulatory Constitutions", *Rand Journal of Economics*, 25 (4), pp. 538 - 554.

46. Gomez – Ibanez, J. A. , 2006, *"Alternatives to Privatization Revisited : The Options for Infrastructure"*, Infrastructure Vice Presidency, The World Bank, Washington D. C. , Processed.

47. Gramlich, E. M. , 1994, "Infrastructure Investment : A Review Essay", *Journal of Economic Literature* 32 : 1176 – 1196.

48. Guasch, J. Luis & Hahn, Robert W. , 1999, *The Costs and Benefits of Regulation : Implications for Developing Countries*, World Bank Research Observer, Oxford University Press, Vol. 14 (1), pp. 137 – 158.

49. Guasch, J. Luis, 1996, Lessons for Port Reforms, in New Port Policies in Latin America and Caribbean, eds. , J. L. Guasch and Leandre Amargos, New Press, Barcelona, Spain.

50. Guasch, J. L. , 2004, *"Granting and Renegotiating Infrastructure Concessions : Doing it Right"*, WBI Development Studies, The World Bank, Washington D. C. .

51. Hank Intven, ed. , Telecommunication Regulation Handbook, infoDev, World Bank Group, Washington, 2000; free from www. infodev. org/ projects/314regulationhandbook, access date : March 26th, 2002.

52. Hausman, J. , 2000, "Mobile Telephone", in M. Caves, S. Majumdar, and I. Vogelsang, eds. , *Handbook of Telecommunications Economics*, Amsterdam, North – Holland Publishers, Forthcoming.

53. Hausman, J. , and T. Tardiff, 1995, Efficient Local Exchange Competition, Antitrust Bulletin, Fall, pp. 529 – 556.

54. Hurlin, C. , 2006, "Network Effects of the Productivity of Infrastructure in Developing Countries", *Policy Research Working Paper Series* No. 3808, The World Bank, Washington D. C. .

55. Iossa, E. , and F. Stroffolini, 2002, "Price Cap Regulation and Information Acquisition", *International Journal of Industrial Organization*, 20 (7), 1013 - 1036.

56. Jacoby, H. G. , 2000, "Access to Markets and The benefits of Rural Roads", *Economic Journal*, 100, July, pp. 717 – 737.

57. Kahn, A. , 1971, The Economics of Regulation: Principles and Institutions, Vols. 1 and 2, New York: Wiley, Reprinted Cambridge, MA: MIT Press, 1988.

58. Kamps, C. , 2005, "Is There a Lack of Public Capital in the European Union?" *European Investment Bank Papers*, Vol. 10, No. 1, pp 73 – 93.

59. Kariuki, M. , and J. Schwartz, 2005, "Small – Scale Private Service Providers of Water Supply and Electricity: A Review of Incidence, Structure, Pricing, and Operating Characteristics", *World Bank Policy Research Working Paper* 3727, The World Bank, Washington, D. C. .

60. Kenneth E. Train, 1991, Optimal Regulation – The Economic Theory of Natural Monopoly, The MIT Press, Cambridge, M. A. .

61. Kenny, C. , 2007, "Infrastructure Governance and Corruption: Where next ?" Policy Research Working Paper Series 4331, The World Bank.

62. Kridel, D. , D. Sappington, and D. Weisman, 1996, "The Effects of Incentive Regulation in the Telecommunications Industry: A Survey", *Journal of Regulatory Economics*, 9 (3), pp. 269 – 306.

63. Laffont, J. J. , 2005, "*Regulation and Development*", Cambridge University Press.

64. Laffont, J. – J. , and J. Tirole (1993a), "Cartelization by Regulation", *Journal of Regulatory Economics*, 5 (2), pp. 111 – 130.

65. Laffont, J. – J. , and J. Tirole, 1991a, "The Politics of Government Decision – Making: A Theory of Regulatory Capture", *Quarterly Journal of Economics*, 106 (4), pp. 1089 – 1127.

66. Laffont, J. –J. , and J. Tirole, 1991b, "Privatization and Incentives", *Journal of Law, Economics, and Organization*, 7 (3), pp. 84 – 105.

67. Laffont, J. – J. , and J. Tirole, 1996, "Creating Competition through Interconnection: Theory and Practice", *Journal of Regulatory Economics*, 10 (3), pp. 227 – 256.

68. Laffont, J. – J. , P. Rey and J. Tirole, 1998a, "Network Competi-

tion I: Overview and Non – discriminatory Pricing", *Rand Journal of Economics* 29 (1): pp. 1 – 37.

69. Laffont, J. – J. , P. Rey and J. Tirole, 1998b, "Network Competition II: Price Discrimination", *Rand Journal of Economics* 29 (1): pp. 38 – 56.

70. Laffont, Jean – Jacques, 1994, "The New Economics of Regulation Ten Years After", *Econometrica*, 62, pp. 507 – 538.

71. Lall, S. and Wang, 2006, "Improving the Development Impact of Infrastructure, Proposal for a Research Program Grant on Infrastructure", The World Bank, Washington D. C, Processed.

72. Lapuerta, C. , and W. Tye, 1999, "Promoting Effective Competition through Interconnection Policy", Telecommunications Policy, 23 (2), pp. 129 – 145.

73. Lee, S. – H. , 1997a, "A Note on Regulating a Multiproduct Monopolist", *Journal of Regulatory Economics*, 12 (3), pp. 311 – 318.

74. Lee, S. – H. , 1997b, "A Note on Regulating Oligopolistic Industries", *Journal of Regulatory Economics*, 12 (1), pp. 91 – 97.

75. Lehman, D. , and D. Weisman, 2000, "The Political Economy of Price Cap Regulation", *Review of Industrial Organization*, 16 (4), pp. 343 – 356.

76. Levy, B. , and P. Spiller, 994, "The Institutional Foundations of Regulatory Commitment: A Comparative Analysis of Telecommunications", *Journal of Law and Economics and Organization*, 10 (2), pp. 201 – 246.

77. Lewis, T. , and D. Sappington, 1999, "Access Pricing With Unregulated Downstream Competition", *Information Economics and Policy*, 11 (1), pp. 73 – 100.

78. Lokshin, M. & Yemtsov, R. , 2005, "Who bears the cost of Russia's Military Draft?" *World Bank Policy Research Working Paper Series* 3547, World Bank, Washington D. C..

79. Mandy, D. . 2000, "Killing the Goose that Laid the Golden Egg: Only the Data Know Whether Sabotage Pays", *Journal of Regulatory Economics*, 17 (2), pp. 157 – 172.

80. Mandy, D. , and D. Sappington, 2003, "Incentives for Sabotage in

Vertically – Related Industries", Mimeo, University of Missouri.

81. Meyer, J. R. and Ostar, C. V. Jr. (eds), 1984, Deregulation and the New Airline Entrepreneurs, Cambridge, Mass: MIT Press.

82. Morrison, S. and Winston, C, 1986, The Economics Effects of Airline Deregulation, Washington, D. C. : Brookings Institution.

83. Navarro, P. (1996), "Electric Utilities: the Argument for Radical Deregulation", *Harvard Business Review*, Vol. 73, No. 1, pp. 112 – 125.

84. OECD, 1997, OECD Report on Regulatory Reform, OECD, Paris.

85. OECD, 2000, Businesses' Views on Red Tap: Administrative and Regulatory Burdens on Small and Medium – sized Enterprise, OECD.

86. Peltzman, Sam, 1976, "Toward a More General Theory of Regulation", *Journal of Law and Economics*, 19, pp. 211 – 240.

87. Posner, R. A. , 1974, "Theories of Economic Regulation", *Bell Journal of Economics*, 5, pp. 335 – 358.

88. Rohlfs. , J. , Jackson, C. and Kelley, T. , 1991, Estimation of the Loss to the US caused by the FCC's Delay in Licensing Cellular Telecommunications. National Economic Research Associates, Washington, D. C. , November.

89. Roller, L. H. and L. Waverman, 2001, "Telecommunications Infrastructure and Economic Development: A simultaneous Approach", *The American Economic Review*, Vol. 91, No. 4, pp. 909 – 923.

90. Salant, D. , 2000, "Auctions and Regulation: Reengineering of Regulatory Mechanisms", *Journal of Regulatory Economics*, 17 (3), pp. 195 – 204.

91. Sappington, D. , 1994, "Designing Incentive Regulation", *Review of Industrial Organization*, 9: pp. 245 – 272.

92. Schmalensee, R. and R. Willig ed. , 1989, Handbook of Industrial Organization: Volume I & II, North Holland, Amsterdam.

93. Shaked, A. and Sutton, J. , 1983, "Natural Oligopolies", *Econometrica*, Vol. 51, pp. 1469 – 1483.

94. Sharkey, W. W. , 1982, The Theory of Natural Monopoly, Cambridge: Cambridge University Press.

95. Spence, M. , 1975, "Monopoly, Quality, and Regulation", Bell Journal of Economics, 6 (2), pp. 417 – 429.

96. Spulber, D. and J. G. Sidak, 1997, "Network Access Pricing and Deregulation", Industrial and Corporate Change 6: pp. 757 – 782.

97. Stigler, G. J. and C. Friedland, 1962, What Can Regulators Regulate? The Case of Electricity, Journal of Law and Economics Vol. 5 (1): pp. 1 – 16.

98. Stigler, G. J. , "The Theory of Economic Regulation", Bell Journal of Economics, 1971, 2, pp. 3 – 21.

99. Stigler, George J. , 1971, The Theory of Economic Regulation, Bell Journal of Economics, Vol. 2 (1): pp. 3 – 21.

100. Stiglitz, Joseph E. , 1999, "Wither Reform? Ten Years of the Transition", Paper Prepared for Annual Bank Conference on Development Economics, Washington D. C. , World Bank, April 1999, pp. 28 – 30.

101. Straub, S. and C. Vellutini, 2006, "Assessment of the Effect of Infrastructure on Economic Growth in the East Asia and Pacific Region", The World Bank, Washington D. C. , Processed.

102. Taylor, W. E and L. D. Taylor, 1993, Post Divestiture Long – distance Competition in the U. S. American Economic Review, Vol. 83, No. 2, pp. 185 – 190.

103. Ugaz, C. and C. Waddams Price, 2003, "Utility Privatization and Regulation: A Fair Deal for Consumers?" Edward Elgar: Cheltenham.

104. Valetti, T. M. , 1999, "the Practice of Access Pricing: Telecommunications in the United Kingdom", Utilities Policy, Vol. 8, No. 2, pp. 83 – 98.

105. Vickerman, R. K. Spiekermann and M. Wegener, 1999, "Accessibility and Economic Development in Europe", Regional Studies 33 (1): pp. 1 – 15.

106. Viscusi, V. Kip, John M. Vernon, and Joseph E. Harrington, Economics of Regulation and Antitrust, Cambridge, Mass. : MIT Press, 2001.

107. Vogelsang, I. , 2002, "Incentive Regulation and Competition in Public Utility Markets: A 20 – Year Perspective", Journal of Regulatory Economics, 22 (1), pp. 5 – 28.

108. Weisman, D. 1998, "The Incentive to Discriminate by a Vertically – Integrated Firm: A Reply", *Journal of Regulatory Economics*, 14 (1), pp. 87 – 91.

109. William H. Melody, ed., Telecom Reform—Principles, Policies and Regulatory Practices, Technical University of Denmark, 1997; Reprinted by Schultz Docucenter, Denmark, 2001; free from www. lirne. net/library/ TelecomReform/pdf, access date: March 24th, 2002.

110. Willig, R. D and W. J. Baumol, 1987, Using Competition as a Guide [J], *Regulation*, 1987, (1): pp. 28 – 35.

111. Winston, Clifford, Thomas M. Corsi, Curtis M. Grimm and Carol Evans (1990), *The Economics*.

112. Winston, Clifford, 1998, U. S. Industry Adjustment to Economic Deregulation, *Journal of Economic Perspectives*, Vol. 12 (3), pp. 89 – 110.

113. Winston, Clifford, 1993, Economic Deregulation: Days of Reckoning for Microeconomists, *Journal of Economic Literature*, Vol. 31 (3): pp. 1263 – 1289.

114. World Bank. 2005a., *Global Monitoring Report* 2005: *Millennium Development Goals – From Consensus to Momentum*. The World Bank, Washington, D. C., Available at http://www. worldbank. org/reference/.

115. World Bank, 2005b, "*Mexico: Infrastructure Public Expenditure Review*", Report No. 33483 – MX, The World Bank, Washington D. C., Available at: http://www. world bank. org/reference/.

116. World Bank, 2007, "*Argentina: Infrastructure for Growth and Poverty Alleviation.*" The World Bank Washington DC, Processed.

二、中文著作

1. ［比］热若尔·罗兰：《转型与经济学》，北京大学出版社 2002 年版。

2. ［德］魏伯乐等主编：《私有化的局限》，上海三联书店、上海人民出版社 2006 年版。

3. ［法］让·雅克·拉丰、让·泰勒尔：《电信竞争》，人民邮电出版社 2001 年版。

4. ［美］E. S. 萨瓦斯：《民营化与公私部门的伙伴关系》，中国人民大学出版社 2002 年版。

5. ［美］Geoffrey Rothwell 等：《电力经济学：管制与放松管制》，中国电力出版社 2007 年版。

6. ［美］W. Kip Viscusi 等：《反垄断与管制经济学》第 3 版，机械工业出版社 2004 年版。

7. ［美］丹尼尔·F. 史普博：《管制与市场》，上海三联书店、上海人民出版社 1999 年版。

8. ［美］杰弗里·法兰克尔等编：《美国 90 年代的经济政策》，中信出版社 2004 年版。

9. ［美］卡尔·夏皮罗等：《信息规则：网络经济的策略指导》，中国人民大学出版社 2000 年版。

10. ［美］刘易斯·卡布罗：《产业组织导论》，人民邮电出版社 2002 年版。

11. ［美］马丁·费尔德斯坦主编：《20 世纪 80 年代美国经济政策》，经济科学出版社 2000 年版。

12. ［美］迈克尔·波特：《国家竞争优势》，华夏出版社 2002 年版。

13. ［美］默里·韦登鲍姆：《全球市场中的企业与政府》第 6 版，上海三联书店、上海人民出版社 2002 年版。

14. ［美］钱德勒：《企业规模经济与范围经济》，中国社会科学出版社 1999 年版。

15. ［美］萨莉·亨特：《电力市场竞争》，中信出版社 2004 年版。

16. ［美］萨缪尔森等：《经济学》上册，首都经济贸易大学出版社 1996 年版。

17. ［美］施蒂格勒：《产业组织和政府管制》，上海三联书店、上海人民出版社 1996 年版。

18. ［美］斯蒂芬森：《美国的交通运输》，人民交通出版社 1990 年版。

19. ［美］斯蒂格里茨：《经济学》，中国人民大学出版社 1997 年版。

20. ［美］斯蒂格里茨：《喧嚣的九十年代》，中国金融出版社 2005 年版。

21. ［美］唐纳德·J. 鲍尔索克斯等：《物流管理——供应链过程的一体化》，机械工业出版社 1999 年版。

22. ［美］西蒙·哈奇姆等编：《运输业的民营化》，经济科学出版社 2004 年版。

23. ［美］约翰·伊特韦尔等编：《新帕尔格雷夫经济学大辞典》，经济科学出版社 1996 年版。

24. ［美］约瑟·A. 戈曼兹－伊伯尼兹等：《走向民营化——交通运输业民营化的国际经验》，中国铁道出版社 2000 年版。

25. ［日］日本经济新闻社编：《轻薄短小的时代》，台湾林元辉译，中国友谊出版公司 1985 年版。

26. ［日］植草益等：《日本的产业组织——理论与实证的前沿》，锁箭译，经济管理出版社 2000 年版。

27. ［日］植草益：《微观规制经济学》，中国发展出版社 1992 年版。

28. ［英］戴维·M. 纽伯里：《网络型产业的重组与规制》，人民邮电出版社 2002 年版。

29. ［英］卡布尔主编：《产业经济学前沿问题》，中国税务出版社 2001 年版。

30. ［英］约翰·穆勒：《政治经济学原理》上、下卷，商务印书馆 1991 年版。

31. 白让让：《边缘性进入与二元管制放松》，上海三联书店 2006 年版。

32. 财经杂志编辑部编：《管制的黄昏——中国电信业万亿元资产重组实录》，社会科学文献出版社 2003 年版。

33. 陈富良等：《企业行为与政府规制》，经济管理出版社 2001 年版。

34. 陈佳贵等主编：《中国国有企业改革与发展研究》，经济管理出版社 2000 年版。

35. 陈佳贵：《经济改革发展中的若干重大问题研究》，社会科学文献出版社 2006 年版。

36. 陈甫军：《从计划到市场：中国经济改革道路的选择》，福建人民出版社 1999 年版。

37. 迟福林主编：《处在十字路口的中国基础领域改革》，中国经济出版社 2004 年版。

38. 仇保兴等：《中国市政公用事业监管体制研究》，中国社会科学出版社 2006 年版。

39. 杜钢建：《政府职能转变攻关》，中国水利水电出版社 2005 年版。

40. 郭树清：《整体的渐进》，经济科学出版社 1998 年版。

41. 国家电力监管委员会编：《南美洲、亚洲、非洲各国电力市场化改革》，中国水利水电出版社 2006 年版。

42. 国家电力监管委员会编：《欧洲、澳洲电力市场》，中国电力出版社 2005 年版。

43. 国家工商行政管理总局外事司编著：《国家工商行政管理总局竞争领域对外交流与合作》（1995—2005），中国工商出版社 2006 年版。

44. 国家统计局编：《中国大企业集团》（2000），中国统计出版社 2001 年版。

45. 国家统计局编：《中国工业经济统计年鉴》（2006），中国统计出版社 2006 年版。

46. 国家统计局编：《中国工业经济统计年鉴》（2007），中国统计出版社 2007 年版。

47. 何璧主编：《铁路改革模式选择》，中国铁道出版社 1997 年版。

48. 何家成：《公司治理结构、机制与效率》，经济科学出版社 2004 年版。

49. 黄继忠主编：《自然垄断与规制：理论与经验》，经济科学出版社 2004 年版。

50. 江小涓等：《体制转轨中的增长、绩效与产业组织变化》，上海三联书店、上海人民出版社 1999 年版。

51. 金碚主笔：《国有企业根本改革论》，北京出版社 2002 年版。

52. 李怀：《自然垄断理论研究》，东北财经大学出版社 2003 年版。

53. 李维安主编：《中国公司治理原则与国际比较》，中国财政经济出版社 2001 年版。

54. 厉以宁：《转型发展理论》，同心出版社 1996 年版。

55. 林晓言等译：《运输业的民营化》，经济科学出版社 2004 年版。

56. 林毅夫等：《充分信息与国有企业改革》，上海三联书店、上海人民出版社 1997 年版。

57. 刘迪瑞：《日本国有铁路改革研究》，人民出版社 2006 年版。

58. 刘戒骄：《垄断产业改革》，经济管理出版社 2005 年版。

59. 刘世锦等：《垄断行业改革攻坚》，中国水利水电出版社 2006 年版。

60. 刘树杰：《垄断行业价格改革》，中国计划出版社 1999 年版。

61. 柳学信：《信息非对称下中国网络型产业规制问题研究》，首都经济贸易大学出版社 2006 年版。

62. 吕炜：《经济转轨理论大纲》，商务印书馆 2006 年版。

63. 罗红波等主编：《西欧公有企业大变革》，对外经济贸易大学出版社 2000 年版。

64. 毛锐：《撒切尔政府私有化政策研究》，中国社会科学出版社 2005 年版。

65. 欧阳武：《美国电信规制及其发展》，中国友谊出版公司 2000 年版。

66. 戚聿东等：《国有经济战略调整与国有企业改制研究》，经济管理出版社 2003 年版。

67. 戚聿东主笔：《中国经济运行中的垄断与竞争》，人民出版社 2004 年版。

68. 戚聿东：《中国现代垄断经济研究》，经济科学出版社 1999 年版。

69. 施本植等编译：《国外经济规制改革的实践及经验》，上海财经大学出版社 2006 年版。

70. 世界银行：《官办企业问题研究——国有企业改革的经济学和政治学》，中国财政经济出版社 1997 年版。

71. 世界银行：《建立市场体制——2002 年世界银行发展报告》，中国财政经济出版社 2002 年版。

72. 世界银行：《可持续发展的交通运输——政策改革之优先课题》，建设部城市交通工程技术中心译，中国建筑工业出版社 2002 年版。

73. 汤敏、茅于轼主编：《现代经济学前沿专题》第二集，商务印书馆 1996 年版。

74. 汪贵浦：《改革提高了垄断行业的绩效吗?》，浙江大学出版社

2005 年版。

75. 汪海波：《中国现代产业经济史》，山西经济出版社 2006 年版。

76. 王金存：《破解难题——世界国有企业比较研究》，华东师范大学出版社 1999 年版。

77. 王俊豪等：《中国自然垄断产业民营化改革与政府管制政策》，经济管理出版社 2004 年版。

78. 王俊豪等：《中国自然垄断经营产品管制价格形成机制研究》，中国经济出版社 2002 年版。

79. 王俊豪主编：《管制经济学原理》，高等教育出版社 2007 年版。

80. 王俊豪：《政府管制经济学导论》，商务印书馆 2001 年版。

81. 王林生等：《发达国家规制改革与绩效》，上海财经大学出版社 2006 年版。

82. 王梦奎主编：《改革攻坚 30 题：完善社会主义市场经济体制探索》，中国发展出版社 2003 年版。

83. 王学庆等：《管制垄断》，中国水利水电出版社 2004 年版。

84. 王永干、刘宝华主编：《国外电力工业体制与改革》，中国电力出版社 2001 年版。

85. 吴敬琏等：《论竞争性市场体制》，中国财政经济出版社 1991 年版。

86. 吴敬琏主编：《比较》第 20 辑，中信出版社 2005 年版。

87. 席涛：《美国管制：从命令—控制到成本—收益分析》，中国社会科学出版社 2006 年版。

88. 夏大慰等：《政府规制——理论、经验与中国的改革》，经济科学出版社 2003 年版。

89. 肖兴志：《自然垄断产业规制改革模式研究》，东北财经大学出版社 2003 年版。

90. 谢地：《政府规制经济学》，高等教育出版社 2003 年版。

91. 杨瑞龙：《现代企业产权制度》，中国人民大学出版社 1996 年版。

92. 于立、肖兴志主编：《产业经济学的学科定位与理论应用》，东北财经大学出版社 2002 年版。

93. 于立等：《规制经济学的学科定位与理论应用》，东北财经大学出版社 2005 年版。

94. 于良春等：《自然垄断与政府规制》，经济科学出版社 2003 年版。

95. 张汉林、施本植：《服务业及中小企业规制改革》，上海财经大学出版社 2005 年版。

96. 张昕竹等：《网络产业：规制与竞争理论》，社会科学文献出版社 2000 年版。

97. 赵小平主编：《价格管理实务》，中国市场出版社 2005 年版。

98. 赵小平主编：《重大价格问题研究》，中国市场出版社 2006 年版。

99. 中国苏联东欧国家研究会编：《现代化之路：中国、俄罗斯、东欧国家改革比较》，当代世界出版社，2003 版。

100. 周定山：《西方国家电力体制改革实践及经验教训》，中国水利水电出版社 2005 年版。

101. 周光斌、蔡翔编：《电信政策与管制》，人民邮电出版社 2001 年版。

三、中文论文

1. 《澳大利亚大刀阔斧改革铁路运输系统》，2004 年 2 月 5 日，http：//finance. jrj. com. cn/news/2004 – 02 – 05/000000741969. html。

2. 毕井泉：《改革电价形成机制的思路》，《价格理论与实践》2002 年第 1 期。

3. 陈金桥：《中国电信业国企经历 10 年发展改革》，http：//www. sina. com. cn，2003 年 12 月 7 日，《互联网周刊》2003 年 12 月 8 日。

4. 陈金桥：《中国电信业国企经历 10 年发展改革》，http：//www. sina. com. cn。

5. 陈美、罗亮：《中国网络型公用事业市场化背景下的公司治理问题——以电信产业为例》，《管理评论》2005 年第 4 期。

6. 陈涛：《欧盟电信自由化：理论与实践》，万方数据库，中国学位论文全文数据库。

7. 陈甬军等：《论自然垄断行业的国企改革》，《产业经济评论》2002 年第 2 期。

8. 戴双兴：《英国电信改革成功的奥秘》，《中国国情国力》2004 年第 8 期。

9. 杜传忠：《激励规制理论研究综述》，《经济学动态》2003 年第 2 期。

10. 高梁：《国外网络型公用事业的体制演变》，http：//www. chin-areform. net/ShowArticle. asp？id＝652，中国改革网，2007 年 9 月 28 日。

11. 国资委：《五大原因导致国企改革职工权益受损》，2006 年 11 月 15 日，新华网。

12. 胡鞍钢：《反垄断：一场深刻的社会经济变革》，《中国改革》2001 年第 7 期。

13. 胡世峰、朱晓燕：《论我国铁路运输产业市场结构的重组》，《河北经贸大学学报》1999 年 6 月。

14. 黄少安：《四元主体联合创建中国铁路体制》，《经济研究》1997 年第 5 期。

15. 李怀、高良谋：《新经济的冲击与竞争性垄断市场结构的出现》，《经济研究》200 年第 10 期。

16. 李杰：《20 世纪后期英国、日本铁路改革及其比较研究》，硕士学位论文，苏州大学，2005 年 4 月。

17. 李京文：《关于继续推进我国电力工业管理体制改革的几点意见》，《中国市场经济论坛·文稿》2001 年总第 71 期。

18. 李霞：《自然垄断产业治理模式构想》，《经济体制改革》2005 年第 1 期。

19. 刘桂山：《英国铁路：尝到私有化的苦涩》，《经济参考报》2001 年 10 月 24 日。

20. 刘纪鹏：《电力：谨防破碎式改革》，《中国改革》2001 年第 7 期。

21. 刘戒骄：《竞争机制与网络产业的规制改革》，《中国工业经济》2001 年第 9 期。

22. 刘莉敏：《国内外电信运营企业竞争力比较分析》，万方数据库，中国学位论文全文数据库。

23. 柳学信、王文举：《博弈论视角下的自然垄断产业规制改革》，《改革》2006 年第 3 期。

24. 柳学信：《网络型产业接入定价与互联互通管制》，《中国软科学》2004 年第 4 期。

25. 罗庆中：《日本铁路与公路联合可能挽救铁路货运公司》，《世界铁路动态》1997 年第 2 期。

26. 罗仲伟：《网络特性与网络产业公共政策》，《中国工业经济》2000 年第 10 期。

27. 马莉等：《印度电力市场化改革情况及最新进》，《中国电力》2007 年第 6 期。

28. 毛俊杰：《德国交通运输政策研究》，上海物流网，2006 年 7 月 3 日，www. sh56. org。

29. 茅于轼：《竞价上网宜慎重》，《中国市场经济论坛·文稿》2001 年总第 71 期。

30. 潘振锋、荣朝和：《从英国铁路引入竞争的尝试看铁路改革与重组》，《铁道学报》2004 年第 3 期。

31. 戚聿东、柳学信：《中国垄断行业竞争状况及政策建议》，《经济管理》2006 年第 2 期。

32. 戚聿东、柳学信：《自然垄断产业改革的产权模式》，《财经问题研究》2007 年第 3 期。

33. 戚聿东、柳学信：《自然垄断产业治理模式改革：国际经验及启示》，《改革》2007 年第 1 期。

34. 戚聿东：《我国自然垄断产业分拆式改革的误区分析及其改革出路》，《管理世界》2002 年第 2 期。

35. 戚聿东：《中国自然垄断产业改革的现状和政策建议》，《经济学动态》2004 年第 6 期。

36. 戚聿东：《资源优化配置的垄断机制》，《经济研究》1997 年第 2 期。

37. 戚聿东：《自然垄断管制的理论与实践》，《当代财经》2001 年第 12 期。

38. 曲文轶：《试析俄罗斯经济政策调整的新动向：强化国家对自然垄断的所有权控制》，《俄罗斯中亚东欧研究》2008 年第 2 期。

39. 荣朝和、董艳华：《中铁快运及其对铁路运输体制改革的启示》，《交通运输系统工程与信息》第 4 卷第 1 期，2004 年 2 月。

40. 盛洪：《垄断企业的平均工资到底有多高》，《南方都市报》2007年2月8日。

41. 史际春、肖竹公：《用事业民营化及其相关法律问题研究》，《北京大学学报》2004年第4期。

42. 《世界电信运营商100强综合分析》，2005年7月12日，http：//www. c114. net/market/ZZHtml ＿ report/M2005712151935244 － 1. shtml。

43. 宋冬林等：《论国有资本的人格化经营》，《经济研究》1996年第5期。

44. 宋明艳、赵清：《公众无线局域网体系结构和运营模式》，http：//tech. c114. net/169/a148382. html（2003/12/31）。

45. 宋永华等：《电力企业的运营模式（一、二、三）》，《中国电力》1997年第9—11期。

46. 唐述春：《德国铁路客运营销特点及思考》，《中国铁路》2005年第5期。

47. 铁信数据中心：《德国铁路路网股份公司的线路使用费体系》，《中国铁路》2005年第10期。

48. 汪建丰：《美国政府铁路产业政策变迁的历史分析》，《社会科学战线》2005年第3期。

49. 王柏军、胡修林：《自然垄断产业民营化改革的思考》，《理论界》2005年12月。

50. 王洪：《没有自然垄断特性铁路繁荣无须垄断》，《中国经营报》2001年6月19日。

51. 王珏：《引入竞争机制要有制度基础》，《中国市场经济论坛．文稿》2001年总第71期。

52. 王洛克：《中国电信改革的误区》，http：//www. cnbaodao. com/html/1027. htm，《中国报道周刊》2001年6月8日。

53. 王全斌：《我国铁路体制改革总体方案研究分课题报告》，《中国经济时报》2001年3月14日。

54. 王文举、柳学信：《入世背景下的中国电信产业的规制与竞争》，《经济与管理研究》2002年第4期。

55. 王学军、胡小武：《论规制失灵及政府规制能力的提升》，《公共管理学报》2005 年第 2 期。

56. 王学庆：《中国电信业重组：改革的目标、步骤与方案设计》，《管理世界》2001 年第 6 期。

57. 王煜全：《电信运营模式探讨》，《中兴通讯技术》2003 年 10 月。

58. 王煜全：《运营商转变角色过程中的问题》，赛迪网，http://comm. ccidnet. com/art/1716/20030430/45305_ 1. html，2003.04.30。

59. 王志明编译：《法德两国铁路公司签署铁路运输合作协议》，《中国铁路》2005 年第 8 期。

60. 王志永：《自然垄断行业放松管制改革的动因》，《开放导报》2005 年第 5 期。

61. 王佐军：《自然垄断部门国有企业改革的经济学分析》，《天府新论》2004 年第 4 期。

62. 乌家培：《网络经济及其对经济理论的影响》，《学术研究》2000 年第 1 期。

63. 吴敬琏：《关于改革战略选择的若干思考》，《经济研究》1987 年第 2 期。

64. 吴敬儒：《关于中国电力体制改革的几点思考》，《中国市场经济论坛·文稿》2001 年总第 71 期。

65. 萧敬：《美国的铁路从夕阳产业走向复兴》，http://www. china-cbn. com，2006 年 7 月 18 日。

66. 肖兴志等：《公用事业民营化改革：理论基础与政策选择》，《经济社会体制比较》2004 年第 4 期。

67. 肖兴志等：《英美日自然垄断型企业改革的共性研究》，《中国工业经济》2001 年第 8 期

68. 谢绍雄：《慎重探索厂网分开的利弊》，《中国市场经济论坛·文稿》2001 年总第 71 期。

69. 杨奎山：《中国铁路与德国铁路的部分区别》，《中国铁路》2004 年第 8 期。

70. 杨文杰：《英美电信业放松管制比较及对我国的启示》，万方数据库，中国学位论文全文数据库。

71. 杨永忠：《自然垄断产业改革的国际比较及启示》，《亚太经济》2006 年第 2 期。

72. 叶尔兰·阿塔姆古洛夫等：《改革中的哈萨克斯坦共和国铁路》，《中国铁路》2004 年第 8 期。

73. 于立等：《规模经济与自然垄断的关系探讨》，《首都经济贸易大学学报》2002 第 5 期。

74. 于良春、丁启军：《自然垄断产业进入管制的成本收益分析——以中国电信业为例的实证研究》，《中国工业经济》2007 年第 1 期。

75. 张莉：《论公用事业型企业治理模式的选择》，《管理评论》2004 年第 10 期。

76. 张维迎、马捷：《恶性竞争的产权基础》，《经济研究》1999 年第 6 期。

77. 张宇燕：《国家放松规制的博弈》，《经济研究》1995 年第 6 期。

78. 中国铁路代表团：《法国、英国的铁路改革》，《中国铁路》2000 年第 9 期。

79. 中国铁路代表团：《加拿大国家铁路上市经验与启示》，《中国铁路》2004 年第 3 期。

80. 中国铁路代表团：《印度、英国铁路考察报告》，《中国铁路》2001 年第 11 期。

81. 朱成章：《中国电力改革与发展简介》，《中国市场经济论坛·文稿》2001 年总第 71 期。

后　　记

本书是戚聿东主持的 2004 年度国家社会科学基金项目《自然垄断产业改革模式的国际比较研究》（批准号：04BJL035）和北京市属高等学校人才强教计划拔尖创新人才资助项目（2005 年度）的最终研究成果，是集体智慧的结晶。戚聿东负责总体框架设计和写作提纲。具体分工如下：导言：戚聿东；第一章：李怀；第二章：戚聿东；第三章：柳学信；第四章：戚聿东，柳学信；第五章：柳学信，赵艳；第六章：赵艳；第七章：张航燕；第八章：范合君；第九章：戚聿东，范合君；第十章，柳学信。初稿完成后，由戚聿东、柳学信对全书进行了统一协调、反复修改和最后定稿。

全国人大常委和中国社会科学院副院长陈佳贵研究员、国务院发展研究中心副主任刘世锦研究员、中国社会科学院学部委员和经济研究所原所长张卓元研究员、中国社会科学院工业经济研究所所长金碚研究员、东北财经大学产业组织与企业组织研究中心主任和 MBA 学院院长于立教授、浙江财经学院院长王俊豪教授、上海国家会计学院院长夏大慰教授、长春税务学院院长宋冬林教授对本课题研究给予了精心指导。首都经济贸易大学校长文魁教授、副校长王文举教授和校长顾问郑海航教授给我们提供了多方面的帮助和便利条件。中国社会科学院王晓晔研究员、黄群慧研究员、张昕竹研究员、刘戒骄研究员、曹建海研究员、山东大学于良春教授和杨惠馨教授、江西财经大学陈富良教授、东北财经大学肖兴志教授、北京大学平新乔教授和李虹副教授、中央财经大学齐兰教授、北京工商大学冯中越教授等多次参与本课题讨论并提出了宝贵的修改完善意见。2007年 7 月和 11 月，我在日本、中国台湾等地进行学术访问期间，日本亚洲市场经济学会会长冈本喜裕教授和爱知大学经营学部部长春松幸广教授、原部长松江宏教授以及中国台湾中央研究院院士于宗先教授等专家提出了宝贵的研究建议。中国电力企业联合会教授级高级工程师朱成章、北京开达电力经济研究所所长肖朗、国家电网公司办公厅李伟阳处长对本课题调研提高了诸多便利。课题组成员孟潇（现在美国宾州州立大学攻读博士学位）做了大量前期调研工作。在此，我代表课题组对上述所有专家学者一并表示最诚挚的谢意。

北京师范大学管理学院文力教授作为本课题组成员，在 2006 年 6 月不幸坠楼身亡。在此之前，文力教授多次参与了课题研究工作，在总体思路设计和具体观点上提供了不少有价值的建议。在此，我也代表课题组对文力教授的不幸身亡表示深切的哀悼。

自然垄断产业改革是一个非常复杂的理论问题和实践课题，不仅涉及的学科内容比较多，还涉及很多专业领域的技术经济问题。即使从发达国家来看，自然垄断产业改革也仍在进程当中，各方面认识不一，研究视角各不相同，相关资料特别分散，因此要全面把握这个问题，可以说难度很大。在研究和写作过程中，我们看到，已有的理论文献和研究成果多局限于某一国家、某一垄断行业、某一历史时期、某一具体内容的改革模式研究。这种"个案研究"相对容易进行。但要在涉及各个国家、各个垄断行业、各个历史时期、各项改革内容、各种研究视角、各种研究结论的总体国际比较研究中总结出逻辑一致、普适性的改革模式与路径，并且能够在"去粗取精"和"去伪存真"的基础上总结出对中国垄断行业改革能够具有指导性的改革模式和路径，复杂性和困难程度带来的挑战性大大超出了我们当初的设想。因此在研究过程中，我们常常研究不下去，经常心灰意冷。接触的理论文献和实际资料越多，越是加重这种困惑，曾经一度有应付了事或放弃研究的念头。但与此同时，我们也意识到，难度大恰恰证明课题的价值所在。越是前人没有走过的路，我们越是需要尝试探路。于是，带着兴趣和责任，我们继续苦苦地坚持进行尝试。3 年多来，课题组成员在长期追踪研究和广泛调研的基础上，陆续发表了一些阶段性成果。进入写作阶段，大家更是精诚合作，不辞辛苦，甚至牺牲了寒暑假和春节期间与家人团聚的时间而全身心地投入书稿写作。对我本人而言，进入后期的写作、修改和统稿阶段，简直是"躲进小楼成一统"：对家人、朋友、同学、同事甚至对领导几乎到了"不近人情"的程度；校内校外身兼数职，几乎是"不理朝政"；经常"夜不能寐"甚至"忍饥挨饿"。

好在苍天不负苦心人,经过奋战,一场"苦仗"和"硬仗"终于接近尾声。在课题组长期的不懈的努力下,2008 年 2 月底,我们的鉴定报告终于"浮出水面"。鉴定报告完成后,全国哲学社会科学规划办公室组织了匿名专家鉴定评审。收到专家反馈意见后,我们又花了一年时间进行修改、补充和完善,2009 年 7 月获准结项。现在我们把最终成果不揣冒昧地呈现给社会各界,希冀对我国正在进行的深化垄断行业改革工作有所助益,也希望为转轨经济学、发展经济学、国民经济学、产业经济学等相关学科建设等提供一个相对完整的"垄断行业版"的理论素材和实践案例。但由于视野、水平和时间的限制,我们的最终成果中一定仍有不少粗糙、缺陷、偏颇甚至错误之处。对此,恳请专家和读者们予以斧正!

咸丰东

2008 年 2 月 29 日鉴定成果定稿

2009 年 2 月 27 日最终成果定稿

2009 年 8 月 17 日书稿完稿